Héctor Iturribarría Pérez

Economías de aglomeración en las áreas metropolitanas de México

Héctor Iturribarría Pérez

Economías de aglomeración en las áreas metropolitanas de México

¿Cuál es la ventaja de la concentración de la actividad económica y del capital humano en las ciudades de México?

PUBLICIA

Impressum / Aviso legal
Bibliografische Information der Deutschen Nationalbibliothek: Die Deutsche Nationalbibliothek verzeichnet diese Publikation in der Deutschen Nationalbibliografie; detaillierte bibliografische Daten sind im Internet über http://dnb.d-nb.de abrufbar.

Información bibliográfica de la Deutsche Nationalbibliothek: La Deutsche Nationalbibliothek clasifica esta publicación en la Deutsche Nationalbibliografie; los datos bibliográficos detallados están disponibles en internet en http://dnb.d-nb.de.

Coverbild / Imagen de portada: www.ingimage.com

Verlag / Editorial:
PUBLICIA
ist ein Imprint der / es una marca de
ICS Morebooks! Marketing SRL
4, Industriala street, 3100 Balti, Republic of Moldova
Email / Correo Electrónico: info@omniscriptum.com

Herstellung: siehe letzte Seite /
Publicado en: consulte la última página
ISBN: 978-3-8416-8436-3

Zugl. / Aprobado por: Barcelona, Universidad Autónoma de Barcelona

ÍNDICE

ÍNDICE

CAPÍTULO | PÁGINA

ÍNDICE

ÍNDICE

CAPÍTULO PÁGINA

INTRODUCCIÓN

Los progresos recientes en las teorías de crecimiento se basan, principalmente, en que el concepto neoclásico del capital se amplía con la introducción de los capitales humano, público y tecnológico; asimismo, consideran la existencia de rendimientos crecientes asociados con los efectos externos a dichos capitales[1]. Se ha considerado, también, que los derrames tecnológicos pueden generar externalidades positivas entre países; de hecho, se prevé que naciones con bajos niveles de tecnología pueden beneficiarse de un proceso de *catch-up*[2]. Así, bajo la teoría de crecimiento endógeno, las economías externas no sólo pueden dar lugar a una productividad marginal del capital más elevada y, por tanto, a un mayor crecimiento de los países ricos; existe también la posibilidad de un proceso de convergencia en favor de las naciones menos desarrolladas, gracias a que éstas pueden adoptar el cambio tecnológico desarrollado por los países más avanzados a un coste más bajo.

Las externalidades, tal y como se prevén en las nuevas teorías del crecimiento, tienen sin duda una dimensión geográfica; de hecho, juegan un importante papel en la "nueva geografía económica"[3]. Según estos modelos, la concentración geográfica de la producción es consecuencia de la conjunción o combinación de tres distintas fuerzas: la primera, las economías de escala en la producción, las cuales son internas a la empresa e independientes al territorio, además de que suponen la existencia de competencia imperfecta; la segunda, el tamaño del mercado local; y, la tercera, los costes de transporte, los cuales limitan las fuerzas centrípetas de la aglomeración. Bajo este enfoque, si los costes de transporte son bajos o nulos, y el mercado local es importante, la totalidad de la producción tenderá a concentrarse en un solo lugar para obtener el máximo beneficio de las economías internas de escala. Así, las empresas se localizarán en una aglomeración para estar cerca de las plantas proveedoras de insumos, con objeto de minimizar los costes de transporte; ello tendería a atraer más empresas productoras de insumos, dando lugar a un proceso de acumulación natural. Asimismo, la concentración de empresas se asocia a una atracción de trabajadores industriales de otras zonas, *input* móvil necesario para poder producir una variedad de

---

1 Ver por ejemplo Romer (1986) y Lucas (1988).

2 Ver por ejemplo Abramovitz (1986).

3 Los avances de la teoría económica en esta dirección tienen como referencias básicas Fujita, Krugman y Venables (1999), Krugman (1990 y 1991), Krugman y Venables (1996), y Krugman y Elizondo (1996).

bienes dirigidos a la demanda final. La atracción de esos trabajadores y los salarios que obtienen refuerzan el tamaño del mercado en la región, fortaleciendo así el proceso de aglomeración. De esta forma, el factor central que da lugar a la concentración espacial de la actividad bajo este enfoque es la reducción (o un bajo nivel) en los costes de transporte.

Una visión diferente considera que aglomeración se da por el ahorro en costes que implica la concentración espacial de la actividad como resultado de la presencia de efectos externos a las firmas[4]. Bajo este enfoque, las externalidades se generan porque la aglomeración permite un mayor y mejor acceso y disponibilidad a diferentes servicios e insumos por parte de las empresas; asimismo, facilita el emparejamiento entre trabajadores y empleadores, así como el intercambio de información y conocimientos. La oferta de estos *inputs* en un lugar concreto permite elevar la productividad de las empresas ahí instaladas, generando con ello la atracción de nuevas plantas; consecutivamente, el proceso de aglomeración territorial entra en una dinámica de retroalimentación continua.

De esta manera, independientemente del tipo de enfoque, resulta claro que las economías externas tienen un papel fundamental en los modelos teóricos que explican no sólo el crecimiento económico sino también la concentración espacial de la producción. Lo anterior ha generado el surgimiento de un elevado número de estudios dedicados a descubrir la *naturaleza* de las economías de aglomeración, así como las *fuentes* que las originan. En cuanto a la *naturaleza* (o *alcance*) de las economías de aglomeración, en general la literatura empírica ha puesto de manifiesto que estos efectos se extienden en, cuando menos, tres dimensiones: *industrial*, *geográfico* y *temporal*[5]; en cualquier caso, la evidencia sugiere que el efecto se atenúa con la distancia, ya sea industrial, física o en el tiempo. En cuanto a las *fuentes*, en años recientes se han distinguido tres diferentes mecanismos que, de forma general, rigen o conducen las economías de aglomeración; en particular, se ha propuesto una tipología de los microfundamentos teóricos de las economías de aglomeración en los mecanismos de: *compartimiento (sharing), emparejamiento (matching) y aprendizaje*

---

4 La referencia básica sin duda se remite a Marshall (1890); contribuciones recientes son, entre otros, Eberts y McMillen (1999), Henderson (1997a, 1997b, 2003a y 2003b), Duranton y Puga (2004) y Rosenthal y Strange (2004).

5 Ver Rosenthal y Strange (2004).

(learning)[6]. Esta clasificación expresa un consenso entre los que se han dedicado al estudio teórico y empírico de las economías de aglomeración y representa una contribución relevante en el estudio de las razones que explican la existencia de las ciudades.

La presente investigación tiene dos objetivos fundamentales: el primero, verificar el *alcance industrial* de las economías de aglomeración en las áreas metropolitanas de México. Tradicionalmente ha existido un debate acerca de si estas externalidades se facilitan por la concentración de la actividad de una industria particular, o por la diversidad y el tamaño urbano como tal. En cualquier caso, la composición industrial del ámbito urbano estimula (o limita) cualquiera de las fuentes de economías de aglomeración, generando economías externas a la empresa pero internas al territorio en el que se ubica. El segundo objetivo es determinar la importancia de las externalidades del capital humano en las áreas metropolitanas de México como *fuente* de economía de aglomeración. Como se verá, el intercambio de ideas, conocimientos y habilidades que ocurre entre trabajadores a través de interacciones formales e informales es la base esencial del fundamento microeconómico del efecto externo de la educación. Dado que existe una mayor probabilidad de que los agentes efectúen reuniones aleatorias en un espacio geográfico delimitado, más que en un área uniformemente distribuida a lo largo del país, la teoría relacionada justifica que las ciudades pueden funcionar como "incubadoras" o facilitadotas del proceso de generación, difusión y acumulación de conocimientos.

Conocer el *alcance industrial* de las economías de aglomeración en el ámbito urbano de México, así como la relevancia de la concentración geográfica del capital humano como *fuente* de economía externa, tiene implicaciones fundamentales en términos de políticas públicas. Esto es aún más importante si se considera el contexto de creciente apertura e integración comercial que México ha tenido en las últimas dos décadas con el resto mundo y, particularmente, con América del Norte. Durante ese proceso, en primera instancia México ha entrado al Acuerdo General de Tarifas y Comercio en 1986 y, posteriormente, ha firmado el Tratado de Libre Comercio de América del Norte, el cual ha entrado en vigor en 1994. Los resultados encontrados en la presente investigación deben contribuir a diseñar políticas orientadas a aprovechar y elevar el

[6] Como se verá más adelante, esta tipología se atribuye a Duranton y Puga (2004).

potencial de las economías externas en las áreas urbanas de México, indispensables para incrementar la competitividad del país en un contexto de globalización, incertidumbre y elevada competencia a escala internacional. En particular, la evidencia empírica sobre el *alcance industrial* de las economías de aglomeración debe ser útil para diseñar e implementar políticas públicas que contribuyan a proveer las condiciones locales necesarias para maximizar los beneficios de la aglomeración, a partir del tipo y composición industrial de las ciudades que sea más conveniente. Con relación a las externalidades de la educación, si la evidencia señala que estos efectos son significativos y tienen una dimensión local importante, entonces es recomendable la implementación de subsidios a la educación financiados, al menos parcialmente, a escala local. El objetivo es hacer más eficiente la política del gasto educativo y contribuir a alcanzar el nivel óptimo de financiación a la educación entre los distintos órdenes de gobierno.

El procedimiento empírico de los dos análisis propuestos se aborda de manera distinta. En el caso de la cuantificación del *alcance industrial* de las economías de aglomeración en las ciudades, el procedimiento se basa en la estimación de una función de costes y una de producción con datos agregados para las áreas metropolitanas de México. El objetivo es verificar si las ciudades grandes son más productivas porque se benefician en mayor medida del tamaño urbano y la diversidad, es decir, de la generación de *economías de urbanización,* o bien porque tienen una composición industrial de ámbitos geográficos especializados, es decir, por tener una composición industrial que se beneficia en mayor medida de las *economías de localización*.

En el caso de la cuantificación de las externalidades del capital humano, las estimaciones se efectúan mediante el uso de una ecuación salarial con datos microeconómicos a escala de las principales ciudades de México. Como se verá, a diferencia de otras *fuentes* de economías de aglomeración, los derrames de conocimientos se clasifican como externalidades tecnológicas o no pecuniarias, lo que hace que en la práctica sea difícil identificar el canal preciso de actuación de dichos efectos como fuente de economía de aglomeración. Otra problemática es la que se deriva de la posibilidad de que los trabajadores con distintos niveles de cualificación sean sustitutos imperfectos en la producción; en particular, cuando existe complementariedad entre trabajadores con distintos niveles de educación, un incremento en los salarios promedio en una ciudad puede no sólo ser resultado de una externalidad del capital humano, sino también del efecto de un efecto estándar de oferta como resultado de dicha complementariedad. La metodología empírica utilizada en la presente investigación permite separar el efecto estándar de oferta de la externalidad.

El trabajo tiene la siguiente estructura: en el capítulo I se ofrece una breve explicación sobre las *fuentes* y la *naturaleza* de las economías de aglomeración. En el primer caso, la explicación se basa en la tipología que en años recientes se le ha dado a los microfundamentos teóricos de las economías de aglomeración: *compartimiento (sharing), emparejamiento (matching)* y *aprendizaje (learning)*. En cuanto a la *naturaleza* de las economías de aglomeración, se revisa la literatura dedicada a examinar el alcance de los rendimientos crecientes a escala en el territorio, reconociendo que éste se extiende en cuando menos tres dimensiones: *industrial, geográfico* y *temporal*.

En el capítulo II se define y clasifica la información de las manufacturas en las áreas metropolitanas de México utilizada para el estudio; asimismo, se realiza un análisis descriptivo de los datos poniendo énfasis en el desempeño de las manufacturas a escala industrial y por agrupaciones regionales de ciudades. En el capítulo III se estima el *alcance industrial* de las economías de aglomeración en las ciudades; previo a la estimación, se presentan las consideraciones teóricas y se revisa la evidencia empírica. Se explica la forma de proceder empíricamente y las bases de datos a utilizar para, finalmente, mostrar, interpretar y analizar los resultados. En el capítulo IV se estiman las externalidades del capital humano como *fuente* de economía de aglomeración en las ciudades de México. Para ello, en primer lugar se presenta la teoría y se revisa la literatura empírica relacionada; posteriormente se explica el procedimiento empírico a seguir y se muestran e interpretan los resultados. Por último, en el capítulo V, se presentan las conclusiones del trabajo y se ofrecen propuestas de política pública a partir de los resultados obtenidos.

I. FUENTES Y ALCANCE DE LAS ECONOMÍAS DE AGLOMERACIÓN

1. Microfundamentos de las economías de aglomeración

La actividad económica siempre ha tendido a la aglomeración debido a las ventajas y ahorro en costes que la proximidad geográfica de los recursos implica para las plantas productivas. En los últimos años esto ha cobrado mayor relevancia, en la medida en que la globalización de los mercados y el aumento de la competencia han obligado a las empresas a basar su competitividad en una continua innovación tecnológica que, en un ambiente de gran incertidumbre, es facilitada por la capacidad del territorio para intercambiar insumos estratégicos, mejorar los encuentros entre empleadores y trabajadores especializados, y transmitir información y conocimientos. En este sentido, no sólo en años recientes sino de tiempo atrás, se ha reconocido que el territorio, por el tipo de actividades que concentra, es fuente de externalidad. Lo anterior ha generado el surgimiento de un elevado número de estudios dedicados a descubrir las *fuentes* que generan las economías de aglomeración, así como la *naturaleza* o *alcance* de las mismas[7].

En el ámbito urbano las economías de aglomeración juegan un papel fundamental. Por el lado de la oferta, la existencia de ciudades de tamaño reducido puede explicarse por la presencia de economías de escala internas en la producción; bajo este escenario, los grandes establecimientos tienden a ser más eficientes que los pequeños. Esta elevada escala de operación tiende a atraer trabajadores que, subsecuentemente, se establecen próximos a la planta con el objetivo de minimizar los costes de traslado al trabajo (*commuting*)[8]. Las economías externas a la empresa ayudan a explicar la siguiente etapa del desarrollo urbano; es decir, cómo estas pequeñas localidades pueden transformarse en grandes aglomeraciones. Expresado de forma sencilla, las actividades de los distintos negocios (y hogares) generan externalidades positivas que reducen los costes de un establecimiento en la medida en que la producción de otras empresas se incrementa. Así, la concentración espacial de las actividades genera

---

[7] Aunque, como se verá más adelante, a nivel empírico la mayor parte de los estudios se han dedicado a analizar el *alcance* de las economías de aglomeración, dejando en segundo plano el examen de las *fuentes* que las generan.

[8] Bajo el enfoque de la nueva geografía económica (NEG), el factor central que da lugar a la aglomeración es la necesidad de las empresas de estar cerca de las plantas proveedoras de insumos, minimizando así los costes de transporte; ello da lugar a un proceso de causalidad acumulativa; ver por ejemplo Fujita, Krugman y Venables (1999).

ganancias del intercambio de insumos con características de no exclusión, como son la experiencia técnica, contactos personales, habilidades y conocimientos, dando lugar a rendimientos crecientes en el agregado territorial. Por el lado de la demanda, asimismo, la variedad en los productos de las ciudades grandes conlleva a una mayor utilidad para los consumidores, siendo una causa importante de la aglomeración urbana. Debido a que la concentración genera también deseconomías que se reflejan en mayores costes del suelo, deterioro medioambiental y mayor tiempo de traslado al trabajo, entre otros, se puede considerar que las ciudades y los sistemas de ciudades son el resultado de la disyuntiva entre las economías de aglomeración y el coste de la congestión urbana.

Para comprender las ganancias externas a las plantas productivas derivadas de la aglomeración es indispensable examinar el origen de dichas externalidades. Para ello, se requiere considerar un análisis fundamental, el cual sin duda se atribuye a Marshall (1890). La teoría de Marshall se desarrolló con el objetivo de mantener inalterados los supuestos principales y las condiciones de equilibrio de los modelos neoclásicos (en particular, rendimientos decrecientes y mercados competitivos) y, al mismo tiempo, dar explicación a la concentración espacial de la actividad. La única vía para solventar el problema era el suponer la existencia de rendimientos decrecientes al interior de las empresas pero rendimientos crecientes, dadas economías externas, en la totalidad de la industria, la cual se concentra territorialmente en el "distrito industrial".

Bajo la teoría del distrito industrial[9], al interior del mismo las empresas son de tamaño reducido y los mercados competitivos; sin embargo, la aglomeración territorial (el distrito) propicia la generación de una serie de efectos externos que mejoran la eficiencia productiva de las empresas, reducen sus costes de producción y contribuyen a asegurar su éxito en el entorno competitivo, a pesar de que no pueden explotar economías de escala internas. De acuerdo con Marshall (1890), los rendimientos crecientes en el distrito industrial tienen su origen en tres elementos fundamentales:

---

9 Algunos trabajos recientes que estudian la teoría del distrito industrial son los elaborados por Becattini; ver por ejemplo Becattini (1979 y 1992).

1. *Mercado de trabajo conjunto especializado,* el cual que genera ventajas a las empresas en la medida en que los trabajadores pueden incrementar sus habilidades en otras empresas, o como resultado de interactuar con otros trabajadores; con palabras de Marshall, en el entorno del distrito "el conocimiento se encuentra en el aire, en la atmósfera". Asimismo, el mercado de trabajo conjunto puede reducir el riesgo, tanto para trabajadores como para empresas, ante ciclos económicos; esto es especialmente cierto si la producción de las empresas del distrito, que emplean a trabajadores con cualificaciones similares, no están positivamente correlacionadas[10].

2. *Intercambio de insumos* ante la existencia de proveedores especializados de bienes intermedios, así como de un amplio grupo de servicios a las empresas, como resultado de una división del trabajo entre las mismas. En sentido amplio, el intercambio de insumos puede incluir también otros activos, tales como facilidades de información, lo que proporciona ventajas en costes a las empresas localizadas en el distrito.

3. *Derrames tecnológicos y de conocimientos*, que se producen como resultado de la transmisión de información y habilidades por medio de redes formales e informales, características de las estructuras sociales densas al interior del distrito.

A pesar de que en la literatura se han llegado a considerar algunas otras fuentes potenciales de economías de aglomeración, comúnmente se consideran las tres referidas por Marshall (1890)[11]. Si bien estas ideas son un buen punto de inicio en toda discusión teórica acerca de los microdeterminantes de las economías de aglomeración, es posible establecer una clasificación más amplia y general de los mecanismos que los conducen. En particular, recientemente se han distinguido tres diferentes mecanismos que, de forma general, rigen o conducen los microdeterminantes de las economías de aglomeración. Esta clasificación expresa de alguna manera un consenso entre los que se han dedicado a examinar las economías de aglomeración y las fuentes

---

[10] Krugman (1990).

[11] Otras fuentes de economías de aglomeración que se destacan en la literatura son: el efecto del tamaño de mercado interno (*home market effect*), las oportunidades de consumo en las ciudades (*urban consumption opportunities*) y la búsqueda de rentas (*rent-seeking*); ver por ejemplo Rosenthal y Strange (2004).

que las explican. En particular, Duranton y Puga (2004) han propuesto una tipología de los microfundamentos teóricos de las economías de aglomeración en los siguientes mecanismos: *compartimiento (sharing); emparejamiento (matching); y aprendizaje (learning)*. Sin duda, esta clasificación representa una contribución relevante en el estudio de las razones que explican la existencia de las ciudades.

1.1 Compartimiento (*sharing*)

Siguiendo a Duranton y Puga (2004), la discusión sobre los microfundamentos de las economías de aglomeración que tiene que ver con el mecanismo de *compartimiento* se basa en las ventajas que ofrecen las aglomeraciones urbanas para facilitar el compartimiento de costes de instalaciones o servicios sujetos a indivisibilidades. Como explican, el tamaño urbano permite generar rendimientos crecientes en la provisión de esas obras o infraestructuras. Es decir, se afirma que una de las justificaciones más simples de la existencia de las ciudades es el suponer la presencia de rendimientos crecientes a escala agregada, ante la presencia de esas indivisibilidades.

Por otra parte, los autores comentan que bajo el mecanismo de *compartimiento* es posible que se generen también rendimientos crecientes por la existencia de una gama variada de proveedores de insumos en las ciudades. Bajo este punto de vista, los productores en las ciudades incrementan la posibilidad de intercambiar un rango más amplio de insumos intermedios, lo que tiende a traducirse en rendimientos crecientes en el agregado aun cuando se presenten rendimientos constantes a escala en la producción final bajo competencia perfecta. Asimismo, desde el punto de vista de la demanda, la variedad de la producción genera mayores niveles de utilidad de los consumidores en la medida en que éstos valoran la diversidad de los productos existentes en las ciudades grandes[12].

Otra de las ventajas consideradas dentro de este mecanismo es el compartimiento de los beneficios de una mayor especialización en las ciudades. Duranton y Puga (2004) ponen de manifiesto que si bien la expansión de la producción intermedia en una ciudad tiende a generar una mayor diversidad de suministradores de insumos y, con ello, un incremento más que proporcional en la producción final, el mayor nivel de

---

[12] Ver por ejemplo Abdel-Rahman (1987).

producción intermedia puede también aumentar la escala de operación de cada proveedor. De esta forma, a partir de las ideas originales de Adam Smith (1776), se argumenta que es posible que en un contexto urbano un mayor número de trabajadores incremente la producción más que proporcionalmente, no sólo por que la mano de obra adicional puede efectuar más tareas, sino también por que permite a los trabajadores especializarse en un conjunto más acotado de éstas. La idea central es que la fuente de estas ganancias es interna al individuo (y no interna a la empresa intermedia) y se da por el incremento en la productividad marginal del trabajador en una determinada actividad como resultado de una mayor división del trabajo.

Finalmente, una de las fuentes de economía de aglomeración más reconocidas, clasificada dentro del mecanismo de *compartimiento*, es el mercado de trabajo conjunto. Como ya se comentó, a partir de las ideas de Marshall se ha reconocido que la localización facilita la existencia de un mercado laboral constante respecto a las habilidades, reduciendo el riesgo tanto a empresas como a trabajadores. En particular, bajo este enfoque se generan beneficios por el intercambio de factores de producción entre firmas que no conocen *ex-ante* la cantidad de recursos que requerirán; por este motivo, enfrentan incentivos a la aglomeración. Así, estas empresas reducen el riesgo que implica desenvolverse dentro de un mercado laboral local reducido ante un choque externo en la producción. Asimismo, los trabajadores enfrentan también incentivos a concentrarse a fin de minimizar el riesgo de quedar desempleados[13].

1.2 Emparejamiento (*matching*)

La discusión sobre los microfundamentos basados en el *emparejamiento* se centra en los mecanismos mediante los cuales la aglomeración incrementa la probabilidad esperada de los emparejamientos y la calidad de los mismos en el mercado laboral[14].

---

[13] Queda claro que bajo un entorno de incertidumbre y de aversión al riesgo se incrementan las ganancias esperadas de las empresas y trabajadores de concentrase espacialmente. Asimismo, una situación de desempleo en el mercado laboral local tiende a reforzar, particularmente para los trabajadores, los beneficios de la aglomeración.

[14] Cuando Duranton y Puga (2004) consideran los microfundamentos de las economías de aglomeración basados en mecanismos de *emparejamiento* se refieren, básicamente, a aquéllos generados por la existencia de un mercado de trabajo local conjunto; con ello, se facilita el emparejamiento entre empresas y trabajadores. Sin embargo, este mecanismo puede extenderse, en general, a la mayor posibilidad de emparejamientos entre oferentes y demandantes propiciada por la aglomeración. Por ejemplo, existe una mayor probabilidad de encuentros, y que éstos sean de mayor calidad, entre ahorradores e inversionistas, entre trabajadores con similares o distintas cualificaciones, entre proveedores y demandantes de bienes intermedios, etcétera, en un área

Asimismo, se plantea que este mecanismo, en general, contribuye a solucionar los problemas de retrasos en la concreción de contratos entre oferentes y demandantes. Con relación al primer aspecto, se argumenta que un mayor número de agentes en búsqueda de oportunidades, tanto de empleo como de mano de obra para emplear, incrementa las opciones de encuentros y la calidad de los mismos. Algunos autores, por ejemplo, afirman que las ciudades actúan como coordinadores[15]. En este contexto, el mayor tamaño urbano facilita a los trabajadores encontrar un empleo preciso y de acuerdo a sus capacidades en las ciudades.

Con relación al segundo aspecto (menores retrasos en la concreción de contratos entre oferentes y demandantes), se argumenta que, en muchas ocasiones, las relaciones entre compradores y vendedores, y entre empleadores y empleados, están asociadas a problemas de retrasos en la concreción de arreglos debido a la existencia de contratos incompletos o por que las relaciones de inversión muestran especificidades distintas. Cuando los contratos están incompletos y son sujetos a renegociación *expost*, una o ambas partes de una relación bilateral puede retrasarse en la concreción del trato si los requerimientos del proyecto no le satisfacen. De esta forma, la posibilidad de retrasos *expost* en la firma de contratos tiende a reducir la inversión que puede ser socialmente benéfica. Bajo este escenario, si las partes de una relación tienen la posibilidad de tratar con un mayor número de agentes alternativos en la etapa de renegociación, los problemas de retrasos pueden, en gran medida, aliviarse. A partir de estos argumentos, y dado que las ciudades albergan un mayor número de agentes o partes potenciales, se afirma que éstas (las ciudades) contribuyen a reducir los problemas de retrasos en la concreción de contratos; en palabras de Duranton y Puga (2004): "...la especificidad de los activos tiende a dejar de ser un problema en un entorno en donde el número potencial de agentes o partes es elevado"[16].

1.3 Aprendizaje (*learning*)

Los mecanismos que se centran en el *aprendizaje* se refieren a aquéllos basados en la generación, difusión y acumulación del conocimiento, facilitados por la aglomeración. Se reconoce que un aspecto fundamental en el proceso de aprendizaje es que éste

---

urbana grande que en un espacio geográfico donde la actividad económica se encuentra uniformemente dispersa.

15 Ver por ejemplo Becker y Murphy (1992).

16 Duranton y Puga (2004), pp. 2096.

involucra una constante interacción entre agentes a través de contactos cara a cara. La idea central de estos planteamientos es que la geografía juega un papel fundamental, en la medida en que la proximidad espacial incrementa la probabilidad de que las empresas y trabajadores efectúen reuniones aleatorias (en contraste con reuniones costosas y predeterminadas), respecto a un área donde la actividad se encuentre distribuida de forma dispersa a lo largo del país.

Los planteamientos relacionados con la generación de conocimientos tienen que ver con el papel que desempeña el entorno urbano-industrial como impulsor y facilitador de la investigación y el desarrollo experimental en innovación. Por su parte, los planteamientos respecto a la difusión de conocimientos se basan en la idea de que la proximidad de los individuos con elevado nivel de cualificación facilita la adquisición de habilidades, y el intercambio y la difusión del conocimiento. Con relación a la acumulación de conocimientos, la idea central se basa en que el nivel agregado de capital humano en una ciudad genera externalidades que dan lugar a un proceso de crecimiento sostenido de la producción, así como del propio nivel de capital humano; se considera que las externalidades del capital humano funcionan, al mismo tiempo, como motor de crecimiento y fuerza de aglomeración.

2. Alcance de las economías de aglomeración

Los rendimientos crecientes a escala generados en el territorio, cuyo origen puede ser cualquiera de las fuentes o microfundamentos de las economías de aglomeración antes señalados, se manifiestan, empíricamente, de forma muy similar. Esto ha provocado que en la práctica se enfrenten importantes dificultades para conocer la *fuente* precisa que da lugar a tales efectos externos. Por este motivo, gran parte de la literatura empírica se ha orientado a capturar o medir el *alcance* o *naturaleza* de las economías de aglomeración y no tanto a identificar y/o cuantificar la importancia de la *fuente* que las origina. A este respecto, se debe señalar que así como en la literatura reciente se ha llegado una clasificación de los mecanismos que conducen las *fuentes* de las economías de aglomeración (*compartimiento, emparejamiento* y *aprendizaje*), en años recientes se ha presentado también una clara distinción en cuanto al *alcance* o *naturaleza* de las mismas. En particular, Rosenthal y Strange (2004) ponen de manifiesto que los rendimientos crecientes a escala en el territorio se extienden en, cuando menos, tres dimensiones: *industrial*, *geográfico* y *temporal*; como explican, en cada caso la evidencia empírica sugiere que el efecto de las economías de aglomeración se atenúa con la distancia, ya sea industrial, física o temporal.

Merece la pena enfatizar que la dimensión industrial, geográfica o temporal de las economías de aglomeración es simplemente una manifestación de la presencia de rendimientos crecientes agregados en un determinado espacio geográfico. Detrás de estos resultados se encuentran fuerzas (en definitiva, microdeterminantes) que explican o motivan la concentración espacial de la actividad. Así, el entorno industrial y urbano propicia o inhibe la actuación de una determinada *fuente* de economía de aglomeración con efectos contemporáneos o rezagados; es decir, que puede expresarse con *alcances* industrial, geográfico o temporal.

2.1 Industrial

Respecto a la dimensión o alcance *industrial* de las economías de aglomeración, de tiempo atrás ha existido un debate acerca de si las economías externas se generan por la concentración de la actividad de una industria particular, o por la diversidad industrial y el tamaño urbano como tal. En otras palabras, la discusión se ha orientado a determinar si las grandes ciudades son más productivas porque tienen una composición industrial de ciudades (o ámbitos geográficos inferiores) especializadas; o bien porque la actividad económica general y la diversidad da lugar a beneficios externos, tanto a la empresa como a la industria, pero internos al área urbana. En cualquier caso, como Rosenthal y Strange (2004) expresan, la literatura empírica ha dejado claro que en la medida en que los agentes son menos próximos en el espacio industrial (es decir, cuando sus procesos productivos son más disímiles o incompatibles), existe menor potencial para interactuar y generar rendimientos agregados crecientes a escala.

2.2. Geográfico

El segundo tipo de dimensión o alcance de las economías de aglomeración reconocido es el *geográfico*. En la literatura sobre economía urbana existe el consenso de que la existencia de las ciudades se da porque la proximidad es ventajosa; es decir, se reconoce que la distancia geográfica es fundamental para comprender las ciudades.

Bajo esta perspectiva, si los agentes se encuentran físicamente próximos existe un mayor potencial para interactuar; lo contrario sucede si esta proximidad se reduce; en otras palabras, la literatura teórica y empírica señala que las economías de aglomeración se atenúan con la distancia.

2.3 Temporal

El tercer tipo de dimensión de las economías de aglomeración considerado es el *temporal*. Es posible que los efectos de la proximidad geográfica sobre la productividad sean inmediatos, sin repercutir en periodos posteriores, o bien que tomen uno o varios periodos de rezago. El argumento esencial se basa en el hecho de que las características industriales iniciales de una ciudad pueden afectar su crecimiento en periodos futuros, ya sea de forma directa o indirecta. En particular, se argumenta que las condiciones históricas determinan factores intangibles del entorno económico futuro; estos intangibles incluyen elementos como el *stock* local de conocimientos relevante para una industria y/o la disponibilidad de mano de obra con habilidades específicas. Así, por ejemplo, al igual que el efecto de la interacción entre dos establecimientos continúa en un espacio industrial y físico, el proceso de aprendizaje puede ser gradual en el tiempo, con la posibilidad de que este conocimiento pueda también atenuarse en el tiempo. Es decir, bajo esta dimensión las economías de aglomeración pueden ser estáticas pero también dinámicas; el grado en el que estas interacciones se preservan en el tiempo define la dimensión temporal de las economías de aglomeración.

3. Estrategias y formas generales para estimar las economías de aglomeración

En la literatura empírica, las economías de aglomeración en general se han modelado a través de un parámetro de desplazamiento de la función producción de los establecimientos o plantas bajo el supuesto de neutralidad *a la Hicks*[17]. Como elementos de dicha función producción se han considerado, por un lado, un vector de insumos (tierra, trabajo, capital o materiales) y, por otro, un vector que caracteriza la influencia de la aglomeración de la actividad. Dentro de este último vector se han utilizado diversos procedimientos para intentar cuantificar tanto las *fuentes* como la

[17] Es decir, cuando un incremento en el parámetro de desplazamiento no modifica la intensidad de algunos de los insumos de la función producción. Para una explicación más detallada ver, por ejemplo, Henderson (1986 y 1988).

naturaleza de las economías de aglomeración. Un aspecto importante a señalar es que dado que las economías de aglomeración, cuyo origen puede ser cualquiera de las *fuentes* que las generan, se manifiestan empíricamente de forma similar; de esta manera, no es conveniente pretender cuantificar la importancia de las *fuentes* y la *naturaleza* de las economías de aglomeración, de forma simultánea, en una misma ecuación (o función producción), ya que esto muy probablemente incidirá sobre una subestimación de los efectos[18].

Uno de los principales retos para estimar la función producción y poder medir la importancia las economías de aglomeración, tanto en cuanto a las *fuentes* que las generan como en cuanto al *alcance* de las mismas, es el de disponer de información adecuada sobre los insumos o factores productivos, como el trabajo, la tierra, el capital y los materiales[19]. Otra de las consideraciones importantes es el tema del error de medida. Éste ha sido referido en diversos trabajos como en el de Eberts y McMillen (1999). En general, el tema central se ha enfocado a tener presente que la ausencia de datos puede afectar las estimaciones, así como brindar posibles estrategias para solventar el problema. Por ejemplo, la falta de información sobre capital puede generar un sesgo a la alza de los coeficientes de las economías de aglomeración, si es que este insumo tiende a utilizarse más intensivamente en las ciudades grandes. Los trabajos de Moomaw (1981, 1983) ponen en evidencia que la omisión del capital como insumo puede llegar a sobreestimar los resultados por un factor de entre tres y cuatro. Otro ejemplo es el relativo al factor tierra; si este factor se utiliza con menor intensidad en las ciudades, el efecto sería el contrario; es decir, presumiblemente se obtendrían coeficientes de las economías de aglomeración sesgados a la baja[20].

---

[18] Por este motivo, en la presente investigación se ha considerado medir, en estimaciones separadas, la importancia de una de las *fuentes* de las economías de aglomeración, por un lado, y el *alcance industrial* de las mismas, por otro.

[19] Los datos sobre el *stock* de capital y los materiales son por lo general más difíciles de disponer respecto el factor trabajo, cuya información es habitualmente publicada por fuentes oficiales; Rosenthal y Strange (2004).

[20] Otro aspecto considerar en el momento de estimar la función producción es el problema de la endogeneidad. Las economías de aglomeración incrementan la productividad de los establecimientos, pero también es cierto que los empresarios exitosos tienden a ubicarse en las localidades más productivas. De esta forma, si la mayor parte de los empresarios emprendedores se concentra en las ciudades grandes, esto podría generar una sobreestimación de la relación entre aglomeración y producción. Algunos autores han intentado resolver este problema, sin mucho éxito, mediante el uso de variables instrumentales y con la implementación de modelos de efectos fijos. En el primer caso, la mayor parte de los instrumentos han resultado débiles en explicar satisfactoriamente la variable endógena; respecto al segundo, sólo en pocos casos la metodología

Debido a que estimar directamente la función producción presenta problemas, dependiendo de la disponibilidad de información, una buena parte de los estudios se ha centrado en estimarla de forma indirecta. En la literatura se identifican cuatro distintos enfoques generales: el primero considera el crecimiento del empleo; el segundo, la creación de establecimientos nuevos; el tercero, los salarios; y, el cuarto, el nivel de rentas.

3.1 Crecimiento del empleo

Respecto al primer enfoque, el planteamiento se basa en el supuesto de que las economías de aglomeración dan lugar a un incremento de la productividad y, con ello, a un mayor crecimiento del empleo en las ciudades donde el efecto de la aglomeración es más elevado. Los trabajos de Glaeser *et al* (1992), Henderson *et al* (1995) y Henderson (1997a), por ejemplo, se basan en analizar el efecto de la concentración de la actividad metropolitana sobre el crecimiento del empleo. Rosenthal y Strange (2004) ponen de manifiesto que si bien considerar el crecimiento del empleo facilita el procedimiento empírico cuando no se disponen de datos sobre la producción, la estimación enfrenta otros retos. En particular, el nivel de empleo en las ciudades está determinado, en gran medida, por decisiones tomadas en periodos anteriores; la más importante es el nivel de capital instalado en fases previas. Estos efectos fijos influyen sobre la productividad individual y, por consiguiente, sobre el cambio en el nivel de empleo como respuesta al cambio en el entorno de ciudad. Una forma de resolver o minimizar este problema potencial ha sido examinar el crecimiento del empleo total en un periodo de tiempo suficientemente largo, a fin de eliminar los efectos fijos. Asimismo, se ha requerido de instrumentos efectivos para controlar exitosamente los problemas de endogeneidad.

Es importante señalar que en el caso de México, el utilizar la variable de empleo en vez de producción o productividad, por ejemplo, como variable a explicar, puede generar sesgos importantes en determinadas industrias, tales como las de ensamblaje para la exportación (o maquila). Como se verá en el próximo capítulo, si bien estas industrias en el país han sido exitosas en cuanto a la generación de empleos, particularmente en distintas regiones de la frontera norte, próximas a Estados Unidos, su actividad se ha

---

ha sido efectiva para controlar el problema. Para un ejemplo de ambos casos ver Henderson (2003a).

asociado a un muy bajo nivel de contenido local en insumos, partes y accesorios y, con ello, de valor agregado y productividad laboral. Este aspecto se ha tenido en cuenta en el procedimiento empírico de la presente investigación.

3.2 Creación de establecimientos nuevos

El segundo enfoque ha sido examinar la creación de nuevos establecimientos y su nivel de empleo. La lógica de este enfoque, que ha sido implementado por autores como Carlton (1983) y Rosenthal y Strange (2003), se basa en la idea de que los empresarios buscan establecerse en las localidades que les permitan maximizar las ganancias, las cuales se ubican en las regiones más productivas. Una de las principales ventajas de este enfoque es que no se requiere información sobre los insumos o factores empleados por las empresas, ya que los nuevos establecimientos no basan sus decisiones en consideraciones previas; es decir, toman como exógeno la situación y el entorno económico existente[21].

3.3 Nivel de salarios

El tercer enfoque se basa en el nivel de salarios. Este enfoque se centra en el supuesto de que, en un mercado competitivo, el factor trabajo es pagado de acuerdo a su producto marginal. Ejemplos recientes son los trabajos de Sanromá y Ramos (1999), Glaeser y Mare (2001), Wheaton y Lewis (2002). La principal ventaja de este enfoque es la relativa buena disposición de datos sobre salarios, dado que comúnmente generan por una amplia variedad de encuestas, como las de ingresos y gastos de los hogares o sobre el mercado de trabajo. Cuando la información sobre salarios proviene de datos individuales, su uso contribuye a eliminar la falta de información que se da como resultado de utilizar datos agregados; asimismo, permite controlar por un mayor número de variables potenciales que afectan el comportamiento de la variable endógena considerada; finalmente, el utilizar datos sobre salarios permite superar

[21] Rosenthal y Strange (2003) explican que analizar la creación de plantas nuevas presenta también desventajas. Una de las principales es la presencia de algunos ceros en la muestra, debido a que no en todas las zonas se crean nuevos establecimientos en un determinado periodo. De hecho el nacimiento de plantas suele darse, en la mayoría de los casos, en áreas o ciudades donde existe una concentración previa de empresas. Los autores controlan el problema de la presencia de ceros en la muestra mediante el uso de modelos Tobit.

algunos de los problemas asociados a los errores de medida que se dan en los estudios que utilizan la producción como variable dependiente[22].

3.4 Nivel de rentas

El cuarto enfoque se basa en la idea de que si las empresas pagan altas rentas del suelo en una determinada zona, es porque la productividad es tan elevada que les compensa esos mayores costes[23]. A partir del modelo de bienes públicos de Roback (1982), Rauch (1993) utiliza el nivel de rentas para capturar y medir el efecto de la aglomeración del capital humano en las ciudades.

Un inconveniente de este enfoque es la dificultad de poder disponer de información adecuada sobre las rentas del suelo. El trabajo antes citado emplea datos sobre las rentas de las viviendas como *proxy* de las rentas comerciales e industriales. Un aspecto a tener en cuenta es que, en principio, la ganancia en productividad que se deriva de las economías de aglomeración debería traducirse tanto en mayores salarios como en mayores rentas del suelo. Estos efectos dependen, sin embargo, de las elasticidades de los factores (tierra y trabajo) pero también de la presencia de atributos locales como las amenidades naturales. Si los trabajadores se desplazan a residir a alguna ciudad debido a que ésta posee un atractivo natural (o bien por la vida cultural de la misma), esto tendería a incrementar las rentas del suelo y a reducir el nivel de salarios. Por su parte, si estos trabajadores se mueven a dicha ciudad atraídos por la composición industrial y la tecnología, y si las empresas encuentran que los trabajadores en esa ciudad son más productivos, esto tendería a incrementar las rentas y los salarios. De esta forma, si el efecto de la amenidad es lo suficientemente importante, los salarios tenderán a reducirse y las rentas del suelo a incrementarse, aún con la presencia de economías de aglomeración[24].

---

22 Este enfoque tampoco está exento de problemas asociados con la omisión de variables o con la endogeneidad. Glaeser y Mare (2001) ofrecen una discusión sobre estos problemas.

23 Este enfoque se inspira en la literatura de la "calidad de vida"; ver por ejemplo Rosen (1979) y Roback (1982).

24 Como Rosenthal y Strange (2003) mencionan, la importancia de este aspecto en la práctica depende de la correlación que exista entre el efecto de la amenidad y el de la productividad; es decir, si los trabajadores toman sus decisiones de desplazamiento a partir de criterios distintos a los considerados por las empresas, entonces el problema de correlación se aminora.

II. DESEMPEÑO DE LAS MANUFACTURAS EN EL ÁMBITO URBANO EN MÉXICO

1. La información y su clasificación

La información sobre las manufacturas utilizada en este capítulo se refiere a los años 1993 y 1998, y proviene de los Censos Económicos de 1994 y 1999, respectivamente, dentro de los que se incluyen los Censos Industriales para esos mismos años. La fuente es el Instituto Nacional de Estadística, Geografía e Informática (INEGI). Los Censos Industriales proveen información a nivel nacional, estatal y municipal en México sobre un amplio conjunto de variables de los sectores de la economía mexicana; de esta forma, a partir de los datos municipales, y tomando en consideración las áreas metropolitanas definidas por el INEGI en la Encuesta Nacional de Empleo Urbano (ENEU), se han construido las variables económicas relevantes para el examen descriptivo de las manufacturas del presente capítulo y para la estimación econométrica sobre el alcance industrial de las economías de aglomeración del capítulo que procede. Por su parte, los datos sobre escolaridad y edad de la población ocupada, también utilizados en el presente y siguiente capítulos, provienen de la ENEU. A partir de la expansión de los datos microeconómicos de dicha encuesta para los cuartos trimestres de 1993 y 1998 se obtuvieron las variables agregadas para cada una de las industrias manufactureras y áreas metropolitanas en esos años[25].

1.1 Clasificación geográfica

En la presente investigación se han utilizado las áreas metropolitanas definidas por el INEGI mediante las cuales, a través de la ENEU, dicha institución capta y produce información para conocer las características sociodemográficas de la población urbana de México, así como dar cuenta sobre los niveles de empleo y desempleo, y sobre diversas características de la población ocupada y del mercado de trabajo. La información de las 37 áreas metropolitanas más importantes de México en 1993 y 1998 cubre, en esos años, cerca del 60 por ciento de la población urbana del país considerando el criterio de 2.500 habitantes o más, y aproximadamente el 90 por ciento de las poblaciones de 100.000 habitantes o más.

---

[25] La razón de utilizar los cuartos trimestres de cada año es que hasta el cuarto trimestre de 1993 la ENEU contó con 37 áreas metropolitanas, que son las que se utilizan en el presente capítulo y en la sección 3 del capítulo III dedicada a estimar las economías de localización y de urbanización.

Cabe señalar que las áreas metropolitanas son definidas por el INEGI y se conforman de municipios contiguos que presentan determinadas características geográficas y socioeconómicas[26]. En el cuadro 2.1 se listan las áreas metropolitanas y en el cuadro A.2.1 del anexo se presentan los municipios que las conforman. En el cuadro 2.1 se han agrupado las áreas metropolitanas en regiones de acuerdo a su situación y proximidad geográficas, así como su estructura productiva[27]. Con el objetivo de ofrecer un panorama sobre el tamaño de cada una de las áreas metropolitanas, en la segunda columna del cuadro se muestra la población total de cada una de éstas en los años censales de 1990 y 2000. En la columna de la derecha se especifica el rango o jerarquía que ocupan en 2000 de acuerdo con su tamaño urbano. Finalmente, en el mapa 1 se muestran las diferentes áreas metropolitanas y la región en las que se les ha agrupado en la presente investigación.

[26] Ver documento metodológico de la ENEU.

[27] El uso de índices de especialización en las manufacturas muestra, en general, patrones similares en las estructuras productivas de las diversas áreas metropolitanas al interior cada una de las regiones consideradas, inclusive en las de la región Sur y Península de Yucatán, que son las que presentan una mayor dispersión geográfica intrarregional.

Cuadro 2.1
Áreas metropolitanas de la ENEU y tamaño poblacional en 1990 y 2000

Región / área metropolitana	Población total 1990	Población total 2000	Crecimiento (%)	Rango o jerarquía en 2000
Fronterizas	**2,068,641**	**3,158,693**	**52.7**	
1 Tijuana	747,381	1,210,820	62.0	7
2 Ciudad Juárez	798,499	1,218,817	52.6	6
3 Matamoros	303,293	418,141	37.9	29
4 Nuevo Laredo	219,468	310,915	41.7	31
Noroeste	**1,994,707**	**2,518,592**	**26.3**	
5 Chihuahua	530,783	671,790	26.6	18
6 Hermosillo	448,966	609,829	35.8	21
7 Culiacán	601,123	745,537	24.0	14
8 Durango	413,835	491,436	18.8	26
Noreste	**4,782,224**	**5,845,317**	**22.2**	
9 Monterrey	2,573,527	3,243,466	26.0	3
10 Torreón	791,891	915,262	15.6	9
11 Saltillo	486,580	637,273	31.0	19
12 Tampico	648,598	746,417	15.1	13
13 Monclova	281,628	302,899	7.6	33
Centro-norte	**1,397,404**	**1,791,309**	**28.2**	
14 San Luis Potosí	658,712	850,828	29.2	10
15 Zacatecas	191,326	232,965	21.8	34
16 Aguascalientes	547,366	707,516	29.3	16
Centro-oeste	**3,465,799**	**4,306,824**	**24.3**	
17 Tepico	241,463	305,176	26.4	32
18 Guadalajara	2,977,126	3,665,739	23.1	2
19 Colima	154,347	210,766	36.6	36
20 Manzanillo	92,863	125,143	34.8	37
Centro	**4,947,568**	**6,574,894**	**32.9**	
21 Puebla	1,305,392	1,701,151	30.3	4
22 León	951,521	1,235,081	29.8	5
23 Toluca	819,915	1,142,426	39.3	8
24 Cuernavaca	511,779	705,405	37.8	17
25 Querétaro	555,491	787,341	41.7	12
26 Morelia	492,901	620,532	25.9	20
27 Celaya	310,569	382,958	23.3	30
Capital	**15,138,037**	**17,809,471**	**17.6**	
28 Ciudad de México	15,138,037	17,809,471	17.6	1
Este	**1,906,554**	**2,317,643**	**21.6**	
29 Veracruz	473,156	593,181	25.4	24
30 Orizaba	520,467	606,232	16.5	22
31 Coatzacoalcos	475,364	517,650	8.9	25
32 Villahermosa	437,567	600,580	37.3	23
Sur y Península de Yucatán	**2,059,225**	**2,686,042**	**30.4**	
33 Acapulco	593,212	722,499	21.8	15
34 Tuxtla Gutiérrez	295,608	434,143	46.9	28
35 Oaxaca	338,308	470,315	39.0	27
36 Mérida	658,452	842,188	27.9	11
37 Campeche	173,645	216,897	24.9	35
TOTAL	**37,760,159**	**47,008,785**	**24.5**	
Participación en el total nacional (%)	*46.5*	*48.2*		

Fuente: Censos de Población y Vivienda 1990 y 2000, INEGI

Mapa 2.1
Principales áreas metropolitanas de México según agrupación regional

Fuente: elaboración propia

1.2 Clasificación industrial

El Censo Industrial presenta la información de las manufacturas con una desagregación de sector, subsector, rama y clase económica, es decir a un nivel de uno, dos, cuatro y seis dígitos, respectivamente. Para el análisis de las manufacturas se han agrupado las diferentes ramas (al nivel de cuatro dígitos) en 19 industrias tomando como criterio básico el que ésas compartan, en la medida de lo posible, características similares en las materias primas utilizadas, el proceso de producción y el tipo de productos generados, así como el destino final de los mismos. Asimismo, se procuró que la agrupación de las distintas ramas asegure que las actividades de manufacturas bajo estudio tengan presencia en todas las áreas metropolitanas consideradas. Cabe señalar que las ramas 3511: "Petroquímica básica" y 3530: "Refinación de petróleo" fueron excluidas, ya que dichas actividades, además de estar presentes en sólo tres de las 37 áreas metropolitanas bajo estudio[28], son controladas por los gobiernos estatal y federal, y se asocian a una muy intensiva utilización del capital; con ello, la

[28] La rama 3511 está presente únicamente en las áreas metropolitanas de Coatzacoalcos y Villahermosa en la región Este. La rama 3530, por su parte, tiene un nivel de empleo y de valor agregado diferente de cero sólo en Tampico (región Noreste) y Coatzacoalcos (región Este).

productividad de la mano de obra en tales ramas y ciudades es considerablemente superior al promedio del total de las manufacturas en el ámbito nacional[29].

Con el objetivo de considerar diferencias según el nivel e intensidad tecnológica industrial y con ello tener una idea más clara sobre el desempeño de las manufacturas en las ciudades por tipo de industria, en la presente investigación se ha tomado en cuenta la clasificación de las manufacturas de acuerdo con su intensidad tecnológica que propone la Organización para la Cooperación y el Desarrollo Económicos (OCDE). La metodología utilizada por la OCDE para realizar dicha clasificación se basa en definir algunos indicadores sobre intensidad de tecnología que reflejan diferentes grados de "producción tecnológica" y "uso tecnológico"[30].

Después de evaluar dichos indicadores a nivel agregado para 10 países de la OCDE para los que existía información sobre la variable de tecnología (utilizando dólares americanos de 1990 a la paridad de poder de compra), la clasificación final se define al considerar diferentes categorías de industrias según las intensidades expresadas en tales indicadores. De esta forma, la OCDE ha llegado a una clasificación de las manufacturas en industrias de[31]: i) alta tecnología; ii) tecnología alta-media; iii) tecnología baja-media; y iv) tecnología baja. El cuadro 2.2 muestra las ramas y actividades manufactureras clasificadas en cada una de las industrias según la agrupación propuesta por dicha Organización.

---

[29] En 1993 y 1998 la razón entre el valor añadido y el personal ocupado en las ramas 3511 y 3530 a nivel nacional es, en ambos años, casi siete veces mayor al promedio manufacturero total. Esta muy elevada proporción podría distorsionar el análisis descriptivo y, muy posiblemente, los resultados de las estimaciones econométricas.

[30] Los indicadores son: i) los gastos en investigación y desarrollo (I+D) divididos entre el valor agregado; ii) los gastos en I+D divididos entre el nivel de producción; y iii) los gastos en I+D más la consideración del nivel tecnológico de los bienes intermedios y de inversión utilizados, divididos entre la producción; ver OCDE (1997), STI Scoreboard.

[31] Las industrias clasificadas en categorías superiores presentan una mayor intensidad promedio en todos los indicadores respecto a las de menor intensidad tecnológica.

Cuadro 2.2
Clasificación propuesta por la OCDE de las industrias manufactureras de acuerdo a su intensidad tecnológica

Industrias de baja tecnología
Papel, productos de papel e imprentas
Textiles, prendas de vestir y cuero
Alimentos, bebidas y tabaco
Muebles y productos de madera
Industrias de tecnología baja-media
Productos de caucho, hule y plástico
Construcción y reparación de embarcaciones
Otras manufacturas
Metales no ferrosos
Productos minerales no metálicos
Productos metálicos
Refinación de petróleo y productos derivados
Metales ferrosos
Industrias de tecnología alta-media
Instrumentos y productos profesionales
Motor de vehículos
Máquinas eléctricas, excluye equipo de comunicación
Sustancias y productos químicos, excluye farmacéutica
Otros productos y equipo de transporte
Maquinaria no eléctrica
Industrias de alta tecnología
Aviones
Equipo de oficina y procesamiento informático
Farmacéutica
Equipo de radio, televisión y comunicaciones

Fuente: OCDE (1997), STI Scoreboard

La agrupación de las ramas económicas en las 19 industrias utilizadas en la presente investigación ha buscado considerar la clasificación por tipo de intensidad tecnológica presentada en el cuadro 2.2. Debido a que algunas ramas (específicamente las consideradas de alta tecnología) están presentes en un número reducido de áreas metropolitanas, se decidió realizar una agrupación industrial que si bien se acercase lo más posible a la clasificación tecnológica propuesta por la OCDE, al mismo tiempo permitiese realizar de forma adecuada un análisis sobre las economías de aglomeración en las principales ciudades de México[32]. El siguiente cuadro 2.3 presenta las 19 industrias consideradas en el presente estudio para las áreas metropolitanas de México y las ramas que las componen según su intensidad tecnológica.

[32] Dado que en el análisis de las economías de aglomeración que se realiza en el siguiente capítulo la unidad de observación es la industria en las áreas metropolitanas, la agrupación sectorial debe permitir el que dichas industrias estén representadas de forma más o menos equilibrada entre las ciudades, lo que evitaría problemas de *censoring* en las estimaciones.

Cuadro 2.3
Clasificación industrial de las manufacturas en el ámbito urbano de México

INTENSIDAD TECNOLÓGICA	INDUSTRIAS		
BAJA	**1 ALIMENTOS, BEBIDAS Y TABACO**		
	31	Subsector 31	Productos alimenticios, bebidas y tabaco
	2 TEXTILES		
	3211	Rama 3211	Fibras duras y cordelería
	3212	Rama 3212	Procesos de fabricación de fibras blandas
	3213	Rama 3213	Confección con materiales textiles
	3 TEJIDOS DE PUNTO Y PRENDAS DE VESTIR		
	3214	Rama 3214	Tejidos de punto
	3220	Rama 3220	Confección de prendas de vestir
	4 CUERO, PIEL Y CALZADO		
	3230	Rama 3230	Industria del cuero y piel
	3240	Rama 3240	Industria del calzado
	5 MADERA Y SUS PRODUCTOS		
	33	Subsector 33	Industria de la madera y sus productos. Incluye muebles
	6 PAPEL Y PRODUCTOS DE PAPEL		
	3410	Rama 3410	Celulosa, papel y sus productos
	7 IMPRENTAS Y EDITORIALES		
	3420	Rama 3420	Imprentas, editoriales e industrias conexas
BAJA-MEDIA	**8 COQUE, HULE Y PLÁSTICO**		
	3540	Rama 3540	Industria del coque. Incluye otros derivados del carbón mineral y del petróleo
	3550	Rama 3550	Industria del hule
	3560	Rama 3560	Productos de plástico
	9 ALFARERÍA, CERÁMICA Y VIDRIO		
	3611	Rama 3611	Alfarería y cerámica. Excluye materiales para construcción
	3620	Rama 3620	Vidrio y sus productos
	10 MATERIALES PARA CONSTRUCCIÓN Y PRODUCTOS A BASE DE MINERALES NO METÁLICOS		
	3612	Rama 3612	Materiales de arcilla para la construcción
	3691	Rama 3691	Cemento, cal, yeso y otros productos a base de minerales no metálicos
	11 METÁLICA BÁSICA		
	37	Subsector 37	Industrias metálicas básicas
	12 PRODUCTOS METÁLICOS		
	3811	Rama 3811	Fundición y moldeo de piezas metálicas
	3812	Rama 3812	Estructuras metálicas, tanques y calderas industriales
	3813	Rama 3813	Muebles metálicos
	3814	Rama 3814	Otros productos metálicos
	13 OTRAS INDUSTRIAS MANUFACTURERAS		
	39	Subsector 39	Otras industrias manufactureras
	3900	Rama 3900	Otras industrias manufactureras
ALTA-MEDIA	**14 SUSTANCIAS QUÍMICAS BÁSICAS Y FIBRAS ARTIFICIALES Y/O SINTÉTICAS**		
	3512	Rama 3512	Sustancias químicas básicas. Excluye las petroquímicas básicas
	3513	Rama 3513	Fibras artificiales y/o sintéticas
	15 MAQUINARIA CON O SIN MOTOR ELÉCTRICO, Y MAQUINARIA Y ACCESORIOS ELÉCTRICOS		
	3821	Rama 3821	Maquinaria y equipo para fines específicos. Incluye maquinaria agrícola
	3822	Rama 3822	Maquinaria y equipo para fines generales. Incluye armamento
	3831	Rama 3831	Maquinaria y accesorios eléctricos. Incluye para la generación de energía eléctrica
	16 AUTOMÓVILES Y EQUIPO DE TRANSPORTE		
	3841	Rama 3841	Industria automotriz
	3842	Rama 3842	Equipo de transporte y sus partes
	17 INSTRUMENTOS Y EQUIPO DE PRECISIÓN		
	3850	Rama 3850	Instrumentos y equipo de precisión
ALTA	**18 MÁQUINAS DE OFICINA Y PROCESAMIENTO INFORMÁTICO, EQUIPO ELECTRÓNICO Y APAR. DOMÉSTICOS**		
	3823	Rama 3823	Máquinas de oficina, cálculo y procesamiento informático
	3832	Rama 3832	Equipo electrónico de radio, TV, comunicaciones y de uso médico
	3833	Rama 3833	Aparatos y accesorios de uso doméstico
	19 INDUSTRIA FARMACÉUTICA Y OTROS PRODUCTOS QUÍMICOS		
	3521	Rama 3521	Industria farmacéutica
	3522	Rama 3522	Otras sustancias y químicas

RAMAS EXCLUIDAS

3511	Rama 3511	Petroquímica básica
3530	Rama 3530	Refinación de petróleo

Fuente: Censo Industrial, INEGI

Como se observa, las diferencias más importantes entre la clasificación que hace la OCDE y la presentada en el cuadro 3 radica en las industrias de alta tecnología. En el caso de las industrias de alta tecnología de las áreas metropolitanas de México se han considerado, además de las propuestas por la OCDE, la rama 3833: "Aparatos y Accesorios de uso doméstico" (dentro de la industria 18) y la rama 3522: "Otras Sustancias y Productos Químicos" (dentro de la industria 19), ramas que son clasificadas por la OCDE dentro de las industrias de tecnología alta-media. Cabe señalar que la fabricación, ensamble y reparación de aeronaves se presenta en el Censo Industrial a un nivel de 6 dígitos y únicamente tiene representatividad en las áreas metropolitanas de Tijuana y Mexicali[33]. Dicha actividad se ha clasificado dentro del sector de tecnología alta-media 16: "Automóviles y equipo de transporte"; específicamente dentro de la rama 3842: "Equipo de transporte y sus partes" (ver cuadro 2.3).

Finalmente, es importante señalar que si bien se cuenta con información sobre el gasto en I+D efectuado en el sector productivo en México en el ámbito nacional, lo que pudiese brindar mayores elementos para la clasificación de las manufacturas según intensidad tecnológica, éste se presenta a un nivel de agregación industrial un tanto superior al utilizado en el cuadro 3[34]. A pesar de ello, existe coincidencia de que la mayor parte del gasto en I+D en México se orienta a las industrias que en el cuadro 3 se han clasificado de tecnología alta y alta-media, aunque cabe aclarar que en la industria de tecnología alta-media 17: "Instrumentos y equipo de precisión" presenta en el país una proporción nula de este tipo de gasto. Cabe señalar, asimismo, que algunas industrias de tecnología baja-media (11: "Metálica básica") y baja (1: "Alimentos,

---

[33] Cabe señalar, adicionalmente, que esta actividad se lleva a cabo en menos de 5 establecimientos en cada una de dichas áreas metropolitanas ya que, por motivos de confidencialidad, el número de plantas no se reporta en el censo.

[34] El Consejo Nacional de Ciencia y Tecnología (CONACYT) y la Secretaría de Educación Pública (SEP) definen al *sector productivo* como: "las compañías, organizaciones e instituciones (excluyendo las de educación superior) cuya actividad primaria es la producción de bienes y servicios destinados a la venta al público en general a un precio de mercado, se incluyen aquí las empresas paraestatales. En este sector se incluyen también los Institutos Privados no Lucrativos cuyo objetivo principal es prestar servicios a las empresas privadas", ver Conacyt-SEP (1998), página 237. Según este reporte, el gasto en I+D en el sector productivo en México representó en 1994 el 25 por ciento del gasto considerando la totalidad de sectores (es decir, considerando al gobierno y a las instituciones de educación superior).

bebidas y tabaco") presentan en México porcentajes de gasto en I+D relativamente importantes[35].

2. Análisis descriptivo

2.1 Análisis industrial

2.1.1 Niveles de productividad y de remuneración del factor trabajo

El gráfico 2.1 muestra el valor agregado por ocupado respecto a la media urbana nacional en las 19 industrias de manufacturas considerando el conjunto de las 37 áreas metropolitanas[36]. Destacan, por su elevada productividad, la industria de intensidad tecnológica baja-media 11: "Metálica básica"; las de intensidad tecnológica alta-media 14: "Sustancias químicas básicas y fibras artificiales y/o sintéticas" y 16: "Automóviles y equipo de transporte"; y la de alta 19: "Farmacéutica y otros productos químicos". Al examinar los datos a nivel rama (no presentados), se observa que el elevado valor añadido por ocupado de la industria 16 de tecnología alta-media se genera principalmente gracias a la rama 3841: "Industria automotriz", la cual ha sido muy productiva en México, especialmente desde mediados de los ochenta[37]. Se debe señalar que las cuatro industrias mencionadas anteriormente, además de ser altamente productivas, de 1993 a 1998 han incrementado la productividad respecto a la media nacional; esto es especialmente evidente en el caso de las industrias 11: "Metálica básica" y 14: "Sustancias químicas básicas y fibras artificiales y/o sintéticas".

---

[35] Según datos de Conacyt-SEP (1998), el gasto en I+D en 1994 en la industria "Químicos y productos químicos, y farmacéuticos" (que correspondería a la industria 19 y a la rama 3512 de la industria 14 del cuadro 3) absorbió el 14,7 por ciento del gasto considerando la totalidad de sectores en la economía. En la industria "Vehículos de motor" (incluido dentro de la industria 16) y "Maquinaria eléctrica" (dentro de la industria 15) este porcentaje fue de 6,6 y 5,3 por ciento, respectivamente. En la industria "Maquinaria de oficina, contabilidad y computación" (incluido dentro de la industria 18) el gasto en I+D representó el 2,2 por ciento del gasto nacional total. Dentro de las industrias de tecnología baja-media y baja destacan "Metálica básica" (11) y "Alimentos, bebidas y tabaco" (1), con una proporción de gasto del 4,8 y 5,2 por ciento, respectivamente. En el resto de industrias de manufacturas el porcentaje de gasto en I+D fue mucho más reducido.

[36] Cabe mencionar que si bien el valor agregado por trabajador es una medida parcial de productividad, ya que no considera el factor capital, la razón es útil y comúnmente utilizada y reconocida para aproximar y examinar la productividad de la mano de obra industrial bajo ciertos supuestos (como la existencia de competencia perfecta).

[37] Hernández Laos (1994b) documenta el incremento en la productividad total y parcial de los factores en la industria automotriz a partir de la apertura comercial de mediados de los ochenta. Al final de esta sección se revisan algunos trabajos que explican el buen desempeño de esta y otras industrias en el país.

Por su categoría de elevada intensidad tecnológica, sorprende a primera vista el hecho de que las industrias 15: "Maquinaria con o sin motor eléctrico, y maquinaria y accesorios eléctricos", 17: "Instrumentos y equipo de precisión", y 18: "Máquinas de oficina y procesamiento informático, equipo electrónico y aparatos domésticos", presenten muy bajos niveles de productividad. El relativo pobre desempeño de las industrias de baja tecnología (con excepción quizás de la industria 1:" Productos alimenticios, bebidas y tabaco"), por su parte, no es tan sorprendente por el hecho de que se trata de actividades más tradicionales con un evidente rezago tecnológico en México[38].

La baja productividad en México de las industrias catalogados internacionalmente de intensidad tecnológica alta-media (15 y 17) y alta (18) podría explicarse, en gran medida, por las actividades de carácter maquilador con las que se relacionan. Conocida en inglés como *in-bond*, la industria maquiladora ensambla partes provenientes del exterior para reexportarlas como bienes terminados. De esta forma, se trata de aprovechar la mano de obra barata y algunas ventajas fiscales del país donde se lleva a cabo esta actividad. Es posible que por las operaciones de ensamblaje efectuadas en dichas plantas (por naturaleza intensivas en mano de obra) en las cuales no se ha logrado incrementar el contenido local en la producción, este tipo de industrias de lugar a un muy bajo valor agregado por ocupado en México[39].

---

[38] Hernández Laos (1994b) y Sorbazo (1997); más adelante se hará referencia a esos trabajos.

[39] Más adelante se dará mayor explicación sobre las características de la industria maquiladora de exportación en México y a la falta de encadenamientos de contenido local dentro del territorio nacional.

Gráfico 2.1

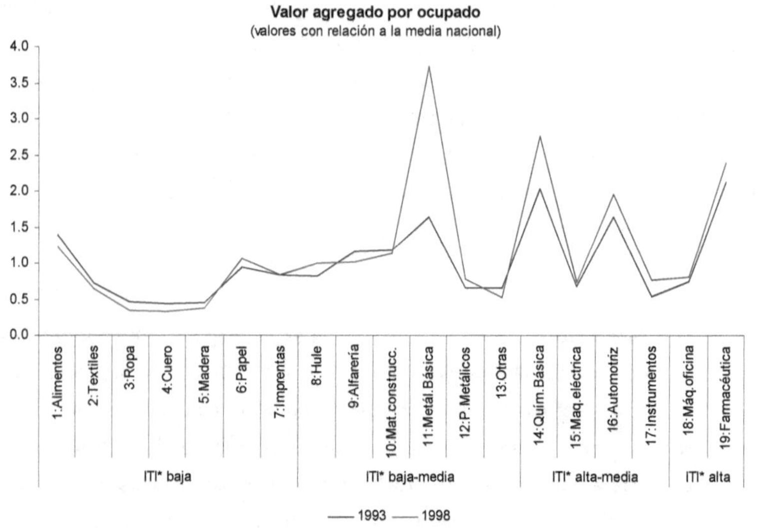

* ITI: se refiere a la intensidad tecnológica industrial
Fuente: Censo Industriales 1994 y 1998, INEGI

Como se aprecia en el gráfico 2.2, las remuneraciones promedio muestran un patrón industrial similar al del valor agregado por ocupado. En el caso de las remuneraciones promedio en las industrias de intensidad tecnológica alta-media y alta 15, 17 y 18, la proporción respecto a la media nacional es ligeramente superior si se le compara con lo observado en el caso del valor añadido por ocupado. Aun así, las remuneraciones por trabajador en esas industrias en general continúan siendo bajas[40]. Es decir, en congruencia con lo observado en el caso del valor añadido por ocupado, las remuneraciones promedio en las industrias de elevada sofisticación tecnológica 15, 17 y 18 (como se verá a continuación, altamente asociadas a las actividades de maquila en México) muestran una bajo nivel respecto a la media nacional.

[40] Por ejemplo, las remuneraciones promedio de la industria 15 se ubican, en ambos años, por debajo del promedio nacional: en 1993 y 1998 representan 99 y 96 por ciento, respectivamente, de dicho umbral; en la industria 17 representan sólo 89 por ciento del valor medio nacional en 1993, aunque para 1998 superan este promedio nacional en 14 por ciento. En el caso de la industria 18, las remuneraciones por ocupado en 1993 y 1998 son superiores a la media nacional en sólo 1 y 3 por ciento, respectivamente.

Gráfico 2.2

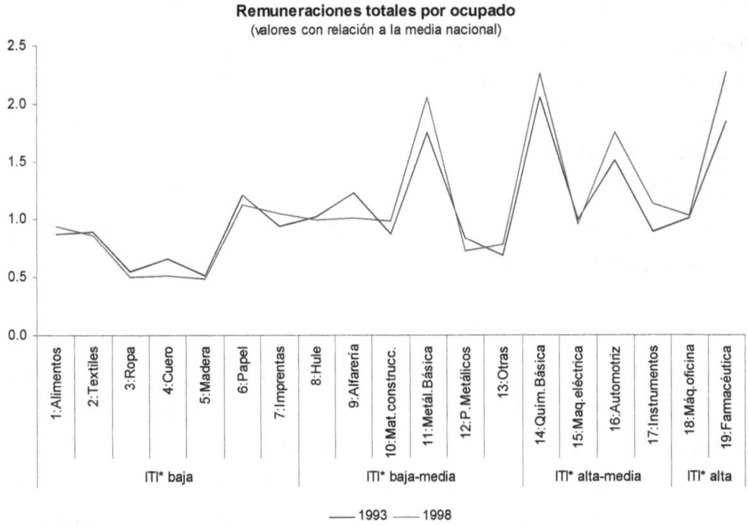

* ITI: se refiere a la intensidad tecnológica industrial
Fuente: Censo Industriales 1994 y 1998, INEGI

2.1.2 Ingresos por servicios de maquiladora

El Censo Industrial capta información sobre los ingresos por servios de maquiladora, definiéndolos como "los servicios prestados o recibidos por las unidades económicas a terceros de éstos en la fabricación, ensamble u otro tipo de transformación de un producto (o parte del mismo), así como el beneficio de minerales"[41]. Aunque con esta variable no es posible identificar si el tipo de servicios de subcontratación o maquila se realiza entre plantas nacionales o entre plantas nacionales y extranjeras (en las que se llevarían a cabo las actividades de ensamblaje para la reexportación), puede aportar evidencia relevante para explicar parte del desempeño en términos de productividad de las industrias bajo estudio.

El gráfico 2.3 muestra el porcentaje que representan los ingresos por servicios de maquiladora en la producción bruta total, respecto a la media nacional, para las industrias bajo análisis. Como se observa, las industrias en las que dicha variable

[41] Ver Glosario de Términos de los Censos Económicos, INEGI.

muestra la mayor proporción son las de intensidad tecnológica alta 18: "Máquinas de oficina y procesamiento informático, equipo electrónico y aparatos domésticos"; y de alta-media 17: "Instrumentos y equipo de precisión" y 15: "Maquinaria con o sin motor eléctrico, y maquinaria y accesorios eléctricos". De 1993 a 1998 las actividades maquiladoras en estas industrias han reducido su peso relativo, aunque continúan mostrando las más elevadas proporciones. Siguen en importancia las industrias de intensidad tecnológica baja-media 13: "Otras industrias manufactureras" y 8: "Coque, hule y plástico, así como las de baja intensidad tecnológica 3: "Tejidos de punto y prendas de vestir" y 2: "Textiles"[42].

Al comparar los gráficos 2.1, 2.2 y 2.3 se observa que, en general, las industrias que presentan las más elevadas proporciones de ingresos por servicios de maquiladora, muestran, a su vez, bajos niveles de productividad del trabajo y de remuneraciones promedio. Por el contrario, las industrias que presentan los menores ingresos por servicios de maquiladora respecto a la media total urbana en general se asocian a elevadas productividades. Obsérvese cómo la reducción de la importancia de los ingresos por servicios de maquiladora de 1993 a 1998 en las industrias 15, 17 y 18 (gráfico 2.3) se asocia también con un crecimiento (aunque sólo marginal) de la productividad de las mismas en el ese periodo (gráfico 2.1).

Por tanto, pareciera que el carácter maquilador para la reexportación es lo que hace que algunas industrias catalogadas internacionalmente de intensidad tecnológica elevada presenten en México bajas productividades respecto al promedio nacional. En su estudio sobre los diferenciales de productividad entre México, Canadá y Estados Unidos, Hernández Laos (1994a) pone de manifiesto que en pocas divisiones industriales es tan diferente la estructura de productos de México en el subsector 38: "Productos Metálicos, Maquinaria y Equipo" (en la cual se agregan las industrias 12, 15,

[42] El ingreso por servicios de maquiladora en las industrias 2 y 3 se genera principalmente por las relaciones de subcontratación entre plantas dedicadas al ensamble de prendas de vestir y de diversos productos confeccionados con textiles y materiales similares. Por su parte, los ingresos por servicios de maquiladora en las industrias 15, 17 y 18 se relacionan con las actividades de ensamblaje de partes y accesorios mecánicos, electrónicos, maquinaria y equipo, aparatos eléctricos y de instrumentos (entre otros), según la industria. Al igual que en el caso de los textiles y la ropa, una elevada proporción de estas piezas y partes generalmente son de procedencia extranjera para ser exportados nuevamente como productos finales o semi-terminados.

16, 17 y 18 del presente trabajo) respecto de sus vecinos del hemisferio norte. Explica que:

"En tanto en México la industria metálica y productora de equipo tiene un carácter poco sofisticado y, a excepción de la fabricación de automóviles, su producción de maquinaria y equipo es de carácter relativamente sencillo, en Estados Unidos -y también en Canadá- esta industria incluye, además de la producción de automóviles, la fabricación de aviones, microelectrónica y máquinas/herramientas sofisticadas de alta tecnología"[43].

Gráfico 2.3

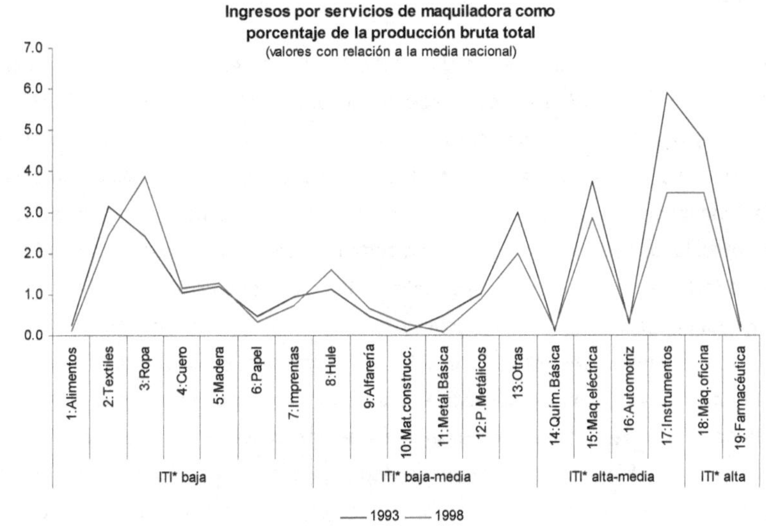

* ITI: se refiere a la intensidad tecnológica industrial
Fuente: Censo Industriales 1994 y 1998, INEGI

[43] Hernández Laos (1994a), pie de página 118, página 58.

2.1.3 Participación de capital extranjero

Un aspecto a tener en cuenta es que, por el reducido gasto en I+D realizado en los países en desarrollo, la principal fuente de avance tecnológico de éstos se localiza en su capacidad de asimilar en forma eficiente el creciente acervo tecnológico mundial. México no escapa de esta situación, ya que los gastos en I+D en el país son muy bajos si se le compara con los naciones desarrolladas[44]. Además, estos gastos son ejercidos fundamentalmente por el sector público, lo que sugiere que la actividad no es todavía rentable en el país[45]. De esta forma, se puede afirmar que una buena parte del progreso tecnológico de México debe absorberse vía inversión extranjera directa (IED) y/o flujos de comercio exterior.

En su investigación sobre el cambio tecnológico y el perfil de la mano de obra en México, Sobarzo (1997) concluye que las industrias tradicionales en México (como textiles y vestido) han perdido competitividad internacional en las últimas tres décadas, en tanto que las más avanzadas tecnológicamente (que el autor identifica como: equipo de transporte, productos metálicos, maquinaria y equipo, y químicos) la han incrementado. Argumenta que este comportamiento se asocia a dos hechos: inversión en tecnología y participación importante en los mercados internacionales. Afirma que los sectores avanzados no sólo han invertido en tecnología, sino que han buscado exportar en forma creciente, lo que los ha mantenido expuestos a la competencia internacional y al avance tecnológico. Los sectores tradicionales, por el contrario, han sufrido la falta de inversión en tecnología y se han concentrado fundamentalmente en el mercado interno, lo que ha provocado su rezago tecnológico y la pérdida de competitividad internacional. Cabe destacar que las conclusiones del trabajo antes señalado se derivan de un análisis en el que se trabaja con información a nivel nacional y con una desagregación sectorial que se realiza principalmente a un nivel de dos dígitos. Asimismo, al analizar la estructura sectorial de las manufacturas según el origen del capital, el autor no distingue entre industrias según su relación con las

---

[44] Según datos de Conacyt-SEP (2001), en 2001 el gasto federal en I+D en México representó sólo 0,40 por ciento del PIB, en tanto que en países como Suecia, Japón, Estados Unidos, Alemania, Francia y Canadá, este porcentaje fue de 4,27, 3,09, 2,87, 2,49, 2,20 y 1,94, respectivamente.

[45] Del gasto en I+D ejercido en México en 2001 poco más del 70 por ciento es gasto de gobierno, en tanto que el 30 por ciento restante proviene del sector privado. Esto contrasta con los países desarrollados en los que los gastos en I+D son mayoritariamente ejercidos por el sector privado. En el caso de Japón, por ejemplo, el gasto gubernamental en I+D representó casi 20 por ciento del total; es decir, el sector privado contribuyó con poco más del 80 por ciento; ver Conacyt-SEP (2001).

actividades maquiladoras de exportación, aspecto de importancia que debería tenerse en cuenta.

En la presente investigación se considera necesario distinguir entre las industrias con elevadas proporciones de capital extranjero y cuyos establecimientos se dedican mayoritariamente a las actividades de ensamblaje, de aquéllas con elevadas proporciones de capital extranjero, pero que a la vez se asocian con menores o nulas actividades maquiladoras. En estas últimas industrias, presumiblemente, deberían existir mayores encadenamientos productivos a nivel industrial y territorial, y mayores probabilidades de adopción tecnológica. De esta forma, la afirmación de Sobarzo (1997) sobre la adopción de nuevas tecnologías en los sectores manufactureros de México requiere matizarse, ya que es necesario distinguir entre los sectores en los que no sólo el monto sino también la "calidad" de la inversión extranjera es elevada, de aquéllos en los que dicha inversión (elevada en monto pero de menor "calidad") se realiza con el objetivo único de minimizar costes salariales y de transporte, canalizándose a actividades que son principalmente de ensamblaje para la reexportación aprovechando la proximidad geográfica de México al mercado estadounidense. Debería esperarse que en las primeras industrias se genere un mayor valor agregado a escala local y existan mayores posibilidades de adopción tecnológica respecto a las segundas.

El gráfico 2.4 muestra, a través de la línea, el porcentaje que representa la población ocupada en establecimientos con participación de capital extranjero respecto a la población ocupada total[46]. Esta variable se presenta únicamente para 1993, ya que el Censo Industrial posterior no la reporta. El gráfico 2.4 presenta también, para ambos años, los ingresos por servicios de maquiladora como proporción de la producción bruta total, variable que se representa mediante las barras y que corresponde a la ya presentada en el gráfico 2.3.

[46] En los Censos Económicos, como habitualmente se establece a nivel internacional, la participación de capital extranjero se reporta a través de la población ocupada en los establecimientos en los que el capital extranjero representa más del 10 por ciento del capital total. A pesar de que esta variable es únicamente una aproximación del capital extranjero realmente existente en cada uno de los establecimientos y sectores, permite conocer en cierta medida la capacidad de los mismos para absorber flujos de capital del exterior.

Como se observa, prácticamente la totalidad de industrias de intensidad tecnológica baja y baja-media presentan una reducida participación de capital extranjero (menor a la media total urbana)[47]. Por el contrario en todas las industrias de tecnología alta y alta-media dicho porcentaje es superior a la media nacional. En cuanto a la proporción de los ingresos por servicios de maquiladora respecto a la producción bruta total, si bien la tendencia de dicho porcentaje entre las industrias se corresponde a grandes rasgos con la mostrada por la participación de capital extranjero, existen algunas diferencias importantes en las industrias de tecnología alta-media 14: "Sustancias químicas básicas y fibras artificiales y/o sintéticas" y 16: "Automóviles y equipo de transporte"; y en la industria de alta tecnología 19: "Industria farmacéutica y otros productos químicos", en las que muy elevadas participaciones de capital extranjero contrastan con reducidas proporciones de ingresos por servicios de maquiladora[48].

Considerando las industrias con elevada participación de capital extranjero (es decir, las de tecnología alta y alta-media) se distinguen, por tanto, la industria 14: "Sustancias químicas básicas y fibras artificiales y/o sintéticas", 16: "Automóviles y equipo de transporte", y 19: "Industria farmacéutica y otros productos químicos" con una muy elevada participación de capital extranjero y, a su vez, un reducido porcentaje de ingresos por servicios de maquiladora. En diferente situación se encuentran las industrias 15: "Maquinaria con o sin motor eléctrico, y maquinaria y accesorios eléctricos", 17: "Instrumentos y equipo de precisión" y 18: "Máquinas de oficina y procesamiento informático, equipo electrónico y aparatos domésticos", cuya participación de capital extranjero es elevada pero, al mismo tiempo, los ingresos por servicios de maquiladora alcanzan también altos porcentajes.

De acuerdo con las reflexiones mencionadas en los párrafos anteriores, todas las industrias de tecnología alta y alta-media presumiblemente se sitúan en mejor posición para adoptar nuevas tecnologías a nivel internacional, por el hecho de tener una elevada participación de capital extranjero. Sin embargo, el primer grupo de actividades, por el tipo de actividades que desempeñan (poco relacionadas con la industria maquiladora) tiene, adicionalmente, un elevado potencial a difundir estas

---

47 Las únicas excepciones son las industrias 8: "Coque, hule y plástico" y 11: "Metálica básica", con un porcentaje ligeramente superior a la media total urbana.

48 Para 1993 el coeficiente de correlación entre los ingresos por servicios de maquiladora y la participación del capital extranjero entre las 19 industrias manufactureras a nivel urbano total es de 0,57; el coeficiente asciende a 0,78 al excluir las industrias 14, 16 y 19.

nuevas tecnologías en el territorio dados sus (posibles) mayores encadenamientos productivos en el entorno local. Estas industrias (14, 16 y 19), coincidentemente, presentan las más elevadas productividades en el ámbito nacional y ocupan, después de la industria 11 en 1998, las primeras posiciones en cuanto al valor añadido por ocupado (ver gráfico 2.1). En el segundo grupo de industrias, por su parte, es posible que los encadenamientos productivos y la difusión de tecnología en México lleguen a ser menos intensos a pesar de la elevada participación de capital extranjero que muestran.

Gráfico 2.4

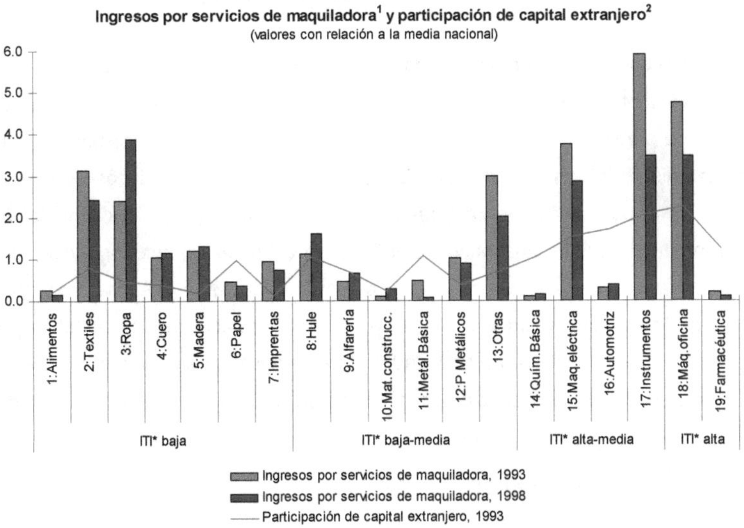

[1] Como porcentaje de la producción bruta total
[2] Se refiere al porcentaje de población ocupada que se emplea en establecimientos con capital extranjero respecto a la población ocupada total
* ITI: se refiere a la intensidad tecnológica industrial
Fuente: Censos Industriales 1994 y 1999

2.1.4 Tamaño de los establecimientos

El gráfico 2.5 muestra el tamaño promedio de los establecimientos, calculado como el número de ocupados entre el número de unidades económicas, para cada una de las industrias[49]. Como se observa, existe un patrón caracterizado por un aumento del tamaño promedio de las plantas a medida en que se incrementa la intensidad tecnológica de las industrias. Un análisis comparativo entre los gráficos 2.1 y 2.5 evidencia que, en general, las industrias de mayor productividad presentan, asimismo, tamaños de establecimiento grandes y superiores a la media nacional[50]; es decir, es muy probable que buena parte de la productividad en estas industrias en México se generen por la presencia de economías de escala internas a las empresas.

Lo anterior contrasta, sin embargo, con lo que sucede en las industrias 15: "Maquinaria con o sin motor eléctrico y maquinaria y accesorios eléctricos", 17: "Instrumentos y equipo de precisión" y, muy particularmente, en el sector 18: "Maquinaria de oficina y procesamiento informático, equipo electrónico y aparatos domésticos", en las que se tienen elevados tamaños de los establecimientos (superiores a la media nacional) pero, al mismo tiempo, reducidos valores añadidos por ocupado. Lo anterior puede deberse a que en estas actividades se concentra la mayor parte de la industria maquiladora de exportación; probablemente por ello el tamaño grande de los establecimientos, dedicados básicamente a las actividades de ensamblaje, se asocia con la generación de niveles bajos de valor añadido por ocupado en la parte del territorio mexicano.

---

[49] Cabe señalar que por razones de confidencialidad, el Censo Económico no reporta el número de unidades económicas cuando en una actividad la suma de éstas es inferior a cinco establecimientos. Con el objetivo de no perder observaciones al nivel de rama (cuatro dígitos), en estos casos se asignó el número de unidades económicas a partir del prorrateo equiproporcional de esas ramas al nivel de subsector (dos dígitos).

[50] En particular, destacan 11: "Metálica básica", 14: "Sustancias químicas básicas y fibras artificiales y/o sintéticas", 16: "Automóviles y equipo de transporte" y 19: "Industria farmacéutica y otros productos químicos".

Gráfico 2.5

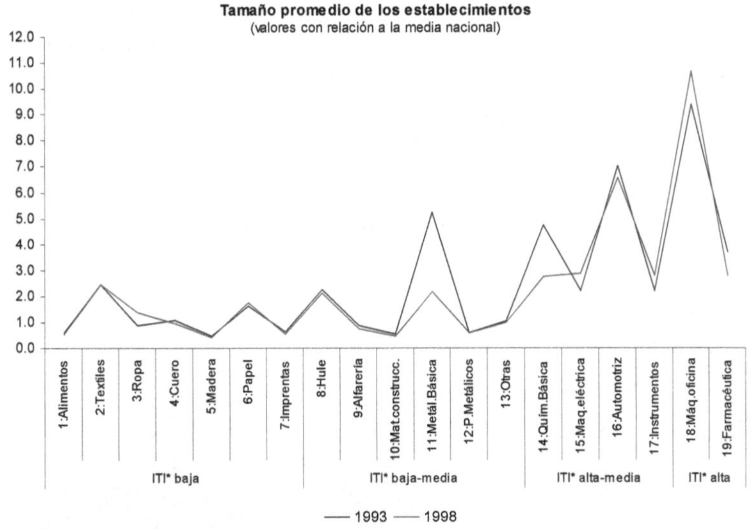

* ITI: se refiere a la intensidad tecnológica industrial
Fuente: Censos Industriales 1994 y 1999

2.1.5 Activos fijos netos

El gráfico 2.6 muestra el valor de los activos fijos netos por ocupado respecto a la media nacional en cada una de las industrias bajo estudio[51]. Como se aprecia, en general las industrias con las mayores proporciones de activos fijos son también las más productivas (ver gráfico 2.1). Un claro ejemplo lo constituyen las industrias 11: "Metálica básica", 14: "Sustancias químicas básicas y fibras artificiales y/o sintéticas" y 16: "Automóviles y equipo de transporte", en las que no sólo lo activos fijos netos y la

[51] El INEGI define los activos fijos netos como "el valor, a costo de reposición o precio de mercado, de todos aquellos bienes duraderos que coadyuvan a la realización de la actividad comercial, cuya vida útil es superior a un año y que fueron propiedad de los establecimientos el 31 de diciembre [de 1993 y 1998, respectivamente], sin importar el año en que fueron adquiridos. Los activos fijos netos de cada establecimiento incluyen el valor de los activos fijos de su propiedad alquilados a terceros; las adiciones, modificaciones y reformas mayores realizadas a los activos fijos y que prolongan su vida útil o aumentan su productividad; los activos fijos pertenecientes a otros establecimientos de la misma empresa que son utilizados normalmente por el establecimiento para su actividad comercial; y los activos fijos producidos por el mismo para uso propio. Excluye, para cada establecimiento, el valor de los activos fijos propiedad de terceros que tenía alquilados, los gastos de reparaciones menores y mantenimiento corriente efectuados a los activos fijos; y los activos fijos que le pertenecían pero fueron normalmente utilizados para actividades comerciales por otros establecimientos de la misma empresa"; ver glosario del Censo Industrial, INEGI.

productividad de la mano de obra son superiores a la media nacional, sino que también ambas variables han mostrado un incremento en el tiempo[52]. Obsérvese finalmente cómo, al igual que las industrias de baja intensidad tecnológica, las industrias altamente relacionadas con las actividades maquiladoras (15, 17 y 18) muestran muy bajas proporciones de activos fijos netos.

Gráfico 2.6

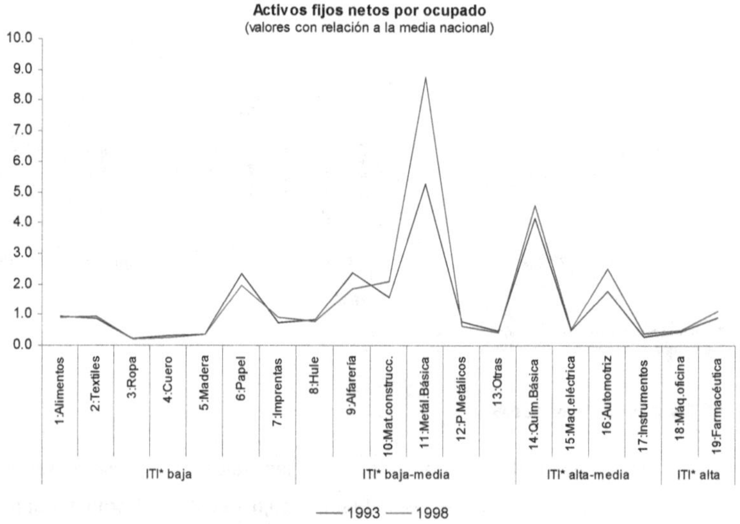

* ITI: se refiere a la intensidad tecnológica industrial
Fuente: Censos Industriales 1994 y 1999

2.1.6 Características cualitativas de la mano de obra

Diversos autores han puesto en evidencia que al interior del sector manufacturero mexicano existen serias carencias de educación, lo que plantea la posibilidad de que en el mediano y largo plazos la falta de personal cualificado se convierta en un obstáculo para el crecimiento y aumento de la productividad[53]. Asimismo, y como Lucas (1988) argumenta, el éxito en el proceso de adopción de tecnología radica en la

---

[52] En el caso de la industria 19: "Farmacéutica y otros productos químicos", de 1993 a 1998 la proporción de activos fijos pasó de ubicarse por debajo de la media nacional a ser 13 por ciento superior a dicho umbral; asimismo, como se aprecia en el gráfico 2.1, en ese periodo su productividad se incrementó, pasando de 2,1 a 2,4 veces la media nacional.

[53] Ver por ejemplo Garro *et al* (1997) y Sobarzo (1997).

capacidad para apropiarse de los efectos de difusión, esto es, de aprender haciendo. En consecuencia, el acervo de capital humano es un elemento clave para el crecimiento y desarrollo económico de toda nación. Con el objetivo de proporcionar una visión de la estructura cualitativa de los recursos humanos en las manufacturas, a continuación se analizan la escolaridad promedio, la composición educativa y la edad de los trabajadores empleados en las industrias bajo estudio en el ámbito del conjunto de las áreas metropolitanas consideradas[54].

2.1.6.1 Niveles educativos

El gráfico 2.7 muestra el número de años de escolaridad promedio de los ocupados en las 19 industrias bajo estudio. Dicha variable se obtuvo mediante la expansión de los datos individuales de escolaridad por industria provistos por la ENEU. La variable referente a la educación en la ENEU viene captada por los años de instrucción dentro de cada rango educativo (primaria; secundaria o prevocacional; preparatoria o vocacional; licenciatura o profesional superior; y posgrado), incluyendo las carreras técnicas con antecedente de primaria, secundaria o preparatoria (o vocacional), tal y como se presenta en el cuadro 2.4[55].

Cuadro 2.4
Niveles educativos definidos en la ENEU

Concepto	Antecedente escolar
Primaria	Ninguno
Capacitación	6 años de primaria
Secundaria o prevocacional	6 años de primaria
Subprofesional	3 años de secundaria
Preparatoria o vocacional	3 años de secundaria
Profesional medio	2-3 años de preparatoria
Profesional superior	2-3 años de preparatoria
Postgrado	4-5 años de profesional superior

Fuente: documento metodológico ENEU, INEGI

Cabe señalar que en México las carreras técnicas que tienen como antecedente la primaria o la secundaria son por lo general de dos años. Las carreras técnicas con

[54] Como se ha explicado con anterioridad, la información sobre escolaridad en los diferentes sectores manufactureros se ha obtenido a partir de la expansión de los datos microeconómicos de la ENEU. La estructura porcentual de la población ocupada por niveles educativos y los años de escolaridad promedio obtenidos en el ámbito nacional a través de esta encuesta coinciden ampliamente con otras fuentes en las que se capta información sobre escolaridad a nivel nacional. Ver por ejemplo la Encuesta Nacional de Empleo, Salarios, Tecnología y Capacitación en el Sector Manufacturero (ENESTYC), publicada por la STPS-INEGI (1995).

[55] Ver catálogo de escolaridad de la ENEU.

antecedente de preparatoria (también conocidas como profesional medio o subprofesional) suelen tomar hasta tres años. De esta forma, se ha asignado el número de años de escolaridad acumulados a cada individuo a partir del nivel máximo de estudios declarado[56]. Así, se ha obtenido la escolaridad promedio de los ocupados en las manufacturas con ingreso y horas de trabajo positivo para cada una de las 19 industrias. En el cuadro A.2.2 del anexo se muestran los niveles de instrucción captados por la ENEU y los años acumulados de escolaridad asignados.

En 1993 el promedio de escolaridad de los ocupados en las manufacturas en las principales ciudades de México fue de 8,6 años, que se incrementó a 8,9 años en 1998. Esto significa que el nivel educativo promedio de la mano de obra empleada en las manufacturas en el ámbito urbano en México ni siquiera alcanza en 1998 el nivel de secundaria completa. Como se aprecia en el gráfico 2.7, los trabajadores ocupados en las industrias de tecnología alta y alta-media muestran, sin excepción, niveles educativos superiores a la media urbana total[57]. Como se aprecia, los trabajadores de las industrias altamente maquiladoras 15, 17 y 18, muestran niveles educativos superiores a la media nacional, aunque de 1993 a 1998 redujeron su importancia relativa respecto a dicho umbral[58].

En el caso de la industria de automóviles (16), si bien en términos absolutos de 1993 a 1998 aumenta la escolaridad promedio (pasando de 9,6 a 10,0 años), ésta disminuye respecto a la media nacional. En este resultado se debe tomar en cuenta que los sistemas flexibles y de justo a tiempo, característicos de la industria de automóviles en México (tal y como se explicará en la parte final del presente capítulo), requieren no tanto mano de obra con elevada escolaridad, sino más bien trabajadores dispuestos a ser capacitados para desempeñar múltiples funciones dentro del conglomerado, es decir, para ser polivalentes. Por ejemplo, Shaiken (1994) y Ramírez (1999) proveen evidencia de que las nuevas plantas automotrices y de electrónicos establecidas México han ido progresivamente reduciendo los años mínimos de educación requeridos para su contratación. Estos factores pueden estar ejerciendo una fuerza de lento

---

56 Al rubro de años de instrucción no especificado dentro de cada categoría educativa se le ha asignado el número de años promedio del rango al que pertenece.

57 La escolaridad en estas actividades es alrededor 10 por ciento superior a la media nacional (es decir, se ubica en 10 años), que corresponde a un año de preparatoria o subprofesional.

58 En la industria 17 la escolaridad promedio incluso se redujo incluso en términos absolutos, pasando de 10,0 a 9,0 años.

crecimiento (por debajo del crecimiento promedio nacional) de la educación formalizada en la industria.

Por su parte, las industrias de intensidad tecnológica baja y baja-media presentan niveles educativos notablemente inferiores y únicamente las industrias 7: "Imprentas y editoriales" y 11: "Metálica básica" tienen promedios destacables. Lo anterior implica, nuevamente, que las industrias más avanzadas tecnológicamente se colocan en mejor posición para adoptar tecnologías nuevas con relación a las tradicionales. A pesar de ello, debe mencionarse que la escolaridad promedio de los ocupados en estas actividades es todavía bajo con relación a países desarrollados, por lo que aún deben hacerse esfuerzos importantes en materia educativa y de capacitación si se desean aprovechar al máximo las ventajas que la apertura de la economía mexicana ofrece, particularmente en términos de procesos de adopción y difusión tecnológica proveniente del exterior.

Gráfico 2.7

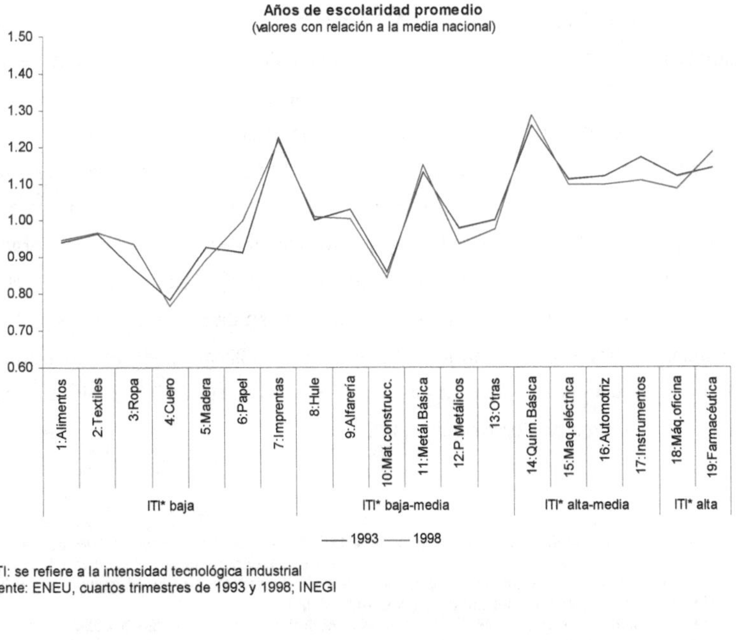

* ITI: se refiere a la intensidad tecnológica industrial
Fuente: ENEU, cuartos trimestres de 1993 y 1998; INEGI

Con objeto de examinar a mayor detalle las características cualitativas de la mano de obra en las industrias manufactureras en el ámbito urbano en México, en el cuadro A.2.3 del anexo se muestra la estructura educativa de las industrias bajo estudio. De acuerdo con la ENEU, considerando las áreas metropolitanas más importantes de México en 1993, el 12,5 por ciento de la población ocupada en las manufacturas no tenía instrucción o no había terminado la primaria. Si a este número se le añaden los trabajadores que tenían finalizada la primaria o bien habían recibido algún curso de capacitación básica, se tiene que el 38,8 por ciento contaba como grado máximo de cualificación la primaria completa o tenía cierta capacitación; para 1998 este porcentaje se redujo a 33,5 por ciento.

Al analizar el porcentaje de ocupados en cada uno de las industrias de acuerdo a su nivel educativo destaca, en primer lugar, que la mayoría de las industrias de intensidad tecnológica baja y baja-media presentan, en los dos niveles educativos más bajos (sin instrucción y primaria incompleta; y primaria completa y capacitación), proporciones de empleo que superan la media manufacturera total. Esta evidencia sugiere que los sectores de manufacturas en los que México supuestamente tiene ventaja comparativa internacional, en términos de abundancia de mano de obra, no necesariamente la están aprovechando si se toma en cuenta que mundialmente éstos han tenido importantes avances en tecnología[59]. En segundo lugar, las industrias de intensidad tecnológica alta y alta-media muestran sin excepción proporciones de trabajadores superiores a la media nacional en los dos niveles educativos más elevados (subprofesional y preparatoria completa e incompleta; y profesional medio, superior y posgrado) por arriba de la media total urbana[60]. La industria de tecnología alta-media 14: "Sustancias químicas básicas y fibras artificiales y/o sintéticas" se distingue por emplear la mayor proporción de trabajadores con las más elevadas cualificaciones; después de ésta se sitúan las industrias 17: "Instrumentos y equipo de precisión" y el 19: "Industria farmacéutica y otros productos químicos".

---

[59] Hernández Laos (1994b) pone como ejemplo a la industria textil y menciona que en países como Alemania o Italia se ha invertido fuertemente en nuevas tecnologías, en maquinaria y equipo y en nuevas plantas, lo que les ha permitido operar muy eficientemente con fases cortas de producción y facilitándoseles el acceso a mercados de alta rentabilidad.

[60] Cabe señalar que las industrias 7: "Imprentas y editoriales" y 11: "Metálica básica" de intensidad tecnológica baja y baja-media, respectivamente, presentan también porcentajes superiores a la media en estos rangos educativos.

Por último, los porcentajes de trabajadores con formación profesional (media y superior) y de posgrado son en la mayor parte de las industrias, particularmente las de reducida intensidad tecnológica, considerablemente bajos, lo que refuerza la idea de que la falta de mano de obra cualificada en México puede significar un problema serio en el mediano y largo plazos para asimilar tecnología de punta.

2.1.6.2 Edad promedio

El gráfico 2.8 muestra la edad promedio de los ocupados respecto a la media nacional en las diferentes industrias de manufacturas; esta variable de alguna forma aproxima la experiencia que la mano de obra dispone en cada tipo de industria. En 1993 la edad promedio de la población ocupada al considerar la totalidad de los sectores manufactureros en el ámbito urbano fue de 31,7 años, la cual aumenta ligeramente cinco años después (31,9 años).

Como se aprecia en el gráfico 2.8, las industrias de intensidad tecnológica baja y baja-media en general ocupan a trabajadores con edades superiores a la media nacional y por arriba de las industrias de mayor intensidad tecnológica. Como se observó en el gráfico anterior, las primeras industrias absorben una mayor parte de ocupados con bajos niveles de escolaridad. De esta forma, es posible que en las actividades de manufacturas tradicionales las labores requeridas hagan que la experiencia, y no tanto la escolaridad, tenga una mayor importancia para llevar a cabo los procesos productivos.

Dentro de las industrias de tecnología alta y alta-media destacan, por un lado, las relacionadas con los químicos y sus productos (industrias 14 y 19), que en general ocupan a trabajadores con edad relativamente más elevada. En estas industrias probablemente tanto la experiencia como el nivel educativo son requisitos importantes para llevar a cabo las funciones de producción. Por otro lado, se encuentran las industrias 15, 16, 17 y 18, con una reducida edad promedio de los trabajadores respecto a la media nacional. Como se ha visto, los obreros comúnmente contratados en las industrias altamente maquiladoras (15, 17 y 18) presentan edades relativamente bajas; por el tipo de funciones requeridas, la experiencia al parecer no es un requisito indispensable. En el caso de la industria automotriz (agrupada en la industria 16), y en concordancia con Shaiken (1994) y Ramírez (1999), la implementación sistemas justo a tiempo requiere de mano de obra polivalente y dispuesta a ser capacitada, lo que podría motivar la contratación de gente relativamente joven.

Gráfico 2.8

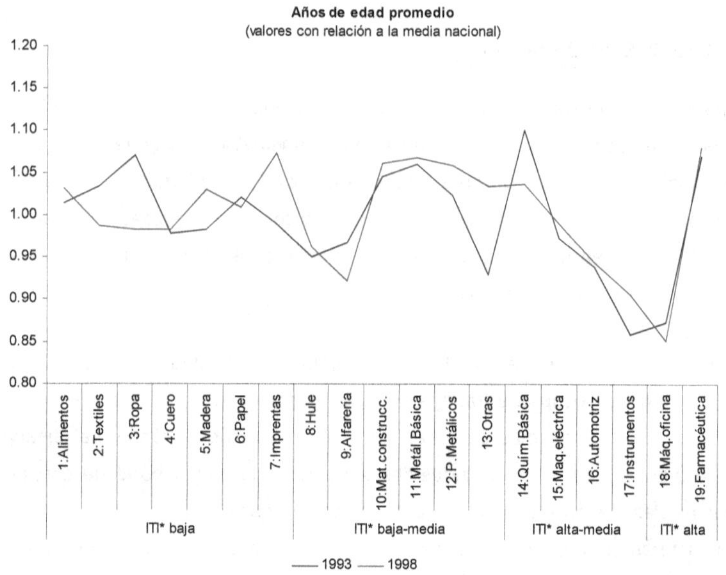

* ITI: se refiere a la intensidad tecnológica industrial
Fuente: ENEU, cuartos trimestres de 1993 y 1998; INEGI

2.2. Análisis por grupos regionales de áreas metropolitanas

Esta sección tiene por objeto analizar de forma general el desempeño de las diversas agrupaciones regionales de áreas metropolitanas en términos de las distintas variables presentadas en la sección anterior. Para ello se presentan gráficamente dichas variables para cada grupo regional de ciudades considerando las cuatro grandes industrias según su intensidad tecnológica (alta, alta-media, baja-media y baja), tanto para 1993 como 1998. En el anexo se presentan los cuadros A.2.4 a A.2.11 que muestran las variables desagregadas a escala de las 19 industrias.

2.2.1. Niveles de productividad

En los gráfico 2.9-a y 2.9-b se observa, en primer lugar, que existen diferencias evidentes en los niveles de productividad entre las áreas metropolitanas según su ubicación geográfica. Dentro del agregado de las industrias de alta tecnología, los contrastes en el valor añadido por ocupado a nivel regional son mayores; en la medida en que se desciende de intensidad tecnológica industrial, las diferencias se reducen[61]. Esto en gran medida se atribuye a que las actividades de menor sofisticación tecnológica requieren insumos menos especializados y condiciones productivas locales menos exigentes en términos de cualificación mano de obra, infraestructuras, acceso a mercados, etcétera, lo que da lugar a menores diferencias interregionales en productividad. Por el contrario, las industrias de mayor intensidad tecnológica requieren condiciones particulares locales más exigentes y sistémicas para operar adecuadamente, en muchas ocasiones para implementar esquemas *justo a tiempo* en la producción a escala local; ello, sin duda, ha dado lugar a elevadas disparidades interregionales en productividad como resultado de diferencias importantes en la dotación de tales "activos" territoriales.

En segundo lugar se aprecia que, en ambos años, las áreas metropolitanas menos productivas son las de la región Fronterizas y las del Sur y Península de Yucatán. Ambos grupos regionales de ciudades presentan un reducido nivel de valor añadido por ocupado independientemente del tipo de intensidad tecnológica industrial, ocupando las últimas posiciones en tanto en 1993 como en 1998[62]. Por el contrario, las ciudades de la región Este son, en ambos años, las más productivas[63]. Después de las ciudades

---

61 La excepción a este patrón lo constituyen las ciudades de la región Este en las industrias de intensidad tecnológica baja-media para 1998, con un valor añadido por ocupado 2,5 veces superior a la media nacional. Al examinar los datos desagregados al nivel de las 19 industrias (ver cuadro A.2.4-b), se observa que este resultado se atribuye a la muy elevada productividad de las ciudad de Orizaba en la industria 9: "Alfarería, cerámica y vidrio" y, junto con la ciudad de Villahermosa, en 10: "Materiales para construcción y productos a base de minerales no metálicos". Asimismo, destaca la alta productividad del trabajo de la ciudad de Veracruz en la industria 11: "Metálica básica".

62 En el caso de las ciudades de la frontera norte, es importante señalar que el valor agregado por ocupado proveniente del Censo Industrial es considerablemente inferior a la información sobre salarios promedio por trabajador que se deriva de la expansión de los datos microeconómicos de la ENEU. En el anexo de texto A.3.3 se ofrecen algunas razones que pueden explicar estas diferencias y la forma en que ello puede afectar las conclusiones principales de la presente investigación.

63 La elevada productividad de las ciudades de la región Este se atribuye, en general, a que se trata de ciudades petroleras, por un lado, y a que el puerto de Veracruz (ciudad de Veracruz dentro de esa región) ha sido históricamente uno de los más importantes del país, por otro. Si bien en el presente trabajo se han excluido las ramas 3511: "Petroquímica básica" y 3530: "Refinación de petróleo" (por ser actividades controladas por el gobierno y por tener una muy intensiva utilización de capital), la

del Este, en 1993 le siguen, en orden de importancia, el área metropolitana de la Ciudad de México (región Capital) y las ciudades del Centro-oeste, Noreste y Centro, todas éstas con niveles de valor agregado por ocupado por arriba de la media nacional. Para 1998 las regiones Noreste, Centro-norte, Centro y Capital se colocan como las más productivas, después de las ciudades del Este.

En los cuadros A.2.4-a y A.2.4-b del anexo se aprecia que, en general, las ciudades centrales (regiones Centro-norte, Centro-oeste, Centro y Capital) y del Noreste atribuyen su buen desempeño en materia de productividad al elevado valor añadido por ocupado que muestran en una importante gama de industrias (especialmente la Capital), pero particularmente en las de intensidad tecnológica alta-media y alta. Esto acontece incluso en las industrias altamente maquiladoras (15, 17 y 18)[64]. Por el contrario, las ciudades Fronterizas y del Noroeste en ningún caso presentan una productividad del trabajo por arriba de la media nacional en tales industrias.

En lo que respecta a las industrias de mayor productividad a escala nacional dentro de las manufacturas de elevada intensidad tecnológica (alta-media y alta), obsérvese cómo la industria automotriz (16) es, en general, muy productiva en las áreas metropolitanas de las regiones Noroeste, Noreste, Centro-norte, Centro-oeste y Centro, conformando una "segunda corona" regional de ciudades más allá de las ubicadas en la frontera norte de México. Es decir, la industria automotriz en México ha localizado sus plantas en las ciudades del centro y centro-norte del país, donde las condiciones han sido más propicias para operar bajo sistemas *justo a tiempo* mediante la implementación de esquemas de proveeduría de elevado contenido local y valor

---

presencia del recurso petrolero en la región ha dado lugar a la localización de industrias relacionadas de alta productividad tales como sustancias químicas básicas (industria 14); farmacéutica (industria 19); coque, hule y plástico (industria 8); y alfarería, cerámica y vidrio (industria 9), y a otras industrias demandadas por esta actividad, tales como materiales para la construcción y productos a base de minerales no metálicos (industria 10); metálica básica (industria 11); y papel y sus productos (industria 6). Asimismo, al ubicar a uno de los puntos logísticos de distribución comercial más importantes del país, la ciudad de Veracruz, y en general las de la región Este, se han constituido como centros de localización de distintas manufacturas de importancia en términos de inversión y capacidad de formación de *clusters*; destacan, por ejemplo: maquinaria y accesorios eléctricos (industria 15); instrumentos (industria 17); y máquinas de oficina y de procesamiento informático, y equipo eléctrico (industria 18). Para mayor detalle ver los cuadros A.2.4-a y A.2.4-b del anexo.

64 Por ejemplo, en 1993 y 1998 la industria 15 es 40 y 63 por ciento más productiva, respectivamente, en las ciudades de la región Centro que el promedio nacional; por su parte, la industria 17 llega a ser 104 y 198 por ciento más productiva, respectivamente, en la región Centro-norte que en el promedio nacional. Para esos mismos años, la industria 18 es, respectivamente, 133 y 122 por ciento más productiva en la Capital que en el promedio nacional.

añadido, tal y como documenta Ramírez (1999)[65]. En las industrias 14 y 19, dos de las más productivas en el ámbito nacional (ver gráfico 2.1), las mayores productividades en general se observan en las ciudades de las regiones centrales y del Este.

La evidencia descrita en los dos párrafos anteriores refleja de forma clara que la estructura funcional y el tipo de entorno productivo de las diversas ciudades en México es distinto según su ubicación geográfica, aún cuando se hable del mismo sector o industria manufacturera. Como se ha visto, la información de los censos industriales señala que las ciudades centrales del país, particularmente las localizadas al norte de la Capital, junto con las del Noreste (para el caso de la industria automotriz también las de Noroeste), al parecer han logrado generar el entorno propicio para la localización de industrias de intensidad tecnológica alta-media y alta de elevado valor añadido, con niveles de productividad mucho más elevados que en el resto de la República. Como se ha visto, también las ciudades del Este en general son también altamente productivas (de hecho, son las más productivas del país), en gran medida como resultado de la localización de industrias relacionadas con la actividad petrolera de alto contenido y valor agregado locales, así como por ubicar a uno de los puntos de distribución comercial más importantes del país, el puerto de Veracruz.

En los gráficos 2.10-a y 2.10-b se presenta el valor promedio de las remuneraciones totales. En general el patrón es similar al observado en el caso del valor agregado por ocupado. Una de las diferencias más evidentes se percibe para las ciudades de la región Fronteriza, en las que las remuneraciones respecto a la media nacional son un tanto más elevadas si se le compara respecto al valor agregado por ocupado (gráficos 2.9-a y 2.9-b); incluso para 1998 las remuneraciones de las Fronterizas muestran cierto aumento respecto a lo observado cinco años antes, sin embargo, se mantienen por debajo de la media nacional.

[65] Más adelante se hará referencia a este trabajo.

Gráfico 2.9-a

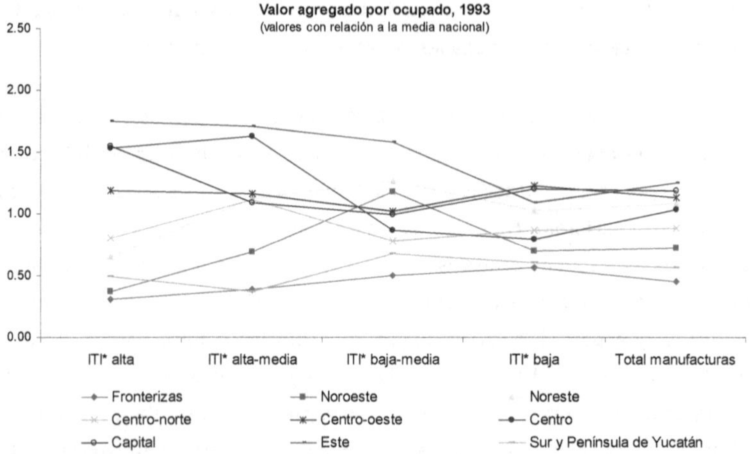

* ITI: se refiere a la intensidad tecnológica industrial
Fuente: Censo Industrial 1994, INEGI

Gráfico 2.9-b

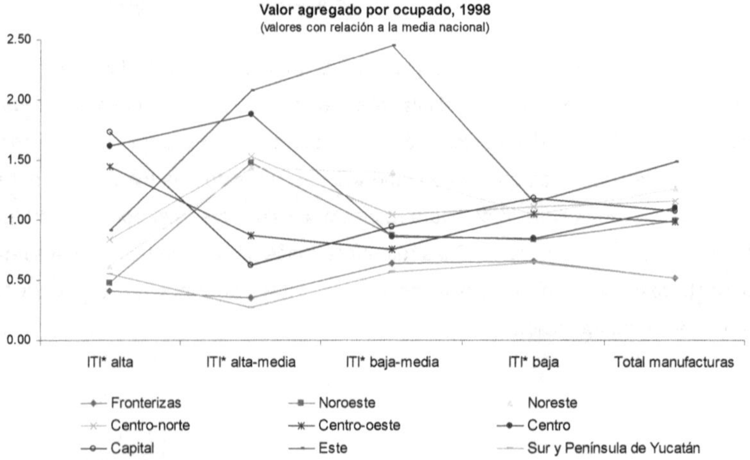

* ITI: se refiere a la intensidad tecnológica industrial
Fuente: Censo Industrial 1999, INEGI

Gráfico 2.10-a

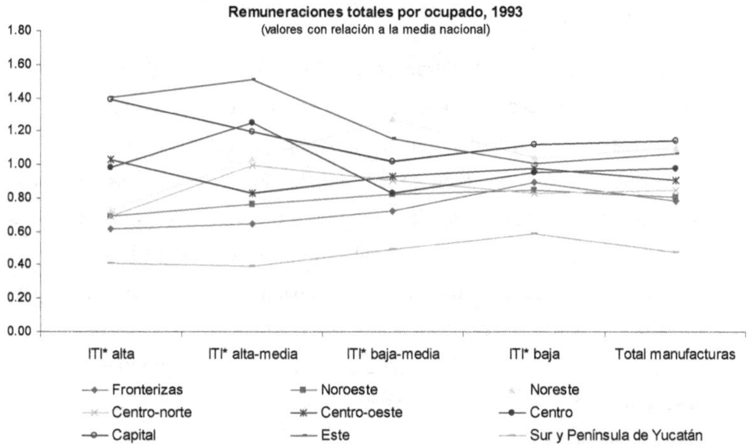

* ITI: se refiere a la intensidad tecnológica industrial
Fuente: Censo Industrial 1994, INEGI

Gráfico 2.10-b

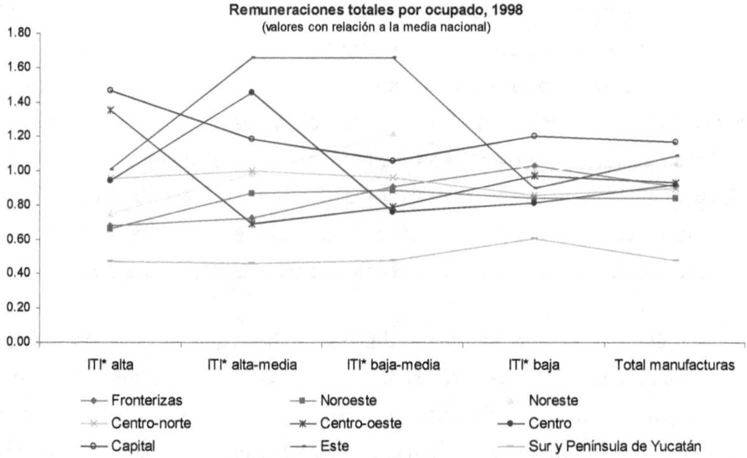

* ITI: se refiere a la intensidad tecnológica industrial
Fuente: Censo Industrial 1999, INEGI

2.2.2. Ingresos por servicios de maquiladora, participación del capital extranjero y tamaño de los establecimientos

Los gráficos 2.11-a y 2.11-b muestran para 1993 y 1998, respectivamente, los ingresos por servicio de maquiladora para los diferentes grupos regionales de ciudades considerando las cuatro grandes industrias según su intensidad tecnológica. Dada la importancia que esta variable tiene en las ciudades Fronterizas y Noroeste, los valores de las mismas se muestran en el eje izquierdo, a una mayor escala. Por su parte, los gráficos 2.12-a, 2.12-b, 2.13-a y 2.13-b muestran, respectivamente, la participación de capital extranjero y el tamaño de los establecimientos; al igual que los ingresos por servicio de maquiladora, el valor de estas variables se muestra respecto a la media nacional. En los cuadros A.2.6-9 a A.2.8-b del anexo se presentan las variables señaladas anteriormente desagregados para cada una de las 19 industrias y grupos regionales de ciudades.

Como se aprecia en los gráficos 2.11-a a 2.12-b, tanto los ingresos por servicios de maquiladora como la participación de capital extranjero guardan, en promedio, las más elevadas proporciones en las ciudades Fronterizas independientemente del tipo de intensidad tecnológica industrial[66]. Asimismo, el tamaño promedio de los establecimientos en las ciudades Fronterizas es el más elevado (gráficos 2.13-a y 2.13-b), llegando a ser cuatro veces superior que el promedio nacional en 1998. Esta evidencia indica que, dentro de las manufacturas, la mayor parte del capital extranjero en México se localiza en las áreas metropolitanas de la frontera norte con Estados Unidos; además, las plantas ahí establecidas son en su mayoría maquiladoras y se caracterizan por sus grandes tamaños. Como se ha visto, sin embargo, el valor agregado por ocupado en esas ciudades es reducido (gráficos 2.9-a y 2.9-b).

En los gráficos 2.11-a y 2.11-b se observa también que si bien los ingresos por servicios de maquiladora fuera de las áreas metropolitanas de la frontera norte son en general bajos, en las ciudades del Noroeste muestran cierta importancia, particularmente dentro de las industrias de alta tecnología. Asimismo, en las ciudades del Sur y Península de Yucatán los ingresos por servicios de maquiladora en el agregado de las industrias de tecnología alta-media son relativamente importantes,

[66] En dichas áreas metropolitanas el valor de estas variables llega a ser, respectivamente, 11 y 2,2 veces superior que el promedio nacional.

aunque muy reducidos si se les compara con el promedio observado en el caso de las ciudades Fronterizas.

En cuanto a la participación de capital extranjero, en los gráficos 2.12-a y 2.12-b se aprecia que esta variable es relativamente elevada en algunas otras agrupaciones regionales de ciudades, además de las Fronterizas, particularmente en el Noreste y Capital. Por tanto, se puede afirmar que la elevada participación de capital extranjero observada en algunas agrupaciones regionales de ciudades, fuera de las áreas metropolitanas Fronterizas y del Noroeste, no se asocia con una importante actividad maquiladora; el tamaño promedio de los establecimientos suele ser también relevante, aunque nunca tan grande como en la frontera (ver gráficos 2.13-a y 2.13-b). En general, las ciudades con estas características (regiones Este, Capital, Centro-oeste y Noreste, además de la Centro), presentan las mayores productividades en el agregado de las industrias de alta tecnología y, en general, en el promedio manufacturero total (ver gráficos 2.9-a y 2.9-b).

Por último, merece la pena mencionar el evidente desequilibrio observado en la participación de capital extranjero entre las regiones de México. Como se ha mencionado, esta variable representa una importante oportunidad para absorber el cambio tecnológico del exterior, la cual en general, es mucho más baja para las áreas metropolitanas del Sur y Península de Yucatán. Como se observa en los gráficos 2.12-a y 2.12-b, si bien dentro de las industrias de tecnología alta-media las áreas metropolitanas del Sur y Península de Yucatán muestran cierta participación de capital extranjero, en los cuadros del anexo A.2.6-a y A2.6-b se aprecia que esto se debe al establecimiento de plantas básicamente maquiladoras en la industria 17: "Instrumentos y equipo de precisión".

De esta forma, el desequilibrio regional en la localización del capital extranjero puede ser un obstáculo importante en el proceso de adopción tecnológica de las zonas desaventajadas y que, hasta ahora, han permanecido apartadas del proceso de desarrollo económico nacional de México, crecientemente abierto en el plano internacional. Esto pone en riesgo el desarrollo territorial equilibrado en el mediado y largo plazos. La preocupación es aún mayor ante la evidencia de que parte del escaso capital extranjero que en los últimos años se observa en las regiones periféricas del país (Sur y Península de Yucatán) se asocia, al menos hasta ahora, a una actividad maquiladora; la experiencia de las ciudades de la frontera norte indica que tales actividades se relacionan con un muy bajo nivel de valor agregado por ocupado.

Gráfico 2.11-a

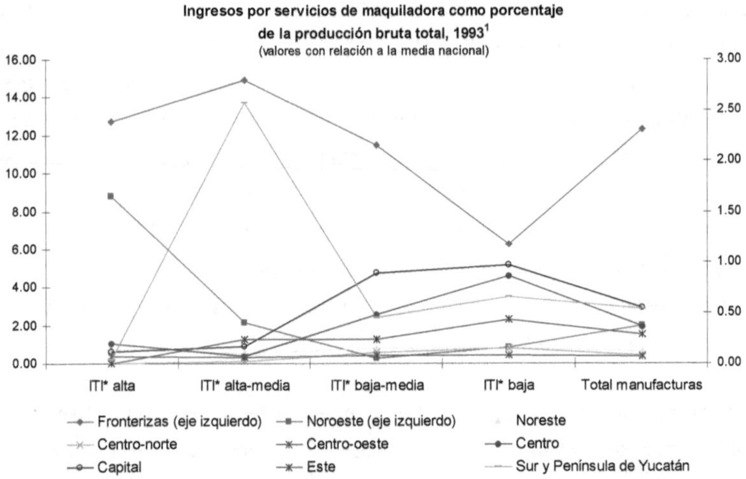

[1] Los valores correspondientes a las ciudades Fronterizas y Noroeste se muestran en el eje izquierdo
* ITI: se refiere a la intensidad tecnológica industrial
Fuente: Censo Industrial 1994, INEGI

Gráfico 2.11-b

Ingresos por servicios de maquiladora como porcentaje de la producción bruta total, 1998[1]

(valores con relación a la media nacional)

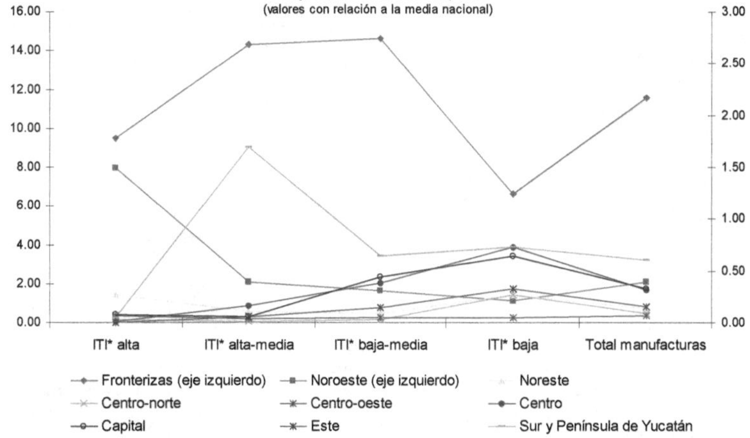

[1] Los valores correspondientes a las ciudades Fronterizas y Noroeste se muestran en el eje izquierdo

* ITI: se refiere a la intensidad tecnológica industrial

Fuente: Censo Industrial 1999, INEGI

Gráfico 2.12

Participación de capital extranjero[1], 1993

(valores con relación a la media nacional)

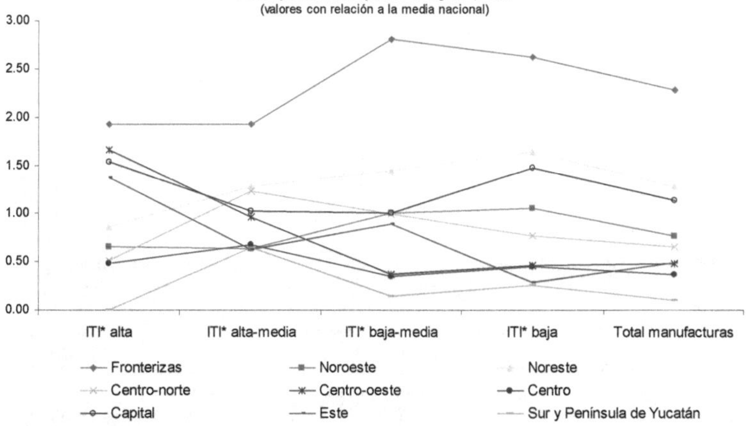

[1] Los valores correspondientes a las ciudades Fronterizas y Noroeste se muestran en el eje izquierdo. El personal que labora en establecimientos con capital extranjero se tiene disponible únicamente para el Censo Industria de 1994.

* Se refiere a la intensidad tecnológica industrial

Fuente: Censo Industrial 1994, INEGI

Gráfico 2.13-a

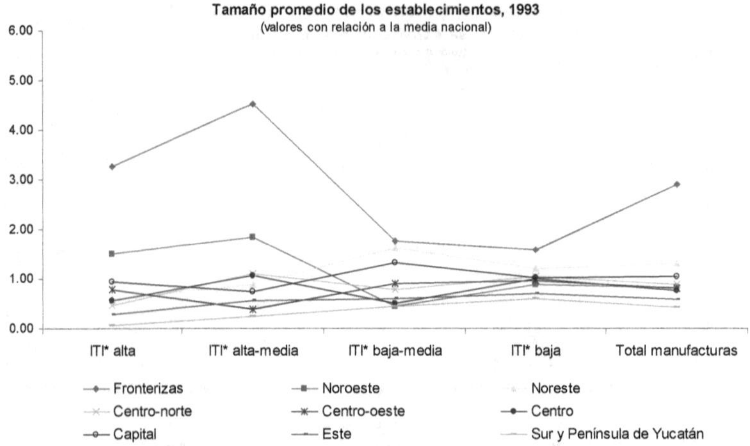

* ITI: se refiere a la intensidad tecnológica industrial
Fuente: Censo Industrial 1994, INEGI

Gráfico 2.13-b

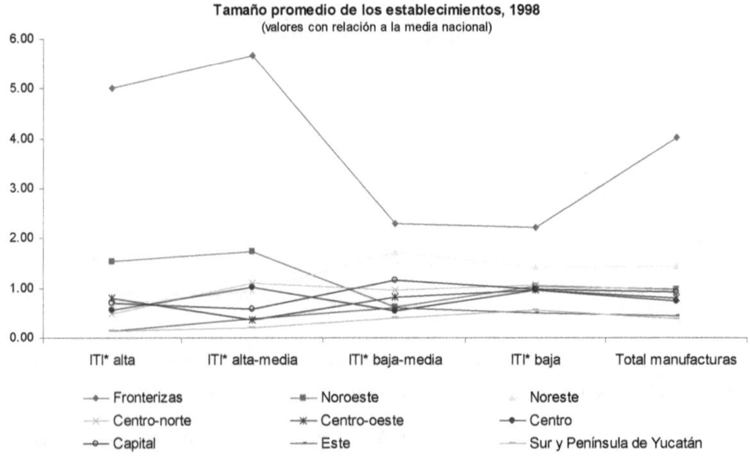

* ITI: se refiere a la intensidad tecnológica industrial
Fuente: Censo Industrial 1999, INEGI

2.2.3. Activos fijos netos

La proporción de activos fijos netos por ocupado sigue un patrón regional similar al observado en el caso de la productividad del trabajo: en general las mayores dotaciones de activos fijos por ocupado se observan en las ciudades de las regiones del Este, Noreste y las centrales, en gran medida dentro de las industrias de tecnología alta y alta-media (ver gráficos 2.14-a y 2.14-b, y cuadros A.2.9-a y A.2.9-b del anexo)[67]. Por el contrario, las menores proporciones de activos fijos netos se presentan en las ciudades de las regiones Fronteriza, y Sur y Península de Yucatán, resultado que es congruente con al bajo valor agregado por ocupado ahí observado. En el caso de las Fronterizas, la muy baja proporción de activos fijos por trabajador refuerza la idea sobre el tipo de actividades productivas de los establecimientos maquiladores en esas ciudades, intensivas en mano de obra y basadas en el ensamblaje de piezas, partes y accesorios diseñados y estandarizados fuera de México para reexportarse como productos terminados o semiterminados. En el caso de las ciudades del Sur y Península de Yucatán, el resultado se asocia a la baja tecnificación de los procesos en la mayor parte de las industrias manufactureras en esas ciudades, determinando en buena forma su baja productividad.

[67] Cabe destacar que en 1993 y 1998 la proporción de activos fijos por ocupado en el total de las manufacturas en las ciudades de la región Este es, respectivamente, 3,65 y 3,22 veces superior a la media nacional, lo que refleja la importancia de las industrias ahí localizadas en términos de inversión y, presumiblemente, tecnología, determinando en gran medida los resultados sobresalientes en productividad.

Gráfico 2.14-a

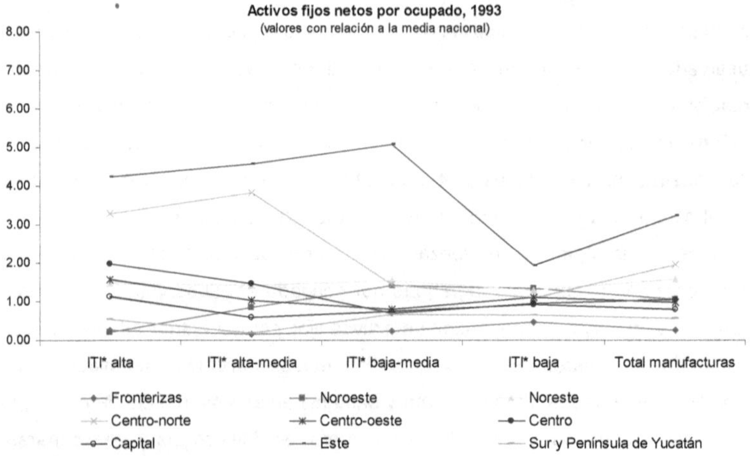

* ITI: se refiere a la intensidad tecnológica industrial
Fuente: Censo Industrial 1994, INEGI

Gráfico 2.14-b

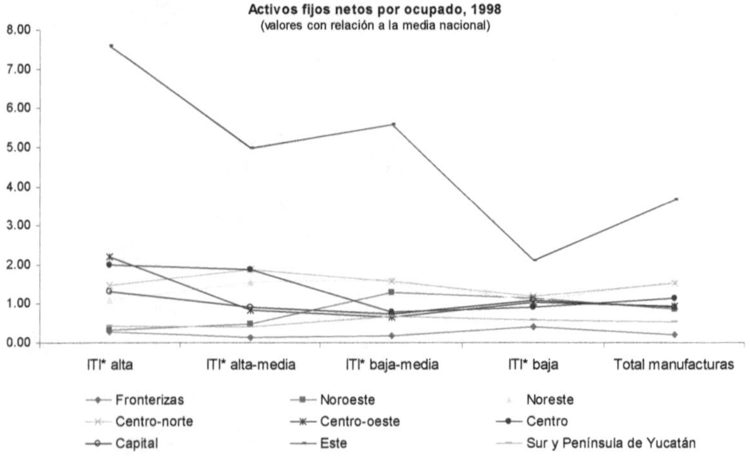

* ITI: se refiere a la intensidad tecnológica industrial
Fuente: Censo Industrial 1999, INEGI

2.2.4. Características cualitativas de la mano de obra

El gráfico 2.15 muestra la escolaridad promedio, respecto a la media nacional, para las distintas agrupaciones regionales de ciudades en los años bajo estudio. Como se aprecia, los mayores niveles educativos en el total de las manufacturas se presentan en las áreas metropolitanas del Noreste, la Capital y de Noroeste[68]. Para 1998 las ciudades del Noreste, Capital y Noroeste continúan siendo las de mayor escolaridad, incorporándose a la lista de ciudades con escolaridad superior a la media nacional las áreas metropolitanas de la región Centro-norte. Por su parte, las ciudades del Este incrementan de forma importante su nivel educativo para igualar el promedio nacional en ese año[69]. Como se aprecia, el aumento relativo de la educación en las ciudades del Centro-norte y Este se da principalmente a costa de las de las regiones Fronteriza, cuyo nivel educativo de 1993 a 1998 pasa de representar 98 a 93 por ciento el nivel medio nacional[70]. Es importante mencionar que esta reducción de la escolaridad en las ciudades Fronterizas no sólo se da en términos relativos (es decir, respecto a la media nacional), sino también en términos absolutos[71].

Los mayores niveles educativos de las ciudades de las regiones Noreste, Capital, Noroeste, Centro-norte y, en menor medida, Este (ver gráfico 2.15) pueden responder a procesos de inmigración, principalmente de jóvenes educados provenientes de otras zonas de menor dinamismo económico, dando lugar a un aumento del nivel educativo promedio en las ciudades destino. Como se ha puesto en evidencia, debido a que de un año a otro reducen el nivel educativo promedio, al parecer las ciudades Fronterizas no son importantes receptoras de trabajadores cualificados. Finalmente, obsérvese cómo las ciudades del Sur y Península de Yucatán muestran el nivel educativo más bajo del territorio nacional, aunque con un aumento marginal de 1993 a 1998.

[68] En 1993 el nivel educativo en las dos primeras ciudades fue 6 y 3 por ciento superior a la media nacional, respectivamente, y en el Noroeste fue igual a dicho promedio nacional; en el resto de regiones, la escolaridad fue inferior a la media nacional.

[69] En términos absolutos, esto implicó un aumento en la escolaridad promedio en las ciudades de Este de 8,0 a 8,9 años.

[70] Las ciudades de la región Centro-oeste también reducen su nivel de escolaridad respecto a la media nacional, aunque sólo ligeramente, pasando de 94 a 93 por ciento del promedio nacional.

[71] De 1993 a 1998 la educación promedio del conjunto de las ciudades Fronterizas pasa de 8,39 a 8,29 años, siendo la única región que experimenta una caída absoluta en la escolaridad.

Gráfico 2.15

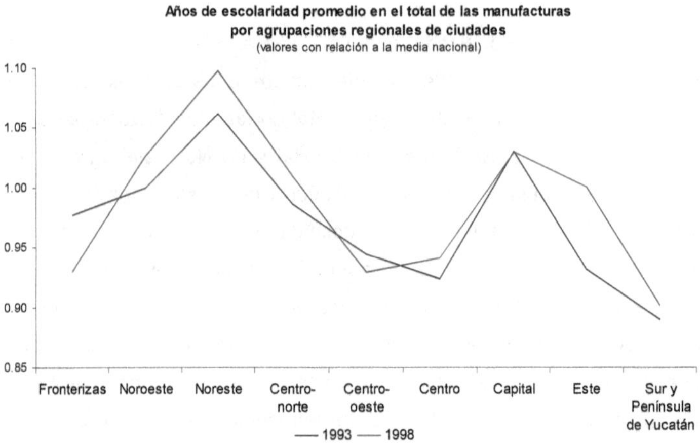

Fuente: ENEU, cuartos trimestres de 1993 y 1999; INEGI

En los gráficos 2.16-a y 2.16-b se presenta el nivel educativo de las regiones de ciudades en el agregado de las cuatros industrias y en los cuadros A.2.10-a y A.2.10-b del anexo de forma desagregada al nivel de las 19 industrias. Entre otros aspectos, los gráficos 2.16-a y 2.16-b evidencian que el patrón regional de cualificación del personal ocupado en las industrias de elevada sofisticación tecnológica (alta-media y alta) en México muestra el predominio de las ciudades de las regiones centrales (Centro-norte, Centro, Capital y, en menor medida, Centro-oeste), del Noreste, Noroeste y, en algunos casos, del Este. Nuevamente, al parecer es ahí donde se concentra el mayor capital humano del país para llevar a cabo ese tipo de actividades de manufacturas de elevada intensidad tecnológica y valor añadido.

Gráfico 2.16-a

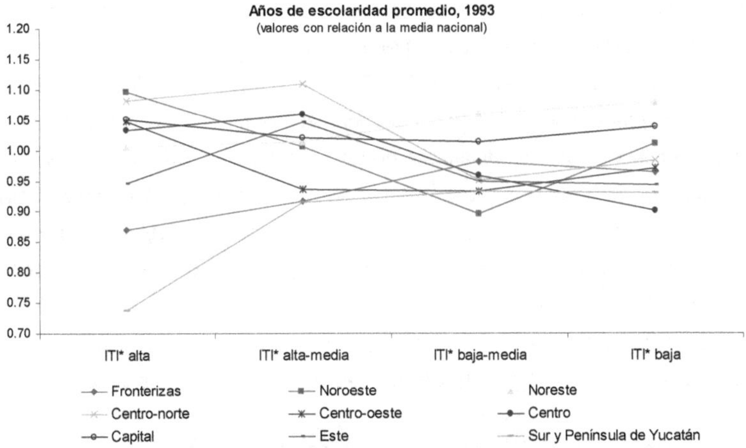

* ITI: se refiere a la intensidad tecnológica industrial
Fuente: ENEU, cuarto trimestre de 1993; INEGI

Gráfico 2.16-b

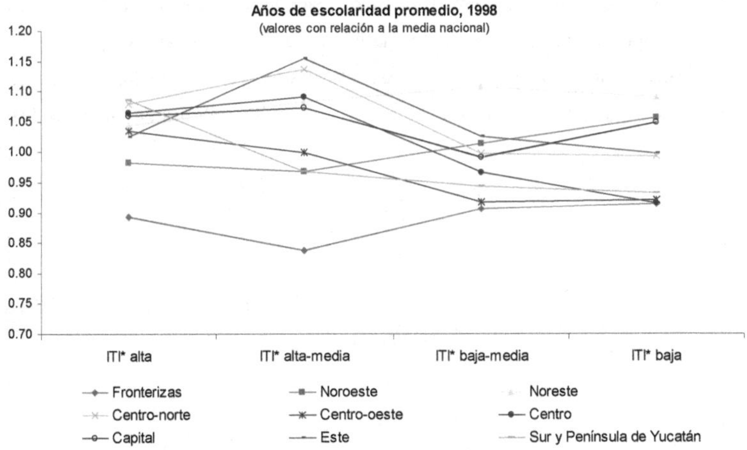

* ITI: se refiere a la intensidad tecnológica industrial
Fuente: ENEU, cuarto trimestre de 1998; INEGI

En cuanto a la edad promedio, en general, ésta tiende a ser inferior en la medida en que las ciudades se sitúan en las regiones del norte del país (gráfico 2.17)[72]. En las áreas metropolitanas Fronterizas se presentan las edades más reducidas, aunque con un ligero incremento de 1993 a 1998[73]. El hecho de que las ciudades de las regiones del norte del país absorban la mano de obra más joven puede sugerir, por un lado, que dichas zonas son las más dinámicas en términos de creación de empleos. Dado que los más jóvenes (y, en principio más educados) son por lo general los más dispuestos a migrar, la edad promedio de los ocupados en las regiones destino tiende a reducirse. La evidencia sugiere, por otro lado, que la experiencia de los trabajadores en las ciudades del norte y de la frontera no es en general importante para llevar a cabo el tipo de actividades que ahí se desarrolla, contrario a lo que podría suceder en la Capital y en las áreas metropolitanas de las regiones Este, y Sur y Península de Yucatán.

De los gráficos 2.15 y 2.17 se infiere que los procesos migratorios de trabajadores jóvenes y educados son más importantes de las ciudades del Centro y, especialmente Sur y Península de Yucatán, hacia las del Noroeste, Noreste y Centro-norte del país. Por su parte, si bien las ciudades Fronterizas aparentemente han logrado captar mano de obra cada vez más joven, ésta no ha sido necesariamente la más capacitada. Estos resultados pueden atribuirse, en gran medida, a la demanda de trabajadores jóvenes y relativamente poco cualificados para las actividades de ensamblaje por parte de las industrias maquiladoras, las cuales se localizan prioritariamente en las ciudades de esa zona.

---

72 Mientras que en 1993 y 1998 en las áreas metropolitanas del Sur y Península de Yucatán, Este y la Capital la edad promedio de los trabajadores en el ámbito manufacturero total se sitúa entre 33 y 34 años, en las ciudades del Centro ésta es de 31,8 años en 1993 y de 31,5 en 1998. En las áreas metropolitanas del Centro-oeste, Centro-norte, Noreste y Noroeste las edades promedio descienden y se ubican, en ambos años, en alrededor de 30 años; es decir, entre 3 y 4 años menos que en las áreas metropolitanas del Sur y Península de Yucatán, Este y en la Capital.

73 Los trabajadores empleados en las ciudades Fronterizas tienen en 1998 un promedio de sólo 29,5 años de edad.

Gráfico 2.17

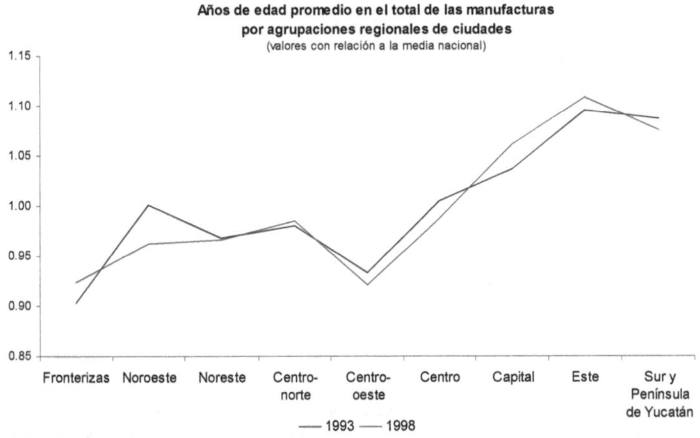

Fuente: ENEU, cuartos trimestres de 1993 y 1999; INEGI

En cuanto al patrón regional e industrial de la edad de los trabajadores (gráficos 2.18-a y 2.18-b), destaca en primer lugar la elevada dispersión interregional de esta variable dentro del agregado de las industrias de alta tecnología. Las diferencias decrecen significativamente en la medida en que se reduce la intensidad tecnológica industrial. Al igual que en el total de las manufacturas, las edades tienden a descender conforme las ciudades se sitúan en las regiones del norte del país.

En segundo lugar, los gráficos corroboran la reducida edad promedio de los trabajadores de las ciudades Fronterizas dentro de las industrias de intensidad tecnológica alta y alta-media. En los cuadros A.2.11-a y A.2.11-b del anexo se evidencia que la edad promedio en las industrias altamente maquiladoras en esas ciudades es reducida e inferior al promedio nacional, lo que sugiere que la experiencia para efectuar el tipo de trabajos en esas industrias y ciudades no es relevante. Como también se señaló con anterioridad, la escolaridad tampoco parece ser un atributo importante en este tipo de actividades y ciudades (ver cuadros A.2.10-a y A.2.10-b del anexo).

Gráfico 2.18-a

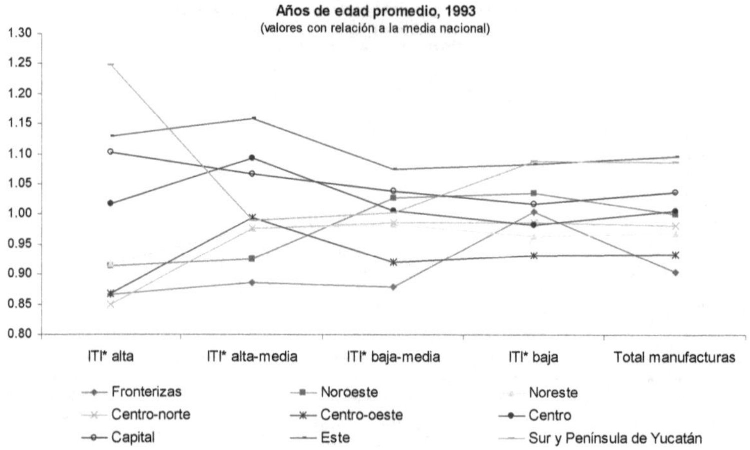

Fuente: ENEU, cuarto trimestre de 1993; INEGI

Gráfico 2.18-b

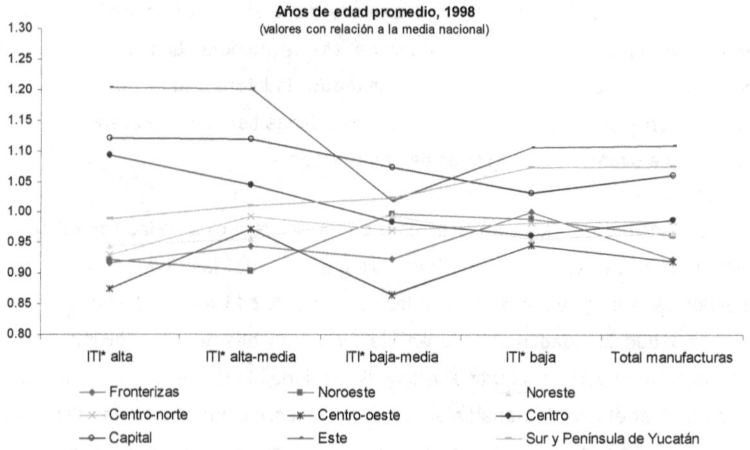

Fuente: ENEU, cuarto trimestre de 1998; INEGI

3. Resumen y consideraciones

Del análisis descriptivo anterior es posible extraer algunas conclusiones y tomar en cuenta consideraciones de relevancia. En primer lugar, en ambos años bajo estudio las industrias de intensidad tecnología baja en general presentan productividades inferiores a la media nacional. Dichas industrias muestran, una baja proporción de activos fijos, reducido tamaño de establecimientos, así como baja participación de capital extranjero y niveles educativos, que se combinan con una edad promedio relativamente elevada. Con excepción de las industrias 2: "Textiles" y 3: "Tejidos de punto y prendas de vestir", las manufacturas de intensidad tecnológica baja, presentan adicionalmente, una reducida proporción de ingresos por servicios de maquila.

Diversos autores han puesto de manifiesto que la baja productividad de los sectores manufactureros tradicionales en México se debe, en gran medida, a la falta de inversión en tecnología que en éstos prevalece. Sobarzo (1997) apunta que en el caso de las industrias textil y del vestido es muy evidente cómo la escasa inversión en el desarrollo de procesos y productos ha provocado que México no aproveche el potencial que le significa una de sus principales ventajas comparativas: la mano de obra abundante. Según el autor, históricamente esas industrias se han caracterizado por su marcado proteccionismo, ya que el mercado sobre el que sustentaron su crecimiento fue el interno, en tanto que al mercado de exportación normalmente se destinaban los excedentes. De esta forma, las industrias no se vieron sujetas a la competencia que imponen los mercados externos.

En segundo lugar, dentro de las manufacturas de intensidad tecnológica baja-media, sobresale la metálica básica (industria 11) con un elevado y creciente valor añadido por ocupado que se corresponde con una considerable, y también creciente, proporción de activos fijos. Asimismo, la industria se caracteriza por un importante tamaño de los establecimientos (aunque cada vez menor) y una reducida actividad maquiladora[74]. El nivel educativo promedio en esta industria se sitúa por encima de la media

[74] Brown y Guzmán (1998) documentan el buen comportamiento de la industria siderúrgica mexicana en términos de productividad observada desde finales de los ochenta. Sostienen que, al parecer, este favorable desempeño se vincula a una mayor utilización de la capacidad instalada, a la incorporación y desarrollo de nuevas tecnologías facilitados por la apertura de la economía y, también, a los cambios organizacionales e institucionales efectuados desde mediados de los ochenta en el sector, tales como la adopción de sistemas de calidad total y una mayor flexibilidad laboral.

manufacturera urbana total. La participación de capital extranjero, aunque inferior al promedio nacional urbano, es superior al promedio de las industrias de tecnología baja en su conjunto.

En tercer lugar, dentro de las industrias de tecnología alta y alta-media (todas éstas con niveles educativos superiores al promedio manufacturero total) se distinguen, por un lado, aquéllas que presentan, a la vez, un tamaño grande de establecimiento, elevada participación de capital extranjero y reducida actividad maquiladora, las cuales en general muestran elevadas productividades. Los industrias con estas características son 14: "Sustancias químicas básicas y fibras artificiales y/o sintéticas", 16: "Automóviles y equipo de transporte" y 19: "Industria farmacéutica y otros productos químicos". Por otro lado, se encuentran las industrias con un gran tamaño de establecimiento, altas participaciones de capital extranjero e importante actividad maquiladora. Por lo general estas industrias presentan reducidos niveles de valor añadido por ocupado respecto al promedio total urbano. Las industrias de sofisticación tecnología alta y alta-media con estas características son 15: "Maquinaria con o sin motor eléctrico y maquinaria y accesorios eléctricos", 17: "Instrumentos y equipo de precisión" y 18: "Maquinaria de oficina y procesamiento informático, equipo electrónico y aparatos domésticos".

Ambos grupos de industrias referidas en el párrafo anterior presumiblemente se benefician de una elevada participación del capital extranjero, la cual puede llegar a ser una importante fuente de adopción y transmisión tecnológica. Sin embargo, por el tipo de actividades que desempeñan, en el segundo grupo de actividades, muy asociadas con la industria maquiladora, es posible que la difusión de los procesos de adopción y difusión de tecnologías presente mayores dificultades, dados los menores encadenamientos a nivel territorial característicos de este tipo de actividades en México. Esto coincide con lo que diversos autores han afirmado a cerca del modelo maquilador de economía abierta en el país. Por ejemplo, Mugaray (1998) explica que este modelo no ha sido vehículo de innovación y aprendizaje regional debido a la ausencia del desarrollo de redes de subcontratación entre grandes plantas filiales internacionales y pequeñas empresas nacionales en sectores de alto potencial de valor agregado[75]. Kuri *et al* (1999), por su parte, comenta que los vínculos de la industria maquiladora de exportación con la industria local siguen siendo mínimos, al grado de que "se le ha llegado a caracterizar como una economía de enclave"[76]. Ante ello, los autores hacen ver la necesidad de "elaborar una estrategia que incorpore a las pequeñas y medianas empresas a los encadenamientos con la industria maquiladora de exportación para que la industrialización del norte del país [México] tenga repercusiones locales más puntuales y permanentes"[77].

Por el contrario, el primer tipo de industrias (es decir, las que presentan tamaños de establecimiento relativamente grandes, elevada participación de capital extranjero y reducida actividad maquiladora), aparentemente han logrado dar mayor contenido nacional a la producción y se han beneficiado de procesos gerenciales y tecnológicos desarrollados en otros países. Como se ha visto, estas industrias, en general, muestran mayores niveles de valor agregado por persona ocupada. Un buen ejemplo es la industria automotriz, que en el caso de la presente investigación se agrupa en la industria 16, junto con la fabricación, reparación y/o ensamble de equipo de transporte. Diversos autores coinciden en afirmar que la industria automotriz en México paulatinamente fue ganando competitividad hasta constituirse actualmente en uno de los sectores exportadores más dinámicos del país. Sorbazo (1997) argumenta que la característica fundamental de dicha industria es que la protección que el gobierno le otorgó (sobre todo a partir de los ochenta) fue para que aumentara su participación en el mercado de exportación. Con dicha protección se incentivó el establecimiento de empresas con capital extranjero que, a la postre, le permitieron asimilar tecnología nueva.

Por su parte, Ramírez (1999) comprueba que los complejos exportadores de automóviles que se han instalado en México en los últimos años lo han hecho con el fin de montar una organización flexible de la producción, y no sólo para tomar ventaja de los llamados factores de localización "weberianos". Afirma que sobre todo los estados

---

[75] Las estadísticas económicas del INEGI sobre la industria maquiladora de exportación en México ponen en evidencia, en este sentido, que en 1993 sólo el 1,8 por ciento de las materias primas, envases y empaques consumidos en las plantas maquiladoras eran de procedencia nacional en el ámbito de la totalidad de entidades federativas. Dicho porcentaje fue de 1,1 en el ámbito de las entidades federativas de la frontera norte del país.

[76] Kuri *et al* (1999), página 687.

[77] Kuri *et al*, *op. cit.*; páginas 687-688.

norteños y del centro-norte del país ofrecen condiciones excepcionales para aplicar los sistemas justo a tiempo (JAT), tanto por el débil movimiento sindical de los trabajadores, como por la oportunidad de crear una amplia red de proveedores. Siguiendo al autor, el rasgo característico de esta configuración espacial es la forma modular en que están distribuidos proveedores y manufactureros. Se trata de una particular distribución en la que el ensamblador y/o manufacturero principal ubica a sus proveedores dentro de un espacio geográfico delimitado, para que éstos desarrollen todas las funciones del proceso productivo conforme a un esquema de cooperación horizontal, tal y como si fueran módulos de una misma fábrica. La naturaleza secuencial y sincronizada de las funciones ahí desempeñadas requiere un contacto muy estrecho con los proveedores con el fin de facilitar las consultas, asesorías ingenieriles, inspección de registros de control y, en general, cualquier evaluación llevada a cabo por el manufacturero principal. De acuerdo con varios autores[78], sin ese contacto las plantas encontrarían muy costos y casi imposible reducir las actividades que no añaden valor, o bien hacer las mejoras necesarias en los estándares de calidad, productividad y tiempos de entrega. De esta forma, argumentan, la cooperación horizontal en el sector automotriz en México ha generado externalidades que dan a los miembros del conglomerado ventajas comparativas difíciles de obtener por otro medio.

Por el contrario, las características de los objetivos competitivos y decisiones de localización del segundo grupo de industrias analizadas en el presente capítulo (es decir, aquéllas con grandes tamaños de establecimientos, elevadas participaciones de capital extranjero y una importante actividad maquiladora) parecen estar más asociadas a la reducción de los costes de transporte, pero raramente para compartir gastos de instalación y operación con otros productores nacionales. En lo que respecta a los establecimientos maquiladores para la exportación, una de sus principales características es la escasa la integración productiva al nivel de la industria local, ya que casi todos los insumos se importan y la mayor parte se exporta. En este sentido, diversos autores coinciden en mencionar que en la industria maquiladora en México las relaciones de complementariedad y a nivel intra-industrial han sido más importantes desde la perspectiva de una integración territorial hacia Estados Unidos y no tanto en las propias ciudades de la frontera mexicana[79]. Por este motivo, la estrategia

[78] Ver por ejemplo Estall (1985) y Shoenberger (1987).
[79] Ver, por ejemplo, Kuri *et al* (1999).

competitiva de estos establecimientos se basa en su localización en territorio mexicano, con el objetivo principal de minimizar los costes de transporte y de mano de obra en actividades de ensamblaje, al establecer una estructura global aprovisionamiento mediante la cual adquiere insumos, partes y accesorios estandarizados provenientes del otro lado de la frontera mexicana.

En este contexto, la evidencia que se muestra en el presente capítulo sugiere que las ciudades del Noreste, las centrales (incluyendo la Capital) y del Este son, al parecer, las que presentan las mejores condiciones para la producción eficiente y de elevado valor agregado en las manufacturas, particularmente en industrias de alta y muy alta intensidad tecnológica. En general, los distintos indicadores (activos fijos, educación de la mano de obra y capital extranjero, principalmente) señalan que estas ciudades muestran entornos favorables que han permitido alcanzar importantes niveles de valor añadido por ocupado. Esto es así tanto en el caso de las industrias maquiladoras, como en las que no se asocian a una importante actividad de maquila. Presumiblemente, estas ciudades (principalmente del centro, ubicadas al norte de la Capital), han conformando una "segunda corona" regional de ciudades altamente productivas, más allá de las de la frontera norte de México, donde el contenido nacional y los sistemas de proveeduría local en las industrias de maquila son más importantes respecto de la frontera norte. En cuanto a la industria automotriz, ésta ha localizado sus plantas preferentemente en las ciudades del centro y centro-norte del país, donde al parecer las condiciones han sido más propicias para operar bajo sistemas JAT con esquemas de proveeduría de elevado contenido local y valor añadido[80].

Por su parte, las ciudades del Este en general han sido muy productivas (de hecho, son las más productivas del país), en gran medida como resultado de la localización de industrias relacionadas con la actividad petrolera de alto contenido y valor agregado locales, así como por ubicar a uno de los puntos de distribución comercial más importantes del país: el puerto de Veracruz. Entre otras, destacan las industrias 14: "Sustancias químicas básicas y fibras artificiales y/o sintéticas" y 19: "Industria farmacéutica y otros productos químicos", dos de las más productivas en el ámbito nacional. Finalmente, se debe destacar que las ciudades del Noroeste, Noreste y Centro-norte son las que, al parecer, han captado la mayor parte de la mano de obra

[80] Ramírez 1999.

joven y capacitada que emigra de otras regiones del país, particularmente del Centro pero, sobre todo, del Sur y Península de Yucatán. Esto contrasta con lo que sucede en las ciudades Fronterizas, a las que donde si bien aparentemente se dirige una parte importante de la mano de obra joven, ésta no es necesariamente ha sido la más educada; como se comentó, esto puede atribuirse a la demanda de trabajadores jóvenes y relativamente poco cualificados por parte de las industrias maquiladoras, localizadas prioritariamente en esas ciudades.

III. ALCANCE INDUSTRIAL DE LAS ECONOMÍAS DE AGLOMERACIÓN EN LAS ÁREAS METROPOLITANAS DE MÉXICO

En este capítulo se estudia empíricamente el alcance industrial de las economías de aglomeración en las áreas metropolitanas de México. Para ello, en primer lugar se parte del debate teórico sobre economías de localización y economías de urbanización, se presenta la teoría asociada y se revisan las contribuciones empíricas más importantes a escala internacional. En segundo lugar, a través de la estimación de una función de producción y una de costes con datos agregados se determina la importancia y alcance de dichas economías externas en las áreas metropolitanas de México, se explica la metodología empírica a seguir y se muestran los resultados e interpretación de los mismos. Finalmente, se presentan las conclusiones y se ofrecen algunas sugerencias de política industrial y urbana a partir de los resultados obtenidos.

1. Economías de localización y economías de urbanización

1.1 Consideraciones teóricas

En el análisis teórico sobre el alcance industrial de las economías de aglomeración se consideran tres categorías básicas: 1) economías de escala internas a la empresa; 2) economías externas a la empresa pero internas a la industria y al territorio; 3) economías externas tanto a la empresa como a la industria, pero que se generan porque la actividad económica se concentra en una determinada área urbana grande y diversa. A la segunda y tercer categorías se les conoce como economías de localización y economías de urbanización, respectivamente. A pesar de que estas categorías no son mutualmente excluyentes, tienen diferentes implicaciones debido a la distinta naturaleza de las mismas.

1.1.1 Economías internas de escala

Las economías de escala internas a la planta productiva, independientes del territorio, son un factor crítico que explica la aglomeración. La simple existencia de indivisibilidades en la producción hace que para las empresas sea más rentable concentrar la producción en un número reducido de plantas destinadas a satisfacer a consumidores relativamente dispersos. De esta forma, los rendimientos crecientes a escala constituyen una importante fuerza centrípeta. Sin embargo, la extensión geográfica de los mercados y los correspondientes costes de transporte, explican que la producción por lo general no se concentre en un sólo lugar; en otras palabras, la dispersión espacial de la demanda es una fuerza centrífuga. Bajo este escenario, en la literatura se reconoce que existe una disyuntiva entre las economías de escala internas y los costes de transporte en la organización geográfica de los mercados[81].

Las economías de escala internas a la empresa se presentan cuando el incremento de la producción de un establecimiento genera a una reducción de los costes unitarios. El ejemplo clásico es el de la planta fabricante de un mismo tipo de bien en la que los mayores niveles de producción propician una mayor división del trabajo. En el proceso, los trabajadores incrementan sus habilidades a través de la repetición, lo que se refleja en menores costes de producción. Las economías de escala internas pueden generarse también por la existencia de indivisibilidades en los *inputs*; es decir, cuando éstos tienen una escala mínima de eficiencia. Otros ejemplos incluyen la posibilidad de obtener beneficios de realizar grandes compras de insumos en un determinado lugar y dar un uso más eficiente de maquinaria especializada.

Las economías de escala internas permiten a las empresas grandes (con relación a las pequeñas) ofrecer sus productos a un menor precio, lo que puede compensarse por los costes adicionales en los que se incurre por la concentración de la producción en un solo lugar. Las plantas manufactureras de gran escala, como la fabricación de productos metálicos y la industria de automóviles, son ejemplos típicos a nivel internacional de industrias con significativas economías de escala internas.

---

[81] Si los costes de transporte son muy reducidos o no existen, la totalidad de la producción tenderá a concentrarse en una única localidad a fin de obtener el máximo beneficio de las economías internas de escala; ver por ejemplo Krugman (1991) y Fujita, Krugman y Venables (1999).

1.1.2 Economías de localización

Las economías de localización se generan cuando los costes unitarios de una planta son menores debido a que en el área urbana donde se localiza existe un elevado número de empresas de la misma industria. Las economías de escala son externas a la empresa (por lo que las plantas tienden a ser de tamaño reducido), pero internas a la industria (por lo que la concentración industrial es elevada)[82]. Al igual que con las economías de escala internas, la especialización en este caso puede generar economías de localización en la medida en que el mayor tamaño urbano permite a las empresas de una misma industria concentrarse en un tipo de producción específica. Henderson (1986) afirma que cuando las economías de localización son importantes, las empresas de industrias diferentes encuentran desventajas de localizarse en una misma ciudad ya que, además de no existir una ganancia derivada de dicha localización, los costes de *commuting* dentro del área urbana se incrementan significativamente para ambas industrias.

Como ya se ha comentado, las economías de localización son reflejo de la presencia de cualquiera de las tres fuentes de economías de aglomeración explicadas en el capítulo I. Por ejemplo, a partir de las ideas de Marshall (1980), Henderson (1988) argumenta que las fuentes más importantes de economías de localización son: i) la generación de economías por la especialización intra-industrial, donde un mayor tamaño industrial permite mayor especialización entre firmas en funciones o fases específicas del proceso de producción; ii) la generación de economías en el mercado laboral, donde el mayor tamaño industrial reduce los costes de búsqueda de trabajadores con habilidades específicas para dicha industria; ii) la mejora de la comunicación entre las empresas con el objetivo de incrementar, por ejemplo, la velocidad en la adopción de innovaciones; y iii) la obtención de economías de escala en la provisión de insumos intermedios y servicios públicos a las necesidades técnicas de la industria *particular*. Explica que un claro ejemplo de economías en el mercado laboral y de 'economías de la comunicación' derivadas de la localización lo constituyen los parques tecnológicos de la industria informática en Silicon Valley en Santa Clara,

[82] Como Eberts y McMillen (1999) argumentan, dado el supuesto de que las economías son externas a la empresa, es importante considerar un sistema de mercado competitivo compatible con la existencia de rendimientos crecientes a escala. Las fusiones de empresas pueden, en este sentido, transformar las economías externas en economías internas a la nueva (y más grande) empresa.

California o la Route 128, en Boston, Massachussets. Argumenta que las empresas ahí concentradas son de tamaño particularmente reducido (lo que sugiere la ausencia de economías de escala internas) y que los costes de arranque son relativamente bajos, pero el riesgo de permanencia elevado. En dichos entornos las empresas frecuentemente quiebran y los trabajadores están a menudo en búsqueda de empleo; de esta forma, la concentración de recursos humanos en un área geográfica específica permite crear un mercado conjunto de trabajadores cualificados y especializados mediante el cual las empresas pueden conseguir mano de obra de forma más rápida y eficiente para comenzar un nuevo negocio. Asimismo, los trabajadores en dichos ámbitos pueden encontrar más fácilmente un empleo una vez que la empresa a la que pertenecían haya quebrado. De esta forma, cuando el empleo se concentra en un área geográfica tanto empresas como trabajadores pueden obtener importantes beneficios ante la presencia de incertidumbre. Por otro lado, debido a que la proximidad permite que la información fluya con mayor facilidad, la concentración de empresas de la misma industria en estos parques industriales facilita mayores derrames de conocimiento que si estas empresas estuviesen dispersas geográficamente. Los parques tecnológicos de Silicon Valley y la Route 128 han convertido a las economías en el mercado laboral y a las 'economías de comunicación' en uno los determinantes más obvios de la localización.

1.1.3 Economías de urbanización

Las economías de urbanización se generan cuando los beneficios son externos tanto a la empresa como a la industria, y resultan de la actividad económica general y de la diversidad internas al área urbana. De esta forma, las pequeñas empresas obtienen ventajas de localizarse en una determinada área urbana aún cuando no se benefician de la concentración geográfica en su industria. Como explica Henderson (1988), mientras que diferentes industrias pueden experimentar diferentes grados de economías de urbanización, sólo el tamaño y diversidad del área urbana (y no la especialización en una o pocas industrias) tiene efectos de escala relevantes. Las economías de urbanización reflejan beneficios para los establecimientos derivados de operar en un entorno urbano amplio y diverso en donde puede encontrarse, por ejemplo, un mercado laboral grande y un extenso sector de servicios que interactúa con el de las manufacturas.

Golstein y Gronberg (1984) mencionan que las ciudades grandes actúan como un "almacén urbano" que permite a las empresas de tamaño reducido especializarse en algún tipo de producción sin la necesidad de que éstas provean la totalidad de servicios requeridos en el proceso productivo. Los autores argumentan que las infraestructuras públicas son asimismo una importante fuente de economía de urbanización, ya que mediante adecuadas vías de comunicación y transporte, por ejemplo, un área urbana reduce significativamente el coste de realizar negocios para todo tipo empresas dentro del ámbito geográfico. Duranton y Puga (2004) afirman que los rendimientos crecientes de la diversidad se generan de la ventaja productiva de acceder a una variedad más amplia de insumos intermedios en las ciudades grandes. Bajo este escenario, el incremento en los factores de producción se asocia con una mayor cantidad de proveedores de bienes intermedios diferenciados, lo que tiende a generar ganancias en costes para los productores finales al gozar de una variedad más amplia de suministradores. Así, plantean que a pesar de la existencia de rendimientos constantes a escala en la producción final bajo competencia perfecta, en el agregado es posible obtener rendimientos crecientes como resultado de la posibilidad de intercambiar un rango ilimitado de insumos variados en el territorio.

En la literatura se maneja asimismo el concepto de la diferenciación del producto como un factor importante de aglomeración. Por ejemplo, Abdel-Rahman (1987) explica que, desde el punto de vista de la demanda, la variedad de la producción genera mayores niveles de utilidad de los consumidores en la medida en que éstos valoran la diversidad de los productos existente en las ciudades grandes[83]. Desde el lado de la producción, los oferentes de servicios diferenciados enfrentan menores costes y mayor demanda en sitios donde se concentra el mayor número de suministradores intermedios y consumidores finales. Fujita y Thisse (1996) argumentan que cuando la competencia en precios se relaja (ej. colusión en precios o competencia en cantidad con un producto homogéneo) y surge una diferenciación del producto, empresas y consumidores se benefician ya que, en promedio, se encuentran lo más cerca posible a los consumidores. De esta forma, la aglomeración emerge como un equilibrio en el que la competencia es substituida por otros efectos que actúan como fuerza centrípeta. Fujita y Thisse (1996) apuntan que argumentos similares se aplican al mercado de trabajo: la competencia en salarios es una fuerza centrífuga (tal y como lo es la competencia en

[83] Ver Dixit y Stiglitz (1977).

precios), mientras que un mejor acceso a un mercado de trabajo diversificado, tanto para empresas como para trabajadores, actúa como una fuerza centrípeta.

1.1.4 Economías de localización *vs* economías de urbanización

Uno de los debates más antiguos en la literatura empírica acerca de las economías de aglomeración se centra en el alcance industrial. En especial, el debate ha sido si las economías de aglomeración se generan por el tamaño urbano y la diversidad asociada a dicho tamaño, o bien por la concentración espacial de la actividad de una misma industria. En otras palabras, si las grandes ciudades son más productivas por la generación de economías de urbanización o porque tienen una composición industrial de ciudades (o ámbitos geográficos inferiores) especializadas; es decir, por tener una composición industrial que se beneficia en mayor medida de las economías de localización[84].

Henderson (1988) pone de manifiesto que, en términos brutos, los recursos son sin lugar a dudas más productivos en las ciudades grandes que en las pequeñas. Si esto no fuese cierto, afirma, las ciudades grandes con los mayores costes de congestión ahí prevalecientes no podrían ofrecer mayores salarios necesarios para atraer población. Una explicación de las mayores productividades observadas en las ciudades grandes puede obedecer a que, en éstas, las economías son de urbanización, por lo que los recursos son más eficientes en este tipo de entornos; ello permite ofrecer salarios más elevados. El autor menciona que esta justificación, sin embargo, no explicaría la existencia y preservación de ciudades de menor tamaño.

A partir de la reflexión anterior, una explicación alternativa se basa en que, en términos brutos, las ciudades grandes son más productivas porque su composición industrial es

[84] Cabe señalar que la literatura reciente que analiza el alcance industrial de las economías de aglomeración ha distinguido entre economías externas dinámicas *MAR*, que son las que se derivan de la concentración o localización de la propia industria en el pasado, y las economías externas tipo *Jacobs*, que surgen de la diversidad histórica urbana. El nombre de externalidades *MAR* se debe a los trabajos de Marshall (1890), Arrow (1962) y Romer (1986, 1990), quienes ponen de manifiesto que el intercambio de insumos y, en general, la difusión del conocimiento y de las habilidades son propiciadas por la concentración de empresas de una misma industria. Por el contrario, el nombre de externlidades *Jacobs* se atribuye a Jacobs (1969), quien argumenta que la naturaleza histórica del entorno diverso promueve de forma más efectiva, por medio de la fertilización cruzada, la difusión del conocimiento y con ello el crecimiento económico. Debido a que la estimación empírica del presente apartado se orienta exclusivamente a cuantificar el alcance industrial de las economías de aglomeración bajo un enfoque estático, no se revisan los trabajos que consideran la dimensión temporal de los efectos.

diferente al de las ciudades pequeñas. Henderson argumenta que las ciudades pequeñas albergan tipos de industrias con reducidas economías de localización, mientras que las ciudades grandes albergan industrias con elevadas economías de localización. Sin embargo, una vez que se consideran las condiciones de consumo (costes de congestión), los dos tipos de ciudades son igualmente eficientes. El autor expone, en este sentido, que las industrias con elevadas economías de localización requieren simplemente un mayor tamaño urbano para explotar su potencial. Bajo este contexto, las economías de localización pueden explicar el hecho de que no toda la producción se concentre en un reducido número de ciudades extremadamente grandes, como se plantea en los modelos en los que únicamente se consideran economías de urbanización.

En la literatura existe una noción general, ahora formalizada en el artículo de Duranton y Puga (2001), acerca de que la naturaleza industrial de las economías de aglomeración cambia de acuerdo a la fase en que se encuentre el desarrollo del producto; de esta forma, justifican la coexistencia de ciudades especializadas y diversificadas. Como explican, las firmas nuevas requieren de un periodo inicial de experimentación para alcanzar su potencial productivo. Es decir, debido a que el proceso de producción en un inicio es desconocido, necesitan conocer los detalles del producto a realizar, el tipo de partes y accesorios a utilizar, el tipo de trabajadores a contratar, etcétera. Para llevarlo a cabo, una empresa puede fabricar un prototipo mediante el uso de cada uno de los diferentes procesos de producción alternativos y probarlo en el entorno geográfico inmediato. Una vez que identifica el proceso ideal (lo que sucede después de una retroalimentación de respuestas rápidas en el ámbito local) puede llevar a cabo una producción en masa de dicho bien. Así, la combinación de este aprendizaje que se obtiene de probar localmente distintos tipos de procesos producción con los costes de reubicación de la empresa, genera ventajas de la proximidad y la diversidad urbanas. Bajo este escenario, cuando las ciudades diversificadas y especializadas coexisten es porque cada empresa encuentra benéfico localizarse en un entorno diversificado mientras está en búsqueda de un proceso de producción ideal.

La ubicación de la empresa en una ciudad diversificada durante su etapa de aprendizaje puede verse como una inversión: la localización es costosa en la medida en que las empresas concentradas imponen costes de congestión a las demás, pero aquellas que utilizan el mismo tipo de proceso reducirán sus costes de producción como resultado de las economías de aglomeración. Los costes de congestión para las empresas en etapa experimental tenderán a ser menores que los beneficios, porque están en posibilidades de probar una gama variada de procesos antes de encontrar el proceso ideal, sin incurrir en costes de desplazamiento después de cada intento. En este sentido, los autores afirman que las ciudades actúan como "laboratorio" para las empresas productivas. De esta forma, una vez que una empresa encuentra su proceso de producción ideal deja de beneficiarse del entorno urbano. En esta etapa, si la reubicación no es muy costosa, la empresa buscará evadir costes de congestión generados por la presencia de firmas que utilizan diferentes tipos de procesos, desplazándose a otra ciudad en la que todas las plantas participan o se benefician de la especialización.

Un trabajo que va en este sentido es el de Henderson (1988), quien argumenta que las economías de urbanización y los procesos de fertilización cruzada del entorno diverso son más importantes en las primeras fases del crecimiento de una industria, estimulando a que ésta se localice en las ciudades más grandes; argumenta que en la medida en que la industria se desarrolla, la producción tiende a desplazarse hacia ciudades de menor tamaño, en donde dominan las economías de localización. Eberts y McMillen (1999) comentan que esto pareció haber sucedido en el ya citado ejemplo de la industria informática de Silicon Valley. Esta industria comenzó en el Área de la Bahía de San Francisco debido a las economías de urbanización asociadas con la ciudad grande. La presencia de empresas de electrónicos y las principales universidades en dicha ciudad facilitaron el desarrollo de la industria en sus primeras etapas. Conforme la industria creció, las economías de localización fueron significativas. Actualmente, la industria es tan grande que las economías de localización asociadas pueden disfrutarse por empresas del mismo ramo en otras localidades (como por ejemplo Austin, Texas y Portland, Oregon).

Bajo esta misma idea del ciclo de vida del producto y de procesos de incubación, Henderson (1997a) argumenta que existen dos grandes tipos de actividades manufactureras en ciudades que requieren mercados laborales y de productos localmente grandes y diversos. Señala que, por un lado, ciudades como Nueva York,

París o Tokyo, tienen importantes niveles de empleo en actividades como las artes, publicidad, y de ropa de vanguardia en la moda. Como explica, estos son mercados volátiles en donde las tendencias fluctúan de manera importante y los productos se prueban localmente. Las empresas en este mercado se ven obligadas a concentrarse espacialmente para tener un buen acceso a la información y para probar sus productos en un mercado local grande. Estas empresas requieren de un mercado laboral diverso en el cual puedan encontrar el tipo de trabajador con talentos y cualificación precisas. Por otro lado, señala que las áreas metropolitanas grandes tienen elevados niveles de empleo en actividades administrativas y en I+D para una gran variedad de industrias. Los nuevos productos requieren ser probados en mercados locales grandes con el objetivo de facilitar un proceso de retroalimentación inmediata[85]. Bajo este escenario, el proceso de descentralización hacia las ciudades satélites de las áreas metropolitanas o bien hacia las ciudades en el entorno rural, depende del grado de madurez y estandarización del producto, así como del grado de intensidad de la mano de obra en la producción. Este patrón de descentralización puede estar amenazado (o limitado) por rezagos en el desarrollo de tecnologías de información, que incluyen producción justo en tiempo; automatización y controles de calidad total; y mano de obra más cualificada y sofisticada. En la medida en que las regiones menos desarrolladas presentan desventajas en este tipo de condiciones, la descentralización de actividades hacia este tipo de lugares se vería cada vez más limitada.

En general, el concepto de economías de urbanización se ha utilizado para explicar el crecimiento de las zonas suburbanas (o subcentros) de las áreas metropolitanas. Helsey y Sullivan (1991) suponen un área metropolitana con dos localidades: el centro y el subcentro. En su modelo, la ciudad central se forma primero, beneficiándose de las economías de urbanización. El surgimiento del subcentro se da por la disyuntiva entre las economías de aglomeración y las deseconomías derivadas de los costes de transporte. En la medida en que la ciudad crece, la ciudad central obtiene ventajas de economías de urbanización crecientes. Al mismo tiempo, los costes de transporte al trabajo (*commuting*) aumentan. Bajo esta perspectiva, el patrón de crecimiento urbano se caracteriza por un periodo inicial de exclusivo desarrollo de la ciudad central,

[85] Henderson (1997a) argumenta, por otra parte, que las actividades en I+D necesitan un entorno nutrido y diverso de ideas que fluyen libremente entre las firmas; justifica que la diversidad de las actividades de I+D ayuda a explicar parte de la diversidad de las manufacturas en estas áreas metropolitanas.

seguido por la formación del subcentro cuando las "deseconomías en el transporte reducen la valoración social de la ciudad central por debajo de valoración social del subcentro"[86].

Mori (1997) analiza también la dinámica del desarrollo urbano cuando las decisiones de localización de una empresa se relacionan con las economías de aglomeración. En su modelo, las economías de aglomeración se generan por la demanda de variedad por parte de los consumidores y por las economías de escala en la producción de bienes de manufacturas. En este sentido, las ciudades grandes ofrecen un consumo de mayor variedad, lo que atrae a trabajadores que, a su vez, incrementan la demanda de bienes; este incremento de la demanda propicia la existencia de una mayor variedad de bienes de manufacturas especializados en las áreas urbanas grandes. De esta forma, las ciudades de tamaño amplio se forman porque las empresas pueden mantener un área de mercado más grande y se benefician de las economías de aglomeración. El autor explica, sin embargo, que los costes de transporte de los bienes agrícolas en las áreas urbanas tienden a ser más elevados, por lo que conforme el tamaño del área urbana se incrementa, algunas empresas encuentran ventajoso localizarse en las zonas agrícolas de su *hinterland*, produciendo otra ciudad; bajo este escenario, la ciudad pequeña puede continuar creciendo en la medida en que el incremento de las economías de aglomeración atraiga a más empresas. Mori expone que, eventualmente, las ciudades pueden juntarse y formar 'megalopolis'.

2. Evidencia empírica

En la literatura existen diversos trabajos orientados a analizar empíricamente la dimensión industrial de las economías de aglomeración. Con relación a las economías de localización, dado que éstas son un fenómeno a nivel industria y no un fenómeno a nivel macro, diversos autores han coincidido en que para contrastar su relevancia es de suma importancia trabajar con información al nivel de industria y no mediante una función agregada[87]. En particular, argumentan que el uso de una función producción (o de costes) agregada implica mezclar diferentes tecnologías, lo que generaría serios problemas de interpretación. Henderson (1988) y Richardson (1995) coinciden en afirmar que una función agregada, por definición, representaría únicamente economías

[86] Helsey y Sullivan (1991), páginas 258-259.
[87] Ver por ejemplo Henderson (1988), Richardson (1995) y Satterthwaite (1992).

de urbanización. El primer autor explica que el uso de este tipo de funciones no permitiría determinar si las medidas de aglomeración capturan en realidad economías de urbanización o únicamente efectos de composición industrial, en los que las economías de localización pueden incrementarse en la medida en que el tamaño urbano asciende.

En un estudio para las industrias de las ciudades japonesas grandes, Mera (1973) pone en evidencia la existencia de importantes economías de localización al encontrar efectos positivos y significativos del nivel de empleo industrial sobre la producción por ocupado. Los trabajos de Henderson (1986, 1988) efectuados para Brasil y Estados Unidos, y el de Nakamura (1985) para Japón, apuntan también que la mayor parte de las economías de escala en las manufacturas se basa en economías de localización y no tanto en economías de urbanización, especialmente para industrias pesadas y de gran escala. El tamaño de las economías de localización encontrado por Henderson y Nakamura es del orden del 5 y 10 por ciento para la mayoría de industrias, lo que significa que una expansión del empleo agregado de 1 por ciento en la industria local comporta un crecimiento de entre el 0,5 y 0,10 por ciento de la producción de todas y cada una de las empresas de esa industria localizada en la zona, sin que dichas empresas varíen la cantidad utilizada de factores productivos. Los autores evidencian, adicionalmente, que las economías de localización tienden a declinar en la medida en que el tamaño urbano se incrementa, lo que implica que las ciudades de tamaño pequeño y mediano tiendan a especializarse en industrias que se benefician de fuertes economías de localización. Consistente con esta evidencia, Qutub y Richardson (1986) encuentran que la productividad en las ciudades pequeñas y medianas de Pakistán especializadas en manufacturas es, en general, superior a la de las ciudades grandes y diversificadas.

Por su parte, en una investigación de corte transversal para las industrias de mayor crecimiento en las áreas metropolitanas de Estados Unidos, Ó hUallacháin y Satterthwaite (1991) encuentran evidencia de economías de localización en 32 de 37 industrias examinadas. Asimismo, a partir de un modelo de nacimientos de establecimientos, Rosenthal y Strange (2003) examinan el impacto del empleo de la propia industria y del nivel empleo total; los resultados se apuntan hacia una mayor evidencia para las economías de localización. Henderson *et al* (1995) utilizan ocho distintas industrias y encuentra que, según el tipo de industria, la concentración del empleo en la propia industria y la diversidad generan efectos positivos sobre el crecimiento del empleo; sin embargo, para industrias maduras intensivas en capital se evidencia la presencia de economías de localización y la ausencia de externalidades derivadas de la diversidad; por su parte, evidencian que para industrias nuevas de alta tecnología operan ambos tipos de externalidades. Estos resultados son consistentes con el modelo de Duranton y Puga (2001) sobre los patrones de especialización urbana y ciclo del producto: industrias nuevas prosperan en áreas metropolitanas grandes y diversas pero, conforme maduran, la producción tiende a descentralizarse a ciudades más pequeñas y especializadas[88].

El resultado anterior va en concordancia con el trabajo más reciente de Henderson (2003b), quien al utilizar información a nivel de planta productiva para dos tipos de industria (alta tecnología y maquinaria), encuentra que los efectos de la localización son mayores en las industrias de alta tecnología. Como explica, el resultado se atribuye a que éstas son actividades manufactureras altamente estandarizadas, no experimentales. Por el contrario, evidencia que los efectos de la urbanización tiene un impacto no significativo en ninguno de los dos tipos de industria. Evidencia que el efecto de la urbanización parece ser relevante únicamente para las platas corporativas de las industrias de maquinaria y no para las no afiliadas, en las que se podrían esperar los mayores efectos. El autor argumenta que la ausencia de efectos significativos de la urbanización puede estar influida por la omisión de variables relacionadas con la subcontratación de insumos en servicios (contabilidad, asesoría en *management*, fotocopias, etcétera) por parte de las plantas[89].

En contraste con los trabajos citados anteriormente, en un análisis referenciado por Richardson (1995) efectuado para las manufacturas en la India, se evidencia que las economías de urbanización son más importantes que las economías de localización[90].

[88] Cabe señalar que Henderson *et al* (1995) encuentran que la historia juega un papel relevante, en la medida en evidencian que las externalidades son persistentes en el tiempo.

[89] El autor pone de manifiesto que "cualquier resultado sobre economías de urbanización o tipo Jacobs [se refiere a los encontrados en su investigación] debe mirarse con cautela (*subject to provision*)", pp. 10. Como explica, tal y como también lo han manifestado Ciccone y Hall (1996), esto se debe a que los censos de Estados Unidos anteriores a 1992 no registran los servicios (en contraste con los materiales) subcontratados por las plantas.

[90] Investigación no publicada, elaborada en el Departamento de Economía de la Universidad de Princeton (Shukla, 1984).

En dicho estudio se concluye que la disponibilidad general de servicios y mano de obra cualificada en las ciudades grandes tiene importancia relevante e influye positivamente sobre la productividad[91]. Carlino (1979), por su parte, obtiene para las manufacturas de las áreas metropolitanas estadounidenses economías de urbanización significativas en 12 de las 19 industrias examinadas. En el caso de las economías de localización, los resultados no son contundentes y éstas son positivas y significativas en sólo 5 de 19 industrias. Por otro lado, en un estudio para las áreas metropolitanas de Estados Unidos, Moomaw (1983) obtiene una relación entre el nivel de productividad y medidas de economías de localización y de urbanización significativa y positiva sólo en algunas industrias. En el caso particular de las economías de urbanización, éstas presentan una elasticidad promedio para el conjunto de las industrias de 0,013[92].

Dentro del análisis de las economías de aglomeración existe una serie de trabajos empíricos orientados a contrastar el efecto del tamaño urbano sobre los niveles de productividad. Entre las contribuciones más importantes destaca Sveikauskas (1975) quien, al trabajar con las industrias manufactureras de las áreas metropolitanas estadounidenses, encuentra un incremento de cerca de 6 por ciento en la productividad al duplicarse el tamaño urbano. Como el autor menciona, lo anterior implica que los recursos productivos en las manufacturas son aproximadamente 50 por ciento más eficientes en el área metropolitana de Nueva York que en una ciudad de, por ejemplo, 50 mil habitantes. Segal (1976), por su parte, utiliza información agregada para las áreas metropolitanas más grandes de Estados Unidos y encuentra que la productividad es 8 por ciento superior en las áreas metropolitanas de 2 millones o más habitantes con relación a las áreas metropolitanas de entre 250 mil y 2 millones de habitantes. En su trabajo, Moomaw (1981) pone de manifiesto que las estimaciones de los dos estudios anteriores están sesgados al alza[93] y, utilizando la misma unidad de observación que

---

91 Richardson (1995) contrasta esta situación con la experimentada por las ciudades pequeñas de Brasil (con estructura industrial más sofisticada y diversificada) donde, argumenta, los mercados locales de mano de obra especializada son más importantes.

92 Dicho valor corresponde a la estimación después de controlar por la totalidad de las variables, además de la inclusión de la intensidad del capital (aproximada como el valor agregado menos las remuneraciones).

93 El autor pone de manifiesto que el modelo empleado por Sveikauskas (1975) asume un nivel de salarios invariable con el tamaño urbano así como una nula elasticidad de sustitución entre insumos lo que, argumenta, probablemente sesgue hacia arriba la estimación del efecto del tamaño urbano sobre la productividad. En cuanto al trabajo de Segal (1976), Moomaw afirma que dicha estimación adolece de un error de medida generado por una subestimación del *stock* de capital en las ciudades viejas en relación a las nuevas, lo que tiende a sesgar la estimación del coeficiente relacionado con el tamaño urbano.

Segal (1976), propone una estimación revisada inferior de 2,7 por ciento para el caso de las manufacturas.

Con información de las ciudades japonesas, Tabuchi (1986) estima un efecto de la densidad de población sobre la productividad de 4,3 por ciento al emplear un modelo que asume una creciente intensidad del capital. Al relajar esta posibilidad y considerando un modelo en el que incluye una ecuación de oferta de trabajo, el efecto asciende a 8 por ciento. A través de la estimación de una función producción agregada para las áreas metropolitanas de Japón[94], Kanemoto *et al* (1996) estiman que la magnitud de las economías de aglomeración (definidas por el tamaño urbano) es reducida para las ciudades pequeñas pero es mucho más elevada para ciudades con más de 200 mil habitantes. Las ciudades de tamaño medio (entre 200 mil y 400 mil habitantes) presentan especialmente elevadas economías de aglomeración: la duplicación del tamaño urbano se asocia a un incremento de la productividad en aproximadamente 25 por ciento[95]. El incremento en productividad es de 7 por ciento para las ciudades de más de 400 mil habitantes y cerca de 1 por ciento para las ciudades con menos de 200 mil residentes.

Cabe señalar, finalmente, que para el caso de México no se tiene conocimiento sobre la existencia de una gama amplia de trabajos que verifiquen la dimensión industrial de las economías de aglomeración al nivel de un análisis empírico como los revisados anteriormente. La mayor parte de la evidencia es al nivel teórico y/o descriptivo y que en cierta forma ha ayudado a interpretar los resultados obtenidos en la presente investigación[96]. Uno de los pocos trabajos que examina empíricamente la importancia de las economías de aglomeración en México, es el elaborado por Hernández Laos (1985). Si bien el modelo considera industrias desagregadas, el estudio no provee evidencia acerca de si la localización de una o pocas industrias es más o menos importante que la diversidad y/o el tamaño urbano. En particular, únicamente cuantifica la importancia de las condiciones externas a las plantas sobre la productividad de las

[94] Debido a que en Japón no se cuenta con información a nivel de áreas metropolitanas, los autores construyen la base de datos de éstas a partir de información a nivel de las jurisdicciones.

[95] Al modificar la función Cobb-Douglas mediante una transformación logarítmica (en la cual los gastos de capital social se incrementan en la medida en que el empleo en la ciudad aumenta), el grado de las economías de escala externas se reduce considerablemente.

[96] Estos trabajos se harán referencia en la sección 3.1.6 dedicada a la interpretación de los resultados, así como en las conclusiones (sección 4) del presente capítulo.

manufacturas mexicanas mediante el uso de variables a escala en las distintas entidades federativas, tales como el grado de desarrollo y la urbanización; la infraestructura y la densidad de población; y la dimensión regional de los mercados. Asimismo, considera la importancia de la presencia del capital público como fuente de generación de economías externas, incluyendo el *stock* de inversión pública en cada estado. Sin un claro patrón industrial, los resultados apuntan a que, de las variables consideradas para medir la importancia de las economías externas, el grado de desarrollo y la tasa de urbanización presentan los mayores efectos. Por su parte, la inversión pública federal en infraestructura física, tales como transportes y comunicaciones, investigación y fomento industrial, minería, petróleo y gas parece también tener un efecto importante sobre la productividad regional.

3. Estimación

3.1 Metodología

Para estimar la importancia del alcance industrial de las economías de aglomeración en las ciudades de México es necesario utilizar un modelo general en el que los beneficios de las empresas derivados de la concentración dependan de factores específicos a cada territorio. Dichos factores deben estar relacionados con el concepto de economías de localización y de urbanización con el objeto de poderlas distinguir y cuantificar. Como se ha comentado, debido a que las economías de localización son un fenómeno a nivel industria, el análisis debe efectuarse a esa escala de desagregación sectorial. La mayoría de investigaciones dedicadas a la estimación de las economías de localización y de urbanización se basa en la estimación de funciones de producción[97]. En este tipo de especificaciones, el nivel de producción depende, por un lado, de un vector de insumos como trabajo y capital y, por otro, de un factor de desplazamiento externo. Los argumentos de dicho factor de desplazamiento son medidas de escala y tecnología específicas a la industria en cada área urbana que se relacionan con las economías de localización y urbanización. Las primeras se miden usualmente por el empleo en la industria en el área metropolitana y, las segundas, por la población total o

[97] Ver por ejemplo Eberts y McMillen (1999), quienes hacen una revisión de las investigaciones dedicadas a estimar la existencia e importancia de las economías de aglomeración, particularmente en cuanto a su alcance industrial; dicha revisión comprende gran parte de la evidencia existente a partir de 1973.

el empleo total locales[98]. El reconocimiento de que los salarios y el precio de otros factores de producción varían con el tamaño urbano y afectan los beneficios netos sobre la productividad, ha dado lugar a un segundo enfoque basado en la definición de una función de costes. Dicha función de costes presenta como argumentos un vector de precios de los insumos, así como una especificación de efectos de escala. En su estudio empírico realizado para Brasil y Estados Unidos, Henderson (1988) demuestra que la estimación de las economías de aglomeración a través de ambos enfoques (es decir, a través de la función producción y de costes) da lugar a resultados similares, lo que no implica que dicha evidencia sea replicable a cualquier ámbito.

Cabe señalar que, idealmente, las ecuaciones a estimar deben estimarse con datos a nivel empresa. De esta forma, se podrían capturar las economías derivadas de la proximidad geográfica entre establecimientos de la misma industria y las ventajas de la concentración de la actividad económica general dentro del área metropolitana; sin embargo, la información a dicho nivel de desagregación es por lo general difícil de disponer. Eberts y McMillen (1999) explican que, ante la falta de ese tipo de información, habitualmente se supone que las empresas manufactureras en un área metropolitana pueden agregarse en distintas industrias y caracterizarse por la misma función. En cuanto a la forma funcional de las ecuaciones a estimar, es necesario tomar en consideración que un número importante de trabajos en el área de la estimación de funciones producción es partidario al uso de formas funcionales generalizadas, en vez del uso de formas específicas con elasticidades de sustitución constantes, tales como la Cobb-Douglas[99].

---

[98] Cabe señalar que algunos autores han utilizado otras variables para aproximar las economías de aglomeración. Carlino (1979), por ejemplo, utiliza el número total de establecimientos en las áreas metropolitanas para aproximar las economías de urbanización. En contraste con la mayoría de trabajos, dicho autor considera, asimismo, que la población total actúa como deseconomía, contrarrestando las economías de aglomeración generadas por la concentración espacial de los negocios; esto ha sido criticado y contradicho empíricamente por diversos autores, particularmente Moomaw (1983).

[99] En una función del tipo *CES* (por sus siglas en inglés: *constant elasticities of substitution*) los efectos a escala se obtienen combinando la estimación del factor de desplazamiento externo con la de los coeficientes de los insumos. En el caso de una función de costes, la estimación del factor de desplazamiento externo se combina con la del coeficiente de los salarios (*w*). En la medida en que el coeficiente del *log(w)* (la elasticidad de sustitución) se aproxima a uno, la ecuación es "inestable"; es decir, puede presentarse con facilidad un cambio de signo en la interpretación de los efectos externos. Por el contrario, una forma funcional flexible permite estimar directamente los efectos externos de escala dentro de una función de desplazamiento; ver por ejemplo Henderson (1983, 1988).

Como se verá, la información disponible para el presente trabajo permite estimar una función producción y una función de costes dual (a partir del primal), lo que posibilita ofrecer resultados más sólidos acerca de la naturaleza o alcance industrial de las economías de aglomeración en las áreas metropolitanas de México.

3.1.1 Función producción

La estructura de la función producción planteada en esta investigación es la siguiente:

$$Y = g(S)f(K) \tag{3.1}$$

Donde *Y* es la producción bruta o, alternativamente, el valor agregado y *K* es el vector de insumos que afecta el nivel de producción de las empresas. Por su parte, *g(S)* es el factor de desplazamiento externo que se supone es neutral *a la Hicks*. El considerar que el factor de desplazamiento es neutral *a la Hicks* presupone que las economías externas no tienen impacto relevante sobre los factores trabajo; es decir, que no son intensivas en dichos factores[100]. Bajo esta perspectiva, previo a la estimación de la importancia y alcance industrial de las economías de aglomeración, en el análisis se ha considerado probar y verificar si estas economías tienden a incrementar (o disminuir) la intensidad en el uso de los factores de producción en las áreas metropolitanas de México.

La ecuación 3.1 puede escribirse como $Y/N_0 = g(S)f(k)$, donde N_0 es la cantidad mano de obra y *k* es el vector de ratios de los factores productivos restantes. Henderson (1988) sugiere estimar una especificación de tipo *trans-log,* después de aplicar logaritmos a la función *f(k)* y emplear una expansión de serie de Taylor de segundo orden con $k_i = 1$

$$\log(Y/N_0) = C_o + \log g(S) + \sum_i \alpha_i \ln k_i + 1/2 \sum_i \sum_j \gamma_{ij} [\log(k_i)][(\log k_j)] \tag{3.2}$$

[100] El trabajo de Tabuchi (1986), referenciado en la sección 2 anterior del presente capítulo, constituye un ejemplo que considera la posibilidad de un mayor uso del capital de tecnología con el tamaño urbano.

El trabajar con una función producción en términos por ocupado y con una especificación como la de la ecuación (3.2) presenta ventajas importantes en términos de una significativa reducción de los problemas de multicolinealidad[101].

3.1.2 Función de costes

El segundo enfoque corresponde a la definición de una función de costes consistente con (3.1), y con los supuestos de neutralidad de Hicks y de rendimientos constantes. Los costes unitarios se definen como:

$$c = [s(S)]^{-1} c(p) \tag{3.3}$$

Donde *p* es el vector de precios de los insumos y *c(p)* es la representación dual de la función producción descrita en (3.1). Al aplicar el lema de Shephard $\partial c / \partial w = N_0 / Y$, donde N_0 es el la mano de obra y *w* su precio, y después de obtener el recíproco y aplicar logaritmos, Henderson (1988) llega finalmente a una ecuación que representa la función de costes dual:

$$\log(Y/N_0) = \log g(S) + \log\left[(\partial c/\partial w)^{-1}\right] \tag{3.4}$$

Suponiendo que el segundo término de la ecuación de costes está en función del precio de los insumos $\phi(\log p_i)$, la función a considerar viene dada por:

$$\log(Y/N_0) = C_1 + \log g(S) + \sum_i a_i \log p_i \tag{3.5}$$

El precio de los insumos relevantes del término de la derecha de la ecuación (3.5) es el correspondiente al salario (*w*), al coste de los materiales y del capital. La información sobre estas dos últimas variables es, por lo general, difícil de disponer. Sin embargo, al igual que en diversos estudios a nivel internacional, la inclusión de *dummies* regionales (*DR*) permite de alguna forma controlar por diferenciales en el precio de mercado de los

[101] Ver por ejemplo Nakamura (1985) y Henderson (1988).

materiales y en el coste del capital[102]. A partir de estas consideraciones, la ecuación de costes dual puede finalmente expresarse como:

$$\log(Y/N_0) = a_0 + \log g(S) + \beta_1 \log w + DR \qquad 3.6$$

Dado que la ecuación (3.4) es una función diferenciada, se considera que los términos de segundo orden no son estrictamente necesarios para representar la tecnología industrial[103].

3.2 Especificación de las economías de aglomeración

La especificación de los efectos externos a escala en las funciones de producción y costes a estimar se relaciona con medidas que aproximan las economías de localización y de urbanización. En la presente investigación, las primeras se miden por el empleo en la industria en el área metropolitana y, las segundas, por la población ocupada total local. De esta forma, puede estimarse el efecto que sobre la producción tiene un incremento porcentual del empleo en una industria en un área urbana y un incremento porcentual de la población total local, respectivamente, manteniendo el nivel de insumos fijo.

Después de diversas pruebas, se comprobó que la especificación de economías de localización que mejor ajuste ofrece, a partir de los datos disponibles, es la que representa elasticidades decrecientes[104]. La especificación elasticidades decrecientes tiene la ventaja adicional de reducir la colinealidad entre las medidas de escala. La forma elegida es:

---

[102] En particular, se supone que por medio de las *dummies* regionales se captura el diferencial que en el coste de los materiales y del capital existe a nivel geográfico, el cual se supone es creciente con la distancia a los principales centros industriales.

[103] Si se excluyesen las variables *dummy* regionales del término de la derecha de la ecuación (3.6), la ecuación truncada sería equivalente a una basada en una función producción con elasticidades de sustitución constantes (*CES*). Sin embargo, como Sveikauskas (1975) y Henderson (1988) argumentan, se trata de utilizar la interpretación de la forma funcional flexible de dicha ecuación, inclusive aún cuando ésta sea truncada. Esto permite estimar e interpretar directamente los efectos externos de escala dentro de la función *g(S),* sin la necesidad de representar la tecnología mediante una forma funcional específica.

[104] La evidencia de elasticidades de las economías de localización decrecientes se presenta en el cuadro A.3.1-a del anexo, donde se comprueba que el término cuadrático es negativo y estadísticamente significativo en un número no despreciable de industrias.

$$g(S) = e^{-\phi / N_0} N^{\varepsilon_n} \qquad 3.7$$

A partir de esta especificación, la elasticidad de las economías de localización viene dada por:

$$\varepsilon_o = d(\log Y)/d(\log N_0) = \phi/N_0$$

Debe advertirse que el signo negativo del coeficiente ϕ en la ecuación (3.7) considera que los efectos derivados de mayores niveles de empleo sectorial son positivos, por lo que en las estimaciones se esperan obtener coeficientes ϕ con este signo. Las elasticidades de las economías de urbanización en la ecuación (3.7) se obtienen, por su parte, directamente a través del parámetro ε_N.

3.3 Variables de control

En la estimación de las economías de escala externas es necesario incluir variables control con objeto de tomar en cuenta diferencias industriales y de las propias áreas metropolitanas. El agregar información de las empresas al nivel industria (que es la única forma que se dispone a través de los censos industriales) presupone que la función producción en cuestión exhibe rendimientos constantes a escala. Sin embargo, la literatura empírica ha puesto en evidencia que los rendimientos constantes a escala, de manera estricta, no existen en la mayoría de los casos. Con el objetivo de permitir que las funciones a estimar tengan grados de homogeneidad diferente de uno, en la estimación se considera el tamaño promedio de los establecimientos en cada industria, lo que a su vez permite cuantificar la importancia de las economías internas a las plantas[105].

El nivel tecnológico existente en una industria (por ejemplo en términos del número y calidad de innovaciones que las empresas en dicha industria pueden adoptar) puede variar entre las diferentes áreas urbanas en la medida en que la calidad de la fuerza de trabajo varía. Con el objetivo de controlar por dichos impactos, en la estimación se incluyen también medidas del nivel educativo y edad de la mano de obra específicas a

[105] Como Henderson (1988) argumenta, a pesar de que la inclusión del tamaño promedio de los establecimientos es una prueba directa del grado de homogeneidad, ésta en realidad no prueba el supuesto de que las funciones sean homogéneas de algún grado.

cada industria en y área metropolitana. Además de la calidad de la mano de obra, como se ha expuesto en el capítulo descriptivo (capítulo II), la participación del capital extranjero en las industrias puede llegar a influir de manera relevante en el nivel tecnológico y/o de innovación en las empresas, dando con ello lugar a diferencias significativas en las productividades en el agregado de las industrias. De esta forma, en la estimación de las funciones de producción y de costes se considera la participación de capital extranjero al nivel de las industrias y de las distintas áreas metropolitanas. Otra de las variables que parece tener un efecto relevante sobre los niveles de productividad es el peso que la actividad maquiladora tiene al nivel industrial y en las diferentes ciudades, por lo que se considera esta variable para controlar su influencia en la productividad. Como se ha dicho, todas las variables de la ecuación se consideran al nivel *industria* y *área metropolitana*.

3.4 Procedimiento empírico

3.4.1 Funciones producción y de costes

Con el objetivo de llegar a resultados robustos acerca de la magnitud y significatividad de los efectos externos de escala y de las diversas variables de control, la presente investigación considera la estimación tanto de una función producción como de una de costes, tal y como se ha planteado anteriormente. Ambos enfoques resultan complementarios y brindan, conjuntamente, evidencia importante sobre el alcance industrial de las economías de aglomeración en las ciudades de México. En este proceso se considera la técnica que propone Leamer (1983, 1994), quien en vez de realizar inferencias limitadas a partir de un modelo econométrico específico, propone efectuar una serie de inferencias mediante del uso de un amplio número de modelos. En particular, propone que en el análisis econométrico se identifiquen familias interesantes de modelos alternativos con el objetivo de brindar información resumida sobre las inferencias derivadas de cada una de éstas. Así, explica que cuando una gama de inferencias es acotada y cuando la correspondiente familia de modelos es lo suficientemente amplia, normalmente la información obtenida en el análisis es de mucho mayor utilidad; por el contrario, cuando la gama de inferencias es muy amplia y la correspondiente familia de modelos muy reducida, entonces las inferencias derivadas de esa información pueden ser muy "frágiles".

De acuerdo con la propuesta de Leamer (1983, 1994), para la determinación de los diferentes modelos deben establecerse, por un lado, una serie de variables explicativas que se consideren como "ciertas". Es decir, que se consideren parte esencial del modelo y que influyan con certeza en la explicación de la variable dependiente. Por otro lado, deben considerarse distintas variables "dudosas"; es decir, de las que no se sabe con seguridad a cerca de su influencia en el proceso que se desea explicar. La técnica sugerida implica la realización de un análisis de sensibilidad en el que se estudie y resuma la información del efecto de las variables explicativas consideradas como ciertas, ante el uso de diferentes combinaciones de variables dudosas. De esta forma, se trata de ofrecer un intervalo dentro del cual el valor de los coeficientes de las variables "ciertas" debe situarse ante las diferentes combinaciones de las "dudosas". Esto permite obtener valores máximos y mínimos, dentro de los cuales deben situarse los resultados obtenidos por cualquier modelo *ad hoc*.

A partir de este enfoque y considerando tanto la función producción como la de costes (ecuaciones 3.2 y 3.6), en la presente investigación se han determinado 24 diferentes modelos, 12 de los cuales corresponden a la función producción y 12 a la función de costes. En los primeros, se han incluido como variables "ciertas" las que miden el alcance industrial de los efectos externos (economías de localización y economías de urbanización), el tamaño promedio de los establecimientos y los activos fijos netos por ocupado. Por su parte, las variables del nivel de escolaridad, los años de edad, la participación de capital extranjero, los ingresos por servicios de maquiladora y las variables *dummy* regionales se han incluido en distintas combinaciones. En los modelos referidos a la ecuación de costes, las variables "ciertas" son las miden el alcance industrial de los efectos externos, el tamaño promedio de los establecimientos y las remuneraciones totales por persona remunerada. Al igual que en el caso de la función producción, los años de escolaridad, la edad promedio, la participación de capital extranjero, los ingresos por servicios de maquiladora y las variables *dummy* regionales se han incluido en diferentes combinaciones. Cabe señalar, adicionalmente, que en los distintos modelos se ha considerado el porcentaje de ocupados con educación profesional, media y superior como variable alternativa al nivel de escolaridad promedio. De esta forma, los 24 modelos probados, cuya estructura depende del tipo de función (producción o de costes) y de la combinación de las distintas variables "dudosas", permiten analizar la sensibilidad de los coeficientes acerca de la naturaleza industrial de las economías externas y obtener resultados más robustos que si se estimase un único tipo de modelo; ver cuadro 3.1.

Cuadro 3.1
Modelos considerados en la estimación de las economías de localización y urbanización
(variable dependiente: valor agregado por ocupado)

	Variables explicativas											
	ECONOMÍAS DE LOCAL. 1/POPi	ECONOMÍAS DE URBAN. LOG(POTO)	TAMAÑO DE LOS ESTABLEC. LOG(TEi)	ACTIVOS F. NETOS POR OCUP. LOG(APOi)	ACTIVOS F. NETOS POR OCUP^2 [LOG(APOi)]^2	REMUNERA-CIONES POR REMUN. LOG(RTPRi)	AÑOS EDAD PROMEDIO EDPi	AÑOS DE ESCOLARID. ESCi	% OCUP. EDUCACIÓN PROF. EPMSi	% CAPITAL EXTRAN-JERO CEPOi	%INGRESOS SERVICIOS MAQUILA ISMi	DUMMIES REGIO-NALES
FUNCIÓN PRODUCCIÓN												
MODELO1	X	X	X	X	X							
MODELO2	X	X	X	X	X		X	X		X		
MODELO3	X	X	X	X	X		X	X		X		X
MODELO4	X	X	X	X	X							X
MODELO5	X	X	X	X	X			X				X
MODELO6	X	X	X	X	X		X	X			X	
MODELO7	X	X	X	X	X		X	X			X	X
MODELO8	X	X	X	X	X		X		X	X		X
MODELO9	X	X	X	X	X				X			X
MODELO10	X	X	X	X	X		X		X	X		
MODELO11	X	X	X	X	X		X		X		X	
MODELO12	X	X	X	X	X		X		X		X	X
FUNCIÓN DE COSTES												
MODELO1	X	X	X			X						
MODELO2	X	X	X			X	X	X		X		
MODELO3	X	X	X			X	X	X		X		X
MODELO4	X	X	X			X						X
MODELO5	X	X	X			X		X				X
MODELO6	X	X	X			X	X	X			X	
MODELO7	X	X	X			X	X	X			X	X
MODELO8	X	X	X			X	X		X	X		X
MODELO9	X	X	X			X			X			X
MODELO10	X	X	X			X	X		X	X		
MODELO11	X	X	X			X	X		X		X	
MODELO12	X	X	X			X	X		X		X	X
Nº MODELOS	**24**	**24**	**24**	**12**	**12**	**12**	**16**	**10**	**10**	**8**	**8**	**14**

Fuente: elaboración propia

3.4.2 La información

La estimación es un *cross-section* con los censos industriales de 1994 (con datos de 1993) y 1999 (con datos de 1998) correspondiente a las 19 industrias manufactureras en las 37 áreas metropolitanas definidas y utilizadas en el análisis descriptivo del capítulo previo. En el texto principal se presenta la estimación de 1993, así como los principales cambios para 1998. Esto se debe, básicamente, a que el Censo Industrial de 1994 es más completo en cuanto al número de variables que ofrece, siendo de particular importancia la participación de capital extranjero de los establecimientos productivos, la cual no se incluye en el Censo de 1998. A pesar de que no se cuenta con esta variable para 1998, la estimación para ese año (la cual se presenta en el anexo) permite estudiar si a cuatro años de haber entrado en vigor el TLCAN, ha existido un cambio relevante en el alcance industrial de las economías de aglomeración en las áreas metropolitanas de México. Como se verá, si bien se presentan algunos cambios en los resultados en este sentido, los cuales serán explicados en este apartado, en esencia son similares respecto a los obtenidos para 1993, manteniéndose las conclusiones fundamentales en ambos años.

En el cuadro 3.2 se definen las variables utilizadas en la estimación y la fuente de donde la información ha sido obtenida. Las variables se refieren a la *industria "i"* en *cada área metropolitana.* En el anexo de texto A.3.1 se explica con detalle la definición y los conceptos que cada una de las variables comprende según el glosario de términos del Censo Industrial del INEGI.

Cuadro 3.2
Definición de las variables y su fuente

Variables	Nombre de la variable	Definición	Fuente
Dependiente			
Valor agregado por ocupado	(VAPOi)	Valor agregado / número de ocupados	Censo Industrial
Explicativas			
1/Población ocupada (economías de localización)	(1/POPi)	Población ocupada sectorial	Censo Industrial
Población urbana ocupada total (economías de urbanización)	(POTO)	Población ocupada total en cada área metropolitana	Censo Industrial
Tamaño promedio de los establecimientos	(TEi)	Número de ocupados / número de establecimientos	Censo Industrial
Activos fijos netos por ocupado	(APOi)	Activos fijos netos / número de ocupados	Censo Industrial
Remuneraciones totales por persona remunerada	(RTPRi)	Remuneraciones totales / personal remunerado	Censo Industrial
Edad promedio	(EDPi)	Años de edad promedio	ENEU
Años de escolaridad promedio	(ESCi)	Años de escolaridad promedio	ENEU
Educación profesional media, superior y de posgrado	(EPMSi)	Porcentaje de ocupados con educación profesional media, superior y de posgrado	ENEU
Participación de capital extranjero	(CEPOi)	Porcentaje de ocupados en establecimientos con participación de capital extranjero	Censo Industrial
Ingresos por servicios de maquila	(ISMi)	Ingresos por servicios de maquila como porcentaje de la producción bruta total	Censo Industrial

Nota:
En el anexo de texto A.3.1 se explica con detalle la definición y concepto de cada variable según el glosario de términos del Censo Industrial del INEGI
Fuente: elaboración propia

3.5 Análisis de correlaciones

Previo a la presentación y examen de los resultados, a continuación se efectúa un análisis de correlaciones entre las principales variables explicativas del modelo y la independiente, con el objetivo único de estudiar la asociación estadística entre las mismas. Dado que se trata de correlaciones simples, debe tenerse presente que en ningún momento dichas asociaciones reflejan necesariamente alguna relación de causalidad.

Los gráficos 3.1 a 3.7 presentan el valor de los coeficientes de correlación entre el valor añadido por ocupado y cada una de las variables explicativas relevantes del modelo en las industrias. Debido a que en el análisis descriptivo del capítulo II se encuentran diferencias importantes en la estructura manufacturera de las áreas metropolitanas de la frontera norte de México respecto a las del resto del país, en el análisis de correlaciones se distingue, por un lado, la totalidad de la muestra de ciudades y, por otro, la submuestra que excluye a las áreas metropolitanas Fronterizas y a la ciudad de Chihuahua en la región Noroeste; como se ha visto, la estructura productiva de este conjunto de ciudades en buena medida se orienta hacia las actividades maquiladoras para la reexportación[106]. Al igual en que en la estimación que se presenta más adelante, las variables del análisis de correlaciones se refieren a 1993; en las gráficas A.3.1 a A.3.7 del anexo se presentan los gráficos para 1998, corroborándose que el patrón de correlaciones es, en general, muy similar al de 1993.

En el gráfico 3.1 se muestra el valor de los coeficientes de correlación entre el valor añadido por ocupado (VAPOi) y la población ocupada (POPi) al nivel industrial. En general, se observa que en las industrias de intensidad tecnológica baja (con excepción la industria 6) y, en menor medida, de baja-media, la asociación entre la productividad y los niveles de empleo industrial es relativamente elevada (aunque en el mejor de los

[106] Al examinar los datos se ha comprobado que el área metropolitana de Chihuahua, en el Noroeste, presenta características similares a las ciudades clasificadas dentro de la región Fronteriza; es decir, presenta una estructura productiva muy orientada hacia a la industria maquiladora de exportación de bajo valor añadido a nivel local. Por esta razón, en el presente análisis de correlaciones se ha decidido tratarla y excluirla junto con las Fronterizas. El definir esta submuestra no implica que las ciudades del país fuera de las Fronterizas tengan un comportamiento similar entre las mismas; se trata simplemente de separar en el análisis a las áreas metropolitanas que, por su elevada integración con Estados Unidos en actividades maquiladoras para la reexportación, contrastan en términos generales respecto al resto del sistema urbano de México en la producción de manufacturas.

casos alcanza 0,50 en la industria 2) y prácticamente no existen diferencias entre el valor de los coeficientes de la muestra completa y el de la submuestra que excluye a las ciudades Fronterizas. En contraste, en las industrias de intensidad tecnológica alta-media y alta 15, 17 y 18, se presenta una notable diferencia entre las muestras de ciudades, destacando el fuerte incremento de la correlación positiva entre productividad y empleo industrial al excluir a las áreas metropolitanas Fronterizas. Como se ha visto, estas industrias se caracterizan por ser importantes empleadoras de mano de obra dedicada a actividades de maquila, por lo general de bajo valor añadido, y que están significativamente representadas en las ciudades de esa región.

El gráfico 3.2 presenta el valor de las correlaciones entre el valor añadido por ocupado en cada industria y la población ocupada total urbana (POTO). Las mayores correlaciones (por arriba de 0,40) entre productividad y tamaño urbano se observan en las industrias de intensidades tecnológica baja (con excepción de la industria 6) y alta 18; presumiblemente, estas industrias se benefician de las ventajas que ofrecen las ciudades grandes, aspecto que se deja sin embargo para el análisis econométrico.

El gráfico 3.3 muestra las correlaciones industriales entre el valor añadido por ocupado (VAPOi) y el tamaño promedio de los establecimientos (TEi). Destaca, en primer lugar, el contraste existente entre la muestra completa de ciudades y la submuestra que excluye a las Fronterizas. Con excepción de las industrias de intensidad tecnológica baja 3 y 6, la asociación positiva entre productividad y tamaño de los establecimientos es, en todos los casos, superior cuando se excluyen las áreas metropolitanas Fronterizas. Las diferencias más notorias se aprecian en las industrias 2, 4, de baja intensidad tecnológica; 8, de baja-media; 15 y 17, de alta-media; y 18, de alta (estas últimas tres industrias se asocian de manera importante a la actividad maquiladora de exportación). Obsérvese cómo en las cinco últimas industrias señaladas anteriormente se pasa de una correlación negativa entre productividad y tamaño promedio con la muestra completa de ciudades, a una positiva (aunque reducida en el caso de la industria 18) sin considerar a las Fronterizas. Esta evidencia puede indicar que la generación de economías de escala al interior de las plantas es más propicia en las ciudades del interior del país, respecto a las de la frontera norte de México.

En los gráficos 3.4 y 3.5 se presentan, respectivamente, las correlaciones entre productividad (VAPOi) y participación de capital extranjero (CEPOi), y esta primera variable y los ingresos por servicios de maquiladora (ISMi). En el gráfico 3.4 destaca, en primer lugar, que una mayor productividad se asocia con una más elevada participación de capital extranjero en todos los casos, con excepción de la industria 8. En segundo lugar, y de forma clara, que la correlación entre las variables es consistentemente superior al excluir a las ciudades Fronterizas de la muestra; las únicas excepciones son la industria 3 y, notablemente, la industria 11. En cuanto al gráfico 3.5, se debe destacar la asociación negativa entre el valor añadido por ocupado y los ingresos por servicios de maquiladora en la mayoría de las industrias y especialmente en las de intensidad tecnológica alta-media y alta. Cuando se excluyen a las áreas metropolitanas Fronterizas las correlaciones en cuatro de las 19 industrias pasan de ser negativas a positivas (entre las que destaca la industria 19 de alta tecnología) y en cinco más éstas se incrementan notablemente dentro del rango positivo. Es decir, la evidencia señala que, al menos en términos de correlaciones simples, la actividad maquiladora en las industrias de manufacturas en el ámbito urbano en México se asocia con una menor productividad de la mano de obra, siendo esta relación aparentemente más relevante en las industrias de elevada sofisticación tecnológica y en las ciudades de la frontera norte (particularmente en las industrias 15, 17 y 18, con una elevada asociación con la actividad maquiladora).

En cuanto a las variables referidas a la calidad de la fuerza de trabajo, en el gráfico 3.6 se aprecia que la correlación positiva entre valor añadido por ocupado y la escolaridad promedio (ESCi) es, en general, relativamente reducida. Dicha correlación llega a ser, en el mejor de los casos, de 0,55 en la industria 10. Cabe señalar, por otro lado, que en la mayoría de los casos no hay una notable diferencia en el valor de las correlaciones entre la muestra completa de ciudades y la muestra que no considera a las Fronterizas. Dentro de las industrias de elevada sofisticación tecnológica destacan las industrias 14 y 17, con los coeficientes de correlación más elevados, aunque por debajo del promedio nacional. Por su parte, se presentan algunos coeficientes de correlación negativos, auque de valor reducido, en las industrias 7, 15 y 18 (en esta última sólo cuando se excluyen las ciudades de la región Frontera).

Finalmente, en el gráfico 3.7 se observa que el valor de los coeficientes de correlación entre la productividad y la edad promedio de los trabajadores (EDPi) es, en general bajo, siendo negativo en 12 de las 19 industrias. Con excepción de la industria 7, todas las industrias de baja intensidad tecnológica presentan correlaciones por debajo de cero. Con las reservas que un análisis de correlación simple implica, lo anterior puede reflejar cierta obsolescencia de la mano de obra en tales actividades aunque, como se aprecia, también sucede en las industrias de mayor sofisticación tecnológica 14, 16 y 19. Cabe insistir, sin embargo, que los coeficientes de correlación negativos observadas son muy reducidas, no rebasando -0.35.

Gráfico 3.1

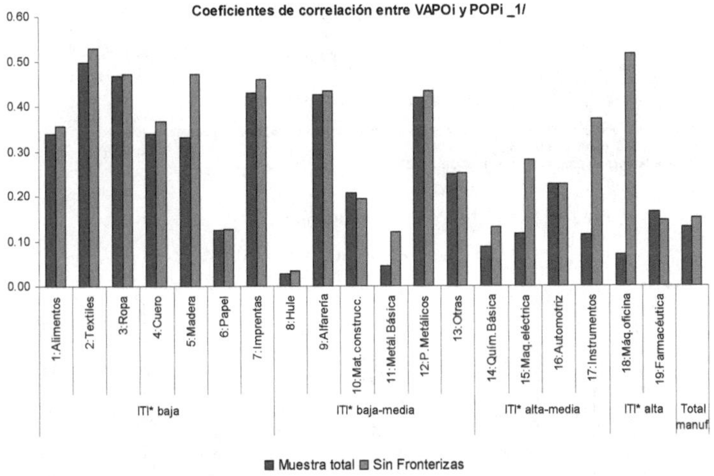

_1/ VAPOi se refiere al valor agregado por ocupado en la industria *i;* POPi, a la población ocupada en la industria *i*
* Se refiere a la intensidad tecnológica industrial
Fuente: elaboración propia con información del Censo Industrial de 1994

Gráfico 3.2

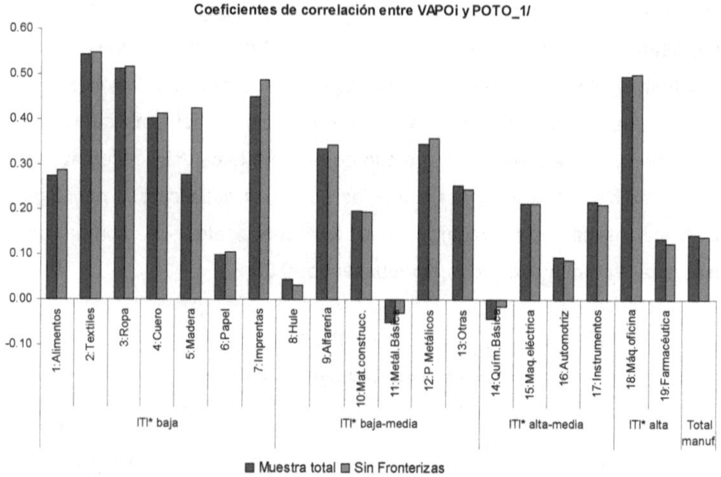

_1/ VAPOi se refiere al valor agregado por ocupado en la industria *i*; POTO, a la población total
* Se refiere a la intensidad tecnológica industrial
Fuente: elaboración propia con información del Censo Industrial de 1994

Gráfico 3.3

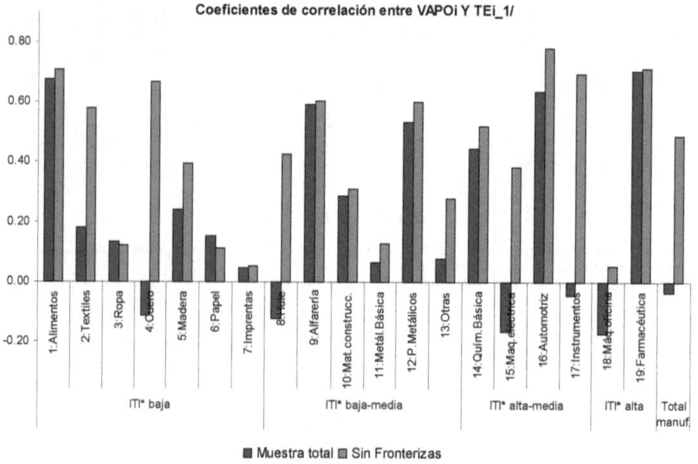

_1/ VAPOi se refiere al valor agregado por ocupado en la industria *i*; TEi, al tamaño promedio de los establecimientos en la industria *i*
* Se refiere a la intensidad tecnológica industrial
Fuente: elaboración propia con información del Censo Industrial de 1994

Gráfico 3.4

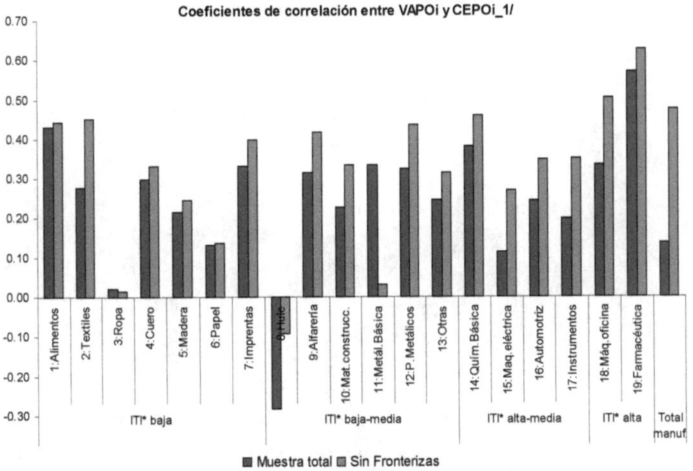

_1/ VAPOi se refiere al valor agregado por ocupado en la industria *i*; CEPOi, a la proporción de capital extranjero en los establecimientos en la industria *i*
* Se refiere a la intensidad tecnológica industrial
Fuente: elaboración propia con información del Censo Industrial de 1994

Gráfico 3.5

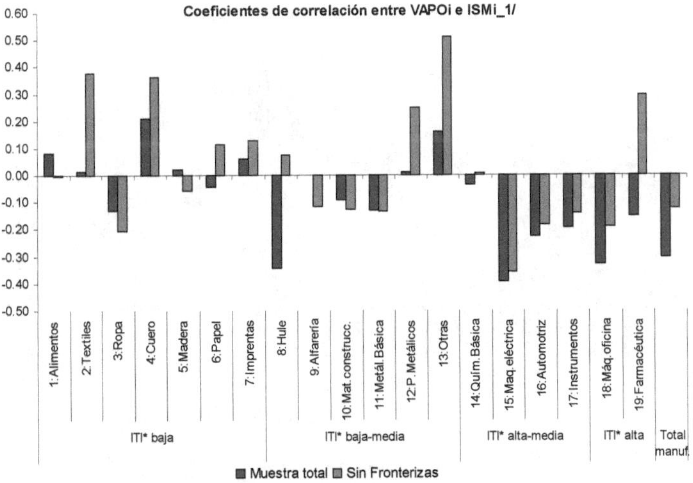

_1/ VAPOi se refiere al valor agregado por ocupado en la industria *i*; ISMi, a la proporción de ingresos por servicios de maquiladora en la industria *i*
* Se refiere a la intensidad tecnológica industrial
Fuente: elaboración propia con información del Censo Industrial de 1994

Gráfico 3.6

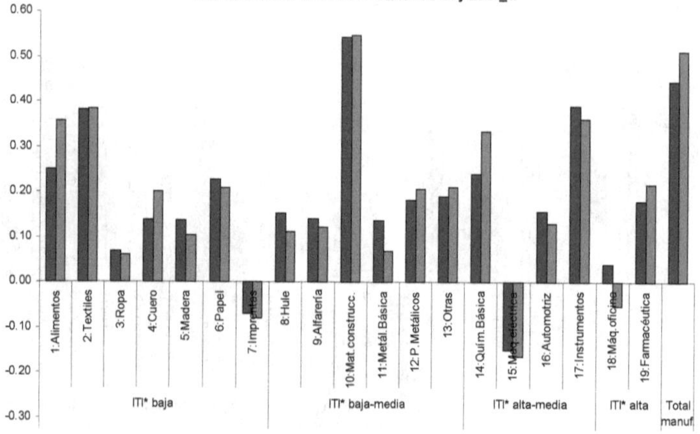

_1/ VAPOi se refiere al valor agregado por ocupado en la industria *i*; ESCi, al nivel educativo promedio de la mano de obra en la industria *i*

* Se refiere a la intensidad tecnológica industrial

Fuente: elaboración propia con información del Censo Industrial de 1994 para el valor agregado por ocupado y de la ENEU (cuarto trimestre de 1993) para la escolaridad promedio

Gráfico 3.7

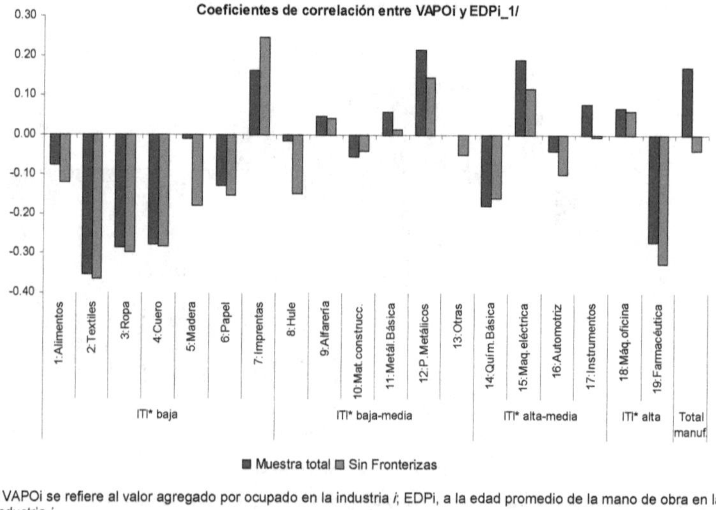

_1/ VAPOi se refiere al valor agregado por ocupado en la industria *i*; EDPi, a la edad promedio de la mano de obra en la industria *i*

* Se refiere a la intensidad tecnológica industrial

Fuente: elaboración propia con información del Censo Industrial de 1994 para el valor agregado por ocupado y de la ENEU (cuarto trimestre de 1993) para la edad promedio

3.6 Resultados

3.6.1 Estimación para 1993

Antes de presentar y examinar los resultados sobre la importancia y alcance industrial de las economías de aglomeración en las ciudades de México, se debe señalar que se realizó una estimación para comprobar que los efectos externos de escala no tengan un impacto relevante sobre la intensidad en el uso de los factores trabajo y capital; es decir, que se cumpla con el supuesto de neutralidad de Hicks. En el cuadro A.3.1-b del anexo se aprecia que la mayor parte de las industrias cumple con dicho supuesto[107], por lo que puede esperarse que los resultados no impliquen un sesgo de importancia en la cuantificación de las economías de aglomeración.

El cuadro 3.3 presenta el resumen de los resultados, mostrando el valor mínimo, máximo, promedio y desviación estándar de las elasticidades obtenidas a través de los distintos modelos considerados en el cuadro 3.1 para las funciones de producción y costes. Como Leamer (1983, 1994) explica, estos valores permiten conocer el intervalo en el que se sitúan las elasticidades de las distintas variables de interés, sin importar cómo las variables "dudosas" han sido combinadas. Debe señalarse que mientras más reducido sea este intervalo, los resultados (e inferencias) son más precisos y robustos[108]. El cuadro presenta adicionalmente el porcentaje de modelos en los que la variable en cuestión resultó estadísticamente significativa a los niveles habituales de significatividad. Con ello se pretende tener una idea de la frecuencia en que la variable de interés tuvo un efecto estadísticamente relevante. En el análisis se ha considerado que si una variable ha resultado significativa entre el 50 y 69 por ciento de las veces, ésta presenta una significatividad general "moderada"[109]. Por su parte, si una variable

[107] En particular, en el caso de las economías de localización, de las 19 industrias sólo cuatro parecen tener un efecto estadísticamente significativo sobre las proporción de activos fijos por ocupado; en el caso de las economías de urbanización, el número de industrias con impacto significativo es de seis. La estimación para 1998 (no presentada) arroja conclusiones similares: el número de industrias con impacto significativo es de seis en el caso de las economías de localización y de cuatro en el caso de las economías de urbanización.

[108] Como se observa en el cuadro 3.3, éste es en general el caso de los resultados obtenidos en las estimaciones.

[109] Para identificar con mayor facilidad estos casos, en el cuadro se han sombreado de color verde los resultados con significatividad "moderada".

ha sido significativa en un porcentaje de casos entre el 70 y 100 por ciento, se considera que ésta tiene una significatividad "fuerte" o "robusta"[110].

Cabe señalar que la estimación de los distintos modelos se ha efectuado a partir del método de *ecuaciones de regresión aparentemente no relacionadas* (*SURE*)[111]. Bajo esta metodología, las ecuaciones representativas de cada industria se estiman conjuntamente por Mínimos Cuadrados Generalizados (MCG), en vez de hacerlo de forma separada por Mínimos Cuadrados Ordinarios (MCO). La ventaja que brinda este método de estimación radica en la ganancia de eficiencia que se obtiene bajo el supuesto de que las ecuaciones se relacionan únicamente a través de sus perturbaciones. De esta forma, cuanto mayor sea la correlación de los errores entre las ecuaciones, mayor será la ganancia al utilizar MCG. Por su parte, los errores estándar y las covarianzas se calculan de acuerdo al método consistente de White. Esto es muy recomendable debido a que, por la naturaleza del *cross-section* de la información, es probable que se presenten problemas heterocedasticidad[112].

Se debe mencionar que en la interpretación de los resultados el cuadro 3.3 se toma la media de las elasticidades como valor de referencia de los efectos.[113] En cuanto a las economías de localización, en la primera columna de dicho cuadro se observa que seis de las 19 industrias manufactureras generan, en por lo menos la mitad de los modelos probados, positivas y significativas economías externas asociadas al tamaño industrial. Tres de estas industrias son de baja intensidad tecnológica (industrias 2, 3, y 5), dos de baja-media (industrias 8 y 11), y una de alta (industria 18). Sin embargo, como se aprecia, la magnitud de los efectos es en general muy reducida. Casos excepcionales los constituyen las industria metálica básica (industria 11) y, quizás, madera y sus productos (industria 5), con un incremento en el valor agregado por ocupado de 4,7 y

[110] Estos casos se han sombreado de color gris.

[111] Por sus siglas en inglés: *Seemingly Unrelated Regression Equations*.

[112] Cabe señalar, asimismo, que la estimación ha considerado efectos fijos por industria; si embargo, por no considerarlo relevante, en el cuadro 3.3 no se presentan los resultados asociados a dichos efectos fijos, así como tampoco a los de las variables de remuneraciones promedio (parte de la función de costes) y activos fijos netos por ocupado (parte de la función producción).

[113] Debe señalarse que, en prácticamente todos los casos, el signo del valor medio coincide con el signo que la variable ha obtenido en cada uno de los modelos; es decir, en ningún caso (salvo en tres excepciones) la media de las elasticidades de las variables presentadas se ha obtenido a partir de valores con signo contrario. Los tres casos excepcionales se presentan en el valor medio de las economías de localización en la industria 9; en el valor medio del efecto de la edad promedio en la industria 4; y en el valor medio del efecto de los ingresos por servicios de maquiladora en la industria 14. En estos casos, se ha contabilizando únicamente el número de modelos en los que el signo del coeficiente de la variable en cuestión corresponde con el signo del valor medio.

1,4 por ciento, respectivamente, ante una duplicación del empleo industrial. Sin considerar estas dos industrias, las economías de localización en las manufacturas mexicanas con elasticidad positiva muestran un efecto que no supera, ni siquiera, 0,5 por ciento. En la industria 18 de alta intensidad tecnológica las economías de localización, aunque significativas estadísticamente, presentan una elasticidad prácticamente de cero. Cabe señalar que las industrias 4, 9, 14 y 15 presentan también significativas economías de localización pero de signo negativo[114]. Estos resultados ponen en evidencia que la estructura industrial en México es en general poco sofisticada, por lo que la concentración espacial del empleo al nivel de cada industria no genera efectos externos de magnitud relevante, aunque en algunos casos estadísticamente significativos, para las empresas en el ámbito urbano.

En cuanto a las economías de urbanización, en la segunda columna del cuadro 3.3 se aprecia que 8 de las 19 industrias presentan significativas economías de urbanización. Estos efectos son, adicionalmente, de magnitud elevada, ubicándose en un intervalo que va de 11,4 por ciento en la industria de la madera y sus productos (industria 5) a 27,7 por ciento en "otras industrias manufactureras" (industria 13). De esta forma, por el número de industrias, pero sobre todo por la magnitud de los efectos, los resultados obtenidos apuntan a que las economías de urbanización en las áreas metropolitanas de México son más importantes (o dominan) que (a) las economías de localización. Cabe señalar que en general los beneficios derivados de los mayores tamaños urbanos se concentran, sin embargo, en las industrias de intensidad tecnológica baja y baja-media. La única industria de elevada intensidad tecnológica que presenta significativas economías de urbanización es la 18: "Máquinas de oficina y procesamiento informático, equipo electrónico y aparatos domésticos". Como se ha visto, esta industria también genera economías de localización significativas, aunque de magnitud igual a cero. A diferencia del resto de industrias de elevada sofisticación tecnológica, es posible que la

[114] Como se explicó en las secciones 3.2 y 3.4.2 (cuadro 3.2), la especificación de las economías de localización es lineal. Con el objetivo de analizar la forma la forma de la curva de los efectos, en el cuadro A.3.1 del anexo se muestra el signo de los coeficientes en el que se supone una forma cuadrática de las economías de localización. Se comprueba que las dos primeras industrias (4 y 9) presentan en realidad deseconomías de localización, lo que indica que los mayores niveles de empleo en dichas industrias actualmente generan ineficiencias y, con ello, menores productividades. Sin embargo, a decir del valor de las elasticidades, los efectos son también de magnitud muy reducida. Las industrias 14 y 15, en cambio, al parecer se encuentran en una fase en la que requieren un tamaño industrial mínimo para comenzar a obtener beneficios positivos de la concentración espacial del empleo industrial, es decir, la curva de las economías de localización en estas industrias tiene una forma de "u".

18 se encuentre en una fase en la que obtiene beneficios significativos del tamaño urbano dada la disponibilidad de *inputs* y servicios especializados existentes en las ciudades grandes, tal y como plantea Henderson (1988). Debido a que la industria se caracteriza por ser altamente maquiladora, especialmente en las ciudades Fronterizas (tal y como se ha visto en el capítulo II), es probable que los beneficios externos se presenten más bien en las ciudades ubicadas fuera de esa zona. El gráfico 3.1 del análisis de correlaciones sugiere que esto parece suceder, especialmente en el caso de las economías de localización.

Los resultados obtenidos a cerca de que las economías de urbanización son más importantes que las economías de localización en México contrasta con lo encontrado por Mera (1973), Henderson (1986,1988), Nakamura (1985), Qutub y Richardson (1986), pero es consistente con Carlino (1979), Moomaw (1983) y Shukla (1984), entre otros. Como se ha comentado, esta evidencia puede deberse a que la estructura industrial de México es en general poco sofisticada y en muchas ocasiones se caracteriza por la débil asociación e interrelación de las pequeñas y medianas empresas de la misma industria o industrias similares. Kuri *et al* (1999) afirma que en México todavía se transita por una etapa en la que los apoyos a la regionalización, los encadenamientos productivos y la cooperación entre empresas pequeñas y medianas son aún intentos aislados y no constituyen una red articulada. Alonso (1997) pone de manifiesto que la apertura comercial ha exigido a las empresas pequeñas y medianas operar con mayor eficiencia, lo que podría obtenerse con la formación de una red entre ellas para enfrentar la competencia. Sin embargo, argumenta que la posibilidad de dicha integración en gran medida se ha dificultado por la carencia de una cultura de colaboración, por lo que gran parte de las pequeñas y medianas empresas en México están desaprovechando muchas de las ventajas derivadas de la concentración y especialización intra-industrial; con ello, la generación de economías de localización se ha visto limitada.

Kuri *et al* (1999) afirma que en las regiones fronterizas, en particular, los empresarios no son proclives a establecer relaciones de asociación ni con otras empresas ni con instituciones en general. Opina que la débil cultura de solidaridad entre empresarios se debe a la reciente formación de las ciudades y a la constante inmigración, así como a que buena parte de ellos no son originarios de la región. Adicionalmente, argumenta que dada la abundancia de maquiladoras de exportación, en las ciudades fronterizas es escasa la integración productiva y comercial al nivel de la industria local, ya que casi todos los insumos se importan y la mayor parte se exporta. En este sentido, diversos autores coinciden en mencionar que en la industria maquiladora de México las relaciones de complementariedad a nivel inter e intra-industrial son más importantes desde la perspectiva de una integración territorial hacia Estados Unidos y no tanto en las propias ciudades de la frontera mexicana[115].

A partir del levantamiento de una encuesta orientada a verificar, entre otros aspectos, la existencia de encadenamientos o articulaciones entre las empresas manufactureras en el ámbito local y la posible presencia de los llamados "distritos industriales"[116] en México, De la Garza *et al* (1995) provee evidencia empírica que parece coincidir con los resultados obtenidos en la presente investigación[117]. El trabajo concluye que, en general, no se pueden detectar fuertes encadenamientos productivos regionales ni zonas industriales con dinámicas de tipo endógeno que pudiesen hacer pensar en la figura de los distritos industriales. Los autores ponen de manifiesto que, por el contrario, "...se pueden observar fuertes dependencias de proveedores extranjeros y de otras regiones del país, así como de clientes nacionales, pero fuera de la propia zona industrial considerada. La vinculación comercial intra-firmas, por otro lado, es un fenómeno muy poco frecuente, al igual que las relaciones de subcontratación."[118] Afirman que la apertura comercial probablemente se haya traducido en el rompimiento

---

[115] Ver por ejemplo Hanson (1996) y Kuri *et al* (1999).

[116] Los "distritos industriales" se refieren a ámbitos caracterizados por intensas interacciones entre empresas y que son propiciadas por vínculos entre los sistemas de producción y distribución, y por la cultura laboral de los actores involucrados en espacios geográficos reducidos. La teoría del "distrito industrial" (que tiene sus orígenes en las externalidades de la "atmósfera industrial" de Marshall -1890-) surge como explicación al buen desenvolvimiento de algunas concentraciones industriales de empresas de tamaño reducido, principalmente en el noreste y centro de Italia, durante la crisis de los setenta y principios de los ochenta. Ver por ejemplo Becattini (1979, 1992).

[117] La metodología y técnica de investigación en dicho trabajo estuvieron centradas en el levantamiento de una encuesta con una muestra al azar de 500 establecimientos manufactureros (sin incluir las micro-empresas de menos de 15 trabajadores) en 14 zonas industriales de México. Las zonas consideradas en el trabajo fueron: Aguascalientes, Tijuana, Hermosillo, Guadalajara, Querétaro, Tlaxcala, Puebla, Orizaba, Veracruz, Mérida, la delegación Iztapalapa del Distrito Federal (Ciudad de México), Mexicali, Norte de Sonora y Saltillo. Entre otros aspectos, en el trabajo interesó analizar las relaciones de encadenamientos en la zona. Para ello, la encuesta consideró preguntas acerca de los proveedores, de los clientes y de las fuentes de financiamiento de los establecimientos, así como de la presencia o ausencia de fenómenos de subcontratación. Se pidió a demás que los empresarios evaluaran tanto las características generales de su zona (mercados, infraestructura, apoyos fiscales, instituciones para la capacitación, asesoría técnica, relaciones laborales y mano de obra) como, particularmente, la acción gubernamental en relación a la industria.

[118] De la Garza *et al* (1995), página 105.

de cadenas y de relaciones cliente-proveedor nacionales y su sustitución por la implantación de insumos y componentes importados.

En este mismo sentido, De la Garza *et al* (2005) explica que "...un problema relacionado con el modelo productivo y de industrialización que predomina en la manufactura [de México] es su capacidad de formar encadenamientos productivos, propiciando de esta manera la multiplicación de los efectos de la inversión productiva." Afirma que "por lo pronto, la apertura del mercado propició desde los ochenta la substitución de materias primas y auxiliares nacionales por extranjeras"; menciona que "hasta la fecha no hay una tendencia hacia la substitución de proveedores extranjeros por nacionales, y que esto se debe principalmente a la maquila, que siendo en su mayoría de capital transnacional prefiere los acuerdos intrafirma en términos de proveedores"[119]. Finalmente, el autor afirma que las empresas mexicanas medianas y pequeñas no han logrado convertirse en proveedores eficientes de las empresas extranjeras en México, en gran medida por el círculo vicioso de baja productividad, calidad y oportunidad en los suministros en el que están inmersas, con una evidente falta de financiamiento, capacidades gerenciales y técnicas adecuadas. Esta evidencia es consistente con los trabajos anteriormente citados y constituyen, en conjunto, un elemento relevante que puede dar explicación al débil efecto de las economías de localización encontrado en la presente investigación.

En cuanto a los coeficientes referidos al tamaño de los establecimientos, en la tercera columna del cuadro 3.3 se aprecia que en nueve de las 19 industrias se presentan positivas y significativas economías internas a escala. Tres de éstas son industrias pesadas (10, 12 y 16) y dos se asocian con los químicos (14 y 19). Cabe señalar que, con excepción de las industrias 17 y 18, en todos las ramas de intensidad tecnológica alta y alta-media se generan positivas y significativas economías de escala internas[120]. Esto en general coincide con lo puesto de manifiesto por distintos autores en México;

---

[119] Explica que la sustitución de proveedores extranjeros por nacionales se incrementó con la entrada en vigor del Tratado de Libre Comercio con América del Norte (TLCAN), de tal forma que a partir de 1994 creció el porcentaje de materias primas y auxiliares extranjeras en la manufactura de 35.8 a un máximo de 42.4 por ciento en 2001; ver De la Garza (2005), páginas 47 a 49.

[120] Como se aprecia en la columna 3 del cuadro 3.3 el tamaño de los establecimientos en algunas industrias llega a generar deseconomías de efecto significativo; éste es el caso de las industrias 6, 13 y 18, en los que el mayor número de ocupados por planta al parecer conllevar a mayores ineficiencias internas de planta. Es posible que los establecimientos de tales industrias enfrenten problemas internos asociados a la organización administrativa de sus recursos.

por ejemplo, Hernández Laos (1994b) pone comprueba que el mayor crecimiento de la productividad manufacturera en el país a partir de la apertura de la economía mexicana, a mediados de los ochenta, se ha dado en los establecimientos de mayores dimensiones los cuales, argumenta, operaron a muy bajos índices de utilización de la capacidad instalada durante los años de crisis, a principios de esa misma década. En este sentido, se debe señalar que las economías derivadas del tamaño de empresa en México pueden ser un factor que limita la generación de economías de localización; esto parece suceder particularmente en el caso de las industrias 14 y 15 que muestran significativas economías de escala internas y, como se ha visto, significativas economías de localización con efecto negativo (en especial la industria 14). Como se observa, de la totalidad de industrias en los que se obtienen positivas y significativas economías de escala internas, en sólo una (industria 3) se generan a la vez positivas y significativas economías de localización. Esta evidencia sugiere, nuevamente, que las empresas manufactureras en México en general desaprovechan gran parte de las ventajas que la concentración geográfica de recursos al nivel intra-industrial ofrece. La estrategia productiva en estas plantas parece en muchos casos basarse en los grandes tamaños de los establecimientos, lo que puede desplazar en gran medida la generación economías de localización en las ciudades.

En las columnas 4 y 5 del cuadro 3.3 se presentan los resultados relacionados con la edad promedio y el nivel de cualificación de la mano de obra, respectivamente. En las filas superiores de la columna 5 se muestran los resultados cuando se utiliza la variable de los años promedio de escolaridad y, en las inferiores, cuando se emplea (de forma alternativa) la variable del porcentaje de ocupados con educación profesional media, superior y de posgrado. En las filas superiores de la columna 5 se observa que las industrias en los que la escolaridad promedio tiene un efecto positivo y significativo son 6: "Papel y productos de papel" y 14: "Sustancias químicas básicas y fibras artificiales y/o sintéticas". En las filas inferiores se aprecia que el efecto relacionado con el nivel de cualificación de los trabajadores es más sensible cuando se utiliza el porcentaje de ocupados con educación profesional media, superior y de posgrado. En al menos en la mitad de los modelos probados esta variable tiene un efecto positivo y significativo en las industrias 14: "Sustancias químicas básicas y fibras artificiales y/o sintéticas"; 15: "Maquinaria con o sin motor eléctrico, y maquinaria y accesorios eléctricos"; 17: "Instrumentos y equipo de precisión"; y 19: "Industria farmacéutica y otros productos químicos". En la industria de instrumentos y equipo de precisión (industria 17) el resultado es contundente, ya que en el 100 por ciento de los casos la proporción de ocupados con educación profesional media, superior y de posgrado resulta positiva y significativa. De estos resultados destaca también que en la industria 14 de tecnología alta-media se presentan los mayores efectos; la elasticidad de la escolaridad promedio en la industria es de 1,3, lo que implica un incremento más que proporcional en la productividad ante un aumento marginal del nivel educativo. Por su parte, el efecto relacionado con el porcentaje de ocupados con educación profesional media, superior y de posgrado en esa misma industria es también el más elevado: 0,35.

Los resultados obtenidos en las industrias 15, 17 y 19, en las que únicamente la proporción de ocupados con escolaridad profesional media, superior y de posgrado tiene un efecto relevante, indican que este tipo de empleados con la más elevada cualificación cumple una función importante dentro del proceso productivo. En las industrias 15 y 17, que se caracterizan en el ámbito nacional por ser intensivos en actividades maquiladoras (y por tanto intensivos en mano de obra), el resultado sugiere que los trabajadores con educación profesional y de postgrado empleados en dichas industrias, cuyas tareas deben estar ligadas primordialmente a las actividades ingenieriles, de control de procesos y, posiblemente, de diseño e innovación, contribuyen de forma muy significativa en la generación de mayores niveles de productividad. Obsérvese que cuando se utiliza el nivel educativo promedio, el efecto de la cualificación de la mano de obra en esas industrias no es estadísticamente significativo. Este resultado parece coincidir de alguna forma con lo encontrado por Feenstra y Hanson (1997), quienes argumentan que el flujo de capitales de los países desarrollados hacia sus socios con menor desarrollo ha contribuido al aumento generalizado de la demanda relativa de fuerza laboral más cualificada, lo que se ha traducido en un aumento en los salarios relativos a favor de este grupo de trabajadores y por tanto en una mayor inequidad salarial. Para el caso de México encuentran que el crecimiento de la inversión extranjera directa (IED) está positivamente correlacionado con el incremento de la demanda relativa de trabajadores más cualificados. Según los autores, el crecimiento de la IED en las regiones fronterizas, medida a través del número de plantas maquiladoras, ha dado lugar a más del 50 por ciento del incremento del salario de los trabajadores con las más altas cualificaciones. Si la evidencia hasta ahora disponible es correcta, los resultados de las estimaciones al excluir a las ciudades Fronterizas (estimación a la que se hará referencia más adelante), que es donde se concentra preponderantemente la actividad maquiladora en México, deben señalar un debilitamiento del valor y/o significatividad del efecto de la proporción de ocupados con educación profesional media, superior y de posgrado en esas industrias.

Como se aprecia en el cuadro 3.3, en la industria de tecnología baja 3: "Tejidos de punto y prendas de vestir" el porcentaje de ocupados con educación profesional, media y superior tiene un efecto negativo y significativo que se combina con un efecto positivo y significativo de la edad promedio. Este resultado sugiere que la experiencia de los trabajadores (aproximada con los años de edad) para desempeñar las actividades en esa industria de baja sofisticación tecnológica al parecer es más importante que el nivel educativo (cuyo efecto es no significativo) y que, sobre todo, la proporción de ocupados con educación profesional, media y superior (con un efecto negativo y significativo). Por el contrario, en la industria 6: "Papel y productos de papel" el efecto positivo y significativo de la escolaridad se combina con un efecto negativo y significativo de la edad promedio. Al igual que en la industria 3, la experiencia y la escolaridad en la industria 6 parecen tener características sustitutivas. Sin embargo, a diferencia de la primera, el nivel educativo promedio en la industria 6 es más importante que la experiencia; como se ha visto, el efecto de esta última variable en la industria 6 es de hecho es negativo. La edad de los trabajadores tiene también un efecto positivo significativo en la industria 18 de tecnología alta. Como se observa en la columna 5, ni el nivel educativo promedio ni la proporción de trabajadores con escolaridad profesional, media y superior tiene, en dicha industria, un efecto estadísticamente relevante. La experiencia en la industria 18 parece por tanto ser el único atributo de la fuerza de trabajo con efecto significativo[121].

Las columnas 6 y 7 del cuadro 3.3 muestran los resultados relacionados con el efecto de la participación de capital extranjero y los ingresos por servicios de maquiladora, respectivamente. Destaca, en primer lugar, las notables diferencias en el signo de los

[121] Debe señalarse que, con el objetivo de capturar un posible efecto decreciente de la edad promedio, en las estimaciones se probó una especificación cuadrática como: $\beta_1(EDPi)+\beta_2(EDPi)^2$. Sin embargo, en la mayoría de las industrias, incluyendo dos de las tres industrias en los que la variable resultó significativa (industrias 6 y 18, ver cuadro 3.3), el coeficiente β_2 presentó un efecto no significativo. En la industria 3 se presenta un efecto decreciente significativo de los años de edad promedio. De esta forma, en aras de limitar el número de variables explicativas, en las estimaciones sólo se ha considerado el término lineal de la edad promedio.

efectos estimados entre las variables, así como el tipo de industrias en las que dichos efectos se concentran. Si bien la participación de capital extranjero tiene un efecto negativo y significativo en tres de las 4 industrias en los que esta variable resultó significativa, estos efectos negativos se presentan en las industrias 3 y 6 de baja intensidad tecnológica y en la industria 8 de intensidad baja-media. Por el contrario, los efectos negativos significativos de los ingresos por servicios de maquiladora se concentran en las industrias de intensidad tecnológica alta y alta-media, particularmente en las industrias altamente maquiladoras 15, 17 y 18; un incremento marginal de los ingresos por servicios de maquiladora en estas industrias da lugar a una reducción más que proporcional de la productividad. Cabe señalar que la participación de capital extranjero y los ingresos por servicios de maquiladora presentan, de manera conjunta, un efecto significativo y positivo únicamente en la industria metálica básica (industria 11); como se ha visto, esta industria genera también importantes economías de localización y es de las más productivas en el ámbito urbano en México.

Finalmente, las columnas 8 a 11 presentan los resultados asociados con los efectos fijos regionales. Con el objetivo de contar con los suficientes grados de libertad para llevar a cabo las estimaciones, las nueve regiones de ciudades que se presentan en el apartado 1.1 del capítulo II de la presente investigación, se han agrupado en seis "macrorregiones"[122]. Asimismo, por el número de observaciones con que se cuenta, ha sido necesario omitir no sólo las ciudades de la región Sur y Península de Yucatán, sino también las del Este[123]. Cabe señalar que, de no haber omitido las ciudades de la región Este (de haberse contado con el suficiente número de observaciones), por la elevada productividad de esa región, podría esperarse que los efectos fijos regionales del resto de agrupaciones de ciudades hubiesen sido mayores respecto a los que se presentan en las columnas 8 a 11 del cuadro 3.3. Se debe precisar que para la

[122] En particular, se han agrupado las regiones Noroeste y Noreste en la macrorregión "Norte"; las regiones Centro-norte y Centro-oeste, en la macrorregión denominada "Centro-norte y centro-oeste"; y las regiones Centro y Capital, en la macrorregión "Centro y Capital". Por su parte, las regiones Fronterizas, Este, y Sur y Península de Yucatán, han permanecido sin una agrupación macrorregional.

[123] Para 1993 se ha contado, en promedio, con un total de 635 y 610 observaciones para las funciones producción y de costes, respectivamente; esto ha obligado a omitir no sólo a las ciudades de las región Sur y Península de Yucatán, sino también a las de la región Este; la decisión de omitir estas dos regiones se basa en su proximidad geográfica. Para las estimaciones de 1998 se ha contado con un mayor número de observaciones (659 y 646 para las funciones de producción y costes, respectivamente), por lo que en ese caso ha sido posible omitir exclusivamente las ciudades de la región Sur y Península de Yucatán.

estimación econométrica que se efectúa para 1998, cuyos resultados se presentan en el cuadro A.3.2 del anexo, se cuenta con un mayor número de observaciones, lo que en ese caso ha permitido excluir únicamente a las ciudades de la región Sur y Península de Yucatán. Como se explica en ese anexo, si bien efectivamente la importancia de los efectos fijos regionales en general aumenta en la mayor parte de las agrupaciones regionales de ciudades, el sentido de resultados no cambia sustancialmente[124].

Obsérvese en las columnas 8 a 11 del cuadro 3.3 cómo, en general, los efectos fijos regionales más importantes se presentan en las ciudades de la región Centro y Capital. Como se aprecia, siete de las 19 industrias exhiben un efecto fijo regional positivo y significativo; de éstas, cuatro son de intensidad tecnológica baja, una de baja-media, y dos de alta; la magnitud de los efectos es asimismo relevante, ubicándose entre un mínimo de 0,24, en la industria 3: "Tejidos de punta y prendas de vestir", a un máximo de 0,83 en la industria 6: "Papel y productos de papel". Dentro de las industrias maquiladoras, la 18: "Maquinaria de oficina y procesamiento informático, equipo electrónico y aparatos domésticos" presenta un efecto fijo destacado, lo que sugiere que el entono local específico de las ciudades de la región Centro y Capital es propicio para llevar a cabo esa actividad de forma eficiente. Nótese también que la industria 19: "Farmacéutica y otros productos químicos" muestra un importante efecto fijo en esas ciudades, siendo estadísticamente significativo en el 100 por ciento de los modelos.

Después de las ciudades del Centro y Capital, las ubicadas en la región Norte presentan el mayor número de industrias con efecto fijo positivo y significativo. En particular, en las industrias 4: "Cuero, piel y calzado", 5: "Madera y sus productos" y 6: "Papel y productos de papel", de intensidad tecnológica baja; 11: "Metálica básica", de intensidad baja-media"; y 19: "Farmacéutica y otros productos químicos", de alta intensidad tecnológica, se presenta una importante ventaja productiva derivada del contexto local de esas ciudades. Por su parte, en las ciudades de las regiones Centro-norte y Centro-oeste se presenta un efecto fijo significativo que influye positivamente en tres industrias. Dos de éstas son de baja intensidad tecnológica (4: "Cuero, piel y calzado" y 5: "Madera y sus productos") y una de alta (18: "Maquinaria de oficina y

[124] Es decir, los efectos fijos más importantes continúan concentrándose en las regiones centrales y del norte de México, tal y como se explica en los párrafos siguientes del texto.

procesamiento informático, equipo electrónico y aparatos domésticos"); esta última se asocia a una elevada actividad maquiladora a escala nacional.

En lo que respecto a las ciudades Fronterizas, el efecto fijo regional es positivo y estadísticamente significativo en sólo una industria; por el contrario, es negativo y significativo en cinco de las 19 industrias. El efecto positivo se presenta en la industria de baja intensidad tecnológica 5: "Madera y sus productos"; por su parte, tres de las industrias con efecto fijo negativo son de elevada intensidad tecnológica, siendo una de éstas (17: "Instrumentos y equipo de precisión") intensiva en actividades maquiladoras para la exportación.

De esta forma, el panorama general que dibujan los resultados asociados con las *dummies* regionales de las estimaciones con la información agregada del Censo Económico es que, una vez controlando por las variables explicativas consideradas en los modelos econométricos, las ciudades de las regiones centrales y del norte del país parecen mostrar los mejores entornos específicos para las actividades de manufacturas, muchas de éstas de elevada intensidad tecnológica e, incluso, asociadas con la maquila para la exportación. Por el contrario, las ciudades Fronterizas se caracterizan por presentar el mayor número de industrias con efecto fijo negativo, incluyendo las altamente maquiladoras.

3.6.2 Principales cambios en los resultados de 1998 respecto a 1993

En el anexo de texto A.3.2 y en el cuadro A.3.2 del mismo anexo se presentan los resultados para 1998 y los principales cambios respecto a las estimaciones de 1993 presentados anteriormente (cuado 3.3). Como ahí se detalla, los resultados y las conclusiones que de éstos de derivan en general no cambian sustancialmente respecto a 1993. En particular, la importancia de las economías de urbanización continúa por encima de las de localización, siendo estas últimas si bien significativas en varias industrias, poco relevantes en términos de los efectos o elasticidades al igual que en 1993. Si bien para 1998 el impacto de las economías de localización al parecer se extiende hacia algunas industrias asociadas a las actividades maquiladoras para la exportación (industrias 15 y 17), los efectos son muy poco relevantes en términos de las elasticidades. Asimismo, los resultados sobre las economías de urbanización apuntan que para 1998 sólo cuatro industrias presentan efecto positivo y significativo, la mitad respecto cinco años atrás, cuya elasticidad continúa siendo más elevada respecto a las economías de localización. Estos resultados sugieren que, a cuatro años de la puesta en marcha del Tratado de Libre Comercio con América del Norte (TLCAN), las economías externas en las manufacturas derivadas del tamaño urbano en México han incluso perdido importancia; asimismo, las economías de localización, si bien aparentemente amplían su ámbito de actuación industrial, continúan siendo muy poco relevantes en términos de la magnitud de los efectos. Estos resultados de alguna forma coinciden con el trabajo de De la Garza *et al* (1995) citado anteriormente, quien argumenta que la apertura comercial de México al parecer se ha traducido en el rompimiento las relaciones cliente-proveedor nacionales para ser sustituidas por insumos y componentes importados.

Un resultado de suma importancia, y que se mantiene de forma consistente para 1998 es que, en contraste con las economías externas, el tamaño de los establecimientos continúa explicando buena parte (si no es que la más relevante) de las economías en las manufacturas en el ámbito urbano de México. Esto corrobora que, al igual que en 1993, la estrategia competitiva de las plantas de manufacturas instaladas en las ciudades de México al parecer continúa basándose en tamaño de los establecimientos y no en la generación sinergias interempresariales con dinámicas territoriales tipo "distrito industrial". En cuanto a los ingresos por servicios de maquila, para 1998 en general se preserva su incidencia negativa en buena parte de las industrias, particularmente en las altamente maquiladoras para la reexportación 17 y 18.

Por último, en lo que respecta a los efectos fijos regionales es importante señalar que el Censo Industrial de 1999 ofrece un mayor número de observaciones por entidad federativa, lo que ha permitido que la *dummy* regional omitida en la estimación de 1998 considere únicamente las ciudades de la región Sur y Península de Yucatán[125]; como se aprecia, los resultados con relación a estos efectos no cambian sustancialmente respecto a 1993. En particular, si bien si bien la importancia de los efectos fijos específicos de ciudad en general aumenta en la mayor parte de las regiones (como era

[125] Por el contrario, tal y como se explicó en la sección anterior, el menor número de observaciones ha obligado a que la *dummy* regional omitida en la estimación de 1993 considere no sólo las ciudades del Sur y Península de Yucatán, sino también las del Este. Al ser estas últimas de elevada productividad, y al no incluirse en las estimaciones de 1998, los efectos fijos regionales deberían mostrar un incremento generalizado.

de esperar), el sentido de resultados no sufre modificaciones sustanciales. En particular, los resultados apuntan que la mayor importancia de los efectos fijos locacionales para 1998 se concentra en las ciudades de las regiones centrales y del norte de México; por el contrario, en las ciudades Fronterizas los efectos continúan siendo no significativos en la mayoría de las industrias[126]. Así, la evidencia señala que las ciudades Fronterizas en general no cuentan con un entorno específico locacional relevante que les haga más productivas, incluso respecto a las ciudades de menor productividad de México, es decir, las del Sur y Península de Yucatán.

126 En particular, el efecto fijo regional en las ciudades Fronterizas es positivo y significativo en sólo tres industrias, siendo dos éstas de baja intensidad tecnológica y una de baja-media. Asimismo, muestra un efecto fijo regional negativo en la industria de alta tecnología 18: "Máquinas de oficina y procesamiento informático, equipo electrónico y aparatos domésticos".

Cuadro 3.3
Resumen de resultados para 1993 de la estimación de los modelos descritos en el cuadro 3.1

	INDUSTRIA	COLUMNA 1					COLUMNA 2					COLUMNA 3				
		ECONOMÍAS DE LOCALIZACIÓN					ECONOMÍAS DE URBANIZACIÓN					TAMAÑO DE LOS ESTABLECIMIENTOS				
		% CASOS SIGNIF.	MÍN	MEDIA	MAX	D.E.	% CASOS SIGNIF.	MÍN	MEDIA	MAX	D.E.	% CASOS SIGNIF.	MÍN	MEDIA	MAX	D.E.
BAJA	1 ALIMENTOS, BEBIDAS Y TABACO	0%	-0.036	-0.017	0.002	0.011	21%	0.064	0.107	0.190	0.034	92%	0.190	0.531	0.669	0.115
BAJA	2 TEXTILES	50%	0.000	0.001	0.001	0.001	100%	0.149	0.188	0.228	0.024	33%	-0.013	0.067	0.202	0.043
BAJA	3 TEJIDOS DE PUNTO Y PRENDAS DE VESTIR	63%	0.001	0.003	0.005	0.001	63%	0.016	0.141	0.279	0.084	71%	-0.017	0.145	0.285	0.108
BAJA	4 CUERO, PIEL Y CALZADO	71%	-0.002	-0.001	0.000	0.000	100%	0.160	0.254	0.346	0.041	96%	0.084	0.183	0.346	0.053
BAJA	5 MADERA Y SUS PRODUCTOS	50%	0.002	0.014	0.025	0.008	50%	0.015	0.114	0.231	0.076	21%	-0.092	0.058	0.308	0.111
BAJA	6 PAPEL Y PRODUCTOS DE PAPEL	17%	-0.002	0.002	0.008	0.003	29%	0.106	0.200	0.406	0.086	92%	-0.400	-0.252	0.379	0.152
BAJA	7 IMPRENTAS Y EDITORIALES	13%	-0.006	-0.002	0.001	0.002	46%	-0.056	0.061	0.156	0.081	42%	0.123	0.151	0.200	0.023
BAJA-MEDIA	8 COQUE, HULE Y PLÁSTICO	67%	0.001	0.003	0.005	0.001	0%	-0.086	-0.052	-0.001	0.024	38%	-0.256	-0.068	0.079	0.115
BAJA-MEDIA	9 ALFARERÍA, CERÁMICA Y VIDRIO	50%	-0.010	-0.004	0.002	0.005	8%	0.092	0.141	0.213	0.032	46%	-0.042	0.107	0.213	0.085
BAJA-MEDIA	10 MAT. P/CONSTR. Y PROD. A BASE MINER. NO MET.	0%	-0.021	0.000	0.018	0.013	54%	0.047	0.174	0.320	0.090	100%	0.170	0.204	0.262	0.025
BAJA-MEDIA	11 METÁLICA BÁSICA	75%	0.008	0.047	0.121	0.036	0%	-0.196	0.003	0.146	0.105	29%	-0.349	-0.137	0.125	0.116
BAJA-MEDIA	12 PRODUCTOS METÁLICOS	0%	-0.004	-0.002	0.000	0.001	100%	0.103	0.140	0.177	0.022	100%	0.149	0.273	0.352	0.045
BAJA-MEDIA	13 OTRAS INDUSTRIAS MANUFACTURERAS	25%	-0.007	0.003	0.012	0.007	92%	0.207	0.276	0.434	0.064	54%	-0.414	-0.158	0.367	0.213
ALTA-MEDIA	14 SUST. QUÍM. BÁSICAS Y FIBRAS ARTIF./SINTÉT.	54%	-0.055	-0.029	0.000	0.019	0%	-0.071	-0.003	0.062	0.039	50%	-0.060	0.265	0.415	0.123
ALTA-MEDIA	15 MAQUINARIA Y EQUIPO CON O SIN MOTOR ELECTR.	58%	-0.005	-0.003	-0.001	0.001	0%	-0.036	0.033	0.131	0.045	54%	-0.024	0.138	0.273	0.097
ALTA-MEDIA	16 AUTOMÓVILES Y EQUIPO DE TRANSPORTE	4%	-0.001	0.000	0.000	0.000	42%	0.063	0.183	0.314	0.084	50%	-0.031	0.206	0.377	0.120
ALTA-MEDIA	17 INSTRUMENTOS Y EQUIPO DE PRECISIÓN	0%	-0.003	-0.001	0.001	0.001	0%	-0.071	-0.005	0.100	0.047	17%	-0.039	0.072	0.213	0.071
ALTA	18 MÁQ. DE OFIC., INFORMÁT., EQ. ELÉCTR.Y AP.DOM.	71%	-0.001	0.000	0.001	0.001	54%	0.055	0.185	0.316	0.101	63%	-0.153	-0.071	0.299	0.094
ALTA	19 IND. FARMACÉUTICA Y OTROS PROD. QUÍM.	17%	-0.001	0.000	0.001	0.001	0%	-0.103	-0.042	0.026	0.047	96%	-0.020	0.321	0.520	0.119

(continúa en la siguiente página)

Cuadro 3.3
Resumen de resultados para 1993 de la estimación de los modelos descritos en el cuadro 3.1 *(continuación)*

	INDUSTRIA	COLUMNA 4: EDAD PROMEDIO % CASOS SIGNIF.	MÍN	MEDIA	MAX	D.E.	COLUMNA 5: RENGLONES SUPERIORES: ESCOLARIDAD PROMEDIO; RENGLONES INFERIORES: %OCUP.EDUC.PROF.M.YSUP. % CASOS SIGNIF.	MÍN	MEDIA	MAX	D.E.	COLUMNA 6: CAPITAL EXTRANJERO % CASOS SIGNIF.	MÍN	MEDIA	MAX	D.E.	COLUMNA 7: INGRESOS SERVICIOS DE MAQUILA % CASOS SIGNIF.	MÍN	MEDIA	MAX	D.E.
BAJA							30%	-0.519	0.340	1.301	0.743										
	1 ALIMENTOS, BEBIDAS Y TABACO	25%	-2.193	-0.898	-0.147	0.771	0%	-0.059	0.064	0.199	0.101	0%	-0.199	0.259	0.776	0.385	0%	0.075	0.188	0.352	0.097
							0%	-0.252	0.030	0.352	0.243										
	2 TEXTILES	0%	-0.366	-0.165	0.098	0.125	0%	-0.017	0.008	0.036	0.017	25%	-0.706	0.301	1.368	0.767	25%	-0.781	-0.319	0.321	0.425
							10%	-0.667	-0.269	-0.058	0.192										
	3 TEJIDOS DE PUNTO Y PRENDAS DE VESTIR	81%	0.399	1.179	2.490	0.622	90%	-0.113	-0.089	-0.050	0.018	88%	-1.273	-0.834	-0.399	0.328	100%	-1.580	-1.077	-0.568	0.381
							30%	-0.480	0.142	0.705	0.423										
	4 CUERO, PIEL Y CALZADO	38%	-0.667	-0.096	0.545	0.445	20%	-0.002	0.034	0.086	0.032	25%	0.124	0.481	0.710	0.223	50%	0.077	0.289	0.430	0.141
							10%	-0.836	-0.377	-0.067	0.246										
	5 MADERA Y SUS PRODUCTOS	31%	-0.306	0.496	1.218	0.464	30%	-0.126	-0.080	-0.015	0.036	0%	-0.360	-0.081	0.128	0.188	38%	-0.850	-0.562	-0.339	0.183
							50%	-0.034	0.556	0.963	0.286										
	6 PAPEL Y PRODUCTOS DE PAPEL	75%	-1.512	-0.918	-0.185	0.347	30%	-0.041	0.062	0.142	0.063	50%	-1.496	-0.128	1.281	1.370	50%	-0.103	0.405	1.066	0.532
							10%	-0.310	0.393	1.280	0.564										
	7 IMPRENTAS Y EDITORIALES	13%	-0.019	0.304	0.712	0.224	0%	-0.089	-0.015	0.066	0.044	25%	-0.356	-0.219	-0.107	0.087	0%	-0.287	-0.133	-0.006	0.111
BAJA-MEDIA							0%	0.039	0.221	0.370	0.103										
	8 COQUE, HULE Y PLÁSTICO	0%	-0.139	0.043	0.214	0.095	0%	-0.013	0.013	0.037	0.015	63%	-2.449	-1.715	-0.913	0.588	0%	-0.354	-0.169	0.184	0.195
							0%	-0.236	0.087	0.308	0.175										
	9 ALFARERÍA, CERÁMICA Y VIDRIO	38%	-0.720	-0.359	-0.010	0.230	10%	0.024	0.068	0.154	0.043	0%	-0.979	0.033	0.724	0.534	38%	-0.031	0.130	0.288	0.156
							10%	-0.537	-0.086	0.386	0.361										
	10 MAT. P/CONSTR. Y PROD. A BASE MINER. NO MET.	6%	-0.892	-0.251	0.181	0.302	10%	-0.025	0.052	0.146	0.067	13%	-0.569	-0.344	-0.243	0.121	0%	-0.042	-0.021	0.003	0.015
							0%	0.281	0.758	1.114	0.225										
	11 METÁLICA BÁSICA	0%	-0.792	-0.110	0.768	0.493	0%	-0.036	0.109	0.221	0.081	75%	0.765	1.198	1.758	0.384	75%	0.352	0.463	0.574	0.075
							0%	-0.443	0.057	0.713	0.375										
	12 PRODUCTOS METÁLICOS	0%	-0.024	0.272	0.626	0.237	0%	-0.086	-0.007	0.078	0.052	0%	-0.549	-0.317	-0.065	0.188	0%	-0.209	-0.108	-0.009	0.073
							10%	-0.786	-0.347	0.033	0.289										
	13 OTRAS INDUSTRIAS MANUFACTURERAS	0%	-0.125	0.022	0.156	0.083	0%	-0.126	-0.062	0.005	0.045	0%	0.717	1.329	1.868	0.464	0%	-0.454	0.388	1.132	0.633
ALTA-MEDIA							60%	0.662	1.267	1.897	0.459										
	14 SUST. QUÍM. BÁSICAS Y FIBRAS ARTIF./SINTÉT.	0%	-0.763	0.059	0.922	0.474	50%	0.075	0.346	0.543	0.172	0%	-0.147	0.925	1.651	0.677	25%	-0.182	-0.045	0.165	0.142
							20%	-0.459	-0.266	-0.042	0.156										
	15 MAQUINARIA Y EQUIPO CON O SIN MOTOR ELECTR.	44%	0.204	0.443	0.681	0.147	50%	0.037	0.085	0.128	0.031	0%	0.377	1.022	1.605	0.355	75%	-1.722	-1.117	-0.591	0.408
							10%	-1.132	-0.641	0.198	0.385										
	16 AUTOMÓVILES Y EQUIPO DE TRANSPORTE	44%	-1.364	-0.736	-0.109	0.492	0%	-0.168	-0.060	0.079	0.087	0%	-2.254	-1.172	-0.034	0.864	100%	-0.240	-0.211	-0.169	0.021
							10%	0.181	0.407	0.863	0.207										
	17 INSTRUMENTOS Y EQUIPO DE PRECISIÓN	6%	-0.810	-0.336	0.037	0.234	100%	0.077	0.117	0.193	0.035	13%	-2.559	-1.244	0.799	1.137	50%	-1.543	-1.076	-0.254	0.432
ALTA							40%	-1.532	-0.695	0.741	0.710										
	18 MÁQ. DE OFIC., INFORMÁT., EQ. ELÉCTR.Y AP.DOM.	63%	-0.030	0.736	1.226	0.451	10%	-0.136	-0.064	0.095	0.073	0%	-0.043	0.928	2.209	0.822	75%	-2.208	-1.587	-0.525	0.624
							40%	0.130	0.317	0.535	0.142										
	19 IND. FARMACÉUTICA Y OTROS PROD. QUÍM.	0%	0.027	0.256	0.568	0.169	50%	-0.027	0.099	0.179	0.061	25%	-1.446	0.910	2.558	1.643	100%	-0.219	-0.154	-0.087	0.049

(continúa en la siguiente página)

Cuadro 3.3
Resumen de resultados para 1993 de la estimación de los modelos descritos en el cuadro 3.1[1] *(final)*

	INDUSTRIA	COLUMNA 8 FRONTERA % CASOS SIGNIF.	MÍN	MEDIA	MAX	D.E.	COLUMNA 9 NORTE % CASOS SIGNIF.	MÍN	MEDIA	MAX	D.E.	COLUMNA 10 CENTRO NORTE Y CENTRO OESTE % CASOS SIGNIF.	MÍN	MEDIA	MAX	D.E.	COLUMNA 11 CENTRO Y CAPITAL % CASOS SIGNIF.	MÍN	MEDIA	MAX
	1 ALIMENTOS, BEBIDAS Y TABACO	0%	-0.085	0.061	0.208	0.113	14%	-0.375	-0.169	-0.055	0.108	0%	-0.020	0.106	0.175	0.066	0%	-0.046	0.035	0.146
	2 TEXTILES	50%	-0.658	-0.460	-0.302	0.109	14%	0.060	0.193	0.354	0.088	0%	0.095	0.143	0.215	0.041	0%	-0.021	0.045	0.099
	3 TEJIDOS DE PUNTO Y PRENDAS DE VESTIR	0%	-0.175	0.025	0.253	0.148	29%	-0.099	0.070	0.369	0.164	7%	-0.116	0.042	0.260	0.116	50%	-0.013	0.244	0.580
BAJA	4 CUERO, PIEL Y CALZADO	0%	-0.211	0.043	0.338	0.176	100%	0.462	0.628	0.835	0.097	93%	0.318	0.449	0.653	0.113	100%	0.585	0.667	0.762
	5 MADERA Y SUS PRODUCTOS	93%	0.283	0.533	0.780	0.166	100%	0.410	0.528	0.640	0.073	71%	0.139	0.321	0.513	0.137	100%	0.348	0.442	0.558
	6 PAPEL Y PRODUCTOS DE PAPEL	36%	-0.114	0.699	2.048	0.842	43%	-0.025	0.505	1.150	0.496	29%	-0.150	0.347	1.050	0.468	57%	0.256	0.827	1.568
	7 IMPRENTAS Y EDITORIALES	50%	-0.467	-0.162	0.150	0.258	50%	-0.354	-0.187	-0.024	0.132	0%	-0.318	-0.168	-0.064	0.075	0%	-0.155	-0.075	0.030
	8 COQUE, HULE Y PLÁSTICO	0%	-0.459	-0.176	0.164	0.222	0%	-0.127	0.047	0.159	0.092	0%	0.140	0.225	0.342	0.058	0%	-0.047	0.103	0.267
	9 ALFARERÍA, CERÁMICA Y VIDRIO	7%	-0.063	0.146	0.616	0.210	7%	0.059	0.259	0.520	0.127	0%	-0.280	-0.004	0.196	0.181	0%	-0.465	-0.171	0.072
BAJA-MEDIA	10 MAT. P/CONSTR. Y PROD. A BASE MINER. NO MET.	36%	-0.387	-0.020	0.428	0.318	0%	-0.157	-0.092	0.016	0.045	0%	-0.107	0.003	0.125	0.088	0%	-0.252	-0.127	-0.012
	11 METÁLICA BÁSICA	0%	-0.628	0.032	0.444	0.335	57%	-0.158	0.665	1.090	0.383	29%	-0.189	0.305	0.915	0.476	29%	-0.652	0.239	1.002
	12 PRODUCTOS METÁLICOS	0%	-0.106	0.001	0.099	0.062	0%	0.088	0.158	0.246	0.045	0%	-0.059	0.002	0.068	0.054	100%	0.238	0.310	0.417
	13 OTRAS INDUSTRIAS MANUFACTURERAS	0%	-0.716	-0.481	-0.279	0.112	50%	-1.059	-0.530	0.021	0.453	50%	-0.823	-0.284	0.315	0.496	29%	-0.453	0.119	0.772
	14 SUST. QUÍM. BÁSICAS Y FIBRAS ARTIF./SINTÉT.	50%	-1.244	-0.766	0.051	0.408	0%	-0.443	0.121	0.513	0.286	14%	-0.847	-0.340	0.074	0.308	14%	-0.909	-0.381	-0.151
ALTA-MEDIA	15 MAQUINARIA Y EQUIPO CON O SIN MOTOR ELECTR.	21%	-0.518	-0.305	-0.007	0.175	29%	-0.333	-0.134	0.158	0.160	50%	-0.590	-0.275	0.118	0.236	36%	-0.279	0.108	0.505
	16 AUTOMÓVILES Y EQUIPO DE TRANSPORTE	43%	-1.094	-0.619	0.029	0.406	0%	-0.288	-0.145	0.035	0.084	0%	-0.250	0.093	0.288	0.169	0%	-0.018	0.109	0.221
	17 INSTRUMENTOS Y EQUIPO DE PRECISIÓN	100%	-0.982	-0.792	-0.582	0.102	14%	-0.352	-0.181	0.046	0.106	0%	-0.242	-0.067	0.065	0.112	14%	-0.381	-0.126	0.172
ALTA	18 MÁQ. DE OFIC., INFORMÁT., EQ. ELÉCTR.Y AP.DOM.	7%	-0.271	0.114	0.460	0.251	36%	-0.181	0.168	0.419	0.211	50%	0.163	0.674	1.140	0.367	50%	0.269	0.408	0.536
	19 IND. FARMACÉUTICA Y OTROS PROD. QUÍM.	86%	-0.902	-0.687	-0.361	0.193	50%	-0.029	0.195	0.437	0.170	14%	0.027	0.184	0.335	0.098	100%	0.398	0.511	0.615

[1] Se omiten los resultados asociados con los activos fijos netos por ocupado (de la función producción) y las remuneraciones promedio (de la función de costes)
Fuente: elaboración propia

3.6.3 Submuestra al excluir las áreas metropolitanas Fronterizas

Con el objetivo de analizar la sensibilidad de los resultados controlando por las áreas metropolitanas altamente maquiladoras, en el cuadro 3.4 se presenta el resumen de las estimaciones efectuadas para 1993 al considerar la muestra que excluye las ciudades Fronterizas y la ciudad de Chihuahua en el Noroeste[127]. Como se aprecia, los resultados en términos generales no cambian sustancialmente respecto a la estimación que considera la muestra completa de ciudades y sólo se presentan algunas modificaciones puntuales que merece la pena destacar. A continuación se comentan, únicamente, los cambios relevantes.

En cuanto a las economías de localización, los cambios más drásticos se presentan en las industrias 3 y 5 en las que, al excluir a las áreas metropolitanas de la frontera norte, se reduce el número de modelos en los que fueron significativas. Con ello, las economías de localización dejan ahora de ser significativas en más del 50 por ciento de casos; estos resultados sugieren que en las ciudades Fronterizas las economías de localización en las industrias de baja intensidad tecnológica 3 y 5 tienen un peso relativamente importante. En la columna 2 del cuadro 3.4 se aprecia que el único cambio relevante respecto a las economías de urbanización se presenta en la industria 16: "Automóviles y equipo de transporte". El coeficiente pasa de presentar significatividad estadística en 38 por ciento de los modelos probados en la muestra completa de ciudades a ser significativo en el 88 por ciento de los modelos sin las Fronterizas; asimismo, la magnitud del efecto se incrementa al pasar de 18,2 a 26,5 por ciento, siendo el efecto más elevado de los observados en ese año. Como se ha explicado en el análisis descriptivo del capítulo II, la industria automotriz se ha caracterizado en los últimos años por la relativamente amplia red de proveedores locales en las ciudades en donde se localiza. El fuerte incremento de la significatividad y magnitud de las economías de urbanización en la industria, al excluir a las ciudades Fronterizas, posiblemente esté capturando el efecto de economías derivadas de la diversidad y la mayor disponibilidad de insumos, facilitado por el tamaño urbano fuera de estas ciudades. Dado que las áreas metropolitanas Fronterizas están altamente relacionadas con las actividades de ensamblaje de auto-partes dentro de la industria,

[127] En esta segunda regresión se debe tener cautela en el momento de comparar resultados, ya que la reducción de los grados de libertad que implica la exclusión de cinco áreas metropolitanas puede influir en la eficiencia de las estimaciones.

las estimaciones de las economías de urbanización al considerar la muestra total de ciudades posiblemente ocultan dichos efectos. Por otro lado, merece la pena señalar la preservación del efecto significativo y de magnitud importante de las economías de urbanización en la industria altamente 18: "Máquinas de oficina y procesamiento informático, equipo electrónico y aparatos domésticos". Esto sugiere que los beneficios que esta industria altamente maquiladora obtiene del tamaño urbano (posiblemente por la disponibilidad de *inputs* y servicios especializados existentes en las ciudades grandes) en buena medida se presentan en las ciudades del interior del país, y no en las de la zona fronteriza del norte de México.

En cuanto al tamaño promedio de los establecimientos destaca que, en general, los efectos positivos se incrementan al excluir a las ciudades Fronterizas. Esto es particularmente notorio en las industrias de intensidad tecnológica alta-media 14, 15 y 16, en los que tanto el porcentaje de casos significativos como las mismas elasticidades se incrementan sustancialmente. Esto sugiere que la estrategia productiva basada en la generación de economías de escala internas a los establecimientos es importante principalmente en las ciudades del interior del país.

Dos de los resultados más interesantes relacionados con la edad promedio de los trabajadores se refieren, por un lado, al notable incremento de la significatividad y del valor de la elasticidad de la variable en la industria 16: "Automóviles y equipo de transporte" al excluir a las ciudades Fronterizas. El signo del efecto es negativo y sugiere que la edad de los trabajadores en la industria se asocia inversamente con los niveles de productividad. Esto posiblemente tiene que ver con la implementación de sistemas JAT característicos de las plantas automotrices en los últimos años en las ciudades del norte del país (fuera de la frontera), lo que seguramente está propiciando una mayor rentabilidad de los trabajadores jóvenes en dichas zonas. Por otro lado, la preservación del efecto significativo de la edad en la industria 18 ante la exclusión de las áreas metropolitanas Fronterizas sugiere que la mayor parte del efecto se da al interior del país[128].

[128] Esto es consistente con el análisis descriptivo de la sección 2.2.4 del capítulo II. En dicha sección se evidenció que la edad promedio de los trabajadores en la industria 18 tiende a ser más reducida en la medida en que las áreas metropolitanas se sitúan en el norte del país (incluyendo las Fronterizas), lo

Los cambios relevantes con relación al efecto de la escolaridad y de la participación de ocupados con educación profesional media, superior y de posgrado, ante la exclusión de las áreas metropolitanas Fronterizas, pueden clasificarse en dos tipos. Por un lado, aquellas industrias que incrementan la significatividad y el valor de las elasticidades y, por otro, aquellas que pierden de forma relevante significatividad estadística y reducen el valor de sus elasticidades. En el primer grupo se sitúan las industrias 10: "Materiales para construcción y productos a base de minerales no metálicos"; 14: "Sustancias químicas básicas y fibras artificiales y/o sintéticas"; y 19: "Industria farmacéutica y otros productos químicos". En la industria 10 la significatividad de la escolaridad pasa de un 10 por ciento de los casos al 50 por ciento (ver fila inferior de la columna 5 de los cuadros 3.3 y 3.4). En la industria 14 se presenta un fuerte incremento en la significatividad de ambas variables: tanto los años de escolaridad, como del porcentaje de ocupados con educación profesional, media y superior, pasan a una significatividad estadística del 100 por ciento. El valor de las elasticidades en la industria 14 se incrementa también notablemente en las dos variables consideradas, dando lugar a efectos con magnitudes muy destacables (elasticidades de 1,9 y 1,3, respectivamente). Al igual que en la industria 14, en la farmacéutica (industria 19) se presenta, asimismo, un incremento relevante en la significatividad y en el valor de las elasticidades en las dos variables al excluir a las ciudades de la frontera norte.

Los resultados clasificados en el grupo de industrias del párrafo anterior pueden indicar que el efecto de la cualificación de la mano de obra tiene un mayor peso en las ciudades del interior del país, es decir, en las ciudades fuera de la región Fronteriza. En el caso de las industrias 14 y 19, ambas relacionadas con la industria química y de baja asociación con las actividades maquiladoras, tanto la escolaridad promedio como la proporción de ocupados con educación profesional media, superior y de posgrado presentan los mayores efectos en las áreas metropolitanas de fuera la zona de la frontera norte del país. Esto sugiere que las ciudades del interior de la República requieren mano de obra cualificada para llevar a cabo esas actividades, reflejándose de forma significativa en mayores productividades.

---

que sugiere que el efecto positivo y significativo de la experiencia obtenido en las estimaciones debe darse, primordialmente, en las ciudades del centro, este y sur del país.

En un segundo grupo se ubican las industrias 15: "Maquinaria con o sin motor eléctrico, y maquinaria y accesorios eléctricos"; y 17: "Instrumentos y equipo de precisión". En la primera, el porcentaje de ocupados con educación profesional media, superior y de posgrado pasa de ser estadísticamente significativo en el 50 por ciento de los casos cuando la muestra incluye la totalidad de ciudades (cuadro 3.3), a ser significativo en sólo el 10 por ciento de los casos cuando se excluyen las áreas metropolitanas Fronterizas (cuadro 3.4). Esto puede señalar que es en las áreas metropolitanas Fronterizas donde los trabajadores con las más elevadas cualificaciones en la industria tienen los mayores efectos, lo que en su caso sería consistente con el modelo de "*outsourcing*" empleado por Feenstra y Hanson (1997) comentado en la sección anterior. Esto parece también ser cierto en el caso de la industria 17 ya que, aunque la significatividad se preserva al excluir a las áreas metropolitanas Fronterizas, el porcentaje de casos en los que la proporción de ocupados con educación profesional media, superior y de posgrado es significativo se reduce del 100 al 70 por ciento; es decir, la variable continúa siendo significativa (de forma "robusta") al excluir a las ciudades de la frontera norte. Este resultado indica que si bien gran parte del efecto de los trabajadores más cualificados sobre la productividad en la industria 17 se da en las ciudades al interior del país, éste tiene un peso también relevante en las áreas metropolitanas Fronterizas. De esta forma, los resultados obtenidos parecen confirmar que si bien el flujo de capitales hacia México en las industrias de elevada sofisticación tecnológica ha sido canalizado en gran medida a la expansión de actividades relacionadas con la industria maquiladora de exportación (intensiva en mano de obra poco cualificada), también ha incrementado significativamente la rentabilidad de los más cualificados. En la presente investigación esto parece capturarse particularmente en la industria 15.

En cuanto a los resultados respecto a la participación de capital extranjero, los cambios más relevantes se presentan en las industrias 6, 11 y 19. En las dos primeras el efecto pierde significatividad y, en la última (la industria farmacéutica), pasa a ser significativo (positivo) de un 25 a un 50 por ciento de los casos. En cuanto a los ingresos por servicios de maquiladora, destaca que gran parte de los efectos negativos y significativos observados en el conjunto total de ciudades se convierten en no significativos al excluir a las áreas metropolitanas Fronterizas. Esto es especialmente claro en el caso de las industrias de elevada intensidad tecnológica 16, 17 y 19. Cabe destacar que en la industria 14 el efecto negativo (no significativo) de los ingresos por servicios de maquiladora considerando la totalidad de ciudades se convierte en un efecto positivo y significativo en el 100 por ciento de los modelos al excluir a las ciudades de la frontera; esto sugiere que los servicios de maquiladoras en las ciudades del interior del país llegan incluso a incidir positivamente sobre la productividad de industrias de elevada intensidad tecnológica como la de químicos.

Cuadro 3.4
Resumen de resultados para 1993 de la estimación de los modelos descritos en el cuadro 3.1
(muestra que excluye las ciudades Fronterizas)

	SECTORES MANUFACTUREROS	COLUMNA 1 ECONOMÍAS DE LOCALIZACIÓN					COLUMNA 2 ECONOMÍAS DE URBANIZACIÓN					COLUMNA 3 TAMAÑO DE LOS ESTABLECIMIENTOS				
		% CASOS SIGNIF.	MÍN	MEDIA	MAX	D.E.	% CASOS SIGNIF.	MÍN	MEDIA	MAX	D.E.	% CASOS SIGNIF.	MÍN	MEDIA	MAX	D.E.
BAJA	1 ALIMENTOS, BEBIDAS Y TABACO	25%	-0,045	-0,024	0,006	0,014	25%	0,057	0,127	0,210	0,039	100%	0,460	0,645	0,865	0,119
BAJA	2 TEXTILES	50%	0,000	0,000	0,001	0,001	63%	0,083	0,163	0,225	0,049	29%	0,048	0,080	0,097	0,015
BAJA	3 TEJIDOS DE PUNTO Y PRENDAS DE VESTIR	46%	0,001	0,003	0,005	0,001	92%	0,074	0,156	0,290	0,071	67%	-0,029	0,149	0,334	0,115
BAJA	4 CUERO, PIEL Y CALZADO	92%	-0,002	-0,001	0,000	0,000	92%	0,102	0,178	0,301	0,041	100%	0,138	0,308	0,377	0,050
BAJA	5 MADERA Y SUS PRODUCTOS	29%	-0,005	0,009	0,024	0,008	50%	0,059	0,096	0,150	0,030	67%	0,060	0,202	0,388	0,105
BAJA	6 PAPEL Y PRODUCTOS DE PAPEL	25%	-0,003	0,002	0,007	0,004	33%	0,060	0,198	0,450	0,085	100%	-0,442	-0,316	-0,170	0,079
BAJA	7 IMPRENTAS Y EDITORIALES	13%	-0,006	-0,002	0,001	0,002	46%	-0,030	0,072	0,180	0,076	17%	0,107	0,147	0,211	0,032
BAJA-MEDIA	8 COQUE, HULE Y PLÁSTICO	50%	-0,002	0,001	0,004	0,003	0%	-0,060	-0,023	0,032	0,026	29%	-0,233	-0,001	0,225	0,177
BAJA-MEDIA	9 ALFARERÍA, CERÁMINA Y VIDRIO	50%	-0,008	-0,003	0,002	0,004	38%	0,113	0,185	0,296	0,045	33%	-0,203	0,025	0,226	0,142
BAJA-MEDIA	10 MAT. P/CONSTR. Y PROD. A BASE MINER. NO MET.	25%	-0,033	-0,018	-0,003	0,008	67%	0,053	0,218	0,415	0,110	88%	0,107	0,174	0,236	0,037
BAJA-MEDIA	11 METÁLICA BÁSICA	71%	0,008	0,038	0,100	0,029	0%	-0,238	-0,010	0,105	0,097	13%	-0,233	-0,063	0,082	0,094
BAJA-MEDIA	12 PRODUCTOS METÁLICOS	0%	-0,003	-0,001	0,002	0,002	100%	0,100	0,143	0,202	0,030	100%	0,219	0,294	0,414	0,053
BAJA-MEDIA	13 OTRAS INDUSTRIAS MANUFACTURERAS	25%	-0,002	0,005	0,015	0,007	54%	0,170	0,241	0,359	0,053	50%	-0,498	-0,200	0,060	0,221
ALTA-MEDIA	14 SUST. QUÍM. BÁSICAS Y FIBRAS ARTIF./SINTÉT.	83%	-0,067	-0,039	0,003	0,023	0%	-0,097	0,033	0,151	0,056	96%	0,128	0,441	0,613	0,137
ALTA-MEDIA	15 MAQUINARIA Y EQUIPO CON O SIN MOTOR ELECTRICO	58%	-0,005	-0,003	-0,001	0,001	4%	-0,040	0,034	0,147	0,049	79%	0,099	0,215	0,328	0,066
ALTA-MEDIA	16 AUTOMÓVILES Y EQUIPO DE TRANSPORTE	50%	-0,001	-0,001	0,000	0,000	88%	0,190	0,265	0,322	0,032	96%	0,167	0,321	0,410	0,052
ALTA-MEDIA	17 INSTRUMENTOS Y EQUIPO DE PRECISIÓN	13%	-0,014	-0,004	0,002	0,005	0%	-0,051	0,015	0,104	0,035	25%	-0,007	0,119	0,215	0,066
ALTA	18 MÁQ. DE OFIC., PROC. INFORM, EQ. ELÉCTR.Y AP.DOM.	50%	-0,002	0,000	0,001	0,001	67%	0,076	0,204	0,341	0,096	50%	-0,165	-0,090	0,027	0,054
ALTA	19 IND. FARMACÉUTICA Y OTROS PROD. QUÍM.	38%	-0,001	0,000	0,000	0,000	13%	-0,130	-0,069	0,017	0,047	100%	0,222	0,374	0,547	0,076

(continúa en la siguiente página)

Cuadro 3.4

Resumen de resultados para 1993 de la estimación de los modelos descritos en el cuadro 3.1

(muestra que excluye las ciudades Fronterizas) [1] *(final)*

	SECTORES MANUFACTUREROS	COLUMNA 4 EDAD PROMEDIO % CASOS SIGNIF.	MÍN	MEDIA	MAX	D.E.	COLUMNA 5 RENGLONES SUPERIORES: ESCOLARIDAD PROMEDIO RENGLONES INFERIORES: %OCUP. EDUC. PROF. M. Y SUP. % CASOS SIGNIF.	MÍN	MEDIA	MAX	D.E.	COLUMNA 6 CAPITAL EXTRANJERO % CASOS SIGNIF.	MÍN	MEDIA	MAX	D.E.	COLUMNA 7 INGRESOS POR SERVICIOS DE MAQUILA % CASOS SIGNIF.	MÍN	MEDIA	MAX	D.E.
BAJA							0%	0,01	0,36	0,85	0,32										
BAJA	1 ALIMENTOS, BEBIDAS Y TABACO	0%	-0,64	-0,10	0,38	0,35	0%	-0,02	0,07	0,13	0,05	0%	-0,06	0,67	2,58	0,89	13%	-0,49	0,02	0,87	0,52
BAJA							0%	-0,28	-0,03	0,22	0,22										
BAJA	2 TEXTILES	0%	-0,24	-0,12	0,02	0,07	0%	-0,03	0,01	0,05	0,02	0%	-0,08	0,68	1,38	0,50	0%	-0,72	-0,14	0,13	0,27
BAJA							0%	-0,63	-0,42	-0,18	0,13										
BAJA	3 TEJIDOS DE PUNTO Y PRENDAS DE VESTIR	88%	0,10	1,38	2,88	0,74	70%	-0,12	-0,09	-0,07	0,01	63%	-2,81	-1,02	-0,38	0,91	100%	-0,67	-0,50	-0,25	0,16
BAJA							30%	-0,17	0,28	0,71	0,33										
BAJA	4 CUERO, PIEL Y CALZADO	37%	-0,55	-0,14	0,36	0,31	30%	-0,02	0,03	0,08	0,03	0%	0,15	0,49	1,48	0,42	25%	0,13	0,18	0,24	0,04
BAJA							20%	-0,89	-0,20	0,43	0,46										
BAJA	5 MADERA Y SUS PRODUCTOS	13%	-0,48	0,20	1,01	0,48	30%	-0,19	-0,06	0,10	0,09	0%	-0,47	0,19	2,18	0,86	0%	-0,13	0,12	0,59	0,24
BAJA							40%	0,05	0,54	1,01	0,29										
BAJA	6 PAPEL Y PRODUCTOS DE PAPEL	88%	-1,30	-0,97	-0,54	0,20	20%	0,00	0,08	0,17	0,05	25%	-1,30	0,09	2,42	1,42	63%	0,28	0,77	1,72	0,58
BAJA							20%	-0,20	0,59	1,61	0,62										
BAJA	7 IMPRENTAS Y EDITORIALES	50%	0,80	1,01	1,26	0,12	0%	-0,02	0,02	0,09	0,04	0%	-0,29	-0,02	0,33	0,23	0%	-0,72	-0,42	-0,29	0,15
BAJA-MEDIA							0%	-0,24	-0,02	0,29	0,16										
BAJA-MEDIA	8 COQUE, HULE Y PLÁSTICO	19%	-0,33	0,08	0,78	0,37	10%	-0,02	0,01	0,05	0,02	100%	-2,67	-1,78	-0,36	0,89	0%	-0,40	-0,03	0,40	0,28
BAJA-MEDIA							0%	-0,57	-0,02	0,28	0,26										
BAJA-MEDIA	9 ALFARERÍA, CERÁMINA Y VIDRIO	56%	-0,69	-0,42	0,34	0,29	30%	0,07	0,10	0,17	0,03	25%	0,14	0,75	2,30	0,69	0%	-0,09	0,12	0,56	0,23
BAJA-MEDIA							10%	-0,56	0,02	0,61	0,47										
BAJA-MEDIA	10 MAT. P/CONSTR. Y PROD. A BASE MINER. NO	6%	-0,91	-0,07	0,54	0,50	50%	-0,03	0,08	0,22	0,09	75%	-4,54	-1,61	-0,31	1,50	0%	-0,20	-0,04	0,03	0,09
BAJA-MEDIA							10%	0,24	0,76	1,43	0,35										
BAJA-MEDIA	11 METÁLICA BÁSICA	0%	-1,29	-0,70	0,07	0,33	10%	-0,01	0,16	0,37	0,10	25%	-0,03	1,10	2,88	1,10	13%	0,15	0,41	0,51	0,13
BAJA-MEDIA							30%	-0,03	0,67	1,43	0,45										
BAJA-MEDIA	12 PRODUCTOS METÁLICOS	6%	-0,94	-0,45	0,32	0,41	10%	-0,01	0,05	0,14	0,05	13%	0,06	0,39	1,12	0,35	13%	0,06	0,24	0,53	0,20
BAJA-MEDIA							0%	-0,80	-0,40	0,02	0,24										
BAJA-MEDIA	13 OTRAS INDUSTRIAS MANUFACTURERAS	0%	-0,12	0,04	0,28	0,13	0%	-0,12	-0,04	0,03	0,06	0%	0,35	1,00	1,63	0,48	13%	-0,18	0,26	1,26	0,56
ALTA-MEDIA							100%	1,12	1,92	2,77	0,44										
ALTA-MEDIA	14 SUST. QUÍM. BÁSICAS Y FIBRAS ARTIF./SINTE	31%	-0,17	0,75	1,26	0,38	100%	1,10	1,34	1,66	0,19	0%	-1,32	-0,46	0,37	0,56	100%	0,23	0,76	1,98	0,64
ALTA-MEDIA							30%	-0,60	-0,30	0,06	0,22										
ALTA-MEDIA	15 MAQUINARIA Y EQUIPO CON O SIN MOTOR E	31%	-0,50	0,17	0,72	0,40	10%	0,04	0,08	0,11	0,02	0%	-0,18	0,44	1,06	0,43	63%	-0,63	-0,29	-0,14	0,17
ALTA-MEDIA							0%	-0,85	-0,52	-0,31	0,15										
ALTA-MEDIA	16 AUTOMÓVILES Y EQUIPO DE TRANSPORTE	63%	-1,76	-1,27	-0,93	0,30	0%	-0,07	-0,02	0,04	0,04	0%	-1,97	-1,02	-0,26	0,56	0%	-0,12	-0,03	0,08	0,07
ALTA-MEDIA							0%	0,03	0,30	0,52	0,17										
ALTA-MEDIA	17 INSTRUMENTOS Y EQUIPO DE PRECISIÓN	13%	-1,01	-0,47	0,03	0,33	70%	0,09	0,17	0,27	0,07	25%	-1,96	-0,98	0,03	0,83	25%	-0,32	-0,19	-0,10	0,08
ALTA							20%	-1,31	-0,51	0,71	0,78										
ALTA	18 MÁQ. DE OFIC., PROC. INFORM, EQ. ELÉCTR.	63%	-0,02	0,73	1,27	0,43	0%	-0,20	-0,06	0,09	0,11	0%	0,29	0,77	1,55	0,49	50%	-0,40	-0,22	-0,01	0,13
ALTA							50%	0,14	0,39	0,62	0,16										
ALTA	19 IND. FARMACÉUTICA Y OTROS PROD. QUÍM.	0%	-0,07	0,17	0,44	0,15	90%	0,08	0,14	0,18	0,03	50%	0,19	2,21	4,75	1,91	0%	-0,58	-0,16	0,04	0,22

[1] Se omiten los resultados asociados con los activos fijos netos por ocupado (de la función producción) y las remuneraciones promedio (de la función de costes)

Fuente: elaboración propia

3.6.4 Efecto de la concentración de industrias relacionadas

Dentro del análisis de las economías de aglomeración, particularmente dentro del análisis empírico, existe una visión complementaria acerca de la naturaleza de economías de escala externas. Esta variante supone que las economías externas pueden atribuirse y/o facilitarse por la concentración de industrias relacionadas en el ámbito geográfico. Debe advertirse, sin embargo, que es posible que la existencia de patrones de localización similares puede no estar relacionada con efectos a escala y, simplemente, tengan que ver con consideraciones de costes de transporte[129].

Con el objetivo de considerar la existencia de un posible efecto externo relevante derivado de industrias relacionadas (considerando las limitaciones que este tipo de análisis comprende), en las estimaciones se probó introducir una variable que las aproximase. Una de las formas comúnmente utilizadas para mediar la relación existente entre industrias es suponer que cada una de éstas mantiene una relación de complementariedad con el resto industrias dentro de la misma clasificación a un nivel de agregación superior. Para definir las variables, por tanto, es necesario trabajar con industrias a un mayor nivel de desagregación; es decir, en este caso, a cuatro dígitos. La variable de industrias relacionadas (*IR*) se define como[130]:

$$IR = \left(\frac{E_{jk} / E_{ji}}{E_{nk} / E_{ni}} \right)$$

donde *E* se refiere a la población ocupada y los subíndices *j* y *n,* a los ámbitos urbano y nacional, respectivamente. Los subíndices *k* e *i* se refieren a la industria a un nivel de desagregación de dos y cuatro dígitos, respectivamente, siendo *k* la industria a la que industria *i* pertenece dentro de la clasificación[131]. En este sentido, las industrias relacionadas se miden como el peso del empleo urbano a dos dígitos respecto al empleo urbano a cuatro dígitos, ajustado por la misma razón a nivel nacional. De esta

---

[129] Henderson (1988), por ejemplo, argumenta que es probable que las medidas de escala de las industrias relacionadas presenten una elevada colinealidad como resultado del efecto de la proximidad geográfica *per se*.

[130] Ver por ejemplo Hanson (1998) y Martínez (1999).

[131] Se considera a la industria *k* excluyendo a la industria *i*. La agrupación de las industrias es a cuatro dígitos a partir de la clasificación del propio Censo Industrial elaborada por parte del INEGI.

forma, si las relaciones de complementariedad importan, se espera un efecto positivo de la variable.

En los cuadros A.3.3-a y A.3.3-b del anexo se reportan los resultados para la muestra completa de áreas metropolitanas y para la submuestra que excluye las ciudades de la frontera norte, respectivamente; el año es 1993[132]. Como se observa en el cuadro A.3.3-a del anexo, de las 48 industrias consideradas en el Censo Industrial[133], únicamente 13 presentan un efecto positivo y significativo de la variable en cuestión para la muestra total de áreas metropolitanas (cuyo valor medio ha sido sombreado de color amarillo). De éstas, ocho son industrias de baja tecnología y cinco de tecnología baja media. De esta forma, los resultados refuerzan lo encontrado en las estimaciones anteriores y permiten además extender la conclusión acerca de que los encadenamientos en el ámbito urbano en México no sólo son débiles al nivel intra-industrial (economías de localización), sino también al nivel inter-industrial (industrias relacionadas). Si bien las elasticidades al nivel de las industrias relacionadas son en general más elevadas que en el caso de las economías de localización, es evidente que estos efectos se concentran en un reducido número de industrias y que, adicionalmente, se caracterizan por su baja intensidad tecnológica. Además del reducido número de industrias con efectos positivos y significativos (menos de la tercera parte del total de industrias a cuatro dígitos), debe hacerse notar que un elevado número de industrias presenta un efecto negativo y significativo. Esto sugiere que, quizás como resultado de la competencia de recursos productivos entre industrias, en estos casos la concentración espacial de actividades similares se refleja en menores productividades.

Al excluir a las áreas metropolitanas Fronterizas el número de industrias con efecto positivo y significativo continúa siendo muy reducido y únicamente se incrementa en tres (pasa de 13 a 16). Si bien la mayor parte de los efectos se concentra en las

[132] Como se señala en el pie de nota de los cuadros A.3.3-a y A.3.3-b del anexo, las ecuaciones de producción y de costes consideradas para estimación del efecto de las industrias relacionadas se han estimado al incluir, de forma conjunta, sólo las variables que aproximan las economías de localización y de urbanización, así como el tamaño promedio de los establecimientos y los ingresos por servicios de maquiladora. Las variables correspondientes a la edad, niveles educativos y la participación de capital extranjero no han sido consideradas, ya que no se dispone de dicha información a un nivel de desagregación de cuatro dígitos. Cabe señalar que se han efectuado estimaciones para 1998, comprobándose que la esencia de los resultados (no presentados) es la misma.

[133] En congruencia con lo que se explica en el apartado 1.2 del capítulo II, se han excluido las ramas 3511: "Petroquímica básica" y 3530: "Refinación de petróleo".

industrias de intensidad tecnológica baja y baja-media, en esta estimación tres de las industrias de alta-media y una de alta ahora presentan un efecto positivo y significativo. Dentro de las primeras destaca la industria automotriz (rama 3841), que al considerar la totalidad de áreas metropolitanas presentaba un efecto significativamente negativo[134]. Esto sugiere que los beneficios derivados de los encadenamientos productivos de la industria se generan principalmente en las ciudades ubicadas fuera de la región fronteriza, muy posiblemente en las áreas metropolitanas de las regiones centrales y del norte de México.

4. Conclusiones

En el presente capítulo se ha obtenido evidencia acerca de la presencia y alcance industrial de las economías de aglomeración en el ámbito urbano en México, la cual sin duda puede ser de suma utilidad para el planificador de políticas públicas de desarrollo regional y urbano. Los resultados apuntan a que, al menos en términos de la magnitud de los efectos, las economías de urbanización son más importantes que las economías de localización. Las primeras, sin embargo, si bien relevantes en términos de las elasticidades, se concentran principalmente en las industrias de tecnología baja y baja-media. Las economías de localización, por su parte, aunque presentan significatividad estadística en un número no despreciable de industrias, la magnitud de los efectos es muy baja, incluso cercana a cero en un buen número de casos. Estos resultados ponen en evidencia que, en general, las ventajas que la concentración geográfica de la actividad ofrece, puestas de manifiesto al nivel teórico y documentadas en diversos trabajos empíricos al nivel internacional, en general no son explotadas por las pequeñas y medianas empresas mexicanas. Más aún, la evidencia sugiere que conforme ha avanzado el proceso de integración comercial de México con América del Norte, las cadenas y relaciones cliente-proveedor nacionales se han debilitado ante una creciente penetración de insumos y componentes importados dentro de las manufacturas, particularmente las reconocidas como "de maquila para la exportación". Esto se ha reflejado en un menor número de industrias que hace cuatro años generaban economías de urbanización en las principales ciudades de México, así

[134] Como se observa, el efecto positivo de las economías de urbanización en esta rama industrial se preserva, asimismo, significativo.

como en la persistencia de una reducida importancia de la magnitud de las economías de localización, aun para las industrias altamente maquiladoras.

La evidencia ha puesto también de manifiesto que las externalidades por industrias relacionadas en el ámbito urbano en México son relevantes sólo en un limitado número de industrias de intensidad tecnológica baja y baja-media. Por el contrario, los resultados en general evidencian que las economías en las áreas metropolitanas de México, cuando éstas se dan, son más bien internas a las empresas y no tanto externas a éstas. Como se señaló, según otras investigaciones, las economías de escala al interior de las empresas manufactureras en México responden a una mayor utilización de la capacidad instalada, la cual en particular se dio a partir de la apertura de la economía mexicana a mediados de los ochenta[135]. Como se ha visto a través de los distintos estudios empíricos al nivel internacional, las economías externas a las empresas pero internas al territorio donde se ubican pueden llegar a explicar una parte importante de la productividad manufacturera, que en el caso de México no han sido explotadas.

Esto resultados al parecer son congruentes con el modelo de red regional de Hanson (1996). Plantea que si bien el proceso de producción global en su conjunto genera utilidades positivas, la fase de producción relacionada con el ensamblaje que se lleva acabo en los países de bajos costes salariales presenta rendimientos constantes a escala; por su parte, la fase de producción ligada con el diseño e innovación de productos, que se efectúa en los países desarrollados, presenta rendimientos crecientes a escala. Estas últimas zonas, al concentrar la mayor parte de las actividades de diseño, servicios y mano de obra especializados, tienden a generar importantes economías de localización. Argumenta que las economías de localización se generan de forma endógena por el hecho de que las actividades de diseño involucran servicios especializados subsidiarios, cada uno produciendo bajo rendimientos crecientes. Así, buena parte del reto de la política industrial en México es sustituir gradualmente a los proveedores extranjeros dentro de la industria maquiladora por empresas subsidiarias nacionales. Ello requiere sin embargo promover y facilitar el aprendizaje gerencial y de la mano de obra local, así como en general brindar un entorno local competitivo en términos de infraestructura, instituciones, seguridad

[135] Hernández Laos (1994b).

pública y servicios especializados a las empresas, entre otros aspectos, para después contar con empresas propias generadoras de insumos.

Este aspecto es sumamente relevante ya que, como se comentó, al parecer la apertura de la economía mexicana al comercio exterior, primero en 1985 con la entrada al Acuerdo General de Tarifas y Comercio, y posteriormente con la puesta en marcha del TLCAN en 1994, ha dado lugar a un debilitamiento y/o ruptura de los eslabonamientos productivos dentro del territorio mexicano, sustituyendo a una parte creciente de los proveedores nacionales en las manufacturas por extranjeros. De esta forma, es fundamental diseñar e implementar en México una política de desarrollo regional e industrial que apoye de forma decidida a las pequeñas y medianas empresas nacionales proveedoras de insumos, partes y accesorios[136], no sólo mediante financiamiento, apoyo tecnológico y asesoría sino, de manera importante, proveyendo de las condiciones de infraestructura competitiva para implementar sistemas *justo a tiempo* en el territorio donde se ubican, de tal forma que les permitan cooperar y alcanzar sinergias entre éstas dentro de verdaderos distritos industriales *a la Marshall*, para así poderse integrar exitosamente a los esquemas globales de producción de alto valor agregado. La experiencia de algunos países asiáticos es, en este sentido, ilustrativa y ejemplar para el caso mexicano. Al igual que en México, esas economías comenzaron con actividades de ensamblaje hace tres o cuatro décadas; sin embargo, a diferencia de nuestro país, han venido implementando políticas industriales de Estado tendientes a proveer de las condiciones sistémicas necesarias para agregar valor a la producción a través de medidas específicas en materia educativa, capacitación y aprendizaje, infraestructura tecnológica y en comunicaciones y transportes, así como, de manera importante, mediante un decidido impulso a la economía de la información y del conocimiento, fomentando el entorno empresarial y la cooperación entre las

---

[136] Según el INEGI, las micro, pequeñas y medianas empresas en México representan el 99.6 por ciento de los establecimientos en el país y generan el 60 por ciento de los empleos. La productividad de la mano de obra ocupada en tales plantas y los activos fijos netos representa, sin embargo, sólo una tercera parte respecto a las grandes empresas (estas últimas definidas por el INEGI como plantas con más de 101 trabajadores en los servicios y el comercio, y más de 250 en la industria). Esto pone en evidencia la situación por la que estas empresas de tamaño pequeño y mediano atraviesan en el país y la incapacidad de las mismas de insertarse con éxito al nuevo contexto de competencia internacional.

universidades y el sector productivo en conglomerados de empresas; ello sin duda ha favorecido su integración en sistemas globales de producción de alto valor añadido[137].

Sin duda, México cuenta con las condiciones fundamentales para obtener mayor provecho de la apertura comercial y la globalización. Entre otros aspectos, dispone de la proximidad geográfica a uno de los mercados más grandes a escala mundial, así como mano de obra y recursos naturales abundantes. Mediante una política explícita y deliberada en materia industrial, que provea a las regiones de las condiciones necesarias para la competitividad internacional de conglomerados de empresas, será posible generar "distritos industriales" de mayor aportación al valor añadido, lo que eventualmente deberá traducirse en más y mejores empleos, ingresos y bienestar para los trabajadores.

IV. EXTERNALIDADES DEL CAPITAL HUMANO EN LAS ÁREAS METROPOLITANAS DE MÉXICO

En la literatura empírica sobre el mercado laboral existe el consenso de que un incremento en la escolaridad del trabajador se traduce en mayor productividad e ingresos[138]. A escala internacional, el rendimiento privado de la escolaridad se ubica en alrededor de 10 por ciento; es decir, a cada año de escolaridad adicional se asocia a un incremento de 10 por ciento en los ingresos[139]. Sin embargo, es menos conocido el efecto que sobre la productividad y los salarios tiene un incremento en el *stock* agregado de trabajadores cualificados. El hecho de que los trabajadores reciben alrededor de 10 por ciento más ingresos por cada año extra de educación, no necesariamente implica que al aumentar el nivel educativo promedio en una ciudad (o estado o nación) en un año se deba traducir en un incremento de 10 por ciento en el

[137] Ver por ejemplo Von Büren y Kaiser (2001).

[138] Aunque los individuos con educación universitaria obtienen mayores ingresos que los que tienen solamente preparatoria, se reconoce también que los profesionistas universitarios tienen un ingreso potencial mayor debido a su habilidad innata, entorno familiar, ambición y/o deseos de superación. Si estas características no observables son importantes, los trabajadores con universidad tenderán a ganar más que los que tienen sólo preparatoria aun en el caso de que carezcan de la formación universitaria. Buena parte de la literatura empírica sugiere que este "sesgo de habilidad" no es, en general, relevante, y que esas diferencias en ingresos reflejan más bien un efecto de la educación *per se* y no como resultado de distintas características no observables; ver, por ejemplo, Moretti (2004a) y Card (1999).

[139] Para una revisión de los trabajos que proveen evidencia del rendimiento privado de la escolaridad ver Card (1999).

nivel agregado de los ingresos. La presencia de externalidades hace que el rendimiento social de la educación sea distinto al privado.

Dada la relevancia que para las políticas públicas tiene el conocer empíricamente la presencia de efectos externos del capital humano, en años recientes se han realizado esfuerzos para cuantificar la magnitud de las externalidades de la educación. Estos trabajos se orientan a capturar el efecto que sobre la productividad individual tiene el nivel educativo agregado del entorno inmediato donde el trabajador reside; de esta forma, en la mayor parte de los estudios se ha tomado a la ciudad como el ámbito de alcance o actuación de las externalidades de la educación. La principal justificación es que las ciudades, por su espacio geográfico delimitado, pueden funcionar como "incubadoras" o facilitadoras del proceso de generación, difusión y acumulación de conocimientos, más que en un espacio uniformemente disperso a lo largo del territorio nacional. Como se verá, en general la todavía escasa literatura empírica a nivel internacional provee cierta evidencia acerca de la existencia de externalidades del capital humano en las ciudades, pero aún hay diferencias metodológicas importantes. En gran medida, esto se debe a que los avances prácticos en la materia son todavía muy recientes y enfrentan importantes desafíos por superar. Como Moretti (2004a) plantea, "Se requiere de más trabajo antes de llegar a conclusiones contundentes sobre la magnitud de las externalidades del capital humano y sobre los mecanismos que las conducen"[140].

El presente capítulo se dedica a estimar la importancia de los derrames de conocimientos como *fuente* de economía de aglomeración en las ciudades mexicanas; en particular, se cuantifica el efecto externo de la educación en el ámbito de las áreas metropolitanas, aplicando los procedimientos empíricos que, en los últimos años, se han puesto en práctica a escala internacional. Se contrastan los resultados con aquéllos obtenidos para otros países, principalmente Estados Unidos. Tomando en consideración las limitaciones que la aun reciente metodología empírica presenta, la principal aportación es que se trata de las primeras cuantificaciones de la magnitud del efecto externo de la educación en México[141], comprobándose que efectivamente éste tiene una dimensión local relevante. Los resultados más importantes apuntan que, al

[140] Moretti (2004a), página 2247.
[141] Al menos, que se tenga conocimiento, de una cuantificación empírica como la practicada en la presente investigación.

parecer, la mayor parte del efecto del nivel educativo promedio sobre la productividad de los trabajadores en las áreas metropolitanas de México se atribuye a la presencia de externalidades del capital humano. Como se explicará con detalle en la parte final del capítulo, estos resultados tienen implicaciones de política pública fundamentales.

1. Consideraciones teóricas

1.1 Microfundamentos del efecto externo de la educación

A pesar de que mayor parte de la literatura teórica y empírica sobre economía laboral se ha enfocado a analizar y estimar los rendimientos privados de la educación, y no tanto los sociales, desde hace tiempo se ha reconocido que los individuos no capturan todos los beneficios de su propia educación. Esto implica que existen efectos externos de la educación que pueden llegar a ser importantes dentro de un determinado ámbito[142]. Bajo esta perspectiva, autores como Schultz (1988) ponen de manifiesto que la educación actúa como un "bien público", ya que "incrementa la eficiencia de las instituciones económicas y políticas, y acelera el ritmo de avance científico"[143]. En años recientes, las externalidades del capital humano han venido cobrando mayor importancia en los planteamientos y modelos teóricos[144]. Por ejemplo, Lucas (1988) sostiene que el nivel de capital humano promedio por trabajador actúa como externalidad que desplaza de forma neutral *a la Hicks* la función producción agregada y que debería ser incluido en ésta como un "*input* social". Bajo el punto de vista de Lucas, las externalidades del capital humano actúan como verdadero motor de crecimiento y desarrollo, pudiendo llegar a ser tan importantes como para explicar las diferencias de largo plazo en el ingreso entre los países ricos y pobres.

Un aspecto fundamental en el proceso de aprendizaje es que, por lo general, no constituye una actividad que se efectúa de forma aislada. Por el contrario, involucra una constante interacción entre agentes a través de contactos *cara a cara*. De esta

[142] Esto ha motivado, entre otros aspectos, la justificación de apoyos gubernamentales a la formación escolarizada.

[143] El consumo de un bien público por un individuo no afecta el consumo del resto de las personas (principio de no rivalidad) y sus beneficios son percibidos por el conjunto de la ciudadanía (principio de no exclusión).

[144] Aún cuando se debe reconocer que el capital humano es, en teoría, un concepto mucho más amplio que la educación, ya que incluye también aspectos como el estado físico de las personas y su salud, además de la educación y la experiencia, en la práctica la mayoría de los estudios utiliza la educación para medir el capital humano. En la presente investigación los términos "capital humano" y "educación" se emplean como sinónimos.

forma, el intercambio de ideas, conocimientos y habilidades que ocurre entre trabajadores a través de interacciones formales e informales es la base esencial del fundamento microeconómico del efecto externo de la educación; esta difusión y expansión del cocimiento se modela en diversos trabajos en los cuales los agentes incrementan sus conocimientos al interactuar con otros[145]. Debido a que es razonable pensar que el número e intensidad de dichas interacciones son sensibles a la distancia física, en el mundo real es obvio esperar que estos aspectos se faciliten y manifiesten en mayor medida en los espacios urbanos, ya que existe una mayor probabilidad de que los agentes efectúen reuniones aleatorias (en contraste con reuniones costosas y predeterminadas) en un espacio delimitado y no en un área uniformemente distribuida a lo largo del país. De esta forma, las áreas urbanas densas incrementan la probabilidad de efectuar reuniones entre individuos y, con ello, la acumulación de conocimiento como resultado del aprendizaje a través de la imitación. Intuitivamente, resulta claro que mientras mayor sea el nivel de capital humano promedio, mayor "suerte" tendrán los individuos al interactuar y más rápida será la difusión del conocimiento. Si dicho conocimiento da lugar a mejoras tecnológicas se tiene una microfundamentación del efecto positivo del capital humano sobre la productividad. Lo anterior implica que trabajadores económicamente idénticos que residen en sitios ricos en capital humano deban tener salarios más altos que los que lo hacen en lugares con un bajo nivel de capital humano.

En concordancia con las reflexiones anteriores, Lucas (1988) pone de manifiesto que, por su espacio territorial delimitado, la ciudad es el ámbito más propicio para la generación de externalidades del capital humano. En su trabajo, Jacobs (1969) provee numerosos ejemplos concretos de una vida económica "creativa" llevada a cabo en las ciudades, en donde las economías externas generadas por la interacción entre individuos educados y experimentados son importantes. En una perspectiva similar, existen diversos trabajos que ponen de manifiesto que la densidad urbana puede llegar a incrementar la acumulación de habilidades a través del aceleramiento en el aprendizaje y por la existencia de una mayor gama de experiencias. Desde Marshall (1890) se argumenta que en el interior de las ciudades las habilidades y el conocimiento están disponibles "en la atmósfera"; bajo este contexto, el mayor número de experiencias y la mayor tasa de aprendizaje en las ciudades dan lugar a una mayor

[145] Ver por ejemplo Glaeser (1999), y Jovanovic y Rob (1989).

y más rápida acumulación de capital humano. Así, a partir de las ideas de Marshall (1890) se reconoce que las externalidades del capital humano son una de las principales razones que justifican la existencia de las ciudades.

1.2 Externalidades pecuniarias y no pecuniarias

A diferencia de los microfundamentos basados en el *mercado de trabajo conjunto especializado* y en el *intercambio de insumos*, los que provienen de los *derrames de conocimientos* suelen clasificarse como externalidades tecnológicas o no pecuniarias[146], ya que el conocimiento por lo regular se intercambia sin que se refleje en una compra y venta de mercado; es decir, los beneficios que aportan los *derrames de conocimientos* no se transmiten directamente vía precios[147]. En este caso, el microfundamento de dichos efectos externos se basa en el intercambio de ideas, la imitación o el aprendizaje, fomentando con ello la difusión y el progreso tecnológicos, lo que se traduce en una mayor habilidad y productividad por parte de los trabajadores y empresas. Por estas características, los *derrames de conocimientos* son difíciles de identificar y cuantificar empíricamente.

Cabe señalar que es posible también que la concentración del capital humano genere externalidades pecuniarias. Por ejemplo, cuando existe complementariedad entre el capital físico y el capital humano, un aumento en el nivel educativo puede dar lugar a mayores productividades aun cuando no exista "aprendizaje de los demás". Acemoglu (1996) explica que las externalidades pecuniarias de la educación pueden tomar la forma de "externalidades de búsqueda"; es decir, si el emparejamiento entre empresas y trabajadores en un mercado laboral es costoso, los salarios de equilibrio tenderán a incrementarse con el nivel educativo promedio de la fuerza de trabajo. Esto se debe a que, bajo un escenario de emparejamientos imperfectos entre empresas y

---

146 Se les denomina externalidades "tecnológicas" debido a que éstas se asocian con la difusión tecnológica entre empresas y, en consecuencia, con el impulso del progreso técnico; ver, por ejemplo, Meade (1952).

147 Como ya se ha explicado en el capítulo I, en el caso del *mercado de trabajo conjunto* y en el *intercambio de insumos* la concentración espacial de los insumos y factores productivos especializados (trabajo en el primer caso, y materias primas y bienes intermedios, en el segundo) facilita un mejor emparejamiento entre oferentes y demandantes, lo que se traduce en menores costes de producción. Debido a que es posible captar estos efectos vía precios de mercado, a estas economías se les conoce como externalidades "pecuniarias". El concepto se atribuye a Scitovsky (1954), quien argumenta que cuando las acciones de una empresa o industria afectan los beneficios (o costes) de otras, vía interferencia directa entre los productores o indirecta a través del sistema de precios, se les debe considerar como economías externas "pecuniarias".

trabajadores, los salarios pueden no ser iguales a la productividad marginal y la decisión de un agente de incrementar su educación individual puede generar *spillovers* positivos hacia otros agentes en la economía. Esto se explica por el hecho de que el nivel óptimo de escolaridad individual depende del nivel de capital físico que el trabajador pretender utilizar; a su vez, el nivel óptimo de capital físico es función del nivel educativo de la fuerza de trabajo. De esta forma, si un grupo de trabajadores en una determinada ciudad incrementa su nivel educativo, las empresas de dicha ciudad tenderán a invertir más ante las expectativas de emplearlos. Esta situación, sin embargo, da lugar a que parte de la mano de obra que no incrementó su educación se emplee con un mayor nivel de capital físico, siendo más productivo que trabajadores similares ocupados en otras ciudades con menores niveles de capital físico.

En este mismo contexto, Moretti (2004a) explica que las externalidades pecuniarias son resultado de la existencia de fricciones y costes de búsqueda en el mercado laboral que, bajo el supuesto de la existencia de complementariedades entre los capitales humano y físico, en el mercado laboral urbano debería darse una relación positiva entre salario y nivel de capital humano promedio, manteniéndose constante el nivel educativo de los individuos. Argumenta que si bien la *cantidad* de capital físico tiene un papel central en este modelo, las diferencias en la *calidad* del capital (tecnología) pueden también generar conclusiones similares. En particular, si las habilidades y la tecnología son complementarias, es plausible suponer que el monto de capital humano privado dependa no sólo de la cantidad de capital físico que un trabajador espera utilizar, sino también de su nivel tecnológico.

Otra vía mediante la cual un mayor nivel de capital humano en una ciudad puede generar externalidades pecuniarias es cuando el incremento de trabajadores educados favorece la oferta de bienes intermedios especializados, dando lugar a un aumento de la productividad de las empresas. Asimismo, la existencia de trabajadores cualificados puede estimular una más extensiva división del trabajo, así como un mejor emparejamiento entre trabajadores y empleadores, aumentando así la productividad agregada. Esto último, que se asocia directamente a las ventajas de contar con un mercado conjunto de trabajadores cualificados, facilita a las empresas encontrar individuos con características específicas a sus requerimientos; asimismo, bajo estas circunstancias, para los trabajadores es más sencillo encontrar un empleo que corresponda a sus habilidades.

Finalmente, Moretti (2004a) apunta que la educación puede también reducir la probabilidad de incurrir en actos que generan externalidades (pecuniarias) negativas; cita como ejemplo el efecto de la educación en la reducción de las actividades criminales o delictivas[148]. Manifiesta que si la educación tiende a reducir los incentivos a cometer crímenes, entonces las ciudades con mayor proporción de educados deben gozar de menores índices delictivos y, por tanto, de menores costes sociales asociados a dichos actos. Asimismo, explica que una ciudadanía más educada tiende a participar más en la vida política y en temas de interés común, y a efectuar mejores decisiones sobre aspectos que afectan a la colectividad. En este sentido, las ciudades y estados con población más educada deben elegir mejores representantes e incidir en el diseño y ejecución de mejores políticas públicas que, finalmente, afectan a todos los ciudadanos y se traduce en un beneficio social.

Acemoglu y Angrist (2000) ponen de manifiesto que las teorías pecuniarias y no pecuniarias de las externalidades del capital humano dan lugar a una relación empírica similar entre la educación y la productividad agregadas, lo que hace que en la práctica sea muy difícil distinguir entre estos dos tipos de efectos. Como se verá en la siguiente sección, la mayor parte de los trabajos que analiza empíricamente el efecto de la educación en el ámbito local, como forma de comprender los derrames de conocimientos, no especifica con precisión el canal o mecanismo de transmisión; la falta de información adecuada para ello es, quizás, la razón más importante de lo anterior[149].

[148] Sin duda esto puede ser resultado de una mayor conciencia por parte de la ciudadanía más educada hacia el bienestar común, pero también de una mejor posición económica de la misma derivada de una mayor productividad e ingresos individuales ante dicha mayor cualificación.

[149] Cabe señalar que es posible que existan externalidades negativas del capital humano que hagan que el rendimiento privado de la educación sea mayor al social. Por ejemplo, como señala Spence (1973), si la educación tiene la función de "señalización" de la habilidad individual -es decir, si los individuos con elevada habilidad innata "señalan" su mayor productividad congénita por medio del incremento en los años de estudio-, el rendimiento privado puede exceder el social. Esto se debe a que una mayor escolaridad de por parte de este contingente de personas únicamente permite elevar sus estándares de contratación, pero el nivel de productividad agregada tiende a ser el mismo que el observado antes del incremento educativo. Bajo esta situación, el rendimiento social de la escolaridad tenderá a ser menor al privado. La evidencia para México señala que, al parecer, en los últimos años la educación no ha tenido una función de "señalización"; ver Barceinas (2001).

La posibilidad de que el rendimiento social de la educación difiera del privado (es decir, cuando hay presencia de externalidades) tiene, en la práctica, implicaciones de política educativa fundamentales; una de éstas es el diseño e implementación de subsidios para alcanzar niveles óptimos de inversión educativa. Es importante señalar, sin embargo, que el subsidio a la educación se justifica sólo cuando existe un fallo de mercado. En este sentido, es posible que parte o la totalidad del efecto agregado de la educación sobre los salarios, como resultado de un proceso de aprendizaje o por la presencia de complementariedades, se presente al interior de las empresas, en cuyo caso dichos efectos estarían internalizados por los trabajadores beneficiados a través de mayores remuneraciones; en este caso, no se trata de un fallo de mercado y, por tanto, no se justifica la intervención gubernamental. Por el contrario, si los derrames de conocimientos tienen efecto fuera de la empresa, entonces puede hablarse de externalidades como tal y, por tanto, de un fallo de mercado, justificando la implementación del subsidio educativo.

2. Evidencia empírica

A pesar de que la literatura teórica que justifica la existencia de derrames de conocimiento es sustancial, poco se conoce en realidad a cerca de su relevancia empírica. Como ya se ha comentado, esto se debe a que estos efectos no son fáciles de identificar y cuantificar[150]. En general, los trabajos dedicados a cuantificar la importancia de los derrames de conocimientos se pueden clasificar en dos grandes grupos. Por un lado, aquéllos que proveen evidencia acerca de la magnitud y alcance de los *spillovers* o derrames del conocimiento que se dan en el proceso de innovación y/o como resultado de la de las actividades investigación y desarrollo por parte de las empresas; es decir, que se pueden considerar efectos "desincorporados al individuo". Por otro lado, aquellos estudios que se relacionan con las externalidades del capital humano bajo la idea fundamental de que los trabajadores son la vía principal de transmisión de los derrames de conocimientos; es decir, se trata de efectos "incorporados al individuo". Dentro de estas últimas investigaciones, a su vez, se encuentran por un lado, las que proveen evidencia indirecta de las externalidades del capital humano y, por otro, las que proveen evidencia directa de tales efectos. Como se

[150] Como ya se ha dicho, esto se atribuye a que la característica no pecuniaria de la externalidad, lo que dificulta el identificar el canal exacto de transmisión de dichos efectos. A esto se le debe aunar la reducida disponibilidad de bases de datos propicias para el tipo de estimaciones requeridas.

explicará, el procedimiento empírico de la presente investigación tiene como base metodológica la utilizada en este último tipo de investigaciones.

2.1 Derrames de conocimientos "desincorporados al individuo"

Dentro este grupo de trabajos destaca el de Jaffe *et al* (1993). Los autores proveen evidencia acerca de la presencia de derrames de conocimientos y, a su vez, que los efectos se atenúan con la distancia física y el tiempo. Como una forma de examinar la localización de los derrames de conocimientos, estudian la extensión espacial de las citas de patentes en los Estados Unidos. Comprueban que las referencias son más frecuentes en los mismos estados y áreas metropolitanas donde éstas se originaron respecto a aquellas citas de "frecuencia controlada"; es decir, de aquéllas que podrían darse a partir de las concentraciones preexistentes de las actividades de investigación. Los efectos son particularmente significativos a nivel local, con una frecuencia entre 5 y 10 veces superior en las áreas metropolitanas de origen respecto a las citas de "frecuencia controlada"; encuentran, adicionalmente, que los efectos pierden importancia en el tiempo, aunque a un ritmo muy lento.

Uno de los resultados directos más importantes de los derrames del conocimiento es la innovación. Algunos trabajos se han dedicado a examinar el efecto de las características industriales y la aglomeración sobre la propensión a innovar. Audretsch y Feldman (1996a) regresionan el grado en que las actividades innovadoras (medidas a través de información sobre los nuevos productos introducidos al mercado) se concentran espacialmente respecto a distintos atributos locales e industriales, tales como el número de universidades y centros de investigación, el nivel de gasto en investigación y desarrollo, y la disponibilidad de mano de obra calificada. Los resultados evidencian que las industrias relacionadas con el conocimiento se asocian a una actividad innovadora con mayor concentración geográfica de dichos atributos lo que, según los autores, es consistente con la presencia de derrames de conocimiento.

En un trabajo similar, con el uso de información que identifica la actividad innovadora por industria y estado en los Estados Unidos, Audretsch y Feldman (1996b) encuentran que la aglomeración se relaciona positivamente con la propensión a innovar. Evidencian que dicha propensión a innovar se modela por el ciclo de vida industrial; en particular, encuentran que mientras en las primeras etapas del ciclo de vida de la industria la generación de conocimientos nuevos se relaciona con una mayor propensión a innovar concentrada geográficamente, dicha actividad tiende a estar más dispersa en las fases maduras y en declive. Los autores explican que los efectos positivos de la aglomeración durante las etapas tempranas del ciclo de vida de la industria es reemplazada por los efectos de la congestión en las etapas maduras del mismo ciclo.

El tipo de investigaciones anteriores va en línea con el trabajo dedicado a estudiar el efecto de las actividades de I+D sobre la productividad. Adams y Jaffe (1996) encuentran que el efecto de las actividades en I+D de las empresas matriz sobre la productividad del resto de las plantas en la misma industria tiende a atenuarse con la distancia geográfica y tecnológica. Evidencian que los derrames *en* y *entre* empresas tecnológicamente relacionadas son significativos y que estos efectos dependen de la *intensidad* de las actividades en I+D, y no tanto del *total* de I+D industrial. Encuentran que los derrames de I+D se diluyen cuando el número total de empresas (potencialmente receptoras de esos beneficios) aumenta. Comprueban que en la medida en que se incrementa la distancia entre las plantas, el producto tiende a ser menos parecido, por lo que estas mayores discrepancias geográficas y tecnológicas propician menores derrames de conocimientos.

2.2 Derrames de conocimientos "incorporados al individuo"

Dentro de la literatura orientada a examinar la importancia de la concentración geográfica del conocimiento se encuentra la relacionada con las externalidades del capital humano. Como ya se ha comentado, la idea fundamental es que los trabajadores son la vía principal de transmisión de los *spillovers* del conocimiento. Se argumenta que el intercambio de ideas, conocimientos y habilidades que ocurre entre trabajadores a través de interacciones formales e informales es la base esencial del fundamento microeconómico del efecto externo del capital humano. Como se explicó en el apartado de consideraciones teóricas, bajo este escenario las áreas urbanas densas son el ámbito más propicio para generar este tipo de externalidades, ya que ahí existe una mayor probabilidad de que los individuos efectúen reuniones aleatorias. Dentro de este grupo de trabajos se encuentran, por un lado, aquéllos que proveen evidencia indirecta de las externalidades del capital humano y, por otro, los que brindan evidencia directa de tales efectos.

2.2.1 Evidencia indirecta de las externalidades del capital humano

Zucker, Darby y Brewer (1998) argumentan que las diferencias geográficas en el capital humano especializado entre las ciudades norteamericanas han sido el principal determinante de dónde y cuándo se desarrolló la industria de biotecnología en dicho país. Muestran que el *stock* de capital humano de científicos en determinadas ciudades (medido a través del número de publicaciones sobre reportes y descubrimientos genéticos en revistas académicas) tiene un papel significativo en las decisiones de entrada de nuevas empresa de biotecnología. Según los autores, esta evidencia refleja, al menos en parte, la importancia de las externalidades del capital humano, debido a que las decisiones de entrada de las empresas nuevas no sólo son resultado de la presencia de universidades y centros de investigación, sino también de la localización de los científicos más destacados.

Otro trabajo relevante es el de Glaeser y Mare (2001), quienes encuentran evidencia consistente con el modelo planteado por Glaeser (1999) en el cual los individuos adquieren conocimientos y habilidades al interactuar con otros. En dicho modelo, las áreas urbanas densas incrementan la probabilidad de interacción y con ello la acumulación de capital humano como resultado del aprendizaje a través de la imitación. Mediante la estimación de una ecuación salarial individual considerando un modelo de efectos fijos y el uso de información sobre migraciones entre las ciudades, Glaeser y Mare (2001) concluyen que el premio salarial de los trabajadores urbanos no se relaciona en absoluto al sesgo omitido de habilidad. La obtención de una relación positiva y significativa entre la experiencia y la residencia urbanas, motiva a pensar a los autores que parte del premio salarial urbano proviene de la acumulación de habilidades facilitada en las áreas metropolitanas grandes. Con el objetivo de comprobar que la interacción positiva entre la experiencia y la residencia urbanas no es un resultado influido por la calidad del trabajo, como sugiere la hipótesis de la coordinación, los autores incluyen un control sobre las características de las ocupaciones. De esta forma, tratan de capturar las ventajas salariales que teóricamente se dan en las grandes ciudades por el hecho de tener ahí mayores posibilidades de obtener mejores ocupaciones. Los resultados ponen en evidencia que la relación entre la experiencia y la residencia urbana se mantiene robusta lo que, justifican, es indicativo de que el efecto sobre el crecimiento de los salarios se da a través de la acumulación de habilidades y no por una conexión más eficiente entre trabajadores y empresas en las grandes urbes.

Simon (1998) encuentra una relación robusta, positiva y persistente entre el crecimiento del empleo y el nivel de capital humano promedio de las áreas metropolitanas. Evidencia también que el crecimiento de las ciudades se relaciona positivamente con el nivel de capital humano existente en el área metropolitana a la que pertenecen, lo que asocia con la presencia de *spillovers*. Finalmente, verifica que las diferencias en el nivel de capital humano entre las ciudades contribuyen a explicar las diferencias en el crecimiento del empleo dentro del área metropolitana; con ello argumenta que el efecto del capital humano se localiza, al menos parte, al nivel de las mismas ciudades.

Cabe señalar que dentro de los trabajos que contrastan indirectamente la presencia de externalidades del capital humano, existe evidencia que comprueba que cuando el capital humano se relaciona con aspectos de residencia, éste puede tener también efectos externos relevantes en generaciones posteriores. Borjas (1992 y 1995) argumenta que la función producción del capital humano depende no sólo de los insumos parentales (los brindados en el entorno familiar), sino también del capital humano promedio del grupo étnico al que el individuo pertenece. Establece la hipótesis de que la calidad del entorno étnico en el que una persona crece y se desarrolla (y en el que los padres hacen inversiones o un "capital étnico") influye en las habilidades de las generaciones subsecuentes. Al tomar como ámbito de análisis el barrio, confirma la existencia de importantes externalidades del capital humano intergeneracionales, tanto a nivel grupo étnico como entre grupos étnicos. Concluye que cuando el grupo étnico tiene un bajo nivel de capital humano, el progreso intergeneracional de los trabajadores pertenecientes al grupo se retarda como consecuencia de la baja calidad del entorno.

2.2.2 Evidencia directa de las externalidades del capital humano

Los trabajos que ofrecen evidencia directa de las externalidades del capital humano en las ciudades se caracterizan por implementar un enfoque metodológico similar, el cual se basa en asociar el nivel de salario con medidas del *stock* de capital humano agregado. Tal y como lo plantea originalmente Rauch (1993), la justificación se sustenta en el modelo de bienes públicos locales de Roback (1982). La intuición es simple: debido a las externalidades del capital humano, las empresas y trabajadores deberán ser más productivos en ciudades con elevadas proporciones de trabajadores educados. En equilibrio, las empresas son indiferentes entre ciudades debido a que los salarios son mayores en aquéllas con altos niveles de capital humano, por los que los costes unitarios tienden a ser similares en cualquier lugar; por su parte, los trabajadores son indiferentes entre ciudades debido a que el coste de la vivienda es mayor en zonas con elevados niveles de capital humano. Bajo este escenario, el modelo sugiere que hay dos formas de medir empíricamente las externalidades del capital humano: por un lado, comparando la producción de empresas idénticas localizadas en ciudades con niveles altos y bajos de capital humano y, por otro, comparando el salario de trabajadores idénticos que laboran también en ciudades con niveles altos y bajos de capital humano.

A partir de estas ideas, Rauch (1993) pone de manifiesto que si existen externalidades del capital humano, se debe esperar que las ciudades en donde las empresas y los individuos se comuniquen a menores costes con agentes cuyo trabajo sea absorber, crear, transmitir e implementar conocimiento sean relativamente más productivas y, por tanto, atraigan población a una tasa más elevada. Considera que trabajadores económicamente idénticos tenderán a recibir mayores salarios en ciudades ricas en capital humano que en ciudades pobres en esta variable, lo que provocaría movimientos migratorios de las segundas a las primeras, generando alzas en las rentas comerciales y residenciales en las ciudades destino. Bajo esta perspectiva, al emplear una ecuación salarial minceriana[151] con datos individuales sobre salarios y características socioeconómicas y ocupacionales de los trabajadores en las ciudades estadounidenses, y en la que adiciona como regresores la escolaridad y la experiencia promedios como factores específicos de ciudad, el autor encuentra un efecto

[151] Ver Mincer (1974).

significativo de la concentración del capital humano en un rango de entre 3 y 5 por ciento. En concordancia con sus reflexiones comprueba que, al igual que los salarios, las rentas del suelo son también superiores en las ciudades en donde el nivel educativo promedio es más elevado. Para Rauch (1993), estos resultados proveen evidencia de la presencia de externalidades del capital humano en las ciudades.

A partir del trabajo de Rauch (1993) se han desarrollado diversas investigaciones orientadas estimar las externalidades del capital humano tomado en cuenta aspectos e implicaciones no considerados en este primer trabajo. Una de las principales críticas es que las estimaciones suponen que el nivel de capital humano promedio en las ciudades está predeterminado históricamente. Diversos autores han coincidido en afirmar que los cambios en los niveles promedio de capital humano en las ciudades pueden estar correlacionados con la tasa de cambio tecnológico, ya que los trabajadores más educados tienden a desplazarse a lugares con mayores niveles de productividad; de esta forma, se debe tener en cuenta la posible correlación existente entre el nivel educativo promedio y los salarios. A partir de esta crítica, los trabajos subsecuentes han considerado la instrumentación de la escolaridad promedio en la estimación de las externalidades del capital humano. Un buen ejemplo de estas aportaciones es el de Acemoglu y Angrist (2000). A partir de información estatal de los censos de 1960 y 1980 de Estados Unidos, los autores realizan una primera estimación con un enfoque similar al de Rauch (1993) mediante mínimos cuadrados ordinarios; concluyen que el incremento de un año en el nivel educativo promedio se asocia a un crecimiento aproximado de 7 por ciento en los salarios, muy similar al rendimiento obtenido por Rauch (1993). Sin embargo, cuando utilizan información sobre las reglamentaciones estatales de escolaridad obligatoria y de trabajo infantil entre 1920 y 1960 como variable instrumental del nivel de escolaridad promedio[152], las estimaciones dan lugar a rendimientos de entre 1 y 2 por ciento. Este resultado se obtiene mediante el uso de variables instrumentales para los hombres de entre 40 y 49 años de edad en el periodo

[152] Los autores demuestran que, por sus características, dichas reglamentaciones son un instrumento adecuado para estimar las externalidades del capital humano en los estados de la Unión Americana. Proveen evidencia de que: i) debido a que fueron determinadas por factores sociales en cada estado en un momento temporal particular, las reglamentaciones sobre escolaridad obligatoria y de trabajo infantil que afectaron a un individuo en su niñez no son influidas por los salarios futuros; es decir, dichas reglamentaciones son exógenas respecto a los salarios de los adultos; ii) las reglamentaciones afectaron la escolaridad exclusivamente en los grados medios y elevados, lo que sugiere que los factores omitidos no sesgan las estimaciones al usarlas como variables instrumentales; y iii) las reglamentaciones son responsables de mucha de la acumulación de capital humano que se dio en Estados Unidos en el siglo XX.

1960-1980. Al incluir información del censo de 1950 y a los hombres de entre 30 y 39 años de edad, obtienen estimaciones más precisas cuyos valores son incluso ligeramente inferiores. De esta forma, los autores afirman que existe evidencia débil acerca de la importancia de los rendimientos externos del capital humano en los estados; concluyen que los resultados son más bien consistentes con rendimientos moderados de entre 1 y 3 por ciento.

En un estudio efectuado para Malasia, Conley, Flyer y Tsiang (1999) estiman una ecuación de salarios y rentas, siguiendo el enfoque de Rauch (1993), para calcular las externalidades del capital humano. A diferencia de la mayoría de trabajos en los que las externalidades se estiman considerando las unidades de observación (ciudades o áreas metropolitanas) desde un punto de vista administrativo o estadístico, los autores calculan previamente los mercados de capital humano relevantes para cada individuo a través de una medida de distancia económica entre las localidades[153]. A través de esta medida, los autores pretenden caracterizar de forma más precisa el mercado de capital humano para conjuntos de habitantes con las mayores posibilidades a interactuar; asimismo, les permite identificar el alcance geográfico de las externalidades por medio de cambios en la definición del mercado local. La estimación de las ecuaciones de salarios y renta se efectúa para 1988 y la variable instrumental utilizada para aproximar el nivel de capital humano promedio es la proporción de trabajadores en los servicios en 1980[154]. La evidencia señala que un incremento de una desviación estándar en la proporción de individuos con educación secundaria da lugar a un aumento de entre 5 y 7,7 por ciento en los salarios, y de entre 4 y 5,8 por ciento en la renta. Los resultados indican, asimismo, que el capital humano de una determinada localidad parece tener un impacto en productividad en áreas con lejanía de hasta 90 minutos de trayecto.

Recientemente han aparecido algunos trabajos en los que se argumenta que la identificación de las externalidades del capital humano a partir de ecuaciones salariales mincerianas, como las utilizadas en la investigación de Rauch (1993) y en los estudios procedentes, se basa en el supuesto de que los trabajadores con diferente dotación de

---

[153] La "distancia económica métrica" utilizada para definir los mercados locales de capital humano se calcula utilizando el tiempo de traslado entre las localidades, considerando la red de rutas de interconexión del país, la cual aproxima la red de carreteras existente; se considera que la medida es el coste mínimo de tiempo de traslado en dicha red.

[154] Esto se debe a que, según el estudio, una elevada proporción de trabajadores en servicios comunitarios se desempeñan como maestros.

capital humano son sustitutos perfectos en la producción. Se justifica que el supuesto de sustitución perfecta entre trabajadores cualificados y no cualificados simplifica la identificación de las externalidades, ya que implica que la oferta de capital humano no afecta el salario de trabajadores con una determinada dotación de cualificación, si la productividad de los factores se mantiene constante. Así, bajo dicho enfoque todo el efecto del incremento en la oferta de capital humano sobre los salarios de trabajadores con un determinado nivel de capital humano debe efectuarse a través de una mayor productividad y, por tanto, se interpreta como externalidad. Ciccone, Peri y Almond (1999), Moretti (2004b), y Ciccone y Peri (2002, 2006) han reconocido que el suponer sustitución perfecta entre trabajadores con diferentes niveles de capital humano puede dar lugar a resultados empíricos erróneos de las externalidades, si los distintos trabajadores son en realidad sustitutos imperfectos en la producción.

En particular, lo anterior se debe a que un incremento en el nivel educativo promedio en una ciudad tiene dos efectos distintos: primero, el modelo neoclásico estándar con sustitución imperfecta entre trabajadores educados y no educados señala que el aumento en el número de cualificados incidirá en una reducción del salario de los educados y en un incremento del salario de los poco educados; segundo, las externalidades del capital humano, si las hay, deberán incrementar el salario de ambos tipos de trabajadores. De esta forma, bajo el supuesto de sustitución imperfecta entre trabajadores con distinto nivel de cualificación, un incremento en el capital humano promedio tiene un efecto (no ambiguo) positivo sobre el salario de los no cualificados, mientras que para los cualificados el signo depende de la magnitud de la externalidad. Dicho de otra forma, tanto la sustitución como las externalidades incrementan el salario de los no educados, en tanto que el impacto de una mayor oferta de educados sobre su propio salario se determina por dos fuerzas contrapuestas: el efecto estándar de oferta, que genera un desplazamiento sobre la curva decreciente de la demanda, y la externalidad, que incrementa la productividad; si ésta última es lo suficientemente importante, el salario de los cualificados tenderá a incrementarse. Bajo esta perspectiva, si se llegase a capturar que el nivel de capital humano agregado influye sobre los *salarios promedio*, esto no necesariamente puede ser reflejo de una externalidad; más bien puede reflejar sustitución imperfecta entre trabajadores con alta y baja cualificación[155].

A partir de las observaciones anteriores, en un estudio para las áreas metropolitanas de Estados Unidos Moretti (2004b) utiliza un planteamiento que considera factores convencionales de oferta y externalidades. Emplea información longitudinal para controlar por efectos fijos individuales y utiliza un índice de choques de demanda en las ciudades para considerar posibles efectos fijos de demanda en las ciudades[156]. Adicionalmente, utiliza como instrumentos de la proporción de trabajadores con educación superior la estructura de edades rezagada de las ciudades y la presencia de universidades creadas en la segunda mitad del siglo XIX, en el marco del "movimiento de subsidios territoriales" en ese país (*land-grant movement*)[157]. Encuentra que un aumento de un punto porcentual en la proporción de universitarios incrementa el nivel de salarios promedio en 0,6 y 1,2 por ciento. Sin embargo, consciente del sesgo ocasionado por un posible efecto de sustitución imperfecta, el autor estima el efecto de un cambio en la proporción de trabajadores más educados sobre el salario de colectivos de trabajadores con distintos niveles educativos. Los resultados más importantes ponen en evidencia que un incremento en la proporción de trabajadores

---

155 Moretti (2004a) plantea que "uno podría considerar al 'efecto de sustitución imperfecta' como una forma de externalidad pecuniaria. Aunque este tipo de externalidad pecuniaria es muy diferente a las externalidades pecuniarias propuestas por Acemuglu [(1996)] ..." -Moretti (2004a), pie de página número 19, pp. 2273-. Sin embargo, debido a que el efecto de sustitución imperfecta entre trabajadores cualificados y no cualificados actúa sobre los parámetros de la oferta y no sobre los de la demanda, como es el caso de las externalidades pecuniarias, en la presente investigación no se les considera externalidad; simplemente se trata de un efecto estándar de oferta.

156 En espacial, considera el índice de choques de demanda propuesto por Katz y Murphy (1992), el cual se construye al considerar el crecimiento del empleo nacional industrial ponderado por la proporción del empleo en la ciudad en esas industrias. De esta forma, trata de tomar en cuenta los posibles choques de demanda de los trabajadores cualificados generados por la estructura industrial de las ciudades.

157 En 1862 el Congreso de Estados Unidos aprobó la Ley Morrill, el primer gran programa federal de ayuda a la educación superior en aquel país. Esta Ley consistió en asignar a cada estado que había permanecido en la Unión un subsidio para establecer escuelas de educación superior. Una segunda ley, en 1890, extendió los apoyos a los 16 estados del sur de Estados Unidos. De esta forma, se fundó un total de 73 universidades bajo el programa. Moretti (2004b) argumenta que la presencia de este tipo de universidades en las ciudades, aún en la actualidad, se mantiene como un determinante importante de la educación superior en esas zonas. Argumenta que en la medida en que el programa fue de carácter federal y se llevó acabo hace más de un siglo, la presencia de este tipo de universidades no debe correlacionarse con factores no observables que afectan el nivel de salarios contemporáneo; asimismo, explica que otro factor que contribuye a la exogeneidad de la variable es que la localización de las universidades bajo este programa no dependió de la disposición de recursos naturales o de otros factores que incidiesen en el nivel de riqueza del lugar. Comenta que "...con una visión actual, la localización geográfica de las universidades bajo este programa parece haberse dado de forma aleatoria. Las ciudades con este tipo de universidades son tan diversas como Washington, DC; Des Moines, IA; Baton Rouge, LA; Knoxville, TN; y Reno, NV"; Moretti (2004b), pp 191.

más educados en las ciudades tiene un efecto positivo mayor sobre los salarios del colectivo de trabajadores menos educados; asimismo, obtiene que aún para los empleados con educación universitaria, los efectos externos continúan siendo tan importantes como para generar una ganancia neta positiva de trabajar en ciudades con elevados niveles de educación. En particular, encuentra que un incremento de uno por ciento en la participación de trabajadores con educación universitaria incrementa los salarios de los trabajadores con algún tipo de educación secundaria, con secundaria terminada y con algunos años de universidad en 1,9, 1,6 y 1,2 por ciento, respectivamente; el incremento en el salario de los trabajadores con educación universitaria terminada es de 0,4 por ciento. Estos resultados son consistentes con el modelo que incluye factores convencionales de demanda y oferta, y externalidades: un incremento en el porcentaje de trabajadores con educación superior tiene un efecto importante sobre el salario de los trabajadores menos educados, y un efecto pequeño pero significativo sobre el salario de los más cualificados[158]. Si bien el enfoque teórico y empírico de Moretti (2004b) de alguna forma considera sustituibilidad imperfecta entre trabajadores con distintas cualificaciones, no permite identificar ni cuantificar las externalidades; esto se debe a que su metodología no controla por los efectos de oferta relativa, posiblemente complementarios, de trabajadores con otro tipo de cualificación, tal y como se verá a continuación.

Bajo esta misma línea de investigación, Ciccone y Peri (2002, 2006) dan un paso más allá y proponen un nuevo enfoque mediante el cual pretenden identificar las externalidades del capital humano cuando suponen sustitución imperfecta entre trabajadores con distinto nivel de cualificación. De manera general, en enfoque consiste estimar el efecto de un incremento en el nivel educativo promedio en las ciudades manteniendo constante la composición de la fuerza de trabajo respecto al nivel de cualificación. Esto permite tomar en cuenta la posibilidad de sustitución entre

[158] Cabe señalar que este trabajo es resultado de investigaciones previas por parte del autor en las que se han llegado a conclusiones similares. Por ejemplo, en un documento de trabajo Moretti (1998) encuentra que un incremento de uno por ciento en la participación de trabajadores con educación universitaria se asocia a un aumento de los salarios de los trabajadores con algún tipo de educación secundaria, con secundaria terminada, y trabajadores con algunos años de educación universitaria, en 2,2, 1,3 y 1,2 por ciento, respectivamente; el incremento en el salario de los trabajadores con educación universitaria finalizada es de 1,1 por ciento. Los resultados se obtienen al utilizar la estructura de edades de la población en 1970 para predecir el cambio en el nivel educativo promedio de las ciudades en los ochenta.

trabajadores cualificados y no cualificados[159]. Cuando suponen sustitución perfecta entre trabajadores educados y no educados Ciccone y Peri (2002, 2006) obtienen, para las ciudades y estados de la Unión Americana, externalidades estadísticamente significativas y de magnitud similar a las encontradas por Rauch (1993). Sin embargo, cuando permiten sustitución imperfecta, los resultados apuntan la inexistencia de un efecto externo del capital humano; es decir, al parecer la totalidad del efecto del capital humano en las ciudades sobre la productividad se atribuye a un efecto estándar de oferta, y no a la presencia de externalidades.

Finalmente, se debe señalar que una objeción de examinar empíricamente el efecto de los niveles de educación promedio a escala local como forma de comprender los derrames de conocimientos, es que no se precisan e identifican los canales exactos de transmisión de las externalidades. Quizás una de las excepciones la constituye el trabajo de Charlot y Duranton (2002), quienes al utilizar información de una encuesta sobre comunicación en el trabajo en las ciudades francesas, encuentran que existe una mayor comunicación entre trabajadores en las ciudades más grandes y educadas. Por medio de la estimación de una ecuación de salarios y una de comunicación, concluyen que sólo una décima parte del efecto del tamaño y del nivel educativo de las ciudades sobre la productividad se atribuye a la comunicación. Estos resultados sugieren que las externalidades de la educación pueden depender de otros factores o fuentes, además de los derrames de conocimientos[160]. Como se explicó en la sección 1.2 del presente capítulo, un mayor nivel educativo en una ciudad puede elevar el salario de los trabajadores como resultado de un efecto externo pecuniario, y no necesariamente como resultado del "aprendizaje de los demás".

De esta forma, la revisión de los trabajos anteriores pone de manifiesto que la literatura empírica provee cierta evidencia acerca de la existencia de externalidades del capital humano, aunque todavía se está muy lejos de llegar a un consenso sobre el canal preciso mediante el cual éstas se transmiten, así como la magnitud de las mismas. En gran medida, esto se debe a que aún hay diferencias metodológicas relevantes, principalmente como resultado de que la literatura empírica en la materia es todavía

[159] Más adelante, en las secciones 3.2 y 4.3.2 del presente capítulo, se explica con mayor detalle el enfoque y modelo planteados.

[160] Lo que sí se desprende categóricamente de los resultados encontrados por Charlot y Duranton (2002), es que las externalidades de la comunicación y, por tanto, los *spillovers* de conocimientos, son mayores en las ciudades grandes.

muy reciente y enfrenta importantes retos por superar. Como Moretti (2004a) plantea, "Se requiere de más trabajo antes de llegar a conclusiones convincentes a cerca del tamaño de las externalidades del capital humano y sobre los mecanismos que las conducen"[161]. En esta misma línea, Duranton (2004) pone de manifiesto que en los últimos 10 años, a partir del primer artículo serio sobre el tema elaborado por Rauch (1993), mucho se ha avanzado en el tema de las externalidades del capital humano en las ciudades; manifiesta que dada la importancia de una adecuada provisión de la educación, los esfuerzos orientados a la materia deben continuar.

3. Procedimiento empírico

El procedimiento empírico utilizado en la presente investigación se basa en el enfoque empleado por el conjunto de trabajos revisados en la última parte de la sección anterior; es decir, aquéllos que ofrecen evidencia directa de la importancia de la concentración del capital humano en las ciudades. Para ello, a continuación se explican los modelos bajo los supuestos en cuanto al grado de sustitución entre trabajadores cualificados y no cualificados, así como la forma en que se pone en práctica en el presente trabajo.

3.1 Modelo básico bajo el supuesto sustitución perfecta

El modelo de bienes públicos locales de Roback (1982) sugiere que hay dos formas de medir empíricamente las externalidades del capital humano: por un lado, comparando la producción de empresas idénticas localizadas en ciudades con niveles alto y bajo de capital humano y, por otro, comparando el salario de trabajadores idénticos que laboran en ciudades con niveles alto y bajo de capital humano. En la presente investigación se utiliza el segundo enfoque ya que, como en general es el caso a escala internacional, en México se carece de información a nivel planta productiva. La generalización de este enfoque para la identificación de las externalidades del capital humano se centra de la descomposición del salario de los individuos en la parte relacionada con las características personales, como la escolaridad y experiencia, por ejemplo, y en la parte relacionada con factores de sitio específicos, tales como el nivel promedio de escolaridad.

---

[161] Moretti (2004b), página 2247.

Como se ha visto en la literatura teórica y empírica revisada, la mayoría de estudios considera que la unidad de análisis relevante es la ciudad[162]. Se debe tener presente, sin embargo, que el efecto externo del capital humano puede no tener límites geográficos definidos, y que haya que considerar en el plano empírico un alcance físico conocimiento más amplio. Para simplificar la exposición, de momento se supone que la unidad de análisis relevante es la ciudad o área metropolitana[163]. De esta forma, la metodología supone que trabajadores idénticos en sus características individuales reciben el mismo nivel de ingresos bajo el siguiente equilibrio salarial al nivel ciudad:

$$w(x, z, a; c) = A(c)h(z)d(x)a \qquad 4.1$$

donde *A(c)* representa los factores específicos de ciudad que afectan la productividad laboral en la ciudad *c*; *z* son las características individuales que influyen sobre el nivel individual de capital humano *h*; *x* son otras variables de control; y a representa la habilidad individual. La expresión de los salarios individuales en la expresión 4.1 se combina con dos ecuaciones que capturan el efecto de variables específicas de ciudad sobre la productividad laboral *A* y el efecto de las características individuales sobre los salarios. Se supone que el efecto de las características individuales sobre los salarios se captura tal y como ha sido habitual en economía laboral:

$$\ln h(z) + \ln d(x) + \ln a = (b_t s_{ict} + c_t E_{ict} - e_t E^2) + \sum\nolimits_{j \in J} d_{jt} X_{jict} + u_{ict} \qquad 4.2$$

162 Como ya se explicó en el capítulo teórico, esto se debe a que las externalidades del capital humano son una de las principales justificaciones de la existencia de las ciudades, por lo que se espera que dichos efectos se manifiesten con mayor fuerza en ese nivel de análisis. Cabe señalar, por otro lado, que efectuar comparaciones a un nivel de análisis geográfico más agregado (por ejemplo entre países) representa una mayor complejidad, debido a que ello requiere controlar por diferencias en factores específicos (como instituciones e infraestructura, por ejemplo), las cuales pueden llegar a ser muy importantes entre esos ámbitos. Asimismo, la comparación de la información educativa y laboral entre naciones es, casi siempre, poco válida u objetiva. De esta forma, el análisis a escala subnacional o local suele facilitar el procedimiento, ya que tanto los factores específicos como las bases de datos tienden a ser más homogéneos al interior de cada país.

163 Cabe señalar que en el momento de efectuar las estimaciones, en la presente investigación se considera la dimensión tanto urbana como estatal de las externalidades del capital humano. Como se explicará más adelante con mayor detalle, se cuenta con los datos proporcionados por la Encuesta Nacional de Empleo Urbano (ENEU), la cual capta y genera información sobre un amplio número de variables socioeconómicas, además del nivel de ingreso, de los individuos en las principales áreas metropolitanas de México; estos datos permiten efectuar estimaciones a escala de dichas áreas metropolitanas. Por otro lado, se cuenta con la Encuesta Nacional de Ingresos y Gastos de los Hogares (ENIGH), la cual proporciona información socioeconómica similar, además de los ingresos y gastos de las familias, a escala nacional y de las entidades federativas; esto permite efectuar estimaciones a escala estatal.

donde s_{ict} y E_{ict} representan los niveles individuales de escolaridad y experiencia, respectivamente; $\{X_j : j \in J\}$ son variables *dummy* para otras características individuales (tales como raza, género, estado civil, ocupación, etcétera); u_{ict} captura las características individuales no observables, como la habilidad o el entorno familiar. El efecto de las variables específicas de ciudad sobre la productividad laboral se recoge por medio de la siguiente formulación:

$$\ln A(c) = Controles + \beta S_{ct} + \gamma \ln L_{ct} + \vartheta_c + \varphi_{ct} \qquad 4.3$$

donde S_{ct} *y* L_{ct} representan el nivel promedio de escolaridad y el empleo total en las ciudades, respectivamente; y ϑ_c y φ_{ct} los factores específicos de ciudad, permanentes y transitorios, respectivamente, que afectan el mercado laboral entre las ciudades; ejemplos de estos factores pueden ser las amenidades naturales o arquitectónicas de las ciudades, o bien la composición industrial de las mismas. Como *controles* se consideran, básicamente, *dummies* regionales[164].

La combinación de las ecuaciones 4.1, 4.2 y 4.3 da lugar a una simple ecuación salarial minceriana en la que, además de las características individuales, se incluyen como variables explicativas las características específicas de ciudad. De esta forma, se trata de comparar el salario de individuos idénticos en sus características personales pero que viven en ciudades con distintos niveles de educación. Los coeficientes β y γ son interpretados como externalidades de la escolaridad promedio y del nivel de empleo en las ciudades, respectivamente.

$$\ln w_{ict} = Controles + (b_t s_{ict} + c_t E_{ict} - e_t E^2) + \sum_{j \in J} d_{jt} X_{jict} + \beta S_{ct} + \gamma \ln L_{ct} + \nu \qquad 4.4$$

donde $\nu = u_{ict} + \vartheta_c + \varphi_{ct}$

[164] Cabe señalar que la mayor parte de los estudios empíricos se limitan a incluir como factores de ciudad relevantes únicamente la escolaridad y la experiencia promedio. Con el objetivo de hacer compatible el análisis de las externalidades del capital humano con el de las economías de aglomeración, algunas otras investigaciones incluyen como variable explicativa el nivel de empleo en la ciudad, particularmente Ciccone y Peri (2002 y 2006).

Al igual que las características específicas de sitio consideradas en la literatura de bienes públicos locales, el planteamiento metodológico anterior presupone que el nivel promedio de capital humano en las ciudades es exógeno desde el punto de vista del consumidor individual y/o de las firmas en la decisión de su localización. De esta forma, al nivel promedio de capital humano se le da un tratamiento similar a las características exógenas de ciudad, tales como la climatología, y entra directamente como regresor en las ecuaciones reducidas. A partir de la teoría expuesta en la sección anterior, se espera que dicha variable tenga un efecto positivo sobre la productividad laboral. Si el coeficiente β es significativo, su magnitud determina la "importancia" de los beneficios derivados de la concentración geográfica del capital humano en las ciudades.

Cabe señalar, sin embargo, que dado a que los trabajadores más educados tienden a desplazarse hacia las ciudades con los salarios más elevados, el supuesto de que el nivel educativo promedio de las ciudades está predeterminado históricamente podría generar estimaciones sesgadas, por lo que se requiere dar un tratamiento econométrico a este problema. Asimismo, es necesario considerar los posibles efectos que pudiesen tener los factores fijos no observables, tanto a nivel individual como a escala de las ciudades. Esto se tratará más adelante.

3.2 Supuesto de sustitución imperfecta

Un supuesto fundamental implícitamente considerado en la ecuación 4.4 es que los trabajadores con distinto nivel de cualificación son sustitutos perfectos en la producción, lo que simplifica la identificación de las externalidades del capital humano. Esto es así por que la sustitución perfecta implica que la oferta agregada de capital humano no afecta los salarios individuales, en el caso de que no haya externalidades. Por tanto, bajo este escenario, todo el efecto de la oferta de capital humano sobre los salarios individuales puede interpretarse como externalidad. Esto da lugar a que las externalidades de la educación a escala local puedan estimarse con la simple inclusión de la escolaridad promedio en una ecuación salarial minceriana[165]. Sin embargo, este enfoque puede generar estimaciones sesgadas de la magnitud de las externalidades de la educación cuando los trabajadores con distinta cualificación son sustitutos imperfectos. Teóricamente, este sesgo puede ser hacia arriba o hacia abajo.

[165] Tal y como hacen Rauch (1993), Acemoglu y Angrist (2000), Conley, Flyer y Tsiang (1999); trabajos revisados en el apartado 2.2.2 del presente capítulo.

Como se explicó en el apartado anterior, un incremento en el nivel agregado de educación en una ciudad tiene dos efectos distintos en la distribución de los salarios: por un lado, el modelo estándar neoclásico con sustitución imperfecta entre trabajadores cualificados y no cualificados señala que un aumento en el número de cualificados tiende a reducir el salario de ese mismo grupo de trabajadores y a incrementar el salario de los no cualificados; por otro, las externalidades del capital humano inciden en un aumento del salario de ambos tipos de trabajadores. De esta forma, bajo el supuesto de una complementariedad (sustitución imperfecta) entre trabajadores educados y no educados, un incremento de la proporción de los más cualificados tiene un efecto positivo, no ambiguo, sobre el salario de los no cualificados, mientras que para los más educados el signo del efecto final depende de de la magnitud de las externalidades. Así, tanto el efecto estándar de oferta como las externalidades incrementan, ambos, el salario de los no cualificados, mientras que el efecto de una mayor oferta de cualificados sobre su propio salario está determinado por dos fuerzas contrapuestas: la primera es el efecto convencional de oferta, que se refleja en un desplazamiento hacia abajo sobre la curva de demanda; la segunda es la externalidad, que incrementa la productividad y que se refleja en una expansión de la demanda.

Lo más importante a destacar de lo anterior, es que los trabajadores no cualificados se benefician del incremento de la proporción de los más educados en la ciudad, aun en la ausencia de externalidades. Por su parte, el efecto sobre el salario de los trabajadores educados depende de la externalidad: si la magnitud de la externalidad es elevada, el efecto neto sobre su salario será positivo, aunque menor que para los no cualificados; si no hay externalidad, el efecto neto será negativo. La distinción entre sustitución imperfecta y externalidades es fundamental para la interpretación de las estimaciones, ya que si se llegase a observar que el nivel de capital humano agregado en una ciudad influye sobre los *salarios promedio*, esto no necesariamente puede ser reflejo de externalidad: más bien, puede reflejar sustitución imperfecta entre trabajadores con distintos niveles de cualificación. La distinción es relevante no sólo por razones teóricas y técnicas, sino también por razones de medidas de política: el efecto estándar de sustitución imperfecta no es, como tal, un fallo de mercado; por el contrario, las externalidades del capital humano, sí lo son.

Para controlar el efecto estándar de oferta, en la presente investigación se pretende utilizar el enfoque propuesto por Ciccone y Peri (2002, 2006), denominado *Enfoque de Composición Constante de la Fuerza de Trabajo (CCFT),* para estimar las externalidades del capital humano cuando los trabajadores con distinto nivel de cualificación son sustitutos imperfectos. La base teórica del enfoque es que si el salario de los trabajadores con distinto nivel de capital humano refleja su producto marginal social, el nivel promedio de educación a escala local no tiene efectos de primer orden una vez se haya mantenido constante la composición de la fuerza de trabajo. Sin embargo, si el salario de los trabajadores altamente cualificados se ubica por debajo de su producto marginal social, entonces se espera un efecto positivo de primer orden del nivel promedio de capital humano sobre los salarios, después de mantener constante la composición de la fuerza de trabajo.

Para comprender de forma intuitiva este argumento, supóngase que una ciudad experimenta una inmigración de trabajadores altamente cualificados, dando como resultado un aumento marginal de la escolaridad promedio y la productividad. Supóngase también que los trabajadores con distintos niveles de educación son sustitutos imperfectos en la producción y que no hay externalidades de la escolaridad promedio, es decir, los salarios reflejan el producto marginal social. En este caso, la entrada de los trabajadores inmigrantes a la ciudad, a través del efecto sobre la oferta de diferentes grupos educativos, tenderá a incrementar el salario de algunos grupos de trabajadores con determinada cualificación y a reducir el de otros. Sin embargo, dado que los trabajadores son remunerados de acuerdo con su producto marginal social, la entrada de los educados no afectará el salario total del grupo de trabajadores que ya se encontraban en la ciudad antes del ingreso de los más cualificados. Siguiendo a Ciccone y Peri (2002, 2006), esto implica que el nivel de salarios promedio utilizando la composición de la fuerza de trabajo anterior a la inmigración de los cualificados tenderá a ser el mismo, antes y después del incremento de la escolaridad promedio.

Supóngase ahora que hay externalidades positivas del capital humano; en este caso, el salario de los trabajadores educados que inmigran a la ciudad será inferior que su producto marginal social y parte del incremento de la producción tenderá a capturarse por otros trabajadores que ya se encontraban en la ciudad, antes de la entrada de los más cualificados. Bajo este escenario, el incremento del capital humano agregado en la ciudad aumentará el nivel de salarios promedio aun cuando la composición de la fuerza laboral se mantenga constante; es decir, en este caso los salarios promedio se incrementarán únicamente como resultado de las externalidades. De esta forma, dado que el enfoque de *CCFT* lo que hace es controlar por los efectos estándar de oferta, éste permite identificar las externalidades del capital humano tanto cuando los trabajadores con distinto nivel de cualificación son sustitutos imperfectos, como cuando son sustitutos perfectos.

En términos prácticos, los autores proponen estimar el efecto del cambio en el nivel promedio de escolaridad sobre el cambio en el nivel salarial promedio entre las ciudades, pero manteniendo constante el tamaño relativo de cada grupo de trabajadores según su educación. En la sección 4.3.2 del presente capítulo se explica con detalle la forma en que opera empíricamente el procedimiento a seguir; como se verá, además de controlar por los efectos estándar de oferta, una de las ventajas del enfoque de *CCFT* es que se trata de una estimación agregada a nivel ciudad, por lo que no se requiere estimar la rentabilidad privada de la educación. Esto evita un posible sesgo derivado de la endogeneidad y del error de medida de la educación individual. Otra ventaja es que, al ser una estimación en diferencias, el procedimiento es recomendado para corregir un posible sesgo derivado de una heterogeneidad permanente de ciudad no observable, tal y como se explica a continuación.

3.3 Heterogeneidad no observable

Al igual que en el caso de los rendimientos privados de la educación, el estimador por mínimos cuadrados ordinarios (MCO) de los rendimientos externos es sesgado ante la presencia de heterogeneidad no observable y/o por el error de medida. En contraste con el caso del rendimiento privado, sin embargo, la heterogeneidad no observable y el error de medida no necesariamente sesgan la estimación por MCO en sentido contrario. Esto se debe a que la endogeneidad depende de la importancia relativa de la heterogeneidad no observable, tanto en la demanda como en la oferta de trabajo: por un lado, si la variación en la educación promedio entre las ciudades depende de choques no observables de demanda, el estimador por MCO tenderá sesgarse a la alza; por el otro, si la variación en la educación promedio entre las ciudades depende de choques no observables de oferta, el estimador por MCO tenderá sesgarse a la baja.

Considerando el primer caso, si la demanda de trabajadores cualificados en una determinada ciudad es más elevada que en otra por diferencias en el *stock* capital, tecnología y/o desempeño de las instituciones locales, por ejemplo, generando un flujo inmigratorio de trabajadores cualificados, entonces tanto los salarios como el nivel educativo promedio de dicha ciudad tenderán a elevarse. Un choque positivo no observable de demanda de trabajadores cualificados implica que el residual de la ecuación salarial υ esté directamente correlacionado con el nivel promedio de capital humano[166]. Considerando el segundo caso, si la oferta de trabajadores cualificados se incrementa en una determinada ciudad como resultado de una amenidad específica, entonces los salarios de este colectivo de trabajadores tenderán a reducirse y el nivel educativo promedio a incrementarse. Una ciudad, por sus atractivos naturales, puede atraer a trabajadores cualificados que estén dispuestos a aceptar salarios más bajos con tal de vivir ahí; de esta forma, el diferencial salarial compensatorio que los trabajadores cualificados implícitamente pagan por la amenidad no es observable y entra en dicho salario como un residual negativo fijo de ciudad.

Bajo esta perspectiva, no es posible conocer *a priori* la dirección del sesgo generado bajo la estimación por MCO. El verdadero efecto de las externalidades de la educación se ubicará por arriba o por debajo de la estimación por MCO, dependiendo de si la heterogeneidad no observable de demanda domina o no la heterogeneidad no observable de oferta[167]. Con el objetivo de resolver el problema de la endogeneidad de la escolaridad promedio se requiere el uso de instrumentos válidos que no estén correlacionados con los salarios, pero que predigan el nivel educativo promedio en las ciudades.

Se requiere, asimismo, controlar por factores fijos específicos de ciudad que pueden implicar un sesgo en un análisis de corte transversal. Por un lado, el uso de variables

[166] Un buen ejemplo de un choque de demanda es lo sucedido en San José, California. A partir de la segunda mitad de los años ochenta, dicha economía comenzó a experimentar un crecimiento sin precedentes como resultado del *boom* de la industria de la computación de Silicon Valley; este mismo *boom* atrajo mano de obra cualificada a San José, con un consecuente efecto positivo en el nivel de salarios.

[167] Como se explicará con mayor detalle más delante, esto depende también del "efecto tratamiento" que los instrumentos pueden tener sobre en la variable dependiente.

instrumentales puede resolver el problema de la endogeneidad entre la escolaridad promedio y los salarios dada por una heterogeneidad transitoria no observable; por otro, el controlar por efector fijos de ciudad puede resolver el problema la endogeneidad entre las mismas variables dada por una heterogeneidad permanente no observable. Se debe tener presente que, tal y como explica Moretti (1988), una de las desventajas de controlar por efectos fijos (estimar en diferencias), es que se puede magnificar el sesgo inducido por la heterogeneidad transitoria no observable, ya que al hacerlo se reduce la variación en la educación promedio.

En cuanto al uso de variables instrumentales, la ventaja de la técnica es que un instrumento válido separa el efecto de cambios exógenos en el nivel de capital humano sobre los salarios. El reto principal es disponer de un instrumento válido y exógeno lo cual, como se verá más adelante, no es muy común a escala de las ciudades; más aun, se debe considerar que en un buen número de casos el efecto del nivel agregado de capital humano sobre los salarios no es siempre homogéneo entre individuos o grupos de individuos, por lo que las estimaciones por variables instrumentales y por MCO pueden no ser directamente comparables ante la presencia de posibles "efectos tratamiento"[168].

Cabe señalar, finalmente, que es deseable trabajar con muestras de datos en las que se puedan distinguir y filtrar a los trabajadores inmigrantes en las ciudades, con el objeto de conocer en qué medida las estimaciones de las externalidades del capital humano puedan estar influidas por la migración selectiva; como se explicará más adelante, desafortunadamente la forma en que la ENEU define a los inmigrantes no permite realizar un análisis de este tipo.

4. Estimación

4.1 Los datos y su fuente

La estimación del efecto agregado del capital humano se ha realizado considerando dos dimensiones geográficas. Por un lado, como ha sido tradicional, para una estimación de *cross-section* (ecuación 4.4) se han tomado las principales áreas metropolitanas de México definidas por el INEGI, cuya información microeconómica

[168] Ver por ejemplo Card (1999).

proviene de la ENEU. Como se explicó en el apartado 1 del capítulo II de la presente investigación, a través de dicha encuesta el INEGI capta y produce información para conocer las características sociodemográficas de la población urbana, así como para dar cuenta sobre los niveles de empleo y desempleo, y sobre diversas características de la población ocupada y del mercado de trabajo en México. Por otro lado, se considera también una estimación *cross-section* a escala de las entidades federativas[169], utilizando para ello los datos individuales de la Encuesta Nacional de Ingresos y Gastos de los Hogares (ENIGH), generada y publicada por el INEGI. Mediante esta encuesta, el INEGI capta y genera información detallada sobre los ingresos y gastos de los individuos, además de otras características socioeconómicas, siendo posible identificar la entidad federativa donde labora el trabajador. El objetivo de esta segunda estimación es simplemente verificar si la importancia de la educación agregada sobre los ingresos en las ciudades se mantiene al nivel de los estados mexicanos, tal y como lo hace Acemoglu y Angrist (2000), y Ciccone y Peri (2002, 2006) para los estados de la Unión Americana.

Cabe señalar que dado que la ENEU presenta un número relativamente elevado de observaciones individuales una vez aplicando los filtros requeridos para las estimaciones, esta fuente de datos ha sido útil para poner en práctica, adicionalmente, el enfoque de *CCFT* propuesto por Ciccone y Peri (2002, 2006). Como se verá más adelante (apartado 4.3 del presente capítulo), dicho enfoque se basa en un panel de datos y requiere, en una primera etapa, una estimación con datos individuales *por ciudad* y *para distintos grupos de trabajadores* según su escolaridad y experiencia; esto obliga a contar con un suficiente número de observaciones por ciudad. De esta forma, la ENIGH sólo ha sido útil para practicar las estimaciones del tipo *cross-section* (ecuación 4.4) debido a que, una vez aplicando los filtros necesarios, el número de datos individuales disponibles es mucho más reducido, imposibilitado el poder poner en práctica el enfoque de *CCFT* a escala estatal.

Los datos provistos en ambas encuestas (ENEU y ENIGH) son propicios para efectuar análisis como los planteados anteriormente, ya que comprenden registros individuales

---

[169] El orden de gobierno subnacional inmediato en México se conforma por 31 estados y el Distrito Federal, a los que se les denomina 'entidades federativas'; es decir, en México hay 32 entidades federativas. Por simplicidad, en general también se les llama 'estados', aunque ello no es del todo correcto.

que vinculan variables sociodemográficas (tales como edad, sexo, estado civil y escolaridad) con las características del empleo y desempleo (ocupación, sector de actividad, posición en el trabajo, ingresos, horas trabajadas, duración y motivos del desempleo, etcétera), en el caso de la ENEU, y de ingresos y gastos, en el caso de la ENIGH. Una de las ventajas de las dos encuestas es que evita que el encuestado tenga la posibilidad de autodefinirse como desempleado. Por ejemplo, considera diversas preguntas para poder establecer la categoría de "desempleado", además de si trabajó o no en la semana de referencia, así como el número de horas trabajadas y las percepciones recibidas.

En cuanto a la cobertura temporal y geográfica de la ENEU, los datos generados son trimestrales, con una cobertura actual de 32 áreas metropolitanas. A este respecto, es necesario comentar que la cobertura geográfica de la ENEU ha variado en el tiempo, expandiendo y adecuando el número de ciudades conforme el INEGI ha considerado pertinente (ver cuadro 4.1)[170].

---

[170] En particular, en 1983 la ENEU inició con una cobertura distribuida en 12 áreas metropolitanas: Chihuahua, Ciudad de México, Guadalajara, León, Mérida, Monterrey, Orizaba, Puebla, San Luis Potosí, Tampico, Torreón y Veracruz. En 1985 se agregaron cuatro ciudades de la frontera norte: Ciudad Juárez, Matamoros, Nuevo Laredo y Tijuana. Esta cobertura de 16 ciudades se mantuvo hasta 1991; en el año siguiente se incorporaron otras 18 ciudades y en los posteriores se incluyeron 14 ciudades más. Así, para el segundo trimestre de 2001 y hasta junio de 2003, la cobertura geográfica contempló un total de 48 ciudades A partir de julio de 2003 se redujo la cobertura territorial de la encuesta a 32 ciudades, una por cada entidad federativa, la cual continúa a la fecha. Según el INEGI, el ajuste en el número de áreas metropolitanas de la ENEU ha tenido como propósito equilibrar la oferta de estadística sobre empleo, aumentando la periodicidad de aquéllas con cobertura nacional, por tamaño de localidad y estatal, a cambio de disminuir el número de ciudades consideradas.

Cuadro 4.1
Cobertura geográfica de la ENEU

Año	Cobertura geográfica	Ciudades que se incorporan
1983	12	Ciudad de México, Guadalajara, Monterrey, Puebla, León, San Luis Potosí, Tampico, Torreón, Chihuahua, Orizaba, Veracruz y Mérida
1985	16	Ciudad Juárez, Tijuana, Nuevo Laredo y Matamoros
1992	34	En el primer trimestre: Aguascalientes, Campeche, Saltillo, Tuxtla Gutiérrez, Durango, Acapulco, Morelia, Cuernavaca, Tepic, Oaxaca, Culiacán, Hermosillo, Villahermosa, Toluca, Coatzacoalcos y Zacatecas; en el tercero: Colima y Manzanillo
1993	37	En el segundo trimestre: Monclova; en el tercero: Querétaro; y en el cuarto: Celaya
1994	39	En el tercer trimestre: Irapuato; y en el cuarto: Tlaxcala
1996	43	En el tercer trimestre: Cancún y La Paz; en el cuarto: Ciudad del Carmen y Pachuca
1998	44	Mexicali
1999	45	Salamanca
2000	48	En el tercer trimestre: Ciudad Victoria y Reynosa; y en el cuarto: Tuxpam
2003	32	A partir de julio ya no se incluyen: Ciudad Juárez, Ciudad Victoria, Coatzacoalcos, Manzanillo, Matamoros, Mexicali, Monclova, Nuevo Laredo, Orizaba, Reynosa y Torreón. Cinco ciudades se mantienen en la muestra por convenio: Ciudad del Carmen, Celaya, Irapuato, Salamanca y Tuxpam

Fuente: ENEU, INEGI

El punto temporal del modelo de *cross-section* que utiliza los datos de la ENEU se refiere al tercer trimestre de 1998 y se basa en un total de 44 áreas metropolitanas; por su parte, en el panel de datos se ha utilizado el periodo del tercer trimestre de 1992 al tercer trimestre de 2001. La elección del periodo del panel de datos se ha establecido con el objetivo de contar con un lapso de tiempo lo suficientemente amplio, tal que permita capturar un cambio significativo en las variables de interés y que, a su vez, considere el mayor número posible de ciudades[171]; de esta forma, el número de ciudades comprendido en la estimación del panel de datos es de 34. Por su parte, el periodo del *cross-section* a escala de las ciudades (ENEU) pretende recoger los efectos en un punto de tiempo "intermedio" dentro del periodo correspondiente a la estimación del panel de datos. Se ha considerado adecuado seleccionar los terceros trimestres de cada año para las estimaciones, debido a que en ese periodo la actividad económica en el país está menos sujeta a la estacionalidad de algunas ramas económicas y, en consecuencia, el empleo es más estable comparado con lo que se observa en otros trimestres. Asimismo, cabe señalar que en México en el primero y

[171] En la estimación del modelo basado panel de datos (es decir, el basado en el enfoque de *CCFT*), se tiene presente el entorno de desaceleración económica que México experimentó a partir del último trimestre de 2000, como consecuencia de la ralentización de la economía norteamericana iniciada en verano de ese mismo año. A pesar de esto, se consideró buscar un periodo relativamente largo, a fin de capturar de mejor forma el efecto del cambio en el nivel educativo agregado de las ciudades sobre el cambio en los salarios individuales.

último trimestre de cada año parte de los trabajadores recibe un ingreso extraordinario independiente de su remuneración habitual por su participación en el proceso productivo, lo que podría sesgar el análisis[172].

A partir de los objetivos del estudio se establecieron diversos criterios en el manejo de la información microeconómica de la ENEU para aislar los efectos de la concentración del capital humano en las áreas metropolitanas, intentando obtener una muestra lo más homogénea posible que permita controlar aspectos tanto de la unidad temporal como de los de corte transversal. Por ejemplo, con el objetivo de recoger a aquellos trabajadores cuyo ingreso representa de forma más precisa su productividad, sólo se incluyeron a los ocupados asalariados y a sueldo fijo; otras formas de percepción (por comisión, por ganancias, propinas, porcentaje, o destajo) pueden incorporar factores adicionales al esfuerzo del trabajo como ganancias de capital o efectos del ciclo económico. Por otro lado, dado que la mujer en el mercado laboral mexicano se encuentra condicionada de forma importante por variables individuales como el estado civil, el número de hijos menores de 12 años, y el tipo y duración de la jornada laboral (entre otros), que hubiese sido necesario incorporar, sólo se consideró a los hombres. Se excluyeron, asimismo, las personas mayores a 73 años de edad, ya que a partir de dicho umbral las características físicas del trabajador tienen un peso significativo sobre la actividad realizada y, por tanto, sobre la productividad[173]. Cabe señalar, finalmente, que sólo se tomaron en cuenta a los individuos que especificaron su nivel de escolaridad, con ingreso y experiencia potencial positivos, y con un número de horas de trabajo a la semana mayor a cero y menor a 80. La experiencia potencial se ha definido como la edad *menos* los años de escolaridad *menos* seis; es decir, el número de años que un trabajador tendría que haber estado en el mercado laboral si hubiese ingresado inmediatamente después de finalizar sus estudios y nunca hubiera dejado de trabajar.

En cuanto a los sectores de actividad económica, se han excluido la administración pública y defensa, los servicios de organismos internacionales, y los servicios de

[172] Cabe señalar, adicionalmente, que los periodos vacacionales en México no suelen concentrarse tan marcadamente durante los meses de julio y agosto de cada año, como suele suceder en otros países.

[173] Cabe señalar, adicionalmente, que esa edad coincide con la esperanza de vida al nacer y, asimismo, permite dar cierto margen a la edad de jubilación que establece la legislación en el país (65 años de edad o 33 años de servicio).

embajadas y consulados extranjeros en el territorio nacional. Esto se debe a que el sector público, como empleador, usualmente tiene criterios diferentes a los del sector privado para establecer el valor nominal de los salarios. De esta forma, se decidió dejar fuera a los burócratas de las distintas áreas de la administración pública para evitar posibles sesgos por variables omitidas. Después de aplicar los filtros señalados, se cuenta con un total de 41.990 observaciones para llevar a cabo las estimaciones del *cross-section* a escala de las áreas metropolitanas, tomando como base la ENEU.

En cuanto a los datos estatales de la ENIGH, esta encuesta se efectúa de forma bianual en los años pares y el diseño de la muestra se caracteriza por ser probabilístico, al seleccionar sólo un determinado número de unidades de muestreo (agrupaciones de viviendas o áreas geoestadísticas) de cada localidad por entidad federativa para recopilar la información, con la misma probabilidad de ser seleccionadas[174]. Al interior de cada entidad federativa el INEGI conforma zonas que agrupan a las localidades en cuatro categorías: "urbano alto", que son las áreas metropolitanas objeto de estudio de la ENEU, además del resto de ciudades de 100.000 y más habitantes y/o capitales de estado; "complemento urbano de alta densidad", que son las localidades de 15.000 a 99.999 habitantes; "complemento urbano de baja densidad", localidades de 2.500 a 14.999 habitantes; y, finalmente, "rural", localidades con menos de 2.500 habitantes. De esta forma, la ENIGH tiene representatividad tanto de zonas urbanas como rurales en cada entidad federativa. El año de referencia para la estimación del *cross-section* con los datos estatales microeconómicos de la ENIGH es 2000[175]. Los criterios de selección del tipo de trabajador, ingresos, edad y sectores productivos son similares a los utilizados en las

[174] Al igual que la ENEU, además de ser probabilístico, el diseño de la muestra de la ENIGH es también estratificado, polietápico y por conglomerados. Estratificado, porque las unidades de muestreo con características similares de tipo geográficas y socioeconómicas se agrupan para formar estratos; polietápico, porque la unidad última de selección (la vivienda) es seleccionada después de varias etapas; y por conglomerados, porque previamente se conforman conjuntos de unidades muestrales de los cuales se obtiene la muestra.

[175] El levantamiento de la ENIGH 2000 por parte del INEGI se ha realizado durante el tercer trimestre del año. En congruencia con el criterio utilizado para la selección del trimestre del año para las estimaciones con datos de la ENEU de la presente investigación, el INEGI argumenta que en esa época del año se observan menos variaciones en la percepción de los ingresos y en los gastos de las familias.

estimaciones efectuadas mediante la ENEU[176]. En el caso de la ENIGH, después de aplicar los filtros, se cuenta con un total de 7.030 observaciones individuales.

4.2 Resultados de las estimaciones de *cross-section*, enfoque minceriano

4.2.1 Mínimos cuadrados ordinarios

4.2.1.1 Dimensión *urbana* del efecto agregado del capital humano

Para contrastar la teoría y aplicar el modelo del capítulo anterior que se relaciona con el *cross-section* bajo el enfoque minceriano, se ha estimado la ecuación 4.4 a escala de las áreas metropolitanas tomando como variable dependiente el logaritmo de los ingresos individuales por hora. Como variables explicativas se han considerado los años de escolaridad y los años de experiencia potencial del individuo, tal y como ha sido habitual en economía laboral, así como variables *dummies* para controlar el tipo de ocupación del trabajador, el estado civil, la relación de parentesco dentro del hogar, y el sector de actividad en el que el individuo se desempeña. Como regresores de escala se han tomado los años de escolaridad promedio, la experiencia potencial promedio y el logaritmo del empleo total en las ciudades. Asimismo, con el objetivo de medir la importancia de efectos específicos de región no capturados por las variables explicativas, se han considerado *dummies* regionales a partir de la zona geográfica donde tales ciudades se ubican (ver mapa 2.1).

En el cuadro 4.2 se presentan los resultados de estimar la ecuación 4.4 por MCO. Cabe señalar que la interpretación de los efectos en las que se han utilizado variables cualitativas debe hacerse respecto al trabajador en ocupación no cualificada, soltero, cabeza de familia y empleado en el sector agropecuario. A su vez, la categoría regional omitida es la correspondiente a las ciudades del Sur y Península de Yucatán. La columna 1 muestra los resultados cuando únicamente se consideran las características individuales de los trabajadores. Como se observa, el signo y magnitud de los efectos individuales van de acuerdo con lo que las teorías económica y laboral predicen. La rentabilidad privada de la educación se ubica en alrededor de 7,0 por ciento, la cual se

[176] Una diferencia relativamente importante entre ambas encuestas radica en que la ENIGH provee una clasificación ligeramente distinta de los sectores de actividad respecto a la ENEU. Aun así, se trató de trabajar con actividades lo más parecidas posibles en ambas estimaciones.

encuentra dentro del intervalo de rentabilidades privadas obtenido en la mayoría de estudios similares al nivel internacional y para México[177].

En las columnas 2 a 7 del cuadro 4.2 se incluyen de forma combinatoria las distintas variables de ciudad, además de las características individuales. Como se aprecia, el efecto de las variables individuales sobre los ingresos no sufre alteraciones significativas ante la inclusión de las características fijas de ciudad. Las estimaciones por MCO dan lugar a una relación positiva y significativa entre la escolaridad promedio y los salarios individuales. El incremento de un año en la escolaridad promedio en las ciudades se asocia a un aumento estadísticamente significativo de entre 3,7 y 5,4 por ciento en los ingresos, con una media de 4,5 por ciento considerando la totalidad de modelos (columnas 3 a 7 del cuadro 4.2). De esta forma, el rendimiento de la educación promedio en las ciudades es ligeramente inferior al privado.

Aunque son ámbitos territoriales, bases de datos y periodos de estimación distintos, los resultados anteriores son comparables y cercanos a los obtenidos en los trabajos que suponen sustituibilidad perfecta para otros países. En particular, son comparables con el efecto de la educación promedio de entre 3 y 5 por ciento encontrado en el estudio pionero de Rauch (1993), y de entre 6 y 7,3 por ciento puesto de manifiesto por Acemoglu y Angrist (2000), aunque este último trabajo es realizado a escala de los estados y no de las ciudades de Estados Unidos. El resultado es también comparable con el efecto de la escolaridad promedio en las ciudades norteamericanas de alrededor de 8 por ciento puesto en evidencia por Ciccone y Peri (2002, 2006), cuando suponen sustitución perfecta.

En cuanto a la experiencia potencial promedio, como se aprecia, ésta muestra signo negativo y estadísticamente significativo con un valor que se ubica entre -7,7 y -3.0 por

[177] Al utilizar los datos microeconómicos de la Encuesta Nacional de Ingresos y Gastos del los Hogares (ENIGH) de 1996, Barceinas (2000) obtiene una rentabilidad de la educación por MCO para México entre 11 y 13 por ciento superior a la obtenida en el presente estudio. Esto se debe principalmente a que dicho autor únicamente incluye como variables explicativas dentro de la ecuación salarial la escolaridad del trabajador, su experiencia y experiencia al cuadrado; es decir, deja fuera las características individuales relacionadas con el estado civil, la condición (o parentesco) del individuo dentro del hogar, la ocupación y el sector de actividad. Al efectuarse una estimación similar, en la presente investigación se obtiene un rendimiento privado de la escolaridad muy cercano al del trabajo antes señalado. Cabe señalar que, adicionalmente, Barceinas (2000) toma como base de datos la ENIGH, cuyo ámbito es nacional (y, en su caso estatal, pero no metropolitano) para el año 1996, por lo que los resultados no son estrictamente comparables con los obtenidos en la presente investigación.

ciento. Este resultado coincide con lo obtenido empíricamente por Ciccone y Peri (2002, 2006), quienes justifican que ello puede deberse a la migración de trabajadores más jóvenes y cualificados hacia los lugares más productivos y de mayores niveles educativos, incrementando así el nivel educativo agregado y reduciendo la experiencia promedio de las ciudades destino. De esta forma, por como se define la experiencia promedio potencial (edad - años de escolaridad - seis), se presenta una relación negativa entre esta variable y el nivel de ingresos[178]. En lo que se refiere al efecto de escala, en la columna 7 se aprecia que la incidencia del empleo sobre el salario se ubica en 4,4 por ciento, consistente con la evidencia de economías de aglomeración soportada por la literatura empírica y puesta en evidencia en la primera parte de la presente investigación[179].

Un aspecto a destacar es el que se refiere al valor y significatividad de las *dummies* regionales. En concordancia con lo expuesto en el anexo de texto A.3.3, en la columna 2 del cuadro 4.2 se observa que, una vez controlando por las variables explicativas individuales, el salario de las ciudades fronterizas es alrededor 40 por ciento superior respecto a las ciudades del Sur y Península de Yucatán. Al comparar la columna 2 con la columna 5 del cuadro 4.2, la evidencia señala que al incluir la escolaridad promedio como regresor, los efectos fijos de las ciudades de las regiones Noroeste, Noreste y Capital presentan proporcionalmente las mayores reducciones. Al considerar adicionalmente la experiencia promedio (columna 6), las mayores contracciones se presentan, además de las ciudades de las regiones antes señaladas, en las ciudades de las regiones Centro norte y centro oeste, y del Centro. Esta evidencia sugiere que, al parecer, parte de las características omitidas particulares a dichas zonas o ciudades, y que inciden sobre el salario urbano, se relaciona con la concentración del capital humano.

---

[178] Además de lo anterior, la definición de la experiencia promedio mediante la experiencia potencial puede también dar lugar a resultados correlacionados con la calidad de la educación en el tiempo. Es decir, debido a que la calidad de la educación en México ha tenido avances en los últimos años, es posible que para un determinado año el rendimiento de la experiencia potencial de individuos con, por ejemplo, 50 años de edad sea muy inferior al de individuos con, por ejemplo 25 años de edad, aun cuando ambos colectivos tengan los mismo años de escolaridad. A diferencia de los individuos más jóvenes, una menor productividad de los individuos mayores puede estar determinada por la menor calidad de la educación recibida años atrás. En este caso la experiencia potencial y los salarios tenderán a correlacionarse negativamente.

[179] Particularmente con la evidencia sobre economías de urbanización. Se debe tomar en cuenta, sin embargo, que la estimación de las economías de aglomeración de la primera parte de la investigación, además de que se realizó con datos agregados y *por industria*, se refiere exclusivamente a las manufacturas, por lo que los resultados no son estrictamente comparables.

Por otro lado, al incluir el factor de escala (logaritmo del empleo) además de la escolaridad y experiencia promedios (columna 7 del cuadro 4.2), las ciudades con las mayores reducciones porcentuales en el valor de los efectos fijos regionales son las del Noreste, Centro y Capital, destacando especialmente la fuerte pérdida de significatividad de la *dummy* de la región Capital. Este resultado se asocia al efecto elevado que el nivel de empleo total tiene sobre la productividad en tales ciudades, particularmente en el área metropolitana de la Ciudad de México. Esto sugiere que, una vez capturando las ventajas de la aglomeración y la concentración del capital humano en la Ciudad de México, existen costes de congestión particulares a dicha área metropolitana que la hacen perder su efecto específico positivo, incluso respecto a las ciudades de la región omitida (Sur y Península de Yucatán). Asimismo, la menor reducción del efecto específico regional en las ciudades Fronterizas sugiere que la concentración del capital humano y del empleo en las mismas no tiene un impacto relevante sobre la productividad. Es posible que la fuerte presencia de las actividades de ensamblaje asociados a la industria maquiladora de exportación en esas ciudades (intensivas en mano de obra poco cualificada), al igual que la reducida importancia de las economías de localización en tales actividades puesta en evidencia en el capítulo III de la presente investigación, en buena medida representadas en esas ciudades, de lugar a una importante ausencia de efectos de derrame del conocimientos en las mismas.

4.2.1.2 Dimensión *estatal* del efecto agregado del capital humano

Como ya se comentó, para la estimación del *cross-section* a escala de las 32 entidades federativas se utilizaron los datos individuales provistos por la Encuesta Nacional de Ingreso-Gasto de los Hogares (ENIGH) en el año 2000. El nivel educativo y de experiencia promedios, así como de empleo total, que se han tomado como regresores a escala estatal, se han obtenido de la expansión de los datos microeconómicos provenientes de la propia ENIGH[180]. En el cuadro 4.3 se presentan los resultados por MCO considerando de forma combinatoria dichas variables estatales: escolaridad promedio, experiencia promedio, logaritmo del empleo y las *dummies* regionales. Como se aprecia, la rentabilidad privada de la educación en el ámbito estatal es de alrededor

[180] Cabe señalar que los resultados son muy similares cuando se utiliza la escolaridad promedio estatal de la población económicamente activa proveniente del XII Censo de Población y Vivienda, razón por la cual no se presentan dichos resultados.

de 7,5 por ciento, ligeramente superior a lo obtenido en el ámbito urbano. Por su parte, el efecto de la escolaridad promedio sobre el logaritmo del ingreso se ubica entre 5,7 y 10,0 por ciento; considerando la totalidad de estimaciones (columnas 3 a 7 del cuadro 4.3), se obtiene un valor promedio de casi 8,0 por ciento. Este efecto es un tanto superior al obtenido en el ámbito de las principales áreas metropolitanas del país (ver cuadro 4.2) y es muy similar a las elasticidades obtenidas por Acemoglu y Angrist (2000), Ciccone y Peri (2002, 2006) para los estados norteamericanos.

En cuanto a la experiencia promedio, en las columnas 4, 6 y 7 del cuadro 4.3 se aprecia que ésta es no significativa, con un efecto prácticamente igual a cero. Este resultado contrasta con lo obtenido en las estimaciones a escala de las ciudades, donde la experiencia agregada muestra un efecto negativo y estadísticamente significativo (cuadro 4.2). Debido a que el destino de los trabajadores migrantes es, en casi todos los casos, una ciudad o área metropolitana, es posible que al nivel de las áreas metropolitanas se capture mejor el efecto de las migraciones. Por ello, es previsible que la asociación negativa entre el salario y la experiencia potencial promedio sea mayor cuando el ámbito de actuación es el urbano respecto al estatal.

Con relación al efecto del empleo total en los estados, éste se ubica en 4,9 por ciento. Es decir, para los trabajadores de las entidades federativas, el nivel de empleo estatal incide positiva y significativamente sobre su productividad; como se aprecia en la columna 7 del cuadro 4.2, este efecto es similar respecto al observado a escala urbana. Con relación a las *dummies* de región, en la columna 5 del cuadro 4.3 se observa que, al introducir la escolaridad promedio, las mayores contracciones se presentan en los estados del Noreste, Noroeste, Centro y Capital. Nótese en la columna 6 del cuadro 4.3 que en el caso estatal la introducción de la experiencia potencial promedio no altera de forma significativa el valor de las *dummies* regionales, como sí sucede en el caso urbano (cuadro 4.2). Por su parte, cuando se incluye el logaritmo del empleo total, además de la escolaridad y experiencia promedios, los efectos fijos de la región Capital y, en menor medida, de los estados del Este, sufren las mayores reducciones (ver columna 7 del cuadro 4.3). La fuerte contracción de la *dummy* de la región Capital coincide con lo observado en el caso de la estimación a escala urbana (columna 7 del cuadro 4.2), confirmando la relevancia de la aglomeración y de la concentración del capital humano en dicha zona como fuente de externalidad.

Cuadro 4.2
Estimación del efecto de la escolaridad promedio sobre el logaritmo del salario en las *áreas metropolitanas* por MCO

Variable	Modelos													
	1		2		3		4		5		6		7	
	Coeficiente	t-est	Coeficiente	t-est	Coeficiente	t-est	Coeficiente	t-est	Coeficiente	t-est	Coeficiente	t-est	Coeficiente	t-est
Intercepto	1.064	43.834	0.910	37.572	0.610	12.489	1.949	27.299	0.439	8.083	1.155	12.378	0.630	6.238
Educación	0.071	83.803	0.073	88.394	0.070	82.265	0.072	84.196	0.072	87.505	0.073	87.914	0.073	88.326
Experiencia	0.023	29.738	0.023	30.904	0.023	29.501	0.024	30.768	0.023	30.835	0.023	31.213	0.023	30.871
Experiencia al cuadrado	0.000	-23.136	0.000	-23.480	0.000	-23.041	0.000	-23.742	0.000	-23.442	0.000	-23.684	0.000	-23.407
Semicualificado	0.056	8.461	0.033	5.208	0.055	8.343	0.053	8.035	0.033	5.111	0.033	5.166	0.031	4.799
Cualificado	0.388	49.573	0.362	47.940	0.388	49.726	0.383	49.356	0.362	47.968	0.361	47.891	0.358	47.460
Casado/Unión libre	0.082	9.087	0.088	10.089	0.082	9.152	0.084	9.419	0.088	10.193	0.089	10.286	0.089	10.337
Divorciado/Separado	0.061	3.002	0.044	2.234	0.060	2.976	0.064	3.176	0.043	2.208	0.044	2.257	0.046	2.376
Viudo	0.062	1.585	0.048	1.264	0.063	1.613	0.068	1.734	0.049	1.283	0.052	1.374	0.052	1.370
Hijo	-0.142	-14.579	-0.131	-13.922	-0.141	-14.514	-0.136	-14.158	-0.129	-13.721	-0.127	-13.559	-0.131	-13.981
Pariente	-0.107	-9.906	-0.107	-10.240	-0.107	-9.937	-0.102	-9.571	-0.106	-10.236	-0.105	-10.135	-0.108	-10.402
No parientes/Sirvientes	0.051	1.983	0.017	0.662	0.051	1.970	0.044	1.714	0.014	0.557	0.014	0.562	0.011	0.436
Minería y extracción de petróleo	0.208	4.711	0.201	4.726	0.207	4.688	0.206	4.710	0.204	4.784	0.205	4.830	0.223	5.252
Manufacturas	0.229	11.443	0.169	8.752	0.230	11.508	0.225	11.372	0.172	8.894	0.171	8.844	0.158	8.176
Construcción, gas y agua potable	0.178	8.558	0.171	8.528	0.177	8.546	0.186	9.044	0.172	8.585	0.172	8.602	0.169	8.450
Comercio, restaurantes y hoteles	0.022	1.088	0.010	0.522	0.021	1.031	0.018	0.921	0.010	0.530	0.006	0.325	0.001	0.050
Transportes y comunicaciones	0.171	7.677	0.142	6.621	0.172	7.751	0.176	8.016	0.145	6.778	0.145	6.771	0.144	6.720
Servicios técnicos y profesionales	0.015	0.654	0.007	0.335	0.014	0.617	0.019	0.866	0.009	0.403	0.008	0.350	0.001	0.060
Servicios financieros	0.412	14.857	0.404	15.102	0.412	14.869	0.406	14.794	0.405	15.151	0.401	15.010	0.392	14.724
Servicios de reparación	0.045	2.179	0.030	1.497	0.042	2.033	0.047	2.280	0.029	1.468	0.028	1.406	0.023	1.166
Educación promedio					0.052	10.684	0.040	8.328	0.054	9.661	0.037	6.335	0.038	6.524
Experiencia promedio							-0.077	-25.547			-0.034	-9.430	-0.030	-8.481
Log(empleototal)													0.044	13.439
Fronterizas			0.464	47.123					0.467	47.413	0.428	40.173	0.400	36.951
Noroeste			0.222	20.596					0.192	17.108	0.179	15.863	0.175	15.487
Noreste			0.228	24.185					0.198	19.935	0.199	20.015	0.149	14.153
Centro norte y centro oeste			0.127	13.158					0.125	12.985	0.090	8.712	0.087	8.403
Centro			0.119	13.439					0.123	13.946	0.092	9.817	0.075	7.940
Capital			0.192	14.515					0.151	10.838	0.149	10.746	-0.018	-0.982
Este			-0.039	-3.329					-0.053	-4.459	-0.039	-3.276	-0.042	-3.555
N	41,990		41,990		41,990		41,990		41,990		41,990		41,990	
R-cuadrada	0.411		0.453		0.413		0.422		0.454		0.455		0.457	
F-est	1542.56		1334.22		1475.09		1457.74		1291.01		1250.76		1219.03	

Fuente: elaboración propia

Cuadro 4.3
Estimación del efecto de la escolaridad promedio sobre el logaritmo del salario en las *entidades federativas* por MCO

Variable	Modelos													
	1		2		3		4		5		6		7	
	Coeficiente	t-est	Coeficiente	t-est	Coeficiente	t-est	Coeficiente	t-est	Coeficiente	t-est	Coeficiente	t-est	Coeficiente	t-est
Intercepto	1.909	35.989	1.639	29.865	1.217	16.834	1.217	6.467	1.271	14.697	1.312	6.516	0.552	1.638
Educación	0.076	23.961	0.076	24.473	0.074	23.719	0.074	23.657	0.075	24.359	0.075	24.343	0.076	24.413
Experiencia	0.034	14.663	0.034	15.134	0.034	14.921	0.034	14.905	0.034	15.189	0.034	15.186	0.034	15.177
Experiencia al cuadrado	0.000	-13.251	0.000	-13.673	0.000	-13.543	0.000	-13.540	0.000	-13.738	0.000	-13.739	0.000	-13.727
Semicualificado	0.144	5.249	0.127	4.747	0.129	4.743	0.129	4.742	0.122	4.569	0.122	4.565	0.122	4.563
Cualificado	0.497	15.373	0.493	15.627	0.477	14.954	0.477	14.947	0.486	15.430	0.486	15.422	0.484	15.372
Casado/Unión libre	0.160	4.825	0.144	4.435	0.155	4.730	0.155	4.730	0.144	4.456	0.144	4.454	0.146	4.516
Divorciado/Separado	0.199	3.284	0.179	3.026	0.180	3.018	0.180	3.017	0.175	2.961	0.174	2.955	0.173	2.941
Viudo	0.134	1.332	0.129	1.321	0.143	1.445	0.143	1.445	0.134	1.367	0.134	1.370	0.138	1.413
Hijo	-0.183	-5.276	-0.197	-5.848	-0.185	-5.409	-0.185	-5.408	-0.195	-5.795	-0.195	-5.791	-0.195	-5.792
Pariente	-0.148	-3.709	-0.151	-3.881	-0.157	-3.974	-0.157	-3.969	-0.155	-3.993	-0.155	-3.977	-0.157	-4.021
No parientes/Sirvientes	0.128	0.902	0.103	0.738	0.073	0.518	0.073	0.518	0.086	0.621	0.086	0.617	0.090	0.651
Minería, electricidad, agua y gas	0.678	10.622	0.653	10.438	0.658	10.441	0.658	10.440	0.643	10.298	0.643	10.298	0.652	10.436
Manufacturas	0.549	17.662	0.491	16.016	0.507	16.439	0.507	16.435	0.485	15.869	0.485	15.861	0.480	15.679
Construcción	0.406	13.366	0.371	12.481	0.383	12.775	0.383	12.770	0.371	12.503	0.370	12.487	0.369	12.438
Comercio	0.293	7.815	0.266	7.244	0.275	7.429	0.275	7.429	0.265	7.236	0.265	7.234	0.264	7.210
Transportes y comunicaciones	0.326	7.199	0.331	7.482	0.312	6.986	0.312	6.985	0.328	7.438	0.328	7.434	0.324	7.353
Servicios técnicos y profesionales	0.587	12.645	0.561	12.383	0.565	12.334	0.565	12.333	0.560	12.390	0.560	12.390	0.560	12.389
Servicios de apoyo a los negocios	0.195	2.596	0.182	2.483	0.163	2.197	0.163	2.197	0.179	2.443	0.179	2.446	0.175	2.395
Otros servicios	0.437	12.870	0.405	12.180	0.390	11.595	0.390	11.589	0.394	11.867	0.394	11.848	0.391	11.757
Educación promedio					0.100	13.872	0.100	11.201	0.059	5.503	0.057	4.704	0.074	5.463
Experiencia promedio							0.000	0.002			-0.001	-0.229	-0.002	-0.286
Log(empleototal)													0.049	2.817
Noroeste			0.559	15.549					0.450	11.001	0.451	10.950	0.426	10.110
Norte central			0.457	10.522					0.388	8.619	0.388	8.607	0.358	7.721
Noreste			0.486	12.306					0.363	8.006	0.362	7.977	0.300	5.927
Centro norte y centro oeste			0.407	13.711					0.359	11.617	0.360	11.527	0.345	10.921
Centro			0.252	7.264					0.196	5.422	0.197	5.416	0.181	4.944
Capital			0.396	10.311					0.211	4.140	0.213	4.119	0.078	1.107
Este			0.189	6.144					0.183	5.955	0.185	5.907	0.135	3.787
N	7030		7030		7030		7030		7030		7030		7030	
R-cuadrada	0.427		0.457		0.443		0.443		0.459		0.459		0.460	
F-est	275.48		226.69		278.48		265.18		220.33		212.43		205.58	

Fuente: elaboración propia

4.2.2 Tratamiento de la endogeneidad de la escolaridad promedio: variables instrumentales

Las estimaciones del efecto de la escolaridad agregada sobre los salarios individuales que se han presentado anteriormente han supuesto que el nivel de escolaridad promedio es exógeno. Como se ha puesto de manifiesto, sin embargo, cuando los niveles de escolaridad promedio en las ciudades se correlacionan con la tasa de cambio tecnológico o las amenidades (y por tanto con los salarios) se pueden obtener estimaciones sesgadas e inconsistentes. Para resolver el problema de la endogeneidad potencial de la escolaridad promedio es necesario recurrir al método de estimación por variables instrumentales. Este procedimiento actúa en dos etapas: en la primera, se estima una ecuación cuya variable dependiente es la variable endógena de la ecuación de ingresos; en la segunda, se utilizan los valores predichos de la variable endógena como regresor en la ecuación de ingresos. Para que este procedimiento se válido, se requiere que los instrumentos a elegir afecten directamente la escolaridad, y sólo a través de ésta, a los ingresos.

Los trabajos que han utilizado la metodología de variables instrumentales para estimar el efecto externo de la escolaridad en las ciudades se han concentrado en utilizar experimentos naturales específicos ocurridos en el pasado. En particular, por un lado, se han empleado las fuentes de variación de las estructuras institucionales en el lado de la oferta del sistema educativo, tales como la proporción de trabajadores en los servicios de educación, el porcentaje de empleados con educación universitaria y las ayudas o becas económicas a la educación; ello con un periodo de rezago lo suficientemente amplio como para asegurar la exogeneidad del evento con el nivel actual de ingresos. Es decir, al igual que en diversos trabajos en los que se instrumenta la escolaridad privada[181], se argumenta que atendiendo el lado de la oferta se estaría en condiciones de identificar información para estimar los parámetros del lado de la demanda[182].

Por otro lado, con una argumentación similar, se han utilizado los cohortes de edad afectados por las reglamentaciones implementadas en el pasado sobre edad mínima

[181] Para una revisión, ver por ejemplo Card (1999).

[182] Dentro de los trabajos antes revisados que utilizan este tipo de instrumentos se encuentra Conley, Flyer y Tsiang (1999) y Moretti (2004b).

obligatoria de escolaridad y de trabajo infantil, bajo el argumento de que estos grupos de población vieron incrementar su escolaridad como resultado de dicho evento. Cabe señalar, sin embargo, que dado que este tipo de información es muy difícil de disponer a nivel ciudad (o incluso estado), sólo un número muy reducido de trabajos han implementado esta clase de instrumentos[183]; han sido más frecuentes los estudios que han utilizado la estructura de edades en el pasado como instrumento para predecir los cambios en el nivel contemporáneo de educación promedio en las ciudades. Lo anterior se ha justificado por el hecho de que la población más joven es, habitualmente, la más susceptible a experimentar los mayores aumentos de la oferta y calidad educativas, principalmente como resultado de una creciente expansión de su cobertura. Finalmente, algunos otros trabajos han empleado la calidad de vida en las ciudades y la composición étnica de las mismas bajo el argumento de que estos elementos, en el pasado, han incidido en una mayor escolaridad promedio contemporánea en las ciudades[184].

Como ya se comentó, una de las principales desventajas de emplear la metodología de variables instrumentales para este tipo de estudios, radica en la poca disponibilidad de información *a nivel ciudad* que sirva como instrumento válido de la escolaridad promedio. En particular, en el caso de la presente investigación ha sido imposible disponer de datos sobre oferta educativa a nivel de las áreas metropolitanas (tales como el número de escuelas o profesores por alumno, la tasa de matriculación, el gasto o subsidios en educación y/o las reglamentaciones sobre escolaridad mínima). También ha sido complicado utilizar la estructura de edades en las ciudades proveniente de la propia ENEU, ya que la cobertura de dicha encuesta se ha ido incrementando a lo largo del tiempo, de tal forma que sólo se cuenta con datos

[183] Uno de los pocos es el trabajo de Acemoglu y Angrist (2000). Para el caso de México debe reconocerse que la reciente modificación a la ley respecto al nivel mínimo de estudios obligatorio se implementó en 1993 (en la que se incluía la secundaria), por lo que con los datos que se emplean en la presente investigación aún no es posible capturar su impacto en el nivel de escolaridad promedio. Posteriormente, en 2004 se ha hecho obligatorio el nivel preescolar que anteriormente no se tenía considerado.

[184] Ver Ciccone y Peri (1999).

rezagados para algunas de las 44 áreas metropolitanas utilizadas en las estimaciones del *cross-section* (1998)[185].

Por los motivos anteriores, una de las opciones para instrumentar el nivel educativo promedio a escala de las áreas metropolitanas ha sido utilizar datos censales rezagados de los municipios que conforman tales ciudades, para así obtener la estructura de edades en el pasado a dicha escala territorial. Al nivel de las entidades federativas se dispone de un mayor número de variables que puedan utilizarse como instrumento de la escolaridad promedio estatal por lo que, como se verá, en ese caso se cuenta con una mayor gama de opciones.

En otro orden de ideas, se debe señalar que autores como Acemoglu y Angrist (2000) sugieren tomar en cuenta la endogeneidad relacionada con la escolaridad individual, ante su posible influencia con el efecto externo del capital humano en las ciudades. Por ello, además de instrumentar la escolaridad promedio, sugieren ajustar el valor del rendimiento privado una vez resuelto el problema de la endogeneidad individual. A partir de dichas observaciones, en la presente investigación se planteó imponer la restricción de que el rendimiento privado de la educación sea igual al valor obtenido en otras investigaciones en la que dicha endogeneidad ha sido tomada en cuenta[186]. Sin embargo, como anota Card (1999), debido a que existe la posibilidad de que los resultados obtenidos mediante variables instrumentales estén captando rendimientos específicos de determinados grupos de población, en particular los afectados por los instrumentos utilizados, el proceder de esta forma no se asegura se controle efectivamente el sesgo del rendimiento de la educación individual asociado a MCO. Esto se debe a que la existencia de rendimientos heterogéneos en la población conlleva a la posibilidad de explicar los cambios de los rendimientos relacionados a

[185] En particular, como se aprecia en el cuadro 4.1, de las 44 áreas metropolitanas utilizadas para la estimación del *cross-section* de 1998 se dispone únicamente de 16 en 1988 (es decir, considerando un rezago de 10 años) o de 34 en 1992 (con un rezago de siete años).

[186] Por ejemplo, Barceinas (2000) estima el rendimiento privado de la escolaridad en México usando diversas metodologías y empleando distintos instrumentos para resolver el problema. Los resultados apuntan a que la rentabilidad de la escolaridad privada una vez instrumentando es superior a la obtenida por MCO, en un rango que va de 25 a 100 por ciento, dependiendo del instrumento utilizado. Algunos instrumentos son "*splines*" de edades; el producto interior bruto y el presupuesto en educación (ambos per cápita); variables instrumentales de orden de rango (VIOR); así como el control por el *background* familiar.

cada instrumento[187]. De esta forma, las estimaciones del efecto externo del capital humano practicadas en la presente investigación no consideran ningún control de la rentabilidad privada de la escolaridad, ya que es subjetivo asignar un determinado valor a dicho rendimiento el cual, como ya se ha dicho, muy posiblemente depende del instrumento utilizado ante un posible "efecto tratamiento"[188].

4.2.2.1 Dimensión *urbana* del efecto agregado del capital humano

Para instrumentar la escolaridad promedio de las ciudades se ha empleado la estructura de edades de la población económicamente activa en 1980 a partir de los datos censales de los municipios que conforman las áreas metropolitanas de la ENEU. No se ha utilizado la población ocupada debido a que el X Censo de Población y Vivienda de 1980 no provee de dicha variable por grupos de edad a nivel municipal. Antes de presentar los resultados, conviene analizar la calidad y validez del instrumento, lo que se hace por medio del *test* de Bound. Debido a los problemas potenciales de inconsistencia derivados de la correlación débil entre los instrumentos y la variable endógena explicativa, Bound *et al* (1995) hace ver la necesidad de resolver la inferencia espuria asociado al método de VI y asegurar que los instrumentos en la regresión de la primera etapa muestren significatividad estadística. Así, el *test* de Bound se basa en reportar el estadístico F de la significatividad conjunta de los instrumentos incluidos en la primera etapa.

En el cuadro A.4.1 del anexo se muestran los resultados del *test* de Bound para la estructura de edades de la población económicamente activa en las áreas metropolitanas en 1980. Las estimaciones consisten en regresionar el instrumento en contra de la escolaridad promedio en las ciudades. Nótese que se ha considerado la totalidad de variables explicativas de la segunda etapa, además de la estructura de edades de la población económicamente activa, debido a que en realidad el método de VI incluye como instrumentos al conjunto de tales variables para predecir la variable endógena de interés. En general, el *test* se ha probado con y sin *dummies* regionales, con objeto único de examinar el cambio o sensibilidad de la significatividad de los

[187] Barceinas (2000) reconoce que los distintos valores obtenidos en su investigación bajo el enfoque de variables instrumentales pueden ser resultado de este "efecto tratamiento".
[188] Aun cuando esto es también válido para los instrumentos de la escolaridad agregada, se ha procedido a instrumentar dicha variable con el único objetivo de comparar los resultados respecto a los obtenidos por MCO y encontrar posibles explicaciones a los mismos.

instrumentos ante la inclusión o exclusión de dichas variables. Como se aprecia, la estructura de edades de las ciudades en 1980 cumple satisfactoriamente con el *test* de Bound, en la medida en que el estadístico *F*, que da cuenta de la significatividad conjunta de la regresión, supera en todo momento la *F* crítica de tablas[189]. En otras palabras, desde el punto de vista estadístico, el instrumento es válido. Cabe señalar que además de la significatividad conjunta de los instrumentos, cada variable en lo individual es significativa, a decir de los estadísticos *t*, presentando el signo esperado; por ejemplo, los cohortes de población más joven muestran signo positivo, en contraste con los cohortes de las personas de mayor edad. Se debe mencionar que para la estimación de la ecuación 4.4 se han seleccionado aquellos cohortes de edad que presentaron los estadísticos *t* más elevados en el *test* de Bound. Para la estimación de la ecuación 4.4 se han seleccionado aquellos cohortes de edad que presentan los estadísticos *t* más elevados.

En el cuadro 4.4 se muestran los resultados de estimar la ecuación 4.4 al utilizar la estructura de edades de la población económicamente activa en las áreas metropolitanas en 1980 como instrumento de la educación promedio[190]. Como se aprecia, el efecto agregado de la escolaridad se ubica entre 0,8 y 7,9 por ciento, siendo el primer valor estadísticamente no significativo. Al compararse con las estimaciones por MCO (entre 3,7 y 5,4 por ciento; ver cuadro 4.2), las obtenidas por VI que son estadísticamente significativos dan lugar a valores que se ubican en un rango más amplio (entre 2,6 y 7,9 por ciento; ver cuadro 4.4), aunque con una media un tanto superior. A este nivel es difícil distinguir si los resultados por MCO reflejan, en sentido estricto, la existencia de algún sesgo ante la presencia de heterogeneidad transitoria no observable (corregida por el instrumento), o si más bien están influidos por una posible correlación entre la migración selectiva y el instrumento. Asimismo, es posible que existan rendimientos heterogéneos en los grupos de población afectados por el instrumento, dando lugar a un "efecto tratamiento". Así también, los resultados pueden estar sesgados ante un efecto estándar de oferta (positivo o negativo), influido por el instrumento utilizado, considerando que el enfoque miceriano supone sustitución perfecta entre trabajadores cualificados y no cualificados. Finalmente, puede darse el

[189] La *F* crítica con los respectivos grados de libertad se ubica en 1,5.

[190] Para facilitar la presentación, sólo se presentan los resultados obtenidos por VI de los modelos que consideran las *dummies* regionales como control. El rango en el que se ubican los valores obtenidos no varía significativamente si se incluyen los modelos que no consideran tales controles.

caso de que las estimaciones estén afectadas por la presencia de una heterogeneidad permanente no observable de ciudad y que sea difícil controlar en una estimación de corte transversal, aun con el uso de variables instrumentales. Es por ello que es deseable considerar una estimación en diferencias que controle dichos efectos fijos, tal y como considera la estimación de panel de datos más adelante.

Es importante señalar que en la presente investigación se buscó separar o aislar a los migrantes de la muestra, por su posible correlación con la escolaridad promedio y con los instrumentos utilizados[191]. Sin embargo, la definición que hace la ENEU de los "migrantes" se basa en aquellos individuos que tienen viviendo en el área metropolitana (proviniendo de otra) un periodo muy corto, sólo menor a tres meses, lo que se considera muy reducido para los propósitos de la presente investigación[192]. Además, se debe señalar que después de hacer los filtros, no se tienen observaciones del tipo de trabajadores antes señalados para todas y cada una de las áreas metropolitanas, lo que ha hecho imposible efectuar regresiones a nivel ciudad para indagar sobre la correlación entre la migración, y la escolaridad promedio y los instrumentos.

En cuanto a la experiencia potencial promedio y al logaritmo del empleo total se refiere, como se observa en el cuadro 4.4, estos efectos no sufren cambios significativos por el uso de VI respecto a las estimaciones por MCO. Por su parte, la inclusión del nivel de empleo total confirma la importancia de la aglomeración en el área metropolitana de la Ciudad de México, a decir de la reducción del valor y significatividad de esa *dummy* regional.

---

[191] En este aspecto merece la pena señalar el trabajo de Ciccone y Peri (2002), quienes con el fin de examinar el grado en que sus estimaciones están afectadas por la migración selectiva, en un primer momento estiman, para distintos grupos de escolaridad, el diferencial salarial entre trabajadores migrantes (*movers*) y no migrantes (*stayers*) condicionado a las características observables de los trabajadores. Posteriormente regresionan el coeficiente estimado asociado a dicho diferencial con el cambio en la escolaridad promedio y con los instrumentos. Comprueban que, en general, las características no observables que pudiesen trasladarse a mayores salarios no están correlacionadas con el aumento de la escolaridad promedio ni con el aumento de la escolaridad promedio predicha por los instrumentos. Cabe señalar que la base de datos con la que cuentan les permite identificar a dichos migrantes; en particular, a aquellos trabajadores en las ciudades que no residían en la ciudad cinco años antes de haber declarado su nivel de ingreso.

[192] En particular en la ENEU se define, en primer lugar, a los "residentes nuevos inmigrantes", a quienes después de esos tres meses los cataloga como "residentes habituales"; en segundo, a los "ausentes temporales emigrantes", que son aquellos que salen fuera de su área metropolitana de residencia por un tiempo menor a tres meses o, bien, cuando no tienen un lugar de residencia fijo particular (por ejemplo, viven en el lugar de trabajo, campamento, hotel, etcétera), aún cuando el lapso sea mayor a tres meses; y, en tercero, a los "ausentes definitivos emigrantes", que son los que salen a otra área metropolitana por más de tres meses o en un periodo menor pero con residencia fija en dicha ciudad.

4.2.2.2 Dimensión *estatal* del efecto agregado del capital humano

Los instrumentos utilizados en las estimaciones estatales son los siguientes:

1. La estructura de edades de los asalariados en los estados en 1984, a partir de los datos microeconómicos expandidos de la propia la ENIGH de ese año.
2. El producto interior bruto (PIB) per cápita estatal en 1980. La fuente encargada de generar y publicar el PIB a escala estatal es el INEGI. El argumento para el uso del producto interior bruto por habitante como instrumento se centra en que, en teoría, el entorno económico regional puede condicionar las decisiones de inversión en educación por parte de los individuos. Barceinas (2000), por ejemplo, explica que si las condiciones económicas son desfavorables, un individuo (o en todo caso sus padres) puede tomar la decisión de limitar su estancia en el centro escolar, dado que seguramente se vea forzado a incorporarse al mercado de trabajo para obtener ingresos y protegerse de la situación económica adversa. Asimismo, argumenta que habitualmente en épocas de desaceleración o crisis económica el sector público tiende a recortar el gasto en general, entre éste el educativo, lo que puede incidir en la decisión de un individuo para dejar de estudiar, como resultado de una contracción de la infraestructura o en los subsidios y/o becas para estudiar.

   Sin embargo, como el autor explica, el efecto de una situación económica adversa puede también tener un efecto contrario; es decir, puede reducir el atractivo de los trabajos, induciendo a los individuos a preferir permanecer estudiando en espera de mejores tiempos. Sin embargo, como argumenta, este efecto es poco probable que ocurra en países en vías de desarrollo como México y que, por tanto, domine más bien el señalado anteriormente; es decir, que el entorno económico desfavorable se traduzca en una mayor proporción de estudiantes con restricciones de liquidez como consecuencia de un ingreso familiar en descenso, obligándolos a dejar de estudiar. Dado que en México han persistido importantes disparidades económicas en el plano regional, se ha considerado apropiado incluir al producto interior per cápita estatal de 1980 como instrumento de la escolaridad promedio de las entidades federativas.

3. La oferta educativa en los estados medida como el número de maestros por cada mil alumnos en el Sistema Escolarizado Total (es decir, desde primaria hasta universidad y posgrado) correspondiente al ciclo escolar 1986-1987; esta información proviene de la Secretaría de Educación Pública (SEP).

Se debe señalar que además de los instrumentos listados anteriormente, se probaron otros que reflejasen la situación sobre la oferta e infraestructura educativa en los estados, resultando sin embargo no válidos[193]. En los cuadros A.4.2 a A.4.4 del anexo se presentan los resultados de aplicar el *test* de Bound para cada uno de los instrumentos listados en los puntos 1 a 3 anteriores. Como se aprecia, todos presentan significatividad conjunta (estadístico *F*), así como en lo individual (estadísticos *t*) con el signo esperado; en particular, los cohortes más jóvenes de asalariados en los estados en 1984 explican positiva y significativamente la escolaridad promedio en 2000, en contraste con los cohortes de mayor edad; por su parte, el producto interior bruto por habitante y el número de maestros por alumno en los estados en años anteriores explican positivamente el nivel educativo contemporáneo[194].

En el cuadro 4.5 se presentan los resultados de estimar la ecuación 4.4 considerando los instrumentos antes señalados. En general, los resultados apuntan hacia un incremento del efecto de la educación promedio respecto a MCO: mientras que por VI el efecto de la escolaridad promedio sobre el logaritmo del ingreso en los estados se ubica entre 8,4 y 26,5 por ciento (con un valor promedio de 13.9 por ciento, ver cuadro 4.5), por MCO el efecto se ubica entre 5.7 y 10.0 por ciento (con un valor promedio cercano a 8,0 por ciento; ver cuadro 4.3). Al igual que en el caso urbano, no es posible determinar categóricamente si los resultados por VI implican que las estimaciones por MCO estén sesgados por la presencia de heterogeneidad no observable en los estados. Por un lado, esto se debe a la posible correlación entre la migración selectiva y cada uno de los instrumentos; es decir, es probable que la estructura de edades y/o el PIB per cápita en los estados estén correlacionados con los procesos migratorios. Asimismo, es posible que el resultado por VI refleje el rendimiento de determinados

[193] En particular, se probó la razón escuelas por cada mil alumnos, la tasa de matriculación en el Sistema Educativo Estatal y el gasto federal por alumno, todas éstas en periodos rezagados; sin embargo, no superaron el *test* de Bound.

[194] La asociación positiva entre el PIB y la escolaridad comprueba que el entorno económico desfavorable en México se refleja en una menor atención educativa como respuesta a las restricciones de liquidez de las familias, y viceversa.

grupos de población afectados por el instrumento, o bien que se encuentre sesgado por un posible efecto estándar de oferta, en buena forma determinado por el instrumento utilizado. Finalmente, es posible que influya la presencia de una heterogeneidad permanente no observable, no controlada por los instrumentos.

Con relación al efecto del empleo total en los estados, en el cuadro 4.5 se aprecia que éste tiende a incrementarse al instrumentar la escolaridad promedio. El efecto del empleo sobre el ingreso de los trabajadores en los estados pasa de 4,9 por ciento por MCO (cuadro 4.3), a un valor de entre 9,7 y 15,5 por ciento al aplicar VI. Por su parte, la experiencia potencial promedio en los estados preserva su reducida importancia sobre los salarios de los trabajadores, ya que únicamente en dos (6A y 7A) de seis modelos en los que se ha considerado, la variable muestra un signo estadísticamente significativo y de efecto, incluso, positivo.

Finalmente, el cambio en el valor de las *dummies* regionales cuando se instrumenta la escolaridad promedio es, en general, similar al cambio observado bajo MCO; es decir, al introducir la escolaridad promedio como regresor las mayores reducciones se presentan en las regiones Noroeste, Noreste Centro y Capital. Al adicionar el logaritmo del empleo total (columnas 6 y 7), las mayores reducciones se presentan en las regiones señaladas anteriormente, con especial relevancia para la región Capital, además de las entidades federativas de la región Este.

Cuadro 4.4

Estimación del efecto de la escolaridad promedio sobre el logaritmo del salario *en las áreas metropolitanas* por VI

Instrumento de la escolaridad promedio: **estructura de edades de la PEA en las áreas metropolitanas en 1980 (censo)**

	5A		6A		7A	
	Coeficiente	t-est	Coeficiente	t-est	Coeficiente	t-est
Intercepto	0.225	2.298	1.288	9.884	0.990	7.346
Educación	0.072	86.457	0.073	87.534	0.073	88.220
Experiencia	0.023	30.778	0.023	31.241	0.023	30.963
Experiencia al cuadrado	0.000	-23.406	0.000	-23.705	0.000	-23.467
Semicualificado	0.032	5.062	0.033	5.187	0.031	4.859
Cualificado	0.362	47.945	0.361	47.886	0.357	47.440
Casado/Unión libre	0.089	10.232	0.089	10.273	0.089	10.299
Divorciado/Separado	0.043	2.195	0.044	2.265	0.047	2.397
Viudo	0.049	1.290	0.052	1.376	0.052	1.375
Hijo	-0.128	-13.612	-0.128	-13.585	-0.132	-14.051
Pariente	-0.106	-10.227	-0.105	-10.131	-0.108	-10.387
No parientes/Sirvientes	0.013	0.509	0.014	0.582	0.012	0.491
Minería y extracción de petróleo	0.205	4.806	0.205	4.822	0.222	5.228
Manufacturas	0.173	8.950	0.170	8.813	0.156	8.098
Construcción, gas y agua potable	0.172	8.605	0.172	8.593	0.168	8.425
Comercio, restaurantes y hoteles	0.010	0.534	0.006	0.311	0.000	0.013
Transportes y comunicaciones	0.147	6.842	0.144	6.740	0.142	6.638
Servicios técnicos y profesionales	0.009	0.433	0.007	0.334	0.000	0.018
Servicios financieros	0.405	15.161	0.400	14.993	0.391	14.678
Servicios de reparación	0.029	1.453	0.028	1.408	0.023	1.172
Educación promedio	0.079	7.200	0.026	2.680	0.008	0.840
Experiencia promedio			-0.036	-9.300	-0.036	-9.365
Log(empleototal)					0.044	13.365
Fronterizas	0.468	47.472	0.425	39.242	0.393	35.710
Noroeste	0.178	14.385	0.184	15.622	0.188	15.993
Noreste	0.184	16.400	0.204	19.150	0.165	14.673
Centro norte y centro oeste	0.124	12.891	0.088	8.469	0.082	7.866
Centro	0.125	14.119	0.090	9.338	0.068	7.036
Capital	0.132	8.417	0.157	10.563	0.003	0.172
Este	-0.059	-4.885	-0.035	-2.932	-0.033	-2.729
N	41,990		41,990		41,990	
R-cuadrada	0.454		0.455		0.457	
F-est	1288.96		1249.48		1216.81	

Fuente: elaboración propia

Cuadro 4.5

Estimación del efecto de la escolaridad promedio sobre el logaritmo del salario *en los estados* por VI

Instrumentos de la escolaridad promedio: **estructura de edades de los asalariados en los estados en 1984 (ENIGH); PIB per cápita estatal en 1980 (INEGI); y maestros por alumno en los estados en el ciclo escolar 1986-1987 (SEP)**

Variable	Estructura de edades de los asalariados en los estados en 1984						PIB per cápita estatal en 1980						Maestros por alumno en el ciclo escolar 1986-1987					
	5A		6A		7A		5B		6B		7B		5B		6B		7B	
	Coef.	t-est	Coef.	t-est	Coef.	t-est	Coef.	t-est	Coef.	t-est	Coef.	t-est	Coef.	t-est	Coef.	t-est	Coef.	t-est
Intercepto	0.826	5.794	0.068	0.173	-2.976	-2.858	1.043	7.720	0.716	2.106	-1.046	-1.523	1.111	7.114	0.973	2.962	-1.195	-1.580
Educación	0.075	24.067	0.074	23.696	0.074	23.447	0.075	24.219	0.075	24.036	0.075	24.068	0.075	24.245	0.075	24.146	0.075	24.016
Experiencia	0.034	15.168	0.034	14.981	0.034	14.728	0.034	15.190	0.034	15.105	0.034	15.026	0.034	15.192	0.034	15.143	0.034	15.006
Experiencia al cuadrado	0.000	-13.737	0.000	-13.649	0.000	-13.466	0.000	-13.748	0.000	-13.713	0.000	-13.656	0.000	-13.747	0.000	-13.728	0.000	-13.645
Semicualificado	0.116	4.324	0.117	4.341	0.114	4.185	0.119	4.444	0.120	4.461	0.119	4.406	0.120	4.477	0.121	4.506	0.118	4.390
Cualificado	0.478	15.086	0.479	15.101	0.470	14.610	0.482	15.254	0.482	15.282	0.478	15.084	0.483	15.284	0.484	15.341	0.477	15.045
Casado/Unión libre	0.144	4.457	0.145	4.480	0.153	4.651	0.144	4.460	0.145	4.472	0.149	4.594	0.144	4.460	0.144	4.466	0.149	4.600
Divorciado/Separado	0.169	2.865	0.173	2.927	0.170	2.845	0.172	2.914	0.174	2.945	0.172	2.907	0.173	2.928	0.174	2.951	0.172	2.903
Viudo	0.139	1.415	0.135	1.370	0.148	1.494	0.136	1.393	0.134	1.372	0.143	1.455	0.136	1.386	0.134	1.372	0.143	1.459
Hijo	-0.193	-5.698	-0.194	-5.730	-0.193	-5.658	-0.194	-5.750	-0.195	-5.769	-0.194	-5.751	-0.194	-5.763	-0.195	-5.780	-0.194	-5.745
Pariente	-0.160	-4.103	-0.168	-4.277	-0.180	-4.499	-0.158	-4.052	-0.161	-4.123	-0.167	-4.260	-0.157	-4.034	-0.158	-4.058	-0.168	-4.277
No parientes/Sirvientes	0.066	0.476	0.073	0.524	0.082	0.581	0.076	0.547	0.080	0.573	0.086	0.621	0.079	0.569	0.082	0.592	0.086	0.618
Minería, electricidad, agua y gas	0.631	10.065	0.629	10.003	0.651	10.274	0.637	10.183	0.636	10.166	0.652	10.398	0.639	10.210	0.639	10.222	0.652	10.392
Manufacturas	0.479	15.589	0.480	15.602	0.462	14.665	0.482	15.730	0.483	15.754	0.472	15.282	0.483	15.758	0.484	15.802	0.471	15.226
Construcción	0.370	12.459	0.374	12.549	0.371	12.345	0.370	12.490	0.372	12.531	0.370	12.439	0.370	12.496	0.371	12.514	0.370	12.435
Comercio	0.264	7.185	0.265	7.193	0.261	7.045	0.264	7.216	0.265	7.223	0.263	7.160	0.264	7.223	0.265	7.230	0.263	7.153
Transportes y comunicaciones	0.325	7.342	0.327	7.375	0.315	7.031	0.327	7.394	0.328	7.415	0.320	7.232	0.327	7.408	0.328	7.425	0.320	7.218
Servicios técnicos y profesionales	0.559	12.327	0.558	12.282	0.556	12.134	0.559	12.367	0.559	12.354	0.558	12.316	0.560	12.376	0.560	12.372	0.558	12.305
Servicios de apoyo a los negocios	0.175	2.381	0.170	2.309	0.153	2.058	0.177	2.413	0.175	2.383	0.165	2.249	0.178	2.422	0.177	2.410	0.165	2.235
Otros servicios	0.381	11.392	0.385	11.492	0.371	10.857	0.387	11.614	0.389	11.686	0.382	11.394	0.389	11.651	0.391	11.752	0.381	11.347
Educación promedio	0.129	6.176	0.161	5.278	0.265	4.815	0.095	4.823	0.107	4.144	0.160	4.565	0.084	3.610	0.085	3.450	0.168	4.310
Experiencia promedio			0.023	2.594	0.034	2.927			0.010	1.292	0.015	1.709			0.005	0.676	0.016	1.765
Log(empleototal)					0.155	4.501					0.097	3.872					0.101	3.785
Noroeste	0.319	6.033	0.285	4.660	0.121	1.276	0.383	7.494	0.371	6.733	0.288	4.315	0.403	7.188	0.406	7.529	0.275	3.815
Norte central	0.306	6.136	0.301	5.916	0.162	2.244	0.346	7.058	0.346	7.075	0.269	4.708	0.359	7.015	0.364	7.503	0.261	4.360
Noreste	0.214	3.619	0.207	3.349	-0.070	-0.605	0.287	5.019	0.288	5.068	0.132	1.643	0.309	4.924	0.320	5.739	0.117	1.341
Centro norte y centro oeste	0.301	8.755	0.276	7.149	0.188	3.472	0.329	9.745	0.320	8.819	0.274	6.623	0.338	9.580	0.337	9.423	0.268	6.118
Centro	0.128	3.184	0.105	2.389	0.011	0.183	0.161	4.079	0.153	3.679	0.104	2.227	0.171	4.156	0.172	4.186	0.097	1.971
Capital	-0.012	-0.160	-0.072	-0.780	-0.644	-3.015	0.097	1.326	0.076	0.936	-0.249	-1.763	0.131	1.579	0.135	1.715	-0.280	-1.798
Este	0.176	5.688	0.155	4.769	-0.017	-0.298	0.180	5.819	0.170	5.325	0.067	1.506	0.181	5.853	0.176	5.535	0.060	1.300
N	7030		7030		7030		7030		7030		7030		7030		7030		7030	
R-cuadrada	0.456		0.454		0.445		0.458		0.458		0.457		0.459		0.459		0.456	
F-est	219.25		210.48		199.67		219.71		211.76		204.08		219.51		211.91		203.77	

Notas. ENIGH: Encuesta Nacional de Ingresos y Gastos de los Hogares; INEGI: Instituto Nacional de Estadística, Geografía e Informática; SEP: Secretaría de Educación Pública.
Fuente: elaboración propia

4.2.3 Resumen de resultados de las estimaciones de *cross-section*

Los principales resultados de las estimaciones de *cross-section* utilizadas para cuantificar la importancia de la escolaridad promedio en la productividad bajo el enfoque minceriano (o, lo que es lo mismo, las "externalidades" del capital humano bajo el supuesto de sustituibilidad perfecta entre trabajadores con distinta cualificación), apuntan que el efecto de la escolaridad agregada sobre el logaritmo de los salarios de los trabajadores en las ciudades es importante. El efecto por MCO es estadísticamente significativo y se ubica entre 3,7 y 5,4 por ciento, con una media de 4,5 por ciento considerando la totalidad de estimaciones practicadas. Estos valores se encuentran dentro del rango obtenido en los trabajos a escala internacional que suponen sustitución perfecta entre trabajadores cualificados y no cualificados. Los resultados ponen en evidencia también que el efecto de la educación agregada tiene, asimismo, una dimensión estatal relevante. En particular, el efecto de la escolaridad promedio sobre los salarios en las entidades federativas es significativa y se ubica entre 5,7 y 10,0 por ciento, con una media de 8,0 por ciento. Es decir, estos efectos son un tanto superiores a los obtenidos en el ámbito de las áreas metropolitanas[195].

El uso de la metodología de variables instrumentales implementada con el objetivo de controlar la posible endogeneidad entre la escolaridad promedio y los salarios ha corroborado los resultados anteriores; es decir, la relevancia del efecto de la escolaridad agregada *metropolitana* y *estatal* sobre los ingresos de los trabajadores en cada uno de esos ámbitos geográficos. En general, los efectos al instrumentar tienden a elevarse respecto a los obtenidos por MCO en el caso de las ciudades, y a ampliar su rango en el caso de los estados. Como se ha explicado, las diferencias entre las estimaciones por MCO y VI pueden deberse a distintos factores: por un lado, es posible que los resultados por VI estén influidos por una posible correlación entre los instrumentos y la migración selectiva, lo que no asegura que el efecto estimado presente algún sesgo; desafortunadamente, con los datos con los que se cuenta no es posible examinar la influencia de los migrantes en los resultados. Asimismo, los

[195] Dado que en el ámbito estatal considera las zonas rurales y urbanas, el nivel educativo de las entidades federativas es inferior que el de las áreas metropolitanas; en particular, mientras la escolaridad promedio en los estados es de 9,39 años (ENIGH, 2000), en las áreas metropolitanas es de 7,48 años (ENEU, 1998). Bajo el supuesto de rendimientos decrecientes en el plano geográfico, es posible que este menor nivel educativo promedio en los estados se asocie a una mayor rentabilidad de la educación agregada.

resultados pueden reflejar el rendimiento de determinados grupos de población afectados por los instrumentos, ante un "efecto tratamiento"; así también, los resultados pueden estar influidos por un posible efecto estándar de oferta no controlado por el enfoque miceriano, cuya magnitud puede depender del instrumento utilizado. Finalmente, es posible que las estimaciones estén afectadas por la presencia de una heterogeneidad permanente no observable de ciudad y que sea difícil controlar en una estimación de corte transversal, aun con el uso de variables instrumentales. Es por ello que es deseable considerar una estimación en diferencias que controle dichos efectos fijos; en la siguiente sección se efectúa un ejercicio que permite avanzar en esta dirección.

Respecto a la experiencia promedio, en general la variable muestra un signo negativo significativo cuando la estimación se efectúa a escala de las áreas metropolitanas, pero no significativo cuando el ámbito es el estatal. Este resultado puede explicarse por el hecho de que a nivel urbano el efecto de las migraciones se captura mejor; es decir, dado que por lo general el destino de los trabajadores migrantes entre estados y regiones es una ciudad o área metropolitana, es previsible que estos desplazamientos tengan mayor efecto en estas últimas, respecto al ámbito estatal. Con relación al nivel de empleo total, los resultados muestran que el efecto es relevante tanto a escala urbana como estatal, lo que corrobora la importancia de la aglomeración como fuente de externalidad. En general, la magnitud del efecto es similar en ambos casos: alrededor de 4,5 por ciento[196].

Por último, los resultados asociados con las *dummies* regionales en general sugieren que la concentración del capital humano tiene mayor incidencia sobre la productividad de los trabajadores de las ciudades y entidades federativas de las regiones Noroeste, Noreste y Capital. Los efectos de la aglomeración, por su parte, al parecer son muchos más importantes en las ciudades y estados de la región Capital. De hecho, la evidencia indica que al controlar por la escolaridad y experiencia promedios, así como por el logaritmo del empleo total, el área metropolitana de la Ciudad de México deja de presentar un efecto fijo positivo y significativo. Esto sugiere que, una vez capturando

[196] Aunque cuando se instrumenta la escolaridad promedio de los estados el efecto se eleva a un rango de entre 9,7 y 15.5 por ciento.

las ventajas de la aglomeración y la concentración del capital humano en dicha metrópoli, existen costes de congestión que la hacen incluso menos productiva que ciudades y estados de la región Sur y Península de Yucatán. Si bien mucho menos productivos, estas últimas ciudades y estados enfrentan también menores costes de congestión.

4.3 Resultados del panel de datos

4.3.1 Enfoque minceriano

Como parte de las estimaciones de datos panel, y como paso previo a la estimación de las externalidades del capital humano bajo el enfoque de *CCFT*, se emplea el enfoque minceriano pero a nivel agregado. El objetivo es contrastar los resultados obtenidos por medio de la estimación con datos individuales en un punto en el tiempo (*cross-section*) con los que se derivan de una estimación agregada en diferencias a nivel ciudad. Como ya se ha dicho, la estimación en diferencias en principio elimina los efectos específicos permanentes de ciudad como resultado de una posible endogeneidad entre la escolaridad promedio y los salarios. Como también ya se ha comentado, y como se explicará con detalle en la siguiente sección, debido a que el enfoque de *CCFT* requiere un número relativamente elevado de datos individuales por ciudad, dicho enfoque se ha puesto en práctica únicamente con los datos de la ENEU, es decir, a escala de las áreas metropolitanas.

Siguiendo a Ciccone y Peri (2002, 2006), el primer paso del enfoque minceriano a nivel agregado consiste en estimar la siguiente ecuación salarial para dos puntos en el tiempo:

$$\ln w_{ict} = a_{ct} + b_t s_{ict} + c_t E_{ict} - e_t E^2 + \sum_{j \in J} d_{jt} X_{jict} + v_{ict} \qquad 4.5$$

donde, en este caso, t se refiere a 1992 y 2001[197]; s_{ict} y E_{ict} a los niveles individuales de escolaridad y experiencia, respectivamente; $\{X_j : j \in J\}$ son *dummies* que controlan

[197] Como ya se comentó, se seleccionó el periodo tercer trimestre de 1992 – tercer trimestre de 2001 debido a que es el lapso en que se maximiza el periodo de tiempo (nueve años) y el número de ciudades (34). Como también se comentó, se está consciente del ciclo económico recesivo que experimentó México en 2000 y 2001, como consecuencia de la desaceleración de la economía norteamericana iniciada en verano de 2000.

por otras características individuales, tales como ocupación, estado civil, parentesco dentro del hogar y sector de actividad; a_{ct} es el efecto específico de ciudad; b_t es la rentabilidad de la escolaridad individual; c_t captura el efecto de la experiencia potencial y e_t el componente cuadrático de la misma; y v_{ict} recoge la variación en el logaritmo de los salarios no explicada por las variables del lado derecho de la ecuación.

El segundo paso del enfoque minceriano a escala agregada consiste en estimar el efecto de un cambio en la escolaridad promedio, a nivel ciudad, sobre el cambio en el intercepto específico de ciudad $\hat{a}_{ct}$ de la ecuación 4.5 por medio de:

$$\Delta\hat{a}_{ct_0-t_1} = \hat{a}_{ct_1} - \hat{a}_{ct_0} = Controles + \alpha\Delta S_{ct_0-t_1} + \delta\Delta\log L_{ct_0-t_1} + u_{ct} \qquad 4.6$$

Los controles utilizados son una constante, variables *dummy* regionales y el cambio en la experiencia potencial promedio entre t_0 y t_1; ΔS y $\Delta\log L$ son el cambio la escolaridad promedio y en el logaritmo natural del empleo entre t_0 y t_1, respectivamente; y u_{ct} captura la variación en el intercepto no explicado por las variables incluidas en el lado derecho de la ecuación. Bajo el supuesto de sustitución perfecta entre trabajadores cualificados y no cualificados, α y δ recogerían el efecto externo de la educación y el efecto de escala en las ciudades, respectivamente.

4.3.2 Enfoque de composición constante de la fuerza de trabajo

Para poner en práctica el enfoque de composición constante de la fuerza de trabajo (*CCFT)* se requiere estimar, en una primera etapa, el efecto específico salarial por ciudad de distintos grupos de individuos según su grupo educativo en dos periodos de tiempo; en una segunda etapa, se regresiona el cambio en el tiempo de estos efectos específicos sobre el cambio en el nivel promedio de escolaridad en las ciudades, pero manteniendo las ponderaciones dadas por el tamaño relativo de cada grupo en el año inicial (o base.) La intuición es que, al mantener constante la distribución educativa de la mano de obra, la ponderación permite separar el efecto de la complementariedad del correspondiente a las externalidades.

En términos prácticos, el enfoque implica estimar en dos puntos en el tiempo (*t*) la regresión salarial que relaciona el logaritmo del ingreso de individuos con niveles de escolaridad y experiencia *s,e*, con los efectos específicos de ciudad $\log \omega_{ct}(s,e)$ y *dummies* que controlan algunas otras características del trabajador X_{ict}, tales como la ocupación, estado civil y sector de actividad:

$$\log w_{ict}(s,e) = \log \omega_{ct}(s,e) + \sum_{j \in J} d_{jt} X_{ict} + v_{ict} \qquad 4.7$$

La estimación de 4.7 da lugar, para el año base (t_0) y para el año final (t_1), al salario promedio específico de ciudad de los individuos con escolaridad y experiencia potencial *s,e* , ajustado por las diferencias en el tipo de ocupación, estado civil y sector de actividad: $\log \omega_{ct}(s,e)$. Una vez obtenido el salario promedio específico de ciudad de los individuos con escolaridad y experiencia potencial *s,e* , es necesario calcular los salarios promedio requeridos para el implementar el enfoque de *CCFT*. El salario promedio en el año inicial (1992) se define como:

$$\hat{w}_{c1992} = \sum_{s,e} \hat{\omega}_{c1992}(s,e) l_{c1992}(s,e), \qquad 4.8$$

donde $l_{c1992}(s,e)$ es el porcentaje de trabajadores con escolaridad y experiencia individuales *s,e* en la ciudad *c* en 1992. Por su parte, el salario promedio en 2001 utilizando la composición de la fuerza de trabajo en 1992 es:

$$\hat{w}_{c2001}^{1992} = \sum_{s,e} \hat{\omega}_{c2001}(s,e) l_{c1992}(s,e), \qquad 4.9$$

Téngase presente que las proporciones $l_{c1992}(s,e)$ en la ecuación 4.9 se refieren al año inicial; de esta forma, los salarios medios calculados en 4.8 y 4.9 permiten evaluar el incremento de los ingresos promedio ajustados manteniendo la fuerza laboral fija. Para estimar la magnitud de las externalidades del capital humano en las ciudades entre 1992 y 2001 se requiere regresionar el cambio del logaritmo del salario promedio bajo el enfoque de composición constante $\Delta \log \hat{w}_{c,1992-2001}^{1992} = \log \hat{w}_{c2001}^{1992} - \log \hat{w}_{c1992}$, en contra del cambio de la escolaridad promedio y otras variables de control:

$$\Delta \log \hat{w}^{1992}_{c,1992-2001} = Controles + \alpha \Delta S_{c,1992-2001} + \delta \Delta \log L_{c,1992-2001} + u_c \qquad 4.10$$

En este caso, al mantener la composición de la oferta laboral fija, α capturaría las externalidades de la educación y δ el efecto de escala en las ciudades. Las variables de control consideradas son el cambio en la experiencia potencial promedio y *dummies* regionales. Como ya se comentó, una ventaja del enfoque es que su procedimiento no requiere estimar la rentabilidad privada de la educación, lo que evita un posible sesgo del coeficiente asociado con las externalidades del capital humano como resultado de la endogeneidad y del error de medida de la educación individual. Otra de las ventajas es que, al ser una estimación agregada en diferencias, el enfoque de *CCFT* elimina los efectos fijos de ciudad que pudieran afectar la estimación de corte transversal.

4.3.3 Mínimos cuadrados ordinarios

4.3.3.1 Enfoque minceriano

En el cuadro 4.6 se presentan los resultados de estimar tres distintos modelos bajo el supuesto de sustitución perfecta entre trabajadores cualificados y no cualificados. La columna A corresponde a los resultados de estimar la ecuación 4.6; es decir, el enfoque minceriano agregado. Por su parte, las columnas B y C muestran los resultados de estimar la ecuación 4.10 pero permitiendo variar la composición de la fuerza laboral en la ecuación 4.9; es decir, utilizando la composición de fuerza de trabajo $l_{ct}(s,e)$ de 2001 como ponderador, en vez de la de 1992. La columna B se distingue de la columna C en que la primera no considera ajustes individuales en el salario fijo de ciudad (ecuación 4.7), mientras que la segunda sí los considera. Las variables explicativas denominadas como DIFESCPROM, DIFLOGEMPLEO y DIFEXPEPROM se refieren a la diferencia entre 1992 y 2001 de la escolaridad promedio, el logaritmo del empleo y de la experiencia promedio, respectivamente.

Como se aprecia en la columna A, el efecto de la escolaridad promedio en las ciudades bajo el enfoque minceriano agregado se ubica en alrededor del 10 por ciento. Este resultado es comparable, aunque un tanto superior, al obtenido en el *cross-section* para 1998 por MCO a escala de las ciudades (ver cuadro 4.2). Por su parte, el efecto del logaritmo del empleo se ubica en alrededor de 7,0 por ciento bajo el enfoque minceriano agregado (también un tanto superior al obtenido en el *cross-section* a escala de las ciudades), aunque no significativo a los niveles habituales de confianza en el modelo que considera *dummies* regionales. Aunque la estimación de *cross-section* con datos individuales no es estrictamente comparable con la agregada de datos panel, ya que en este último caso se captan efectos promedio por ciudad y, en el primero, por individuo[198], los resultados del panel de datos sugieren que al no controlar por efectos fijos de ciudad, los coeficientes de la escolaridad promedio y del empleo total estimados en el *cross-section* presentan un sesgo a la baja, como resultado de posibles choques permanentes de oferta específicos de ciudad con influencia negativa. Por su parte, la experiencia promedio del panel de datos es prácticamente cero y no significativa; en el caso del *cross-section* por MCO, el efecto (significativo) de esta variable en las ciudades se ubica entre -3 y -7,7 por ciento (ver cuadro 4.2); es decir, el enfoque minceriano agregado tiende a incrementar el valor y reducir la significancia estadística del coeficiente.

El siguiente paso del enfoque de *CCFT* es identificar qué parte del efecto de la escolaridad promedio sobre el ingreso medio (capturado bajo el enfoque minceriano) se atribuye a una externalidad, y qué parte a un efecto estándar de oferta. Con el objetivo de poder comparar de forma más precisa los resultados del enfoque minceriano con los del enfoque de *CCFT*, es necesario previamente estimar los efectos fijos de ciudad mediante la ecuación 4.7 y obtener el ingreso promedio a partir de la ecuación 4.9, pero permitiendo variar la fuerza laboral; es decir, en contraste con el enfoque *CCFT*, en este caso se ponderan los efectos fijos de ciudad de 1992 y de 2001 (obtenidos en la ecuación 4.7) con las agrupaciones *s,e* de cada año. Las columnas B y C del cuadro 4.6 se presentan los resultados de estos modelos. Como se aprecia, el efecto agregado de la escolaridad promedio sobre el salario sin ajustar se ubica entre 19.7 y 22.2 por ciento, prácticamente el doble que en el caso del enfoque minceriano agregado de la columna A. Esto obedece a que la variable explicada (el salario promedio) no se ha ajustado. En la columna C, en cambio, los resultados son más similares a los presentados en la columna A; esto se debe a que el salario, en este caso, está ajustado por las características individuales consideradas en la ecuación 4.7. De la columna C se desprende que un cambio en la escolaridad promedio tiene un efecto

[198] Adicionalmente, el número de variables de control en las estimaciones del panel de datos agregados es mucho más reducida respecto a las estimaciones con datos individuales.

agregado de entre 10,6 y 12,4 por ciento sobre un cambio en los salarios promedio ajustados, valores cercanos a los obtenidos bajo el enfoque minceriano agregado.

4.3.3.2 Enfoque de composición constante de la fuerza de trabajo

Para conocer la parte del efecto que se atribuye a una externalidad, por un lado, y a un efecto estándar de oferta, por otro, se requiere estimar el efecto del cambio de la educación promedio sobre el cambio en los salarios manteniendo la composición de la fuerza laboral constante. Cabe señalar que si los trabajadores con distintos niveles de capital humano son sustitutos perfectos en la producción, ambos enfoques (el minceriano y el de *CCFT)* deben generar resultados similares. Dicho en otras palabras, el enfoque de *CCFT* es válido ya sea cuando existe sustitución tanto *perfecta* como *imperfecta* de trabajadores con distinto nivel de capital humano.

El cuadro 4.7 muestra los resultados de estimar la ecuación 4.10 en la que se considera fija la composición de la fuerza de trabajo de 1992 a 2001. La columna D de dicho cuadro presenta los resultados sin que se ajuste el salario medio por las características individuales, mientras que la columna E lo hace cuando se ajusta por tales características. De esta forma, la comparación entre los enfoques minceriano y de *CCFT* debe efectuarse entre las columnas B y D de los cuadros 4.6 y 4.7, respectivamente (salarios medios sin ajustar), y entre las columnas C y E de los mismos cuadros (salarios medios ajustados). Analizando en primera instancia los resultados sin ajuste, se tiene que del 20-22 por ciento del efecto agregado de la escolaridad promedio 12-15 por ciento se atribuye a una externalidad; es decir, aparentemente bajo este enfoque la mayor parte del efecto se explica por una externalidad (entre el 60 y el 68 por ciento del efecto). El efecto de escala (logaritmo del empleo total) se mantiene prácticamente sin variación entre los enfoques de sustitución perfecta e imperfecta. La no significatividad de esta variable se mantiene en los modelos de la columna 2, es decir, en los que se incluyen las *dummies* regionales en ambos enfoques. La experiencia potencial promedio no presenta cambios relevantes entre un enfoque y otro, manteniéndose positiva pero no significativa en ambos casos.

Considerando las estimaciones en las que se utiliza el salario medio ajustado (es decir, comparando las columnas C y E de los cuadros 4.6 y 4.7, respectivamente), se tiene que el efecto agregado de la escolaridad promedio sobre el logaritmo de los salarios pasa de 10,6 y 12,4 por ciento a 7,9 y 9,2 por ciento. Es decir, al parecer bajo este enfoque casi el 75 por ciento del efecto agregado de la escolaridad en las ciudades obedece o se atribuye a una externalidad y, el resto (25 por ciento), a un efecto estándar de oferta[199]. El efecto de escala no sufre cambios significativos, pero es ligeramente superior en el caso de la estimación en la que se deja variar la composición de la fuerza laboral. Al igual que en las estimaciones anteriores, la variable no es significativa (a un nivel de 10 por ciento) cuando se incluyen las *dummies* regionales. La experiencia promedio es no significativa en ambos casos.

Si se supusiese que las estimaciones por MCO no están sesgadas por la presencia de algún tipo de heterogeneidad no observable, las diferencias de los coeficientes de la escolaridad promedio en las ciudades entre los enfoques minceriano y de *CCFT* es prueba de que, en realidad, los trabajadores con diferentes cualificaciones en el país muestran un grado de imperfección en cuanto a su sustituibilidad. Esto justifica, por tanto, el uso del enfoque de *CCFT* para controlar los efectos estándar de oferta que puedan sesgar las estimaciones bajo el enfoque minceriano. En este sentido, los resultados por MCO ponen en evidencia que, al parecer, el efecto externo del capital humano en las áreas metropolitanas de México representa la mayor parte del efecto del nivel educativo promedio sobre los salarios. Se debe tener presente, sin embargo, la posibilidad de la presencia de un sesgo como resultado de la endogeneidad entre el ingreso y la escolaridad promedio. Como ya se ha explicado, teóricamente este problema debería corregirse al aplicar el método de variables instrumentales; desafortunadamente, como se verá a continuación, las distintas variables consideradas no han resultado instrumentos adecuados, ya que carecen de poder predictivo del cambio de la educación promedio en las ciudades.

---

[199] Este resultado implica un sesgo al alza de entre 34 y 35 por ciento de las externalidades de la educación bajo el enfoque minceriano.

Cuadro 4.6
Estimación del efecto de la escolaridad agregada en las áreas metropolitanas por MCO bajo el supuesto de sustitución perfecta

Variables explicativas	Modelos											
	A. Mincer agregado_1/				B. Salarios promedio ponderados sin ajustar por caractrísticas individuales_2/				C. Salarios promedio ponderados ajustados por características individuales_3/			
	1		2		1		2		1		2	
	Coeficiente	t-est	Coeficiente	t-est	Coeficiente	t-est	Coeficiente	t-est	Coeficiente	t-est	Coeficiente	t-est
C	0.898	3.796	0.874	2.981	0.493	1.743	0.496	1.418	0.663	2.703	0.638	2.005
DIFESCPROM	0.102	2.308	0.105	2.356	0.197	3.721	0.222	4.158	0.106	2.326	0.124	2.551
DIFLOGEMPLEO	0.074	2.149	0.066	1.498	0.094	2.290	0.078	1.494	0.091	2.564	0.085	1.783
DIFEXPEPROM	0.019	1.088	0.000	-0.003	0.029	1.415	0.011	0.484	0.017	0.916	0.003	0.167
FRONT			0.140	1.943			0.225	2.605			0.152	1.941
NO			0.073	1.086			0.102	1.260			0.053	0.719
NE			0.202	2.635			0.197	2.155			0.149	1.787
CNO			0.047	0.794			0.065	0.924			0.033	0.519
CENTRO			0.034	0.507			0.074	0.923			0.049	0.665
CAPITAL			-0.030	-0.212			-0.013	-0.080			-0.068	-0.446
ESTE			0.054	0.811			0.009	0.116			0.004	0.049
R-cuadrada	0.242		0.517		0.370		0.601		0.273		0.490	
F-est	3.196		2.458		5.878		3.463		3.745		2.125	
Fn. Verosimilitud	30.939		38.582		24.833		32.588		29.730		35.779	

Notas:

_1/ La ecuación estimada es la 4.6

_2/ La ecuación estimada es la 4.10 pero sin controles individuales (ecuación 4.7) y permitiendo variar la composición de la fuerza laboral (ecuación 4.9)

_3/ La ecuación estimada es la 4.10 con controles individuales (ecuación 4.7) y permitiendo variar la composición de la fuerza laboral (ecuación 4.9)

DIFESCPROM, DIFLOGEMPLEO y DIFEXPEPROM se refieren a la diferencia entre 1992 y 2001 de la escolaridad promedio, el logaritmo del empleo y de la experiencia promedio, respectivamente.

Fuente: elaboración propia

Cuadro 4.7

Estimación del efecto de la escolaridad agregada en las áreas metropolitanas por MCO bajo el supuesto de sustitución imperfecta

Variables explicativas	Modelos							
	D. *CCFT* sin ajustar por características individuales_1/				E. *CCFT* ajustado por características individuales_2/			
	1		2		1		2	
	Coeficiente	t-est	Coeficiente	t-est	Coeficiente	t-est	Coeficiente	t-est
C	0.453	1.598	0.482	1.383	0.698	3.047	0.715	2.517
DIFESCPROM	0.120	2.277	0.146	2.746	0.079	1.856	0.092	2.128
DIFLOGEMPLEO	0.101	2.462	0.080	1.540	0.084	2.527	0.069	1.640
DIFEXPEPROM	0.022	1.069	0.002	0.096	0.025	1.512	0.008	0.476
FRONT			0.227	2.643			0.146	2.085
NO			0.100	1.240			0.079	1.208
NE			0.213	2.332			0.195	2.622
CNO			0.072	1.012			0.045	0.786
CENTRO			0.089	1.117			0.050	0.769
CAPITAL			0.005	0.028			-0.013	-0.097
ESTE			0.010	0.131			0.025	0.388
R-cuadrada	0.266		0.539		0.278		0.540	
F-est	3.630		2.693		3.846		2.700	
Fn. Verosimilitud	24.769		32.681		32.013		39.682	

Notas:

_1/ La ecuación estimada es la 4.10 pero sin controles individuales (ecuación 4.7) y manteniendo constante la composición de la fuerza laboral (ecuación 4.9)

_2/ La ecuación estimada es la 4.10 con controles individuales (ecuación 4.7) y manteniendo constante la composición de la fuerza laboral (ecuación 4.9)

DIFESCPROM, DIFLOGEMPLEO y DIFEXPEPROM se refieren a la diferencia entre 1992 y 2001 de la escolaridad promedio, el logaritmo del empleo y de la experiencia promedio, respectivamente.

Fuente: elaboración propia

4.3.4 Variables instrumentales

En los cuadros A.4.5 a A.4.10 del anexo se presentan los resultados de aplicar el *test* de Bound a diferentes instrumentos de la escolaridad promedio en las áreas metropolitanas. En este caso la variable dependiente es el cambio de la escolaridad promedio en las ciudades del tercer trimestre de 1992 al mismo trimestre de 2001. Siguiendo a Ciccone y Peri (2002, 2006), en principio, los instrumentos considerados deben corresponder al año inicial, dado que el razonamiento es que el valor de una determinada variable en el año base (1992) ha afectado el *cambio* en la escolaridad de ese año al último (2001). Bajo esta lógica, se ha buscado que los instrumentos probados sean cercanos a 1992, aunque se han considerado también instrumentos con mayor rezago temporal. Asimismo, con objeto de considerar una mayor gama de variables que pudiesen utilizarse como instrumentos de la educación agregada en las ciudades, se han considerado algunos indicadores de ámbito estatal asignando el valor a cada ciudad de acuerdo a la entidad federativa en la que se localizan. Una desventaja de asignar el valor estatal a cada ciudad es que la variabilidad de los regresores se reduce, ya que en tres ocasiones se ha presentado el caso en que dos ciudades pertenecen a la misma entidad federativa[200], y en otros dos las áreas metropolitanas se conforman de municipios ubicados en dos estados distintos[201]. En particular, los instrumentos probados son:

1) Estructura de edades de la población ocupada en las áreas metropolitanas en 1990; datos censales agregados.
2) Estructura de edades de los asalariados en las áreas metropolitanas en 1992; datos microeconómicos expandidos de la ENEU.
3) Estructura de edades de los asalariados en los estados en 1992; datos microeconómicos expandidos de la ENIGH.

[200] En particular, considerando la muestra de 34 ciudades del panel de datos, las áreas metropolitanas de Orizaba y Coatzacoalcos pertenecen al mismo estado de Veracruz; las ciudades de Colima y Manzanillo al estado de Colima; y las ciudades de Chihuahua y Ciudad Juárez al estado de Chihuahua.

[201] A estas ciudades se les ha asignado el valor ponderado de la variable en cuestión de los dos estados en los que se localizan. Estos casos son: Ciudad de México, que se conforma de los municipios del Distrito Federal y de algunos del Estado de México, y el área metropolitana de Torreón, la cual se integra de municipios de los estados de Coahuila y Durango.

4) Producto interior bruto per cápita de los estados en 1980 y en 1993; datos agregados del INEGI.

5) Tasa de matriculación en el sistema educativo de los estados en el ciclo escolar 1990-1991; datos agregados de la SEP.

6) Número de escuelas por cada mil alumnos en el ciclo escolar 1986-1987 en los estados; número de maestros por cada mil alumnos en el ciclo escolar 1986-1987 en los estados; y gasto federal en educación ejercido por alumno en 1990 en los estados; datos agregados de la SEP.

Como se aprecia en los cuadros anexos antes señalados, ninguno de los instrumentos predice significativamente el cambio en la escolaridad promedio de las ciudades. Los estadísticos *t* y *F* no son significativos, siendo este último en todo momento inferior al valor crítico[202], por lo que no se rechaza la hipótesis nula de que los coeficientes, en su conjunto, son iguales a cero. Estos resultados ponen en evidencia que es mucho más difícil predecir el cambio en la escolaridad en las ciudades que la escolaridad misma en niveles. Los anterior puede deberse a que al aplicar diferencias la variabilidad de la serie en cuestión se reduce. Asimismo, al estimar a nivel agregado los grados de libertad se reducen; como ya se comentó, ahora sólo se tienen 34 observaciones, lo que también incide en una menor variabilidad de las series. Dicha variación es aun menor para los instrumentos del ámbito estatal ya que, como se ha explicado, hay casos en que el dato estatal se repite para distintas áreas metropolitanas.

4.4 Interpretación de los resultados

A continuación se ofrece una interpretación esquemática de los resultados obtenidos en los cuadros 4.6 y 4.7, a fin de brindar elementos que contribuyan a comprender de forma más clara las implicaciones del procedimiento empírico empleado. Para ello se presentan los esquemas 1 a 3. Como se explicó en el capítulo teórico, un incremento en el capital humano promedio en una ciudad tiene los siguientes efectos:

a. Por un lado, una expansión de la oferta de trabajadores cualificados conlleva a un desplazamiento hacia la derecha y hacia abajo de la oferta de capital humano

[202] En general la *F* de tablas se ubica en 2,12 con los grados de libertad correspondientes.

en ese mercado, con un efecto negativo sobre el salario de esos trabajadores como resultado del efecto estándar de oferta (*EEO* -); ver esquema número 1.

b. Por otro, el incremento en la proporción de trabajadores cualificados da lugar a una contracción de la oferta relativa en el mercado de trabajo, es decir, en el mercado de los no cualificados, con un consecuente incremento del salario de esos trabajadores como resultado de un efecto estándar de oferta *(EEO +)*; ver esquema número 2.

c. El aumento del capital humano agregado a escala local se traduce en una expansión de la demanda como resultado de la presencia de externalidades, si las hubiera, en ambos mercados; es decir, tanto en el de capital humano como en el de trabajo, presionando el nivel de salarios hacia arriba; ver esquemas 1 y 2.

d. El efecto final en el mercado laboral total depende de la magnitud de los efectos estándar de oferta en ambos mercados (efecto positivo en el mercado de capital humano y efecto negativo en el de trabajo), así como de la dimensión de las externalidades (efecto positivo o nulo). De esta forma, el salario *promedio* final depende de si el efecto estándar de oferta final es positivo o negativo; es decir, si predomina la reducción del salario de los cualificados, o bien si predomina el incremento del salario de los menos cualificados como resultado de los movimientos de oferta relativa sobre la curva de demanda. El resultado también depende de la relevancia de la expansión de la demanda social, como resultado de la presencia de las externalidades, si las hubiese.

En el esquema 3 se muestran los posibles puntos que el econometrista puede observar bajo los distintos enfoques teóricos y empíricos aplicados. Los cuatro puntos M_1 a M_4 del esquema 3 representan los puntos al implementar el enfoque minceriano; es decir, cuando se deja variar la oferta de mano de obra. Estos puntos surgen de la combinación de la magnitud del efecto de estándar de oferta final, que puede ser de predominio positivo *(EEO +)* o negativo *(EEO -)*, y de si hay externalidades (efecto positivo); esto último se determina por la ubicación de la demanda final. Así, suponiendo que en el mercado laboral total predomina el efecto estándar de oferta positivo *(EEO +)*, bajo el enfoque minceriano se estarían capturando cualquiera de los dos puntos M_1 o M_2. En el caso de que no hubiese externalidades, el punto estimado sería el M_1; en caso contrario, el punto sería el M_2. Si, por el contrario, predomina el efecto estándar de oferta negativo *(EEO -)*, entonces bajo el enfoque minceriano el econometrista estaría observado cualquiera de los puntos, M_3 o M_4; el primer caso supone que no hay externalidades y, el segundo, que sí las hay. Por su parte, al controlar los movimientos de la oferta relativa, bajo el enfoque de *CCFT* se tienen únicamente dos posibles puntos a capturar: $CCFT_1$ y $CCFT_2$. El primero recoge el efecto cuando no hay externalidades y, el segundo, cuando sí las hay.

En el caso de los resultados de Ciccone y Peri (2002, 2006) para Estados Unidos, los resultados sugieren que los autores captan, bajo el enfoque minceriano, un punto como el señalado por el punto M_1 del esquema 3. Bajo este enfoque, obtienen que un cambio en la escolaridad promedio da lugar a un cambio en los ingresos de alrededor 8 por ciento, comparable y congruente con los resultados de Rauch (1993) y el resto de trabajos que suponen sustitución perfecta entre trabajadores cualificados y no cualificados. Sin embargo, en el momento de aplicar el enfoque de *CCFT*, encuentran que el efecto se vuelve cero y no significativo; es decir, al parecer, capturan un punto como $CCFT_1$ del esquema 3.

En el caso de la presente investigación, los resultados del enfoque minceriano (cuadros 4.6 y 4.7) sugieren a que se está capturando un punto como el señalado por M_2 y, bajo el enfoque de composición constante de la fuerza de trabajo, uno como $CCFT_2$ del esquema 3. Así, a decir de los resultados, al parecer la mayor parte del efecto de la escolaridad agregada (aproximadamente un 75 por ciento) se atribuye a las externalidades y, el resto, a un efecto estándar de oferta. Como ya se comentó, esto bajo el supuesto de que las estimaciones por MCO no están sesgadas por la presencia de algún tipo de heterogeneidad no observable. Esta evidencia sugiere que la curva de la demanda en México debería presentar una elasticidad relativamente más elevada (hacia la horizontalidad) respecto a Estados Unidos, como resultado de una mayor sustituibilidad de trabajadores con distintos tipos de cualificación.

Esquemas 1 a 3
Efecto de un incremento en el capital humano en el mercado laboral

Esquema 1. Mercado de capital humano

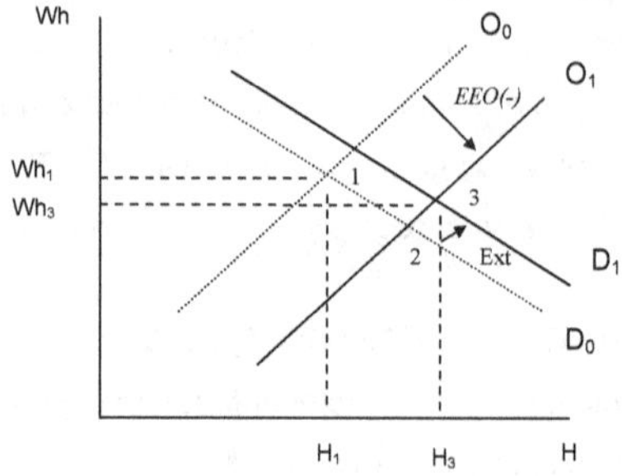

Esquema 2. Mercado de trabajo (no cualificados)

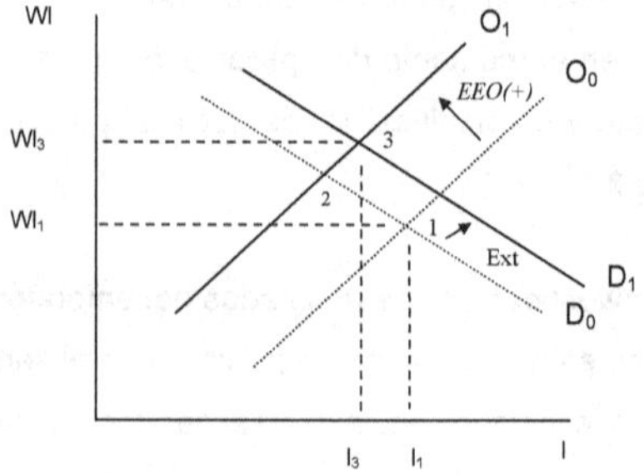

Esquema 3. Mercado laboral (salarios promedio)

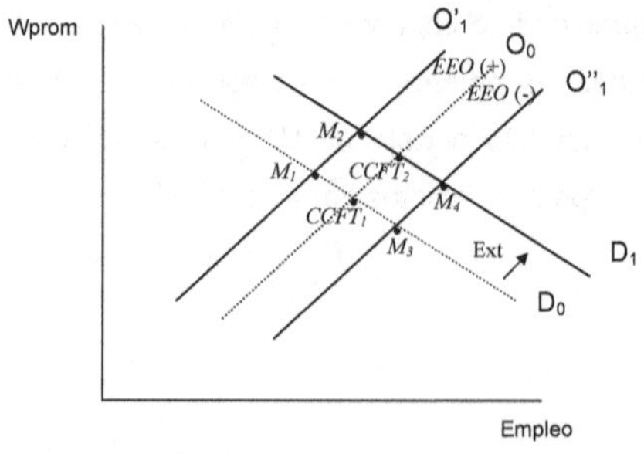

4.5 Rendimientos decrecientes de la educación

Como ya se comentó, una vez instrumentando la educación promedio, Ciccone y Peri (2002, 2006) obtienen un efecto agregado de la escolaridad bajo el enfoque minceriano significativo, pero externalidades no significativas bajo el enfoque de *CCFT*. Esto sugiere que los efectos estándar de oferta en las ciudades estadounidenses son importantes y explican la mayor parte (o la totalidad) del resultado. Ciccone y Peri (2002) explican y refuerzan sus resultados presentando evidencia sobre la existencia de rendimientos decrecientes de la escolaridad en las ciudades de aquel país. Demuestran que un incremento en la educación promedio en las ciudades tiene un efecto en el cambio de la rentabilidad individual de la escolaridad de alrededor -1,5 por ciento. Con ello justifican el uso del enfoque de *CCFT*, ya que el enfoque minceriano supone la existencia de rendimientos constantes de la educación. De esta forma, con los resultados obtenidos, argumentan que el mercado laboral más bien se caracteriza por presentar una sustitución imperfecta de trabajadores con distinta dotación de capital humano.

En el caso de los resultados que se obtienen para las áreas metropolitanas de México de la presente investigación, al parecer los efectos estándar de oferta no son muy importantes ya que la evidencia señala que, aparentemente, una parte importante del efecto agregado de la escolaridad se atribuye a una externalidad. Esto sugiere que el mercado laboral urbano mexicano debería caracterizarse por presentar una relativa elevada (aunque imperfecta) sustituibilidad de trabajadores con distinta dotación de capital humano[203]. Asimismo, debería haber evidencia hacia la existencia de rendimientos constantes de la escolaridad. En el cuadro 4.8 se muestran los resultados de regresionar el cambio en las escolaridad promedio en contra del cambio en la rentabilidad privada de la escolaridad en las áreas metropolitanas de 1992 a 2001; es

[203] No se tiene conocimiento de una investigación publicada que se oriente a estimar la elasticidad de sustitución entre trabajadores cualificados y no cualificados en México; sin embargo, Garro *et al* (2005) calcula una elasticidad de sustitución entre los trabajadores formales e informales (es decir, entre los que se emplean en trabajos con acceso a la seguridad social, y los que no lo hacen) de 2,41. Según el INEGI, poco más del 60 por ciento del total de ocupados en México carece de acceso a instituciones de salud; ver http://dgcnesyp.inegi.gob.mx/cgi-win/bdieintsi.exe/Consultar); en buena forma, este mercado informal se caracteriza por emplear a trabajadores de baja escolaridad, operar en micronegocios con muy baja dotación de activos, en contraste con lo que sucede en el sector formal de la economía. Como referencia para el orden de magnitud del estimado de Garro *et al* (2005), se puede citar a Katz y Murphy (1992) y Heckman, Lochner y Taber (1998), quienes reportan una elasticidad de sustitución entre trabajo con alta y baja escolaridad en Estados Unidos en alrededor de 1,4.

decir, es un ejercicio similar al efectuado por Ciccone y Peri (2002). La rentabilidad privada se ha obtenido de estimar la ecuación 4.4 para cada área metropolitana y año; con ello se tiene la rentabilidad privada de la educación (b_t) por ciudad en cada año: 1992 y 2001. Posteriormente se regresiona el cambio en b_t en contra del cambio en la escolaridad promedio de las ciudades de 1992 a 2001. Como se aprecia, un cambio en la escolaridad promedio se asocia a un cambio positivo y significativo en la rentabilidad privada de la educación al nivel de las áreas metropolitanas[204], contrario a lo obtenido por Ciccone y Peri (2002).

El gráfico 4.1 pone en evidencia que el cambio en la escolaridad promedio y el cambio en la rentabilidad privada de la educación en las ciudades mexicanas guarda una relación positiva que no es contundente; es decir, se observa una relación directa pero de forma muy débil. En cualquier caso, la correlación entre las variables no es negativa. El gráfico 4.2 muestra la misma información y se presenta únicamente con el objetivo de identificar algunas áreas metropolitanas en la dispersión. Así, por ejemplo, ciudades como Ciudad de México, Villahermosa, León, Torreón, Nuevo Laredo, Durango, Zacatecas, Orizaba o Acapulco, al parecer se encuentran en una fase de 'rendimientos educativos crecientes', ya que un incremento por arriba de la media nacional de la educación promedio se asocia a un aumento positivo y superior a la media nacional en el rendimiento educativo; por su parte, en ciudades como Morelia o Aguascalientes, un incremento en el nivel educativo promedio se relaciona con una reducción en la rentabilidad de la educación mostrando, al parecer, rendimientos agregados decrecientes.

---

[204] Las estimaciones se refieren a MCO debido a que, como ya se ha evidenciado en la sección 4.3.4, a escala de las áreas metropolitanas se carece de instrumentos válidos de la escolaridad promedio.

Cuadro 4.8
Efecto de un cambio en la escolaridad promedio sobre el cambio en la rentabilidad privada de la educación en las áreas metropolitanas de 1992 a 2001 por MCO
(**variable dependiente:** cambio en la rentabilidad privada de la educación)

Variables explicativas	Modelos					
	1		2		3	
	Coeficiente	t-est	Coeficiente	t-est	Coeficiente	t-est
C	-1.218	-4.392	-7.157	-2.992	-6.971	-2.057
DIFESCPROM	1.010	2.268	1.303	2.919	1.169	2.264
DIFLOGEMPLEO			0.046	0.263	-0.134	-0.636
DIFLOGEXPEPROM			0.868	2.500	0.712	1.407
FRONT					1.503	1.800
NO					0.590	0.755
NE					0.878	0.990
CNO					0.997	1.452
CENTRO					0.670	0.862
CAPITAL					1.768	1.092
ESTE					1.200	1.551
R-cuadrada	0.138		0.300		0.417	
F-est	5.144		4.293		1.647	

Nota: En una primera fase se ha estimado la rentabilidad privada de la educación por ciudad mediante la ecuación 4.4 en dos puntos en el tiempo: 1992 y en 2001. Posteriormente se ha regresionado el cambio en dicha rentabilidad privada en contra del cambio de 1992 a 2001 en la escolaridad promedio (DIFESCPROM), en el logaritmo del empleo (DIFLOGEMPLEO) y en la experiencia promedio (DIFEXPEPROM).
Fuente: elaboración propia

Gráfico 4.1

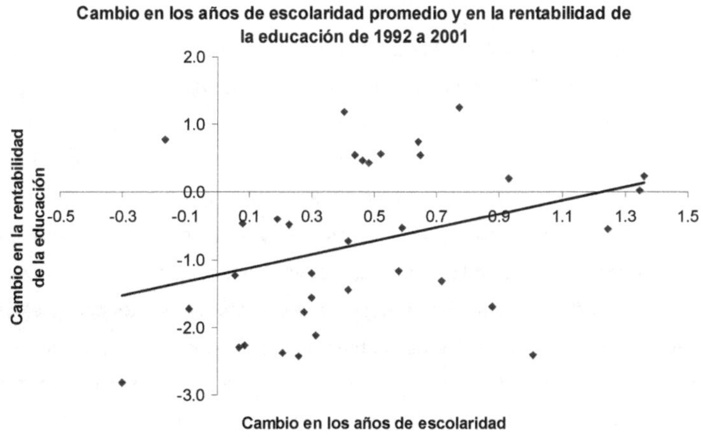

Fuente: elaboración propia con información de la ENEU, terceros trimestres de 1992 y 2001

Gráfico 4.2

Cambio en los años de escolaridad promedio y en la rentabilidad de la educación de 1992 a 2001

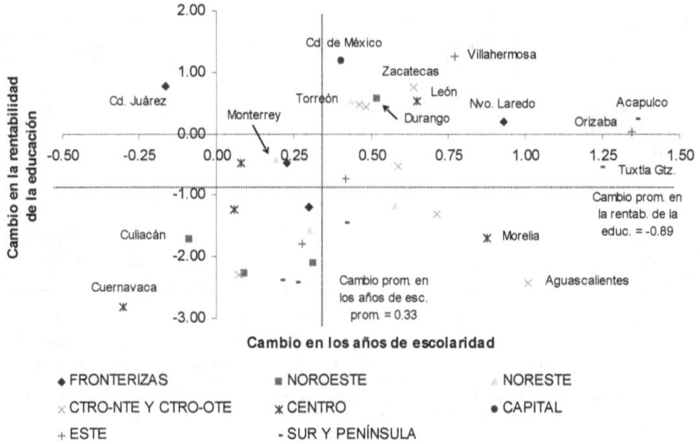

Fuente: elaboración propia con información de la ENEU, terceros trimestres de 1992 y 2001

En los gráficos 4.3 y 4.4 se presenta la relación entre rentabilidad privada de la educación y escolaridad promedio en las áreas metropolitanas, pero en un punto en el tiempo; es decir, en un corte transversal para cada año bajo estudio. En ambos casos se aprecia una débil correlación positiva, nunca negativa. En el gráfico 4.5 se muestra el cambio en la rentabilidad privada de 1992 a 2001 en contra con el nivel educativo promedio en 1992; es decir, en el año base. El objetivo es ver si se está dando una especie de convergencia en la rentabilidad de la educación; como se aprecia, tampoco se observa una relación claramente decreciente. Toda esta evidencia de alguna forma sustenta los resultados obtenidos en la presente investigación; es decir, no se perciben de forma contundente rendimientos decrecientes de la escolaridad en el ámbito de las áreas metropolitanas de México, lo que sugiere que los efectos estándar de oferta no deberían ser muy relevantes. Esto daría lugar, en principio, a que la mayor parte del efecto agregado de la escolaridad sobre el ingreso se atribuya a externalidades del capital humano.

De esta forma, si las estimaciones del panel de datos obtenidas en la presente investigación no están sesgadas por algún tipo de heterogeneidad no observable transitoria que no hayan sido controlada por MCO, los resultados de las estarían sugiriendo la existencia de externalidades de la educación en las áreas metropolitanas de México. Cabe enfatizar, en este sentido, que la falta de información a nivel ciudad que hubiese sido deseable utilizar como instrumento para controlar la posible endogeneidad entre la escolaridad promedio y los salarios en las estimaciones bajo el enfoque de *CCFT*, hubiese dado mayor margen de confianza a los resultados, ya sea a favor o en contra de la existencia de externalidades del capital humano en las áreas metropolitanas del país. Desafortunadamente, éste no ha sido el caso, por lo que los resultados deben tomarse con cautela.

Gráfico 4.3

Años de escolaridad promedio y rentabilidad de la educación en las áreas metropolitanas en 1992
(hombres asalariados)

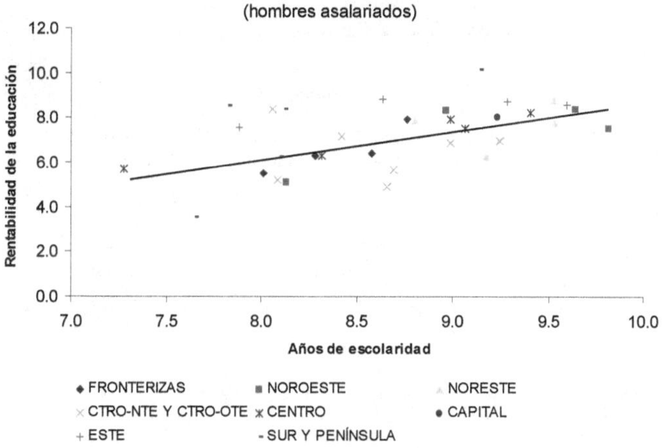

Fuente: elaboración propia con información de la ENEU, tercer trimestre de 1992

Gráfico 4.4

Años de escolaridad promedio y rentabilidad de la educación en las áreas metropolitanas en 2001
(hombres asalariados)

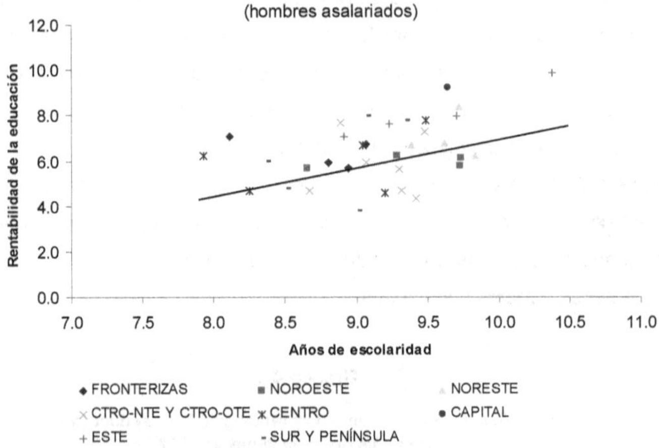

Fuente: elaboración propia con información de la ENEU, tercer trimestre de 2001

Gráfico 4.5

Años de escolaridad promedio en 1992 y cambio en la rentabilidad de la educación 1992-2001

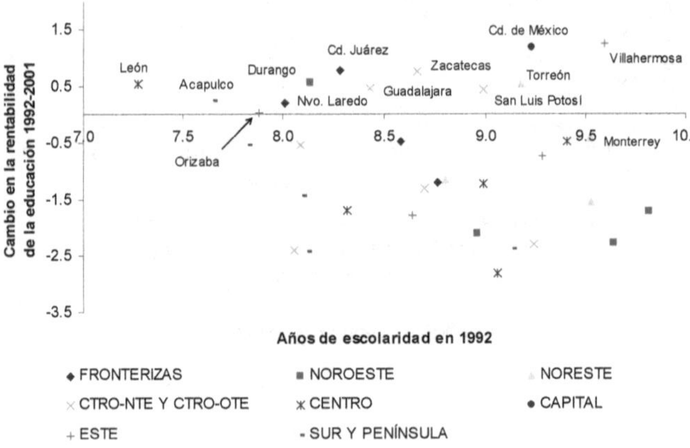

Fuente: elaboración propia con información de la ENEU, terceros trimestres de 1992 y 2001

4.6 Conclusiones

Con las limitaciones y retos que el procedimiento empírico dedicado a estimar las externalidades del capital humano todavía enfrenta, los resultados del presente capítulo constituyen las primeras aproximaciones del efecto externo de la educación en México, sugiriendo que, al parecer, éste tiene una dimensión local relevante. Respecto a las estimaciones de *cross-section*, los resultados han corroborado la existencia de una importante asociación entre la escolaridad promedio y la productividad individual en las ciudades y estados, con efectos que se ubican dentro del rango obtenido en los trabajos a escala internacional que suponen sustitución perfecta entre trabajadores cualificados y no cualificados. Las estimaciones también han sido útiles para comprobar que, aparentemente, la migración selectiva tiene influencia significativa sobre la escolaridad y experiencia promedios en las ciudades y no tanto en los estados. En particular, la experiencia potencial promedio muestra un signo negativo y significativo a escala de las áreas metropolitanas, pero no significativo en el ámbito estatal. Como se explicó, por como se define la experiencia potencial promedio, el resultado puede atribuirse a que a nivel urbano el efecto de las migraciones se captura mejor, ya que el destino de los trabajadores migrantes (habitualmente de menor edad y mayor escolaridad) entre estados y regiones es, casi siempre, una ciudad o área metropolitana. De esta forma, no debería sorprender que los desplazamientos por migraciones tengan mayor efecto en estas últimas, respecto al ámbito estatal. Los resultados comprueban, asimismo, que el efecto del empleo total en el ámbito local es importante, lo que corrobora la relevancia de la aglomeración como fuente de externalidad.

Los resultados asociados con las *dummies* regionales en general sugieren que la concentración del capital humano tiene mayor incidencia sobre la productividad de los trabajadores de las ciudades y entidades federativas del Noroeste, Noreste y Capital. Los efectos de la aglomeración, por su parte, al parecer son muchos más importantes en las ciudades y estados de la región Capital. De hecho, la evidencia señala que una vez controlando por las ventajas de la concentración del capital humano y la aglomeración, la Ciudad de México deja de mostrar un componente fijo elevado, cayendo incluso por debajo de las ciudades menos productivas, en especial de las ubicadas en la región Sur y Península de Yucatán, donde también existen menores costes de congestión. Asimismo, la menor reducción del efecto específico regional en las ciudades Fronterizas sugiere que la concentración del capital humano y del empleo en las mismas no tiene un impacto sobresaliente sobre la productividad. Es posible que la predominancia de las actividades de ensamblaje relacionadas con la industria maquiladora de exportación, asociada a la reducida importancia de las economías de localización en tales actividades puesta en evidencia en el capítulo III de la presente investigación, se asocie o contribuya a explicar la falta de efectos de derrame del conocimiento en esas ciudades.

Con relación a las estimaciones del panel de datos es preciso señalar, en primer lugar, que la falta de instrumentos válidos al emplear el enfoque que controla los efectos estándar de oferta y que hubiese sido deseable utilizar para evitar posibles sesgos de las estimaciones por MCO, limita la posibilidad de efectuar conclusiones con un elevado margen de confianza acerca de las externalidades del capital humano en las áreas metropolitanas de México. Con estas salvedades, y suponiendo que los resultados obtenidos por mínimos cuadrados ordinarios no están influidos por una posible endogeneidad de la escolaridad promedio y los salarios, la evidencia apunta que el efecto externo de la escolaridad en las ciudades representa la mayor parte del efecto agregado total de la educación sobre el salario promedio. Esto sugiere que si bien existen efectos estándar de oferta, éstos no son muy elevados, por lo que el mercado laboral mexicano debería caracterizase por mostrar una tasa relativamente alta de sustitución entre trabajadores cualificados y no cualificados; la evidencia presentada sobre la correlación entre la escolaridad promedio y el rendimiento de la educación individual en las ciudades apoya, de alguna forma, estos resultados, ya que no se aprecia una clara asociación negativa entre dichas variables.

La posibilidad de que el rendimiento social de la educación difiera del privado (como resultado de la presencia de externalidades) tiene, en la práctica, implicaciones de política educativa fundamentales. De hecho, como se sabe, gran parte del argumento de la educación pública proviene del reconocimiento de que la educación no sólo beneficia al individuo que la posee, sino que también genera una variedad de beneficios que se comparten entre la sociedad; ello justifica el subsidio a la educación que contribuya a internalizar dicho efectos externos[205]. Así, la utilidad de conocer la magnitud de las externalidades de la educación y su alcance territorial es una herramienta crucial para lograr una eficiente política de inversión en educación; en particular, si los efectos son significativos y tienen sólo una dimensión local, entonces se podría argumentar la implementación de subsidios piguvianos a la educación financiados a escala local. Moretti (2004a) pone de manifiesto que medidas de este tipo han sido adoptadas en Estados Unidos con el objeto de internalizar los efectos externos de la educación en el plano local. Sin embargo, si las externalidades tienen una dimensión geográfica más amplia, de tal forma que los efectos tengan un alcance regional o nacional, entonces se podría argumentar por una participación más activa de instancias regionales y/o federales en materia de educación.

Teniendo presentes las limitantes que aun la reciente metodología empírica internacional enfrenta, así como por la falta de instrumentos válidos en las estimaciones en dos etapas, los resultados de la presente investigación indican que el efecto externo de la educación en México tiene un componente local importante, lo que en principio sugeriría el diseño de un sistema común de financiación de la educación, donde al menos parte del mismo provenga de impuestos locales, por ejemplo, a la propiedad. Sin embargo, dado que los trabajadores son móviles, es posible que estas externalidades tengan también una dimensión geográfica más amplia (aspecto que ha quedado fuera del alcance de la presente investigación). Es por ello que autores como Moretti (2004a) y Bound *et al* (2001) argumentan que si la asociación entre la *producción* y *utilización* de capital humano a escala local no es, a priori, clara, el subsidio local a la educación podría implicar un despilfarro de recursos públicos por parte de los gobiernos estatales y municipales. Por ejemplo, Bound *et al* (2001) explica que la elevada movilidad de los trabajadores con educación superior provoca que los estados y países generadores de flujos importantes de nuevos universitarios no sean, necesariamente, los que se retengan esa mano de obra y se beneficien de la misma. Argumenta que la producción de un elevado número de individuos con universidad residentes en una ciudad puede dar lugar a incrementos en el empleo de trabajadores cualificados, siempre y cuando las industrias ahí localizadas sean intensivas en capital humano. Ejemplo de estos casos son Silicon Valley, en electrónica; Cambridge, en

[205] Como ya se comentó, ello suponiendo que dichos efectos se presentan al exterior de las empresas; es decir, cuando existe un fallo de mercado.

biotecnología y productos farmacéuticos; y San Diego, en medicina, biotecnología y productos farmacéuticos. Sin embargo, si no existen las condiciones de demanda de trabajadores cualificados a escala local, la relación entre la *producción* de universitarios y el *stock* de ese tipo de individuos puede ser débil.

Lo anterior tiene implicaciones relevantes para las regiones que desean invertir en educación pública, ya que no saben a ciencia cierta cuál es el verdadero rendimiento de esas inversiones. Por ejemplo, a través del uso de información censal, Bound *et al* (2001) evidencia que en el caso de Estados Unidos los resultados no son muy alentadores para estados como Michigan u Ohio, los cuales hacen fuertes inversiones en sus sistemas de educación superior, pero muestran una modesta relación entre la producción y el uso de esos trabajadores localmente. De esta forma, la política de educación que se recomienda implementar a nivel local en México debe mirarse dentro de un "paquete" integral de medidas que incluyan la promoción de industrias intensivas en capital humano. Bajo este contexto la política educativa podría tener el éxito esperado, ya que sólo así sería posible que la *producción* de residentes con educación superior en una ciudad pudiese traducirse en un aumento en el *stock* o número de trabajadores cualificados que ahí laboran. Si, por el contrario, existe una débil asociación entre la *formación* los trabajadores con educación superior y el *uso* de los mismos a nivel local, los gobiernos estatales y municipales invertirán por debajo del nivel óptimo, en la medida en que la "fuga de cerebros" limitará los incentivos para ello. Así, es recomendable que hasta que un determinado ámbito geográfico no logre alcanzar un adecuado emparejamiento entre la *producción* y *uso* de los trabajadores con educación superior, el gobierno central contribuya de forma relevante en la inversión en educación, en conjunto con una política federal de fomento y promoción de actividades intensivas en personal cualificado el ámbito local. En estos esfuerzos, la participación de los gobiernos locales juega un papel fundamental, en la medida en que son éstos los que se encuentran mejor informados acerca de sus propias necesidades y del tipo de industrias en las que tienen ventajas comparativas y competitivas.

V. CONSIDERACIONES GENERALES Y RECOMENDACIONES DE POLÍTICA PÚBLICA

A partir de la teoría urbana y de la metodología empírica que se ha puesto en práctica a escala internacional, ha sido posible, por un lado, encontrar evidencia sobre el *alcance* o naturaleza industrial de las economías de aglomeración y, por otro, cuantificar la relevancia de la concentración del capital humano en las ciudades como *fuente* de economía externa. En cuanto a esta última estimación, como se ha mencionado, el procedimiento empírico utilizado a escala internacional es todavía muy reciente y enfrenta retos por superar, siendo quizás el más importante la necesidad de avanzar en identificar empíricamente el canal preciso de actuación de los derrames del conocimiento. Con estas salvedades, los resultados constituyen las primeras aproximaciones del efecto externo de la educación en México bajo esta metodología.

Los resultados asociados con el *alcance* industrial de las economías de aglomeración, apuntan a que en el ámbito urbano en México las economías externas derivadas de la urbanización son en general más relevantes que las que surgen de la localización industrial. Estos resultados ponen en evidencia que las ventajas que la concentración geográfica de la actividad industrial ofrece, puestas de manifiesto al nivel teórico y documentadas en diversos trabajos empíricos al nivel internacional, en general no son explotadas por las pequeñas y medianas empresas mexicanas. Asimismo, las externalidades por industrias relacionadas son sólo relevantes en un limitado número de ramas industriales de baja sofisticación tecnológica. La evidencia sugiere, también, que conforme ha avanzado el proceso de integración comercial de México con América del Norte, las cadenas y relaciones cliente-proveedor nacionales al parecer se han debilitado ante una creciente penetración de insumos y componentes importados, particularmente en las industrias de maquila para la exportación.

Si bien al parecer hay beneficios positivos del tamaño urbano y la diversidad en las industrias de manufacturas en las ciudades, el tamaño interno de las plantas es, sin duda y de forma categórica, la principal economía en México. De esta forma, una conclusión importante que se deriva de la presente investigación es que las economías en el ámbito urbano en el país (cuando éstas se dan) son más bien internas a las empresas y no tanto externas a las mismas dentro del espacio geográfico en el que se localizan. Como se ha comentado, diversos autores concluyen a que las economías de escala al interior de las plantas manufactureras mexicanas se han dado a consecuencia de operar con mayores niveles de utilización de la capacidad instalada, principalmente a partir de mediados de los ochenta cuando la economía se abre al comercio exterior[206]. De esta manera, se puede afirmar que el aparato productivo de las manufacturas en el ámbito urbano de México, en general está desaprovechando la ventaja que implica la posibilidad de generar externalidades facilitadas por la concentración espacial de la actividad. Como se ha visto a través de los distintos estudios empíricos al nivel internacional, estas economías externas pueden llegar a explicar una parte destacada de la productividad.

Las recomendaciones de política regional y urbana que se desprenden de estos resultados se basan en buscar fomentar las relaciones y eslabonamientos intra e inter-industriales al nivel territorial en México. Al parecer, las economías de la escala industrial y entre industrias similares se ven obstaculizadas por la falta de un entorno territorial propicio para la cooperación y las relaciones de complementariedad entre empresas, que en otros entornos llegan a influir de forma relevante sobre la productividad. En este sentido, deben hacerse esfuerzos en México para impulsar las articulaciones de los establecimientos con el entorno inmediato, a fin de que las ventajas de la localización y la concentración espacial de las actividades y recursos productivos se incrementen.

En lo que respecta a la industria maquiladora de exportación, la política debe orientarse a buscar sustituir gradualmente a los proveedores extranjeros de insumos, partes y accesorios dentro del proceso productivo por empresas subsidiarias nacionales. Para ello, se debe promover y facilitar el aprendizaje gerencial, así como mejorar e incrementar la cualificación de la mano de obra local, para después contar con empresas propias generadoras de estos insumos y componentes. De esta forma, se debe buscar de que el modelo maquilador en México sea un vehículo de innovación y aprendizaje regional, y no sólo actúe como una economía "de enclave". Como se comentó, los reducidos efectos de las economías de localización observados en las industrias maquiladoras sugieren que dichas industrias operan en México bajo rendimientos constantes a escala, lo que es congruente con el modelo de red regional

[206] Como ejemplo se ha citado a Hernández Laos (1994b).

de Hanson (1996). El autor plantea que la fase de producción relacionada con el ensamblaje, que se lleva acabo en los países de bajos costes salariales, tiende a generar rendimientos constantes a escala. Por el contrario, la fase de producción ligada con el diseño e innovación de productos, que se efectúa en los países desarrollados, presenta rendimientos crecientes a escala. Estas últimas zonas, al concentrar la mayor parte de las actividades de diseño, servicios y mano de obra especializados, generan importantes economías de localización. Argumenta que las economías de localización en esos países se generan de forma endógena por el hecho de que las actividades de diseño involucran servicios especializados subsidiarios, cada uno produciendo bajo rendimientos crecientes. De esta manera, mediante la aglomeración en esos centros industriales, las empresas comparten capacidad de innovación y expanden la gama de servicios para ellas disponible[207].

Bajo esta perspectiva, la reubicación del empleo observado hacia las zonas fronterizas de México al parecer responde únicamente a la necesidad de las plantas de localizarse cerca del mercado externo y reducir con ello los costes de transporte, y no tanto a la existencia de rendimientos crecientes en la producción o a la presencia de economías externas en esos sitios; así, los rendimientos crecientes más bien deben presentarse en las ciudades innovadoras de países desarrollados, es decir, en las ubicadas en el lado estadounidense (o en otra parte del mundo). De esta forma, el acceso al mercado de Estados Unidos constituye únicamente, por sí mismo, una atracción locacional que ha dado lugar a una importante concentración de empleo en industrias de alta tecnología (particularmente aquéllas asociadas con la maquila) en la frontera norte del país[208].

---

[207] Hanson (1996) pone de manifiesto que las actividades como el diseño y el *marketing* son tareas especializadas que requieren mano de obra cualificada. Ejemplifica que en el caso de la industria de la ropa de moda, estas actividades se concentran a nivel global en Nueva York y Los Ángeles (el hecho de que estas ciudades se constituyan como dos de las principales productoras de ropa es posiblemente la evidencia más clara de la presencia de economías de localización). Las actividades de ensamblaje, por su parte, requieren de menores cualificaciones y se desarrollan principalmente en empresas localizadas en países con bajos niveles salariales.

[208] Cabe señalar que, en los últimos 10 ó 15 años ha habido un surgimiento importante de plantas maquiladoras en el interior del país, especialmente en las regiones del norte y centro-norte así como, aunque en mucho menor medida, en las de la Península de Yucatán, formando así una "segunda corona" de actividad maquiladora en México. Evidencia encontrada en la presente investigación indica que, al parecer, estas actividades tienen un mayor contenido local en el proceso productivo respecto a las que se localizan en la frontera norte de México.

Cabe señalar que a nivel mundial buena parte de las industrias de elevada intensidad tecnológica, funcionan en el territorio con base en esquemas productivos *justo a tiempo* (JAT). Ello requiere que el espacio geográfico donde se localizan las empresas (normalmente de tamaño pequeño y mediano) brinde un entorno integral altamente competitivo, de tal forma que las plantas, especializadas en las distintas fases de producción y concatenadas unas con otras, puedan tener acceso a los factores productivos e insumos requeridos de manera eficiente. Dado que no se cuentan con inventarios, el entorno o "distrito industrial" debe asegurar que las diversas fases de la producción se cumplan en tiempo y forma, sin que dicho proceso se detenga, ya que sólo así es posible satisfacer al consumidor final condicionado al tiempo, calidad y cantidad comprometidos. Entre otros aspectos, ello requiere contar con un suficiente *stock* de mano de obra calificada, adecuadas infraestructuras (de comunicaciones y transportes, energética, tecnológica e institucional, entre otras), seguridad pública y Estado de Derecho *en el territorio*. De esta manera, para lograr sustituir eficientemente a los proveedores internacionales de partes y componentes dentro de la industria maquiladora de exportación en México es fundamental que, entre otros elementos, las regiones donde se localiza (o deba localizarse) la actividad ofrezcan condiciones propicias para implementar esquemas de producción JAT.

Así, un elemento de gran relevancia a considerar dentro de la estrategia de desarrollo urbano-regional en torno a la maquila es el de una eficiente política de infraestructura física, así como educativa y de capacitación de la mano de obra, que facilite la difusión de los procesos tecnológicos en el tejido productivo local y permita la gradual localización de empresas proveedoras de partes y accesorios necesarios por las ensambladoras principales. En la medida en que en las localidades mexicanas ofrezcan condiciones propicias en infraestructura logística, así como un mínimo *stock* de ingenieros y trabajadores cualificados y especializados, este tipo de empresas tenderán a ubicarse en esas zonas y, a la postre, podrán incorporarse de forma creciente dentro de encadenamientos globales de alto valor agregado. En cuanto al nivel educativo se refiere, en la presente investigación se ha encontrado evidencia sobre un efecto positivo importante sobre la productividad de la proporción de trabajadores con educación profesional media, superior y de posgrado en industrias altamente maquiladoras, particularmente 15: "Maquinaria y equipo con o sin motor eléctrico" y 17: "Instrumentos y equipo de precisión" (aunque para 1998 el efecto es no significativo en esta última industria). Este resultado parece coincidir con lo puesto de manifiesto en el trabajo de Feenstra y Hanson (1997), en el que se comprueba empíricamente que los flujos de capitales hacia el país, medidos en términos de la industria maquiladora de exportación, han dado lugar a un incremento en la demanda de los trabajadores más educados, contribuyendo con ello a una mayor inequidad salarial en las zonas en donde la actividad se concentra. De esta forma, uno de los retos en este aspecto consiste en elevar los niveles educativos y las productividades del resto de trabajadores ocupados en la industria maquiladora. Se trata de que dichos trabajadores se vayan involucrando cada vez más a las actividades de control, diseño e innovación de la producción. Para ello, sin embargo, es indispensable incrementar sus habilidades y cualificaciones mediante de efectivas medidas de capacitación, adiestramiento y aprendizaje.

Otro de los elementos prioritarios a considerar, y que va de la mano con la política educativa, es el del fomento y promoción de la cultura empresarial local. La experiencia de la industria automotriz constituye, en este sentido, un caso ejemplar y pone en evidencia que la cultura empresarial en el ámbito local tiene un papel importante. Como se ha comentado, esa industria ha ganado competitividad hasta constituirse actualmente en uno de las industrias exportadores más dinámicos de México. Las regiones en las que esta industria se ha localizado en los últimos años (principalmente el Centro-norte y Noreste del país, aunque no son las únicas) han ofrecido condiciones propicias para crear amplias redes de proveedores locales y aplicar sistemas productivos flexibles como el JAT. La elevada disponibilidad de la mano de obra a ser entrenada en múltiples oficios y, en general, la mayor cultura empresarial de los trabajadores en esas zonas, han facilitado la instalación estos complejos exportadores de alto valor añadido en México[209]. Como se ha comprobado, el contacto entre plantas necesario para llevar a cabo este tipo de sistemas de producción genera externalidades difíciles de obtener en otros medios. De esta manera, la experiencia de la industria automotriz en el país es prueba de que, si se logran extender las condiciones adecuadas al nivel urbano-regional, es posible obtener beneficios similares en otras

[209] Sin duda otros factores locacionales específicos, tales como preferencias fiscales, infraestructuras y, en general, el nivel y calidad de los servicios públicos en las zonas del norte del país han sido, complementariamente, elementos clave para la el fomento e impulso de los encadenamientos productivos y la instalación de plantas exportadoras con sistemas JAT; ver por ejemplo Ramírez (1999).

industrias de elevada sofisticación tecnología, y no sólo estar sujetos a la realización de actividades de ensamblaje.

Determinar la dimensión industrial de las economías de aglomeración tiene importantes implicaciones para la el responsable de la planeación y el desarrollo urbano e industrial. En particular, si una determinada industria está sujeta a economías de localización, los productores tenderán a aglomerarse en pocas ciudades especializadas para fabricar manufacturas de *esa* misma industria, o bien de un conjunto de industrias similares muy interrelacionadas entre sí. De esta manera, la especialización promueve o facilita la explotación de economías de escala externas en un determinado espacio geográfico, sin aumentos importantes en los niveles de renta del suelo y, en general, en los costes de congestión. Por ejemplo, a escala internacional muchas manufacturas con procesos estandarizados en la producción (tales como textiles, procesamiento de alimentos, acero, producción de automóviles, o madera y sus productos) tienden a localizarse en ciudades pequeñas especializadas, debido a que es más eficiente[210]. Por el contrario, si una industria está sujeta a economías de urbanización/diversidad, entonces para explotar su potencial se requiere de un entorno diverso y, usualmente, de tamaño elevado. Es así como las manufacturas de imprentas y editoriales, pero también los servicios financieros, de asesoría y administración, y actividades de investigación y desarrollo, tienden a aglomerarse en las áreas metropolitanas grandes ya que, al hacerlo, se maximizan los beneficios de la concentración espacial de la actividad económica[211].

Por tanto, determinar el *alcance* o *naturaleza* industrial de las economías de aglomeración brinda elementos relevantes para el diseño una política de desarrollo urbano-regional que, a partir de la composición industrial (especializada o diversa) que más convenga, contribuya a maximizar los beneficios externos de la aglomeración y minimizar los costes de congestión. En este sentido, la misión del responsable de las políticas públicas en esta materia debe ser promover todas aquellas condiciones locales (infraestructura, capital humano, tecnología, I+D, etcétera) para atraer el tipo de industrias que permitan explotar y maximizar los beneficios de la concentración espacial de la actividad, a partir de las características particulares de cada zona, como

---

[210] Henderson (1997).
[211] *Op cit.*

la ubicación geográfica (si es un área del *hinterland* o si es ciudad central, por ejemplo), el tamaño urbano, y el papel que juega (o debería jugar) dentro de una posible red o sistema de ciudades, entre otros aspectos. Como se ha comprobado, en el caso de las áreas metropolitanas de México existe una enorme área de oportunidad en esta materia, particularmente en cuanto a la promoción de industrias de alta intensidad tecnológica en zonas con potencial a explotar dinámicas tipo "distrito industrial". El fomento de este tipo de industrias y ámbitos en México es aun más relevante y urgente, ante el creciente proceso que el país está experimentando en materia de apertura comercial. En este sentido, México tiene el reto y la oportunidad de aprender de nuevos procesos diseñados a escala mundial e insertarse en redes globales de producción de alto valor agregado, ante la inigualable ventaja que implica su proximidad geográfica con uno de los mercados más relevantes a escala internacional, siempre y cuando brinde las condiciones locales competitivas suficientes y necesarias para ello; en particular, destaca la necesidad de asegurar un adecuado nivel y calidad de infraestructuras en logística para la producción eficiente así como, de forma relevante, invertir en capitales físico, tecnológico, humano e institucional.

Con relación a las estimaciones orientadas a medir las externalidades del capital humano en el ámbito local de México, los resultados han corroborado la existencia de una importante asociación entre la escolaridad promedio y la productividad, con efectos que se ubican dentro del rango obtenido en los trabajos a escala internacional que suponen sustitución perfecta entre trabajadores cualificados y no cualificados. Asimismo, se ha comprobado que el efecto del empleo total en las ciudades y estados es importante, lo que corrobora la relevancia de la aglomeración como fuente de externalidad. Los resultados asociados con las *dummies* regionales de las estimaciones del *cross-section* en general sugieren que la concentración del capital humano tiene mayor incidencia sobre la productividad de los trabajadores de las ciudades y entidades federativas del Noroeste, Noreste y Capital. Los efectos de la aglomeración, por su parte, al parecer son muchos más importantes en las ciudades y estados de la región Capital. De hecho, la evidencia señala que una vez controlando por las ventajas de la concentración del capital humano y la aglomeración, la Ciudad de México deja de mostrar un componente fijo elevado, cayendo incluso por debajo de otras ciudades, en especial de las ubicadas en la región Sur y Península de Yucatán, las menos productivas pero también donde existen menores costes de congestión. Por su parte, la menor reducción del efecto específico regional en las ciudades Fronterizas sugiere que la concentración del capital humano y del empleo en las mismas no tiene un impacto relevante sobre la productividad. Es posible que la concentración de las actividades de ensamblaje asociados a la industria maquiladora de exportación en esas ciudades, al igual que la reducida importancia de las economías de localización en tales actividades puesta en evidencia en la presente investigación, se asocie a la ausencia de efectos de derrame del conocimiento en las mismas.

Al controlar las estimaciones del efecto del nivel educativo agregado por posibles efectos estándar de oferta la evidencia apunta que, al parecer, la mayor parte del efecto agregado total de la educación sobre el salario promedio se atribuye a un efecto externo de la escolaridad en las ciudades. Esto sugiere que si bien existen efectos estándar de oferta, éstos no son muy relevantes en el mercado laboral mexicano. Es importante señalar sin embargo que, dada la falta de instrumentos válidos para controlar una posible endogeneidad entre la escolaridad promedio y los salarios en las ciudades, estos resultados deben tomarse con cautela, ya que suponen la ausencia de algún sesgo derivado de una posible correlación entre ambas variables.

Al margen de estas salvedades, los resultados obtenidos constituyen las primeras aproximaciones del efecto externo de la educación en el ámbito local en México lo que, sin duda, trascendental. En particular, la posibilidad de que el rendimiento social de la educación difiera del privado como resultado de la presencia de externalidades tiene, en la práctica, implicaciones de política educativa fundamentales. De hecho, como se sabe, gran parte del argumento de la educación pública proviene del reconocimiento de que la educación no sólo beneficia al individuo que la posee, sino que también genera una variedad de beneficios que se comparten entre la sociedad. Como se comentó, sin embargo, el subsidio a la educación se justifica sólo cuando existe de un fallo de mercado, obligando a una intervención gubernamental que contribuya a internalizar dicho efecto externo, con el objetivo de alcanzar el nivel óptimo de oferta educativa. Por este motivo, otro de los frentes en los que se debe avanzar es en identificar el canal preciso de actuación de los derrames de conocimiento.

Teniendo presentes las limitantes metodológicas y técnicas que el procedimiento empírico empleado todavía enfrenta, los resultados de la presente investigación señalan que el efecto externo de la educación en México aparentemente tiene un componente local importante, lo que en principio sugeriría el diseño de un sistema común de financiación de la educación, donde parte del mismo provenga de impuestos locales. Cabe señalar, sin embargo, que desde el punto de vista de los gobiernos locales, un problema de subsidiar la producción de capital humano es que las personas que reciben la formación son móviles; por este motivo, es posible que de las externalidades de la educación tengan un alcance geográfico mayor (regional o nacional). De esta forma, la política de educación que se recomienda implementar a nivel local en México debe mirarse dentro de un "paquete integral" de medidas que incluyan la promoción de industrias intensivas en capital humano en las ciudades y estados. Bajo este contexto la política educativa podría tener el éxito esperado, ya que sólo así sería posible que la *producción* de residentes con educación superior en una localidad pueda traducirse en un aumento en el *stock* o número de trabajadores cualificados que ahí laboran. Si, por el contrario, existe una baja asociación entre la *formación* los trabajadores con educación superior y el *uso* de los mismos a nivel local, los gobiernos estatales y municipales invertirán por debajo del nivel óptimo, en la medida en que la "fuga de cerebros" limitará los incentivos para ello. Así, es recomendable que hasta que un determinado ámbito geográfico no logre alcanzar un adecuado emparejamiento entre la *producción* y *uso* de los trabajadores con educación superior, el gobierno central contribuya de forma importante en la inversión en educación, en conjunto con una política federal de fomento y promoción de actividades intensivas en personal cualificado el ámbito local.

Sin duda estas recomendaciones se relacionan de forma directa con las que se derivan del análisis orientado a cuantificar el *alcance* industrial de las economías de aglomeración, y que se han presentado con anterioridad. En particular, como se comentó, es fundamental implementar políticas que doten a las zonas urbanas y regiones del país de las condiciones infraestructurales necesarias, no sólo para atraer industrias de elevada intensidad tecnológica, sino también para generar sistemas de proveeduría y eslabonamientos productivos locales de alto valor agregado, lo que eventualmente se reflejaría y traduciría en una mayor capacidad del territorio para generar economías externas, ya sea de localización (especialización) o de urbanización (diversidad). Dado que estas industrias por lo general son intensivas en capital humano, ello requiere, entre otros aspectos, promover también el nivel educativo y la capacitación de los trabajadores en las localidades de acuerdo a las necesidades de esas actividades. En otras palabras, buena parte de los esfuerzos para mejorar el contexto locacional de las ciudades y regiones del país para elevar la productividad de las manufacturas, particularmente en aquellas industrias de elevada intensidad tecnológica, debe basarse en una agresiva política educativa derivada una importante vinculación entre los sectores académico y productivo. Esto, a la postre, contribuirá a incrementar la asociación entre la *formación* los trabajadores con educación superior y el *uso* de los mismos a escala local.

BIBLIOGRAFÍA

1. Abdel-Rahman, H. M. (1987): "Product Differentiation, Monopolistic Competition and City Size", *Regional Science and Urban Economics*, 18, pp. 69-86.

2. Acemoglu, D. (1996): "A microfundation for social increasing returns in human capital accumulation", *Quartely Journal of Economics*, pp. 779-804.

3. Acemoglu, D. y Angrist (2000): "How Large are Human Capital Externalities?" Evidence from Compulsory School Laws", *NBER*, WP7444.

4. Alonso, José (1997), "Efectos del TLCAN en la microindustria del vestido de Tlaxcala, México", *Comercio Exterior*, Vol. 47, No.2, febrero, México.

5. Adams, J. D. y Jaffe, A. B. (1996): "Bounding the effects of R&D: an investigation using matched establishment-firm data", *Rand Journal of Economics*, 27, 4, pp. 700-721.

6. Ades, A. F. y E. L. Glaeser (1995): "Trade and Circuses: Explaining Urban Gigants", *Quarterly Journal of Economics*, 110, pp. 195-227.

7. Arrow, K. (1962): "The economic implications of learning by doing", *Review of Economic Studies*, 29, pp. 155-173.

8. Audretsch, B. D. y Feldman, M. P. (1996a): "Innovate Clusters and the Industry Life Cycle", *Review of Industrial Organization* 11, pp. 253-273, 630-640.

9. Audretsch, B. D. y Feldman, M. P. (1996b): "R&D spillovers and the geography of innovation and production", *American Economic Review* 86:3, pp. 630-640.

10. Barceinas (2001): "Capital Humano y Rendimientos de la Educación en México", Tesis Doctoral, Departamento de Economía Aplicada, Universidad Autónoma de Barcelona. Barcelona, España, enero de 2001.

11. Bartik, T. (1994): "What should the Federal Goverment be doing about urban economic development?", *Cityscape* , 1 (1), pp. 267-291.

12. Bartlesman, E. J, R. J. Caballero y R. K. Lyons (1994): "Customer and supplier-driven externalities", *American Economic Review* 84(4): 1075-1084.

13. Becattini, J. (1979): "Del 'sector' industrial al 'districte' industrial", *Revista Econòmica de Catalunya*, núm. 1, 1986.

14. Becattini, J. (1992): "El distrito industrial marshalliano como concepto socio-económico", en Los Distritos Industriales y las Pequeñas Empresas, eds. F. Pyke, G. Becattini, y W. Sengenberger, pp. 61-79. Ministerio de Trabajo y Seguridad Social, Madrid.

15. Becker, Gary S. y Kevin M. Murphy (1992): "The division of labor, coordination costs, and knowledge", *Quarterly Journal of Economics* 107 (4): 1137-1160.

16. Bikhchandani, Sushil, David Hirshleifer y Ivo Welch (1992): "A theory of fads, fashion, custom, and cultural-change as informational cascades", *Journal of Economic Perspectives*, 12(3): 151-170.

17. Borjas, G. (1992): "Ethnic Capital and Intergenerational Mobility", *Quarterly Journal of Economics*, febrero, pp. 123-150.

18. Borjas, G. (1995): "Ethnicity, Neighborhoods and Human-capital Externalities", *American Economic Review*, 85 (3), pp. 365-389.

19. Bound, J., D. A. Jaeger y R. M. Baker (1995): "Problems with instrumental variables estimation when the correlation between the instruments and the endogenous explanatory variables is weak", *Journal of American Statistical Association*, vol. 90, 430, pp. 443-450.

20. Bound, J., Groen, J., Kezdi, G. y Turner, S. (2001): "Trade in University Training: Cross-State Variation in The Production and Use of College-Educated Labor", WP 8555, *NBER*, octubre de 2001.

21. Brown, F. y Guzmán, A. (1998): " Cambio tecnológico y productividad en la siderurgia mexicana, 1984-1994", *Comercio Exterior*, octubre 1998, México.

22. Callejón, F. (1998): "Factores estratégicos del desarrollo local. En foques y políticas públicas locales", *Elements de debat territorial*, Diputació de Barcelona, Àrea de Cooperació.

23. Card, D. (1999): "Education in the labor market", en Handbook of Labor Economics, Ashenfelter, O. y Card, D. editores, North Holland, Amsterdam.

24. Carlino, G. A. (1979): "Increasing Returns to Scale in Metropolitan Manufacturing", *Journal of Regional Science*, 19, pp. 363-373.

25. Carlton, D. W. (1983): "The Location and Employment Choices of New Firms: An Econometric Model with Discrete and Continuous Endogenous Variables", *Review of Economics and Statistics*, 65: 440-449.

26. Chamley, Christope y Douglas Gale (1994): "Information revelation and strategic delay in a model of investment", *Econometrica* 62(5):1065-1085.

27. Chinitz, B. (1961): "Contrasts in agglomeration: New York and Pittsburgh", *American Economic Review*, 71, pp. 279-289.

28. Ciccone, A. (2002): "Agglomeration effects in Europe", *European Economic Review* 46: 213-227.

29. Ciccone, Antonio y R. E. Hall (1996): "Productivity and the Density of Economic Activity", *American Economic Review*, 86: 54-70.

30. Ciccone, Antonio, Peri, G. y Almond, D. (1999): "Capital, Wages, and Growth: Theory and Evidence", Centre for Economic Policy Research Discussion Paper No. 2199.

31. Ciccone, Antonio y Peri, G. (2000): "Human Capital and Externalities in Cities", Centre for Economic Policy Research Discussion Paper No. 2599.

32. Ciccone, Antonio y Peri, G., Giovanni, (2002): "Identifying Human Capital Externalities: Theory with an Application to US Cities", IZA Discussion Paper number 488, Institute for the Study of Labor.

33. Ciccone, Antonio y Peri, G., Giovanni (2006), "Identifying Human-Capital Externalities: Theory with Applications". *Review of Economic Studies*, Vol. 73, No. 2, pp. 381-412.

34. Combes (2000): "Economic structure and local growth: France, 1984-1993", *Journal of Urban Economics* 47: 329-335.

35. Conley, T., Flyer, F. y Tsiang, G. (1999): "Local Market Human Capital and the Spatial Distribution of Productivity in Malaysia", Mimeo, Universidad de Northwestern, febrero.

36. Consejo Nacional de Ciencia y Tecnología -Conacyt- y Secretaría de Educación Pública -SEP- (1998): "Indicadores de actividades científicas y tecnológicas", México.

37. Consejo Nacional de Ciencia y Tecnología -Conacyt- y Secretaría de Educación Pública -SEP- (2001): "Indicadores de actividades científicas y tecnológicas", México.

38. De la Fuente, A. y R. Doménech (2001): "Schooling Data, Technological Diffusion and the Neoclassical Model", *American Economic Review*, 91(2), pp. 323-327.

39. De la Garza, Enrique, Arteaga, A., Herrera, F., Melgoza, L. J., Torres, J.L. (1995): "Modelos de Industrialización en México", *Cuadernos del Trabajo*, 15, STPS, México.

40. De la Garza, Enrique (2005): "Modelos de producción en la manufactura ¿Crisis del toyotismo precario?", en Modelos de Producción en la Maquila de Exportación, De la Garza, E. (coordinador), México DF, UAM-Plaza y Valdés.

41. Denle, R y J. Eaton (1999): "Agglomeration and land rents: evidence from the prefectures", *Journal of Urban Economics*, 46, 200-214.

42. Dixit, A. K. y Stiglitz, J. E. (1977): "Monopolistic Competition and Optimum Product Diversity", *American Economic Review*, 67, 297-308.

43. Duranton, G. (1998): "Labor specialization, transport costs, and city size", *Journal of Regional Science*, 38 (4): 553-573.

44. Duranton, G. (2004). "Human Capital Externalities in Cities: Identification and Policy Issues", WP, London School of Economics and CEPR, Londres, junio de 2004.

45. Duranton, G. y Puga, D. (2001): "Nursery cities: Urban diversity, process innovation, and the life cycle of products", *American Economic Review*, 91 (5): 1454-1477.

46. Duranton, G. y Puga, D. (2004): "Micro-foundations of Urban Agglomeration Economies", en Handbook of Urban and Regional Economics, volume 4. Editado por Henderson, V. y Thisse, J-F, North Holland, pp. 2063-2111.

47. Eaton, Jonathan y Zvi Eckstein (1997): "Cities and growth: Theory and evidence from France and Japan", *Regional Science and Urban Economics* 27(4-5): 443-474.

48. Eberts, R. W. y D. P. McMillen (1999): "Agglomeration Economies and Urban Public Infrastructure", en Handbook of Regional and Urban Economics, volume 3. Editado por Mills, E. S. y Cheshire, P. Nueva York, North Holland, pp. 1455-1495.

49. Ellison, G y E. Glaeser (1997): "Geographic Concentration in U.S. Manufacturing Industries: A Dartboard Approach", *Journal of Political Economy* 105: 889-927.

50. Estall, R. (1985): "Stock Control In Manufacturing: The Just In Time System And Its Location Implications", *Area*, 17, 2.

51. Feenstra, R.C. y Hanson, G. (1997): "Foreign direct investment and relative wages: Evidence from Mexico's maquiladoras", *Journal of International Economics*, 42, pp. 371-393

52. Fujita, M, Krugman, P. y Venables, A. J, (1999) The Spatial Economy: Cities, Regions, and Internacional Trade, MIT Press, Cambridge, Massachusets.

53. Fujita, M. y Thisse, J. (1996): "Economics of Agglomeration", *Journal of the Japanese and International Economies*, 10, pp. 339-378.

54. Garro B., Nora, Vinicio Gómez M. y Jorge Meléndez B. (1997), "Situación ocupacional y niveles de ingreso de los trabajadores en relación con su educación

y capacitación", *Cuaderno de Trabajo 12*, Secretaría del Trabajo y Previsión Social, México.

55. Garro B., Jorge Meléndez B. y Eduardo Rodríguez-Oreggia (2005): "Un modelo del mercado laboral mexicano con trabajo con y sin seguro social (IMSS)", Serie de Documentos de Investigación, documento de trabajo número 15, primera edición, 2005. Universidad Iberoamericana.

56. Garza, G. y Rivera, S. (1994): *Dinámica macroeconómica de las ciudades en México*. INEGI, Colmex y UNAM.

57. Glaeser, Edward L. (1999): "Learning in Cities", *Journal of Urban Economics* 46, 254-277.

58. Glaeser, Edward L. y David C. Mare (2001): "Cities and Skills", *Journal of Labor Economics* 19(2), pp. 316-342.

59. Glaeser, Edward L., H. D. Kallal, J. A. Scheinkman, y A. Shleifer (1992): "Growth in Cities", *Journal of Political Economy* 100, pp. 1126-1152.

60. Golstein y Gronberg (1984): "Economies of Scope and Economies of Agglomeration", *Journal of Urban Economics*, 16, pp. 91-104.

61. Goicolea, A, Herce, J. A y Lucio J. J. (1995): "Patrones Territoriales de Crecimiento Industrial en España", FEDEA, Madrid.

62. Hall, R. y C. Jones (1999): "Why Do Some Countries Produce so Much More Output per Worker than Others?", *Quarterly Journal of Economics*, 114(1), págs. 83-116.

63. Hanson, G. (1996): "Localization Economies, Vertical Organization, and Trade", *American Economic Review*, 86, pp. 1266-1278.

64. Hanson, G. (1997): "Increasing Returns, Trade and the Regional Structure of Wages", *The Economic Journal*, 107, pp. 113-133.

65. Hanson, G. (1998): "Regional adjustment to trade liberalization". *Regional Science and Urban Economics*, 28, pp. 419-444.

66. Heckman, J., L. Lochner y C. Taber (1998): "Explaining Rising Wage Inequality: Explorations with Dynamic General Equilibrium Model of Labor Earnings with Heterogeneous Agents", *Review of Economic Dynamics*, 1, pp. 1-58.

67. Helsey; R. W. y Sullivan (1991): "Urban Subcenter Formation", *Regional Science and Urban Economics*, 21, pp. 255-275.

68. Helsey; R. W. y W. C. Strange (1990): "Agglomeration Economies and Matching in a System of Cities", *Regional Science and Urban Economics*, 20, pp. 189-212.

69. Helsey, R. W. y W. C. Strange (2002): "Innovation and input sharing", *Journal of Urban Economics* 51(1): 25-45.

70. Henderson, J. V. (1983): "Industrial bases and city sizes", *American Economic Review*, 73, pp. 164-168.

71. Henderson, J. V. (1986): "The efficiency of resource usage and city size", *Journal of Urban Economics*, 19, pp. 47-70.

72. Henderson, J. V. (1988): Urban Development, Theory, Fact and Illusion, O.U.P.

73. Henderson, J.V., Kuncoro, A., Turner, M. (1995): "Industrial Development in Cities, *Journal of Political Economy*, 103, pp. 1067-1085.

74. Henderson, J. V. (1997a): "Externalities and Industrial Development", *Journal of Urban Economics* 42, pp. 449-470.

75. Henderson, J. V. (1997b): "Medium Size Cities", *Regional Science and Urban Economics*, 27, pp. 583-612.

76. Henderson, J. V. (2003a): "Marshall's Scale Economies", *Journal of Urban Economics*, 53, pp. 1-28.

77. Henderson, J. V. (2003b): "The Urbanization Process and Economic Growth: The So-What Question", *Journal of Economic Growth*, 8, pp. 47-71.

78. Henderson, J. V., A. Kuncoro y M. Turner (1995): "Industrial Development in Cities", *Journal of Political Economy* 103, pp. 1067-1085.

79. Hernández Laos, E. (1985): La Productividad y el desarrollo Industrial en México, Fondo de Cultura Económica, 1985, primera edición, México DF.

80. Hernández Laos, E. (1994a): "Diferenciales de Productividad entre México, Canadá y Estados Unidos", *Cuadernos del Trabajo*, 5, STPS, México.

81. Hernández Laos, E. (1994b): "Tendencia de la Productividad Total de los Factores en México (1970-1991)", *Cuadernos del Trabajo*, 8, STPS, México.

82. Hilderbrand y Mace (1950): "The Employment Multiplier in an Expanding Industrial Market Condado de Los Angeles, 1940-1947", *Review of Economics and Statistics*, 32, pp 341-349.

83. Holmes, T. J. (1999): "Localization of Industry and Vertical Disintegration", *Review of Economics and Statistics*, 81(2), pp. 314-325.

84. Holmes, T. J. y J. J. Stevens (2002): "Geographic Concentration and Establishment Scale", *Review of Economics and Statistics*, 84(4), pp. 682-691.

85. INEGI (1994), Censo Económico 1994, disco compacto.

86. INEGI (1999), Censo Económico 1999, disco compacto.

87. INEGI, Encuesta Nacional de Empleo Urbano, varios años, discos compactos.

88. Jacobs, Jane (1969): The Economy of Cities, New York, Random House.

89. Jaffe, A. B., M. Trajitenberg y R. Henderson (1993): "Geographic Localization of Knowledge Spillovers as Evidenced by Patent Citations", *Quarterly Jornual of Economics* 108: 577-598.

90. Jovanovic, Boyan y Rafael Rob (1989): "The growth and diffusion of knowledge", *Review of Economic Studies*, 56 (4): 569-582.

91. Jovanovic, Boyan y Yaw Nyarko (1995): "The transfer of human capital", *Journal of Economic Dynamics and Control*, 19 (5-7): 1033-1064.

92. Kanemoto, Y., T. Ohkawara, and T. Suzuki, (1996), "Agglomeration Economies and a Test for Optimal City Sizes in Japan," *Journal of the Japanese and International Economies* 10, 379-398.

93. Katz, L. F. y Murphy, K. M. (1992): "Changes in relative wages in the United States: Supply and demand factors", *The Quarterly Journal of Economics*, 107, 35-78.

94. Krugman, P. (1990): <u>Geografía y comercio</u>, Antoni Bosch Editor, Barcelona.

95. Krugman, P. (1991): "Increasing returns and economic geography", *Journal of Political Economy*, 99, pp. 183-199.

96. Krugman, P. y Elizondo, R. L. (1996): "Trade Policy and the Third World Metropolis", *Journal of Development Economics*, vol. 49, no. 1, pp. 137-150.

97. Krugman, P. y Venables, A. J. (1996): "Globalization and the inequality of nations" *The Quarterly Journal of Economics*", vol. CX.5, pp. 857-880.

98. Kuri, Armando y D. Pacheco Ibarra (1999): "Experiencias de desarrollo territorial en México", *Comercio Exterior*, agosto. México.

99. Leamer, E. (1983): "Let's take the con out of Econometrics", *The American Economic Review*, 73, pp. 31-43.

100. Leamer, E. (1994): <u>Sturdy Econometrics</u>. Edward Elgar Publishing Limited, Aldershot, England.

101. Lucas (1988): "On the Mechanics of Economic Development", *Journal of Monetary Economics* 22, pp. 34-56.

102. Mankiw, G., D. Romer y D. Weil (1992): "A Contribution to Empirics of Economic Growth", *Quarterly Journal of Economics*, 107 (2), pp. 407-438.

103. Marshall, A. (1890): <u>Principles of Economics</u>, Macmillan.

104. Martínez, G. (1999): "Especialización y crecimiento regional de la industria manufacturera en México", tesis de maestría, Departamento de Economía Aplicada, Universidad Autónoma de Barcelona.

105. Meade, J. E. (1952): "External Economies and Diseconomies in a Competitive Situation", *Economic Journal*, vol. 52.

106. Mincer, J. (1974): Schooling, Experience and Earnings. NBER, New York.

107. Moomaw, R. L. (1981): "Productivity and city size: a critique of the evidence", *Quarterly Journal of Economics*, 96: 675-688.

108. Moomaw, R. L. (1983): "Is population scale a worthless surrogate for business agglomeration economies?", *Regional Science and Urban Economics*, 13: 525-545.

109. Moretti, E. (1998): "Social Returns to Education and Human Capital Externalities: Evidence from cities", mimeo, Department of Economics, UCLA, diciembre de 1998.

110. Moretti, E. (2004a): "Human Capital Externalities in Cities", en Handbook of Urban and Regional Economics, volume 4. Editado por Henderson, V. y Thisse, J-F, North Holland, pp. 2243-2289.

111. Moretti, E. (2004b): "Estimating the social return to higher education: evidence from longitudinal data and repeated cross-sectional", *Journal of Econometrics*, 121, pp. 175-212.

112. Mori (1997): "A modeling of megalopolis formation: the maturing of city systems", *Journal of Urban Economics*, 42, pp. 133-157.

113. Mungaray, A. (1998): "Maquiladoras y Organización Industrial en la Frontera Norte de México", *Comercio Exterior*, abril. México.

114. Nakamura, R. (1985): "Agglomeration economies in urban manufacturing industries: A case of Japanese cities", *Journal of Urban Economics* 17, pp. 108-124.

115. OCDE (1997) Science, Technology and Industry, Scoreboard 1997.

116. Ó hUallacháin, B. y M. Satterthwaite (1991): "Sectoral Growth Patterns at the Metropolitan Level". *Journal of Urban Economics*, 1991.

117. Palivos, Theodore y Ping Wang (1996): "Spatial agglomeration and endogenous growth", *Regional Science and Urban Economics*, 26(6): 645-669.

118. Polèse, M. (1999): "Lacation Matters: Comparing the Distriubution of Economic Activity in the Canadian and Mexican Urban Systems", *International Regional Science Review*, 22, 1, pp. 102-132.

119. Qutub S. A. y Richardson H. W. (1986): "The costs of urbanization: a case study of Pakistan", Environ Plan A. 1986, August 18(8): 1,089-113

120. Quintanilla, E. (1991): "Tendencias Recientes de la Localizaci6n de la Industria Maquiladora", *Comercio Exterior*, 41, 9. México.

121. Ramírez, J.C. (1999): "Los nuevos factores de localizaci6n industrial en México. La experiencia de los complejos automotrices de exportación en el norte". *Economía Mexicana, Nueva Época*, vol. 3, núm. 1. CIDE.

122. Rauch, J. E. (1993): "Productivity gains from geographic concentration of human capital: Evidence from the cities", *Journal of Urban Economics* 34, pp. 380-400.

123. Richardson, H. W. (1995): "Economies and Diseconomies of Agglomeration" en H. Giersh (ed.) Urban Agglomeration and Economic Growth, Springer, Berlin.

124. Roback, J. (1982): "Wages, rents, and the quality of life", *Journal of Political Economy*, 90, pp. 1257-1278.

125. Rosen, S. (1979): "Wage-based Indexes of Urban Quality of Life". En Current Issues in Urban Economics, P. Mieszkowski y Straszheim, editores, John Hopkins University Press, Baltimore.

126. Romer, P. (1986): "Increasing Returns and Long Run Growth", *Journal of Political Economy*, 94, pp. 1002-1037.

127. Romer, P. (1990): "Endogenous Technical Change", *Journal of Political Economy*, 98, S71-S101.

128. Rosenthal, S. S. y W. C. Strange (2003): "Geography, Industrial Organization, and Agglomeration", *Review of Economics and Statistics,* 85, 2, pp. 377-393.

129. Rosenthal, S. S. y W. C. Strange (2004): "Evidence on the Nature and Sources of Agglomeration Economies", en Handbook of Urban and Regional Economics, volume 4. Editado por Henderson, V. y Thisse, J-F, North Holland, pp. 2119-2167.

130. Salop, Steven C. (1979): "Monopolistic competition with outside goods", *Bell Journal of Economics*, 10(1): 141-156.

131. Sanromá, E. y Ramos, R. (1999): "Regional Structure of Wages and External Economies in Spain", Documento de Trabajo, División de Ciencias Jurídicas, Económicas y Sociales, Universitat de Barcelona.

132. Satterthwaite (1992): "High-growth Industries and Uneven Metropolitan Growth", en Sources of Metropolitan Growth, Mills, E.S. y McDonald, J.F. Editors, Centre for Urban Policy Research, New Brownswick, N.J.

133. Schultz, T. P. (1998): "Education, investment and returns", en Handbook of Development of Economics Volume 1, Chenery H. y Srinivasan, T. N. Editors, North Holland, Amsterdam.

134. Scitovsky (1954): "Two Concepts of External Economies, *Journal of political Economy*, vol. 17.

135. Segal, D. (1976): "Are there Returns to Scale in City Size?", *Review of Economic and Statistics*, 58, 3, pp. 339-350.

136. Shaiken (1994): "Advanced manufacturing and Mexico: A new international division of labour?", *Latin American Research Review*, 29:2

137. Shoenberger (1987): "Technological and Organizational Change in Automobile Production; Spatial Implications", *Regional Studies*, 21, 3.

138. Shukla (1984): "The Productivity of Indian Cities and Some Implications for Development Policy", Ph.D. Dissertation. Departamento de Economía, Universidad de Princeton.

139. Simon, C. J. (1998): "Human Capital and Metropolitan Employment Growth", *Journal of Urban Economics*, 43, pp. 223-243.

140. Smith, Adam (1776): An Inquiry into the Nature and Causes of the Wealth of Nations, London: Printed for W. Strahan, and T. Cadell.

141. Sobarzo, F. (1997): "Cambio tecnológico y perfil de la mano de obra en el sector manufacturero en México", *Cuaderno de Trabajo* 11, Secretaría del Trabajo y Previsión Social (STPS), México.

142. Spence, M. (1973): "Job market signaling", *Journal of Labor Economics*, 87, pp. 355-374

143. STPS-INEGI (1995): "Encuesta Nacional de Empleo, Salarios, Tecnología y Capacitación en el Sector Manufacturero (ENESTYC) 1992", Secretaría del Trabajo y Previsión Social e Instituto Nacional de Estadística, Geografía e Informática, México.

144. Sveikauskas, L. (1975): "The productivity of cities", *Quarterly Journal of Economics*, 89, pp. 393-414.

145. Tabuchi, T. (1986): "Urban Agglomeration, capital augmenting technology, and labor market equilibrium", *Journal of Urban Economics*, 20, 211-228

146. Tamayo, R. (1997): "The determinants of industrial growth across Mexican regions. A review of empirical evidence and the role of public polices", Documento de trabajo 57, Centro de Investigación y Docencia Económicas (CIDE), México.

147. Topel, R. (1999): "Labor Markets and Economic Growth", en *Handbook of Labor Economics*, Orley Ashenfelter and David Card Editors. North Holland, Amsterdam.

148. Vives, Xavier (1996): "Social learning and rational expectations", *European Economic Review*, 40 (3-5): 589-601.

149. Von Büren, Phillipp y Kaiser, Franc (2001): "Competitive Advantage Analysis of South Korea's Economy", University of Applied Sciences, Solothurn, Northwestern Switzerland, Olten.

150. Wheaton, W. C. y M. J. Lewis (2002): "Urban Wages and Labor Market Aglomeration", *Journal of Urban Economics*, 51, pp. 542-562.

151. Zucker, L. G., Darby, M. R. y Brewer, M. B. (1998): "Intellectual human capital and the birth of U.S. biotechnology enterprises", *American Economic Review*, 88(1), pp. 290-306.

ANEXOS

Anexos al capítulo II

Cuadro A.2.1

Municipios que conforman las áreas metropolitanas de la Encuesta Nacional de Empleo Urbano (ENEU)

ENTIDAD FEDERATIVA		ÁREA METROPOLITANA	MUNICIPIO
09 DISTRITO FEDERAL	1	CD. DE MEXICO	002 Azcapotzalco
			003 Coyoacán
			004 Cuajimalpa de Morelos
			005 Gustavo A. Madero
			006 Iztacalco
			007 Iztapalapa
			008 Magdalena Contreras
			009 Milpa Alta
			010 Álvaro Obregón
			011 Tláhuac
			012 Tlalpan
			013 Xochimilco
			014 Benito Juárez
			015 Cuauhtémoc
			016 Miguel Hidalgo
			017 Venustiano Carranza
15 EDO. DE MEXICO		CD. DE MEXICO	002 Acolman
			011 Atenco
			013 Atizapán de Zaragoza
			020 Coacalco de Berriozabal
			024 Cuautitlán de R. R.
			025 Chalco
			028 Chiautla
			029 Chicoloapan
			030 Chinconcuac
			031 Chimalhuacán
			033 Ecatepec
			037 Huixquilucan
			039 Ixtapaluca
			044 Jaltenco
			053 Melchor Ocampo
			057 Naucalpan
			058 Nezahualcóyotl
			059 Nextlalpan
			060 Nicolás Romero
			069 Papalotla
			070 La Paz
			081 Tecamac
			091 Teoloyucan
			092 Teotihuacan
			093 Tepetlaoxtoc
			095 Tepotzotlán
			099 Texcoco
			100 Tezoyuca
			104 Tlalnepantla de Baz
			108 Tultepec

ENTIDAD FEDERATIVA	ÁREA METROPOLITANA	MUNICIPIO
		109 Tultitlán
		120 Zumpango
		121 Cuautitlán Izcalli
		122 Valle de Chalco Solidaridad
14 JALISCO	2 GUADALAJARA	039 Guadalajara
		070 El Salto
		097 Tlajomulco de Zúñiga
		098 Tlaquepaque
		101 Tonalá
		120 Zapopan
28 TAMAULIPAS	23 TAMPICO	003 Altamira
		009 Ciudad Madero
		038 Tampico
30 VERACRUZ	TAMPICO	123 Panuco
		133 Pueblo Viejo
19 NUEVO LEÓN	3 MONTERREY	006 Apodaca
		018 Garcia
		019 San Pedro Garza García
		021 General Escobedo
		026 Guadalupe
		031 Juárez
		039 Monterrey
		046 San Nicolás de los Garza
		048 Santa Catarina
08 CHIHUAUA	13 CHIHUAHUA	019 Chihuahua
11 GUANAJUATO	7 LEON	020 León
		031 San Francisco del Rincón
31 YUCATÁN	9 MERIDA	041 Kanasín
		050 Mérida
		059 Puerto Progreso
		101 Umán
18 NAYARIT	35 TEPIC	017 Tepic
30 VERACRUZ	25 ORIZABA	014 Amatlán de los Reyes
		030 Camerino Z. Mendoza
		044 Córdoba
		068 Fortín de las Flores
		074 Huiloapan de C.
		081 Ixhuatlancillo
		085 Ixtaczoquitlán
		101 Mariano Escobedo
		115 Nogales
		118 Orizaba
		135 Rafael Delgado
		138 Río Blanco
21 PUEBLA	4 PUEBLA	015 Amozoc
		034 Coronango
		041 Cuautlancingo
		090 Juan C. Bonilla
		106 Ocoyucan
		114 Puebla

ENTIDAD FEDERATIVA	ÁREA METROPOLITANA	MUNICIPIO
		119 San Andrés Cholula
		125 San Gregorio Atzompa
		136 San Miguel Xoxtla
		140 San Pedro Cholula
		181 Tlaltenango
24 SAN LUIS POTOSI	8 SAN LUIS POTOSI	028 San Luis Potosí
		035 Soledad de Graciano S.
05 COAHUILA	36 MONCLOVA	006 Castaños
		010 Frontera
		018 Monclova
		031 San Buenaventura
05 COAHUILA	11 TORREON	035 Torreón
10 DURANGO	TORREON	007 Gómez Palacio
		012 Lerdo
30 VERACRUZ	21 VERACRUZ	028 Boca del Río
		193 Veracruz
01 AGUASCALIENTES	15 AGUASCALIENTES	001 Aguascalientes
		005 Jesús María
30 VERACRUZ	28 COATZACOALCOS	039 Coatzacoalcos
		048 Cosoleacaque
		108 Minatitlán
06 COLIMA	40 COLIMA	002 Colima
		010 Villa de Alvarez
17 MORELOS	12 CUERNAVACA	007 Cuernavaca
		008 Emiliano Zapata
		011 Jiutepec
		018 Temixco
		028 Xochitepec
16 MICHOACÁN	19 MORELIA	053 Morelia
20 OAXACA	27 OAXACA	067 Oaxaca
		083 San Agustín de las Juntas
		087 San Agustín Yatareni
		091 San Andrés de Hueyapán
		107 San Antonio de la Cal
		115 San Bartolo Coyotepec
		157 San Jacinto Amilpas
		174 Animas Trujano
		227 San Lorenzo Cacaotepec
		293 San Pablo Etla
		350 San Sebastian Tutla
		375 Santa Cruz Amilpas
		385 Santa Cruz Xoxocotlán
		390 Santa Lucia del Camino
		399 Santa María Atzompa
		403 Santa María Coyotepec
		409 Santa María del Tule
		519 Santo Domingo Tomaltepec
		553 Tlalixtac de Cabrera
22 QUERÉTARO	17 QUERETARO	006 Corregidora
		011 El Marqués

ENTIDAD FEDERATIVA	ÁREA METROPOLITANA	MUNICIPIO
		014 Querétaro
05 COAHUILA	16 SALTILLO	004 Arteaga
		027 Ramos Arizpe
		030 Saltillo
15 EDO. DE MÉXICO	10 TOLUCA	051 Lerma
		054 Metepec
		076 San Mateo Atenco
		106 Toluca
		118 Zinacantepec
27 TABASCO	32 VILLAHERMOSA	004 Centro
		013 Nacajuca
32 ZACATECAS	41 ZACATECAS	017 Guadalupe
		056 Zacatecas
08 CHIHUAHUA	6 CIUDAD JUAREZ	037 Ciudad Juárez
28 TAMAULIPAS	31 MATAMOROS	022 Matamoros
28 TAMAULIPAS	34 NUEVO LAREDO	027 Nuevo Laredo
02 BAJA CALIFORNIA	5 TIJUANA	004 Tijuana
12 GUERRERO	14 ACAPULCO	001 Acapulco
04 CAMPECHE	39 CAMPECHE	002 Campeche
29 TLAXCALA	18 TLAXCALA	001 Amaxac de Guerrero
		002 Apetatitlan de Antonio C.
		005 Apizaco
		009 Coaxomulco
		010 Chiautempan
		017 Mazatecochco de José Ma.
		018 Contla de Juan Cuamatzi
		022 Acuamanala de Miguel Hgo.
		023 Nativitas
		024 Panotla
		025 San Pablo del Monte
		026 Santa Cruz Tlaxcala
		027 Tenancingo
		028 Teolocholco
		029 Tepeyanco
		031 Tetla de la Solidaridad
		032 Tetlatlahuca
		033 Tlaxcala
		035 Tocatlán
		036 Totolac
		038 Tzompantepec
		039 Xalostoc
		040 Xaltocan
		041 Papalotla de Xicohtencatl
		042 Xicotzingo
		043 Yauhquemecan
		044 Zacatelco
		048 Magdalena Tlaltelulco
		049 San Damián Texoloc
		050 San Fco. Tetlanohcan
		051 San Gerónimo Zacualpan

ENTIDAD FEDERATIVA	ÁREA METROPOLITANA	MUNICIPIO
		053 San Juan Huactzinco
		054 San Lorenzo Axoocomanitla
		057 Santa Apolonia Teacalco
		058 Santa Catarina Ayometla
		059 Santa Cruz Quilehtla
		060 Santa Isabel Xiloxoxtla
11 GUANAJUATO	37 CELAYA	007 Celaya
25 SINALOA	22 CULIACAN	006 Culiacán
10 DURANGO	29 DURANGO	005 Durango
26 SONORA	20 HERMOSILLO	030 Hermosillo
11 GUANAJUATO	33 IRAPUATO	017 Irapuato
06 COLIMA	44 MANZANILLO	007 Manzanillo
07 CHIAPAS	26 TUXTLA GUTIERREZ	101 Tuxtla Gutiérrez
03 BAJA CALIFORNIA SUR	42 LA PAZ	003 La Paz
23 QUINTANA ROO	30 CANCUN	005 Benito Juárez
04 CAMPECHE	43 CD. DEL CARMEN	003 El Carmen
13 HIDALGO	38 PACHUCA	048 Pachuca de Soto
		051 Mineral de la Reforma
02 BAJA CALIFORNIA	24 MEXICALI	002 Mexicali

Fuente: ENEU, INEGI

Cuadro A.2.2
Niveles de instrucción captados por la ENEU y años acumulados de escolaridad asignados

Clave	Nivel de instrucción captado en la ENEU	Años de escolaridad acumulados
	Sin instrucción	
97	Sabe leer y escribir pero no aprobó años de estudio	0
98	No sabe leer ni escribir	0
	Primaria	
11	Un año de primaria	1
21	Dos años de primaria	2
31	Tres años de primaria	3
41	Cuatro años de primaria	4
51	Cinco años de primaria	5
61	Seis años de primaria	6
91	Años de primaria no especificados	3
	Carreras técnicas con primaria	
T1	Carrera técnica terminada	8
N1	Carrera técnica no terminada	7
	Secundaria o prevocacional	
12	Un año de secundaria o prevocacional	7
22	Dos años de secundaria o prevocacional	8
32	Tres años de secundaria o prevocacional	9
92	Años de secundaria o prevocacional no especificados	8
	Carreras técnicas con secundaria	
T2	Carrera técnica terminada	11
N2	Carrera técnica no terminada	10
	Preparatoria o vocacional	
13	Un año de preparatoria o vocacional	10
23	Dos años de preparatoria o vocacional	11
33	Tres años de preparatoria o vocacional	12
93	Años de preparatoria o vocacional no especificados	11
	Profesional medio (carrera técnica con preparatoria o vocacional)	
T3	Carrera técnica terminada	15
N3	Carrera técnica no terminada	14
	Licenciatura o profesional superior	
14	Un año de licenciatura o profesional superior	13
21	Dos años de licenciatura o profesional superior	14
34	Tres años de licenciatura o profesional superior	15
44	Cuatro años de licenciatura o profesional superior	16
54	Cinco años de licenciatura o profesional superior	17
64	Seis año de licenciatura o profesional superior	18
94	Años de licenciatura o profesional superior no especificados	18
	Posgrado	
15	Un año de posgrado	18
25	Dos años de posgrado	19
35	Tres años de posgrado	20
45	Cuatro años de posgrado	21
65	Cinco años de posgrado	22
75	Seis años de posgrado	23
95	Años de posgrado no especificados	21

Fuente: ENEU

Cuadro A.2.3
Estructura educativa de las industrias manufactureras en el ámbito urbano en México
(porcentaje de ocupados por nivel de instrucción)

Intensidad tecnológica	Industria	Nivel educativo / año											
		(1)		(2)		(3)		(4)		(5)		Total	
		1993	1998	1993	1998	1993	1998	1993	1998	1993	1998	1993	1998
Baja	1 Alimentos, bebidas y tabaco	17.3	12.8	25.1	21.9	29.3	32.1	18.5	20.9	9.8	12.3	100.0	100.0
	2 Textiles	10.1	7.7	33.7	28.2	30.9	36.9	15.2	18.8	10.2	8.4	100.0	100.0
	3 Tejidos de punto y prendas de vestir	16.5	13.8	37.0	28.2	24.3	33.3	18.2	17.8	3.9	6.9	100.0	100.0
	4 Cuero, piel y calzado	23.3	22.9	36.6	33.3	28.8	29.3	7.2	11.0	4.1	3.6	100.0	100.0
	5 Madera y sus productos	13.5	16.9	28.6	27.2	36.9	33.8	12.4	14.3	8.6	7.9	100.0	100.0
	6 Papel y productos de papel	12.6	8.8	31.8	23.3	33.4	34.2	15.6	21.7	6.6	12.1	100.0	100.0
	7 Imprentas y editoriales	2.9	3.2	17.4	12.9	24.6	29.7	31.8	29.0	23.3	25.2	100.0	100.0
Baja-media	8 Coque, hule y plástico	11.0	8.6	22.6	21.5	36.8	35.5	19.5	20.9	10.1	13.4	100.0	100.0
	9 Alfarería, cerámica y vidrio	10.5	10.0	26.2	21.4	30.6	43.6	19.2	14.7	13.5	10.2	100.0	100.0
	10 Materiales para construcción y productos a base de minerales no metálicos	24.1	24.4	32.0	34.5	19.2	19.6	15.0	11.2	9.6	10.3	100.0	100.0
	11 Metálica básica	9.9	3.4	19.9	15.8	26.1	29.8	17.7	22.4	26.3	28.7	100.0	100.0
	12 Productos metálicos	12.9	12.8	27.6	24.3	28.9	36.1	18.6	16.6	12.0	10.2	100.0	100.0
	13 Otras industrias manufactureras	13.3	9.4	21.1	22.6	39.2	35.6	13.5	21.5	12.9	10.8	100.0	100.0
Alta-media	14 Sustancias químicas básicas y fibras	6.7	11.7	14.0	7.7	21.7	18.4	26.4	30.5	31.2	31.8	100.0	100.0
	15 Máquinas con o sin motor eléctrico y maquinaria y accesorios eléctricos	7.2	9.0	22.0	19.3	28.4	35.4	23.7	20.9	18.6	15.4	100.0	100.0
	16 Automóviles y equipo de transporte	5.6	5.2	21.3	20.2	33.6	31.5	22.5	23.1	17.0	19.9	100.0	100.0
	17 Instrumentos y equipo de precisión	7.8	7.0	13.2	17.0	22.6	35.5	38.5	22.4	17.9	18.0	100.0	100.0
Alta	18 Máquinas de oficina y procesamiento informático, equipo electrónico y aparatos domésticos	6.4	4.5	20.1	18.7	32.0	34.2	22.7	23.3	18.7	19.3	100.0	100.0
	19 Industria farmacéutica y otros productos químicos	6.9	4.7	22.2	13.5	21.8	35.6	31.4	21.3	17.7	25.0	100.0	100.0
Total manufacturas		**12.5**	**10.8**	**26.1**	**22.7**	**29.3**	**33.1**	**19.5**	**19.8**	**12.6**	**13.6**	**100.0**	**100.0**

Niveles educativos:

(1) Sin instrucción y primaria incompleta
(2) Primaria completa y capacitación
(3) Secundaria completa e incompleta
(4) Subprofesional y preparatoria completa e incompleta
(5) Profesional medio, superior y posgrado

Fuente: elaboración propia con información de la ENEU, cuartos trimestres de 1993 y 1998

Cuadro A.2.4-a
Valor agregado por ocupado, 1993
(valores con relación a la media nacional)

Región	Intensidad tecnológica industrial																			Total manufacturas
	Baja							Baja-media						Alta-media				Alta		
	1	2	3	4	5	6	7	8	9	10	11	12	13	14	15	16	17	18	19	
Fronterizas	0.69	0.52	0.63	0.67	0.87	0.39	0.67	0.52	0.44	0.56	0.76	0.61	0.51	1.26	0.61	0.33	0.68	0.54	0.30	**0.45**
Noroeste	0.54	0.88	0.49	0.67	1.13	1.07	0.61	0.81	0.34	1.32	2.98	0.79	0.54	0.96	0.53	1.25	0.82	0.62	0.92	**0.72**
Noreste	1.09	0.94	0.55	0.99	0.84	1.24	0.87	1.05	1.13	1.21	1.13	1.21	0.48	1.08	1.32	0.92	0.60	0.83	0.60	**1.08**
Centro-norte	0.98	0.65	0.53	0.75	0.81	0.79	0.76	0.96	0.22	0.37	0.76	0.63	2.29	0.73	1.06	0.93	2.04	1.43	0.54	**0.88**
Centro-oeste	1.24	0.76	1.07	1.21	1.13	0.61	0.64	1.29	0.66	1.15	0.68	1.11	0.74	0.96	0.95	1.42	1.13	1.68	0.88	**1.13**
Centro	0.88	0.76	0.85	0.97	0.83	1.23	0.77	1.11	0.76	0.44	1.57	1.00	1.02	0.91	1.40	1.36	1.33	1.16	1.41	**1.04**
Capital	1.16	1.44	1.41	1.08	1.19	1.02	1.22	1.03	1.20	1.40	0.69	1.01	1.25	0.85	1.32	0.93	1.48	2.33	1.02	**1.18**
Este	0.91	1.05	0.34	0.63	0.37	0.62	0.60	1.05	1.40	1.05	1.76	0.50	0.30	1.47	0.90	0.19	0.79	0.60	1.12	**1.25**
Sur y Península de Yucatán	0.52	0.43	0.49	0.37	0.57	0.34	0.56	1.01	0.07	0.82	0.32	0.45	0.42	0.31	0.51	0.51	0.55	0.58	0.32	**0.56**
Urbano total	**1.00**	**1.00**	**1.00**	**1.00**	**1.00**	**1.00**	**1.00**	**1.00**	**1.00**	**1.00**	**1.00**	**1.00**	**1.00**	**1.00**	**1.00**	**1.00**	**1.00**	**1.00**	**1.00**	**1.00**

Fuente: Censo Industrial 1994

Cuadro A.2.4-b
Valor agregado por ocupado, 1998
(valores con relación a la media nacional)

Región	Intensidad tecnológica industrial																			Total manufacturas
	Baja							Baja-media						Alta-media				Alta		
	1	2	3	4	5	6	7	8	9	10	11	12	13	14	15	16	17	18	19	
Fronterizas	0.65	0.84	0.83	0.93	1.14	0.78	0.71	1.00	0.35	1.14	0.16	0.59	0.67	0.97	0.52	0.34	0.65	0.68	0.43	**0.52**
Noroeste	0.74	1.38	0.86	0.89	1.20	1.27	0.61	0.66	0.41	1.46	0.17	0.71	0.50	0.67	0.79	4.32	0.49	0.78	0.36	**0.99**
Noreste	1.12	1.09	0.87	1.23	0.90	1.26	0.84	0.91	1.05	1.33	1.18	1.25	1.41	1.57	1.41	1.44	1.27	0.80	0.53	**1.26**
Centro-norte	1.19	1.45	0.80	1.34	0.69	1.80	0.53	0.83	2.21	0.55	0.82	0.52	1.64	1.52	1.01	1.31	2.98	1.52	0.23	**1.16**
Centro-oeste	0.96	1.15	0.82	1.08	1.00	0.69	0.59	1.04	0.26	1.35	0.43	0.69	0.62	1.05	0.91	0.47	1.77	1.75	1.23	**0.98**
Centro	1.14	0.96	0.79	0.94	0.80	0.65	0.50	1.04	1.21	0.54	1.23	0.89	1.02	1.17	1.63	1.45	0.68	1.46	1.30	**1.10**
Capital	1.05	1.05	1.37	1.28	1.12	0.96	1.31	1.06	1.48	0.47	0.47	1.23	1.17	0.49	1.42	0.09	1.11	2.22	1.02	**1.07**
Este	0.96	0.46	0.37	0.80	0.36	1.30	0.41	0.61	2.66	1.84	1.71	0.38	0.30	1.29	1.32	0.14	0.26	0.12	0.53	**1.49**
Sur y Península de Yucatán	0.59	0.50	0.55	0.49	0.54	0.15	0.57	0.61	0.04	1.08	0.15	0.29	0.61	0.07	0.70	0.12	0.25	4.16	0.13	**0.52**
Urbano total	**1.00**	**1.00**	**1.00**	**1.00**	**1.00**	**1.00**	**1.00**	**1.00**	**1.00**	**1.00**	**1.00**	**1.00**	**1.00**	**1.00**	**1.00**	**1.00**	**1.00**	**1.00**	**1.00**	**1.00**

Fuente: Censo Industrial 1999

Cuadro A.2.5-a
Remuneraciones totales por ocupado, 1993
(valores con relación a la media nacional)

Región	Intensidad tecnológica industrial																			Total manu-facturas
	Baja							Baja-media						Alta-media				Alta		
	1	2	3	4	5	6	7	8	9	10	11	12	13	14	15	16	17	18	19	
Fronterizas	0.85	0.89	0.94	0.89	1.35	0.62	0.93	0.75	0.57	0.75	0.51	0.78	0.99	1.53	0.75	0.70	0.90	0.83	0.43	0.78
Noroeste	0.80	0.83	0.72	0.53	1.06	1.04	0.82	0.89	0.32	1.22	1.10	0.61	0.46	0.57	0.72	1.16	1.04	0.93	0.59	0.81
Noreste	1.18	0.94	0.78	1.08	0.80	1.16	1.10	1.09	1.12	1.34	1.27	1.15	0.79	0.97	1.14	0.86	0.59	0.83	0.68	1.10
Centro-norte	0.80	0.98	0.73	0.68	0.73	0.95	0.72	1.16	0.24	0.53	0.84	0.78	1.59	0.61	1.09	0.84	2.04	0.91	0.61	0.85
Centro-oeste	1.02	0.91	0.97	1.19	0.95	0.77	0.66	0.99	0.63	1.03	0.86	1.03	0.75	0.84	0.97	0.53	0.84	1.53	0.70	0.91
Centro	1.10	0.93	0.99	0.96	0.67	0.80	0.73	1.03	0.75	0.51	1.27	0.91	0.87	1.12	1.16	1.11	0.85	1.18	0.79	0.98
Capital	1.05	1.14	1.21	1.05	1.11	0.99	1.15	1.06	1.21	1.14	0.63	1.06	1.12	0.92	1.29	1.16	1.06	1.42	1.11	1.14
Este	0.95	0.56	0.18	0.55	0.32	1.67	0.58	0.72	1.15	1.31	1.15	0.50	0.14	1.33	0.61	0.79	0.29	0.45	1.06	1.06
Sur y Península de Yucatán	0.60	0.54	0.59	0.56	0.59	0.16	0.57	0.64	0.09	0.75	0.54	0.34	0.50	0.19	0.45	0.47	0.61	0.51	0.31	0.47
Urbano total	**1.00**	**1.00**	**1.00**	**1.00**	**1.00**	**1.00**	**1.00**	**1.00**	**1.00**	**1.00**	**1.00**	**1.00**	**1.00**	**1.00**	**1.00**	**1.00**	**1.00**	**1.00**	**1.00**	1.00

Fuente: Censo Industrial 1994

Cuadro A.2.5-b
Remuneraciones totales por ocupado, 1998
(valores con relación a la media nacional)

Región	Intensidad tecnológica industrial																			Total manu-facturas
	Baja							Baja-media						Alta-media				Alta		
	1	2	3	4	5	6	7	8	9	10	11	12	13	14	15	16	17	18	19	
Fronterizas	0.82	1.20	1.10	1.45	1.63	0.64	0.70	1.02	0.51	0.88	0.35	1.08	1.05	1.42	0.89	0.70	1.05	0.95	0.57	0.91
Noroeste	0.73	1.18	1.13	0.68	1.16	0.98	0.55	0.74	0.65	1.30	0.21	0.78	0.32	0.67	0.93	1.33	0.69	0.93	0.39	0.84
Noreste	1.13	0.93	0.93	1.09	0.87	1.05	0.95	1.04	1.25	1.17	1.10	1.19	0.87	1.15	1.09	0.79	1.04	0.93	0.61	1.04
Centro-norte	0.83	0.93	0.99	1.02	0.63	1.28	0.57	1.31	0.72	0.68	0.85	0.65	1.42	0.86	0.73	0.89	1.93	1.47	0.29	0.90
Centro-oeste	1.07	0.74	0.85	0.99	0.79	0.57	0.58	0.91	0.48	0.99	0.67	0.82	0.61	0.73	0.77	0.49	0.78	1.19	1.47	0.93
Centro	0.98	0.90	0.89	0.91	0.67	0.73	0.48	0.90	0.77	0.37	0.80	0.89	0.82	0.94	1.10	1.31	0.74	1.06	0.72	0.92
Capital	1.11	1.03	1.13	1.31	1.00	1.08	1.30	1.08	1.44	1.41	0.65	1.06	1.13	0.95	1.24	1.04	0.78	1.10	1.05	1.17
Este	0.78	0.82	0.22	0.77	0.28	2.08	0.35	0.55	1.77	1.06	1.78	0.40	0.31	1.23	1.17	0.22	0.19	0.24	0.67	1.09
Sur y Península de Yucatán	0.58	0.63	0.71	0.35	0.65	0.21	0.47	0.60	0.02	0.71	0.29	0.30	0.60	0.28	0.60	0.21	0.60	0.43	0.32	0.48
Urbano total	**1.00**	**1.00**	**1.00**	**1.00**	**1.00**	**1.00**	**1.00**	**1.00**	**1.00**	**1.00**	**1.00**	**1.00**	**1.00**	**1.00**	**1.00**	**1.00**	**1.00**	**1.00**	**1.00**	1.00

Fuente: Censo Industrial 1999

Cuadro A.2.6-a
Ingresos por servicios de maquiladora como porcentaje de la producción bruta total, 1993
(valores con relación a la media nacional)

Región	Intensidad tecnológica industrial																			Total manu-facturas
	Baja							Baja-media						Alta-media				Alta		
	1	2	3	4	5	6	7	8	9	10	11	12	13	14	15	16	17	18	19	
Fronterizas	2.69	6.38	6.14	9.89	5.00	14.41	0.55	9.29	34.78	18.43	2.75	9.08	6.62	8.91	5.21	36.04	3.35	4.76	18.09	12.28
Noroeste	1.26	2.26	5.61	0.00	0.25	0.04	1.26	0.13	0.04	0.30	1.04	0.69	0.04	0.02	4.06	1.11	3.39	3.81	0.00	1.98
Noreste	0.86	0.08	2.37	1.18	0.23	2.11	0.20	0.78	0.33	0.50	1.45	0.65	0.76	0.09	0.41	0.72	2.38	0.61	0.39	0.62
Centro-norte	0.80	0.21	3.42	2.65	0.07	0.44	0.18	0.30	1.82	0.01	0.12	0.47	4.75	1.43	0.19	0.01	0.01	0.00	0.02	0.40
Centro-oeste	1.09	0.28	0.41	0.35	0.30	0.77	0.38	0.40	0.07	0.04	0.03	0.38	0.42	0.94	0.28	0.30	0.09	0.22	0.30	0.38
Centro	0.91	0.67	1.08	0.86	0.14	2.02	0.48	0.31	0.33	0.69	0.39	0.75	0.11	1.53	0.06	0.17	0.06	0.02	2.05	0.36
Capital	0.83	0.90	0.52	0.73	0.32	0.43	1.28	0.57	0.53	0.54	0.91	1.03	0.53	1.75	0.10	0.25	0.09	0.05	0.95	0.54
Este	1.63	0.24	0.72	0.01	0.43	0.07	0.17	0.93	0.00	0.24	0.30	0.32	0.00	0.32	1.29	0.01	0.00	0.00	0.00	0.28
Sur y Península de Yucatán	1.02	0.07	2.17	2.23	1.27	0.51	0.24	0.02	13.32	0.22	0.00	0.55	3.49	0.00	0.69	0.52	2.09	0.00	0.41	0.54
Urbano total	1.00	1.00	1.00	1.00	1.00	1.00	1.00	1.00	1.00	1.00	1.00	1.00	1.00	1.00	1.00	1.00	1.00	1.00	1.00	1.00

Fuente: Censo Industrial 1994

Cuadro A.2.6-b
Ingresos por servicios de maquiladora como porcentaje de la producción bruta total, 1998
(valores con relación a la media nacional)

Región	Intensidad tecnológica industrial																			Total manu-facturas
	Baja							Baja-media						Alta-media				Alta		
	1	2	3	4	5	6	7	8	9	10	11	12	13	14	15	16	17	18	19	
Fronterizas	4.44	3.98	3.59	13.42	6.67	10.40	3.84	9.03	22.06	8.29	58.36	10.35	7.94	2.49	5.20	40.47	4.71	4.53	51.55	11.58
Noroeste	1.06	1.40	3.54	0.11	0.17	0.20	0.42	2.88	14.25	0.39	0.00	0.86	0.08	0.00	4.03	0.22	3.61	4.04	0.27	2.11
Noreste	0.79	1.57	2.29	2.03	0.22	1.07	0.49	0.57	0.36	1.46	0.75	0.68	0.49	0.30	0.49	0.72	0.29	1.37	0.51	0.70
Centro-norte	2.27	0.22	2.93	1.00	0.03	0.07	0.23	0.21	0.02	0.03	1.59	0.20	0.01	0.59	0.09	0.09	0.00	0.07	0.42	0.46
Centro-oeste	0.99	0.34	0.46	0.33	0.14	0.19	0.19	0.11	0.06	0.10	0.23	0.53	0.17	0.93	0.06	0.96	0.05	0.21	0.37	0.36
Centro	0.29	0.55	1.09	0.60	0.32	1.75	0.36	0.14	0.07	0.07	3.23	0.75	0.04	3.00	0.07	0.29	0.11	0.00	0.16	0.32
Capital	0.92	0.69	0.31	0.29	0.13	0.69	1.14	0.19	0.39	0.05	1.66	0.62	0.20	0.78	0.03	0.06	0.02	0.07	1.00	0.33
Este	0.78	4.13	0.14	0.05	0.42	0.02	0.14	1.76	0.00	0.00	0.00	0.13	0.00	0.23	0.09	0.03	0.02	0.00	0.00	0.15
Sur y Península de Yucatán	1.34	0.03	1.84	0.70	1.21	7.77	0.23	0.05	0.02	0.01	6.64	0.18	6.15	0.34	0.07	0.25	4.20	0.04	0.04	0.61
Urbano total	1.00	1.00	1.00	1.00	1.00	1.00	1.00	1.00	1.00	1.00	1.00	1.00	1.00	1.00	1.00	1.00	1.00	1.00	1.00	1.00

Fuente: Censo Industrial 1999

Cuadro A.2.7
Porcentaje de población en establecimientos con capital extranjero, 1993
(valores con relación a la media nacional)

Región	Intensidad tecnológica industrial																			Total manu-facturas
	Baja							Baja-media						Alta-media				Alta		
	1	2	3	4	5	6	7	8	9	10	11	12	13	14	15	16	17	18	19	
Fronterizas	0.60	5.37	2.66	4.82	5.05	1.07	2.26	3.38	2.63	1.62	0.92	3.61	2.79	0.41	2.16	1.80	1.76	1.62	0.70	2.28
Noroeste	0.39	0.45	0.35	0.52	1.31	0.72	1.11	0.74	0.91	0.84	0.66	1.35	0.92	0.53	0.59	1.52	0.31	0.55	0.61	0.77
Noreste	1.16	1.42	2.07	1.43	0.88	0.98	1.44	1.37	3.82	2.70	0.16	1.40	1.28	1.30	1.40	1.42	0.25	0.60	0.63	1.28
Centro-norte	0.07	0.12	2.05	1.01	0.74	2.23	0.05	0.81	0.00	0.52	3.12	0.00	0.55	0.43	1.13	0.91	2.89	0.45	0.56	0.65
Centro-oeste	1.07	1.11	0.05	0.01	0.00	0.00	0.19	0.26	0.05	0.41	1.00	0.58	0.75	1.58	0.79	1.38	0.38	2.18	1.42	0.48
Centro	0.96	0.15	0.15	0.33	0.09	0.24	1.54	0.45	0.02	0.45	0.04	0.46	0.79	0.80	0.43	0.95	0.46	0.54	0.57	0.37
Capital	4.30	0.35	0.68	0.86	0.77	0.61	2.41	0.89	0.44	2.29	0.00	1.48	1.65	1.75	1.12	0.97	0.78	1.05	2.46	1.14
Este	0.27	0.00	0.00	0.02	0.01	2.97	0.00	0.94	1.13	0.00	3.09	0.06	0.00	1.41	0.46	0.00	0.00	0.00	2.23	0.49
Sur y Península de Yucatán	0.18	0.03	0.98	0.00	0.15	0.18	0.01	0.17	0.00	0.16	0.00	0.05	0.29	0.80	0.91	0.04	2.16	0.00	0.00	0.11
Urbano total	**1.00**	**1.00**	**1.00**	**1.00**	**1.00**	**1.00**	**1.00**	**1.00**	**1.00**	**1.00**	**1.00**	**1.00**	**1.00**	**1.00**	**1.00**	**1.00**	**1.00**	**1.00**	**1.00**	**1.00**

Fuente: Censo Industrial 1994

Cuadro A.2.8-a
Tamaño promedio de los establecimientos, 1993
(valores con relación a la media nacional)

Región	Intensidad tecnológica industrial																			Total manu-facturas
	Baja							Baja-media						Alta-media				Alta		
	1	2	3	4	5	6	7	8	9	10	11	12	13	14	15	16	17	18	19	
Fronterizas	0.90	6.67	1.19	3.10	3.71	0.74	0.78	3.74	0.70	1.15	0.18	1.38	4.75	0.93	6.51	2.20	5.30	2.19	0.34	**2.90**
Noroeste	1.12	0.59	0.47	0.20	1.29	1.70	1.00	0.58	0.33	0.76	0.22	0.46	0.32	0.26	2.64	2.09	0.60	1.31	0.18	**0.82**
Noreste	1.44	0.67	2.07	0.55	0.93	1.32	0.84	0.81	2.35	2.10	2.00	1.66	1.03	1.80	0.84	1.01	0.37	0.79	0.46	**1.30**
Centro-norte	1.12	1.14	1.09	0.63	0.69	0.40	1.07	1.16	0.31	0.73	1.32	0.78	0.71	0.56	0.65	1.24	1.98	0.45	0.18	**0.88**
Centro-oeste	1.16	0.50	0.74	1.30	0.92	0.75	0.67	0.82	0.65	0.91	1.24	0.97	0.64	0.74	0.38	0.26	0.49	0.75	0.92	**0.80**
Centro	0.92	0.80	0.74	1.02	0.55	0.49	0.92	0.78	0.38	0.53	0.54	0.57	0.49	0.89	0.51	2.32	0.59	0.49	0.69	**0.77**
Capital	0.90	1.16	1.10	0.72	1.08	1.65	1.13	0.99	1.99	1.59	0.68	1.23	1.22	0.86	0.71	0.70	0.44	0.59	1.44	**1.04**
Este	1.11	0.41	0.13	0.90	0.33	0.85	0.96	0.61	1.02	1.26	2.52	0.36	0.08	2.21	0.28	0.35	0.07	0.02	0.55	**0.58**
Sur y Península de Yucatán	0.75	0.26	0.52	0.26	0.65	0.05	1.01	0.89	0.27	1.12	0.19	0.33	0.66	0.07	0.32	0.14	0.42	0.02	0.14	**0.42**
Urbano total	**1.00**	**1.00**	**1.00**	**1.00**	**1.00**	**1.00**	**1.00**	**1.00**	**1.00**	**1.00**	**1.00**	**1.00**	**1.00**	**1.00**	**1.00**	**1.00**	**1.00**	**1.00**	**1.00**	**1.00**

Fuente: Censo Industrial 1994

Cuadro A.2.8-b
Tamaño promedio de los establecimientos, 1998
(valores con relación a la media nacional)

Región	Intensidad tecnológica industrial																			Total manu-facturas
	Baja							Baja-media						Alta-media				Alta		
	1	2	3	4	5	6	7	8	9	10	11	12	13	14	15	16	17	18	19	
Fronterizas	1.14	7.69	2.08	5.09	4.04	0.79	1.01	4.37	4.11	0.91	0.14	1.84	8.59	0.66	6.87	3.14	7.20	2.84	0.91	**4.02**
Noroeste	1.07	1.66	1.56	0.25	1.59	1.04	0.81	2.18	0.28	0.84	0.03	0.59	0.26	0.35	2.16	1.67	0.53	1.97	0.15	**0.97**
Noreste	1.57	1.00	2.11	1.05	1.07	1.15	0.86	1.03	4.16	2.30	2.49	1.74	0.67	1.75	0.89	1.17	0.28	0.76	0.56	**1.44**
Centro-norte	1.11	0.80	1.27	1.48	0.73	1.33	0.71	0.85	0.98	1.09	6.35	0.91	0.62	1.06	0.78	1.22	1.16	0.49	0.25	**0.96**
Centro-oeste	1.39	0.55	0.64	0.96	0.89	0.69	0.68	0.88	0.50	0.79	0.31	0.99	0.46	0.50	0.29	0.31	1.06	0.96	0.75	**0.79**
Centro	0.88	0.80	0.84	0.96	0.63	0.88	0.77	0.74	0.44	0.47	0.18	0.63	0.52	1.41	0.48	2.82	0.43	0.44	0.80	**0.74**
Capital	0.89	0.99	0.89	0.89	0.96	1.27	1.26	0.90	1.95	1.44	0.58	1.03	1.23	0.78	0.53	0.55	0.40	0.26	1.48	**0.91**
Este	0.81	0.39	0.10	0.64	0.32	0.68	0.74	0.77	1.72	1.22	5.74	0.32	0.15	2.78	0.22	0.05	0.05	0.02	0.34	**0.43**
Sur y Península de Yucatán	0.66	0.33	0.53	0.18	0.58	0.10	0.83	0.78	0.18	1.43	0.35	0.29	0.76	0.34	0.19	0.06	0.54	0.03	0.33	**0.38**
Urbano total	**1.00**	**1.00**	**1.00**	**1.00**	**1.00**	**1.00**	**1.00**	**1.00**	**1.00**	**1.00**	**1.00**	**1.00**	**1.00**	**1.00**	**1.00**	**1.00**	**1.00**	**1.00**	**1.00**	**1.00**

Fuente: Censo Industrial 1999

Cuadro A.2.9-a
Activos fijos netos por ocupado, 1993
(valores con relación a la media nacional)

Región	Intensidad tecnológica industrial																			Total manu-facturas
	Baja							Baja-media						Alta-media				Alta		
	1	2	3	4	5	6	7	8	9	10	11	12	13	14	15	16	17	18	19	
Fronterizas	0.70	0.30	0.31	0.85	0.82	0.13	0.67	0.30	0.16	0.34	0.47	0.30	0.58	1.51	0.25	0.18	0.70	0.36	1.15	**0.24**
Noroeste	1.09	0.40	1.13	0.99	2.07	2.72	0.53	1.16	0.10	2.18	1.46	0.69	0.62	0.75	0.34	2.18	0.75	0.27	0.93	**1.06**
Noreste	1.27	1.41	0.67	1.82	0.92	1.61	1.21	1.27	0.99	1.42	1.07	1.39	0.84	1.42	1.66	0.87	0.62	1.99	1.10	**1.57**
Centro-norte	0.79	1.80	0.87	1.08	0.84	0.98	0.91	2.14	0.16	0.34	1.09	0.67	2.87	0.33	2.08	4.36	1.52	4.79	1.84	**1.95**
Centro-oeste	1.30	0.63	1.13	1.08	0.89	0.51	0.88	1.04	0.39	0.82	0.99	1.28	0.47	0.80	1.24	0.77	1.79	1.43	1.48	**0.96**
Centro	1.16	1.19	1.19	0.94	0.82	0.57	1.01	1.07	0.78	0.46	0.51	1.09	1.20	0.85	1.90	1.15	1.48	2.63	1.48	**1.04**
Capital	0.75	0.91	1.23	1.14	0.82	0.85	1.10	1.06	1.40	0.77	0.35	0.89	1.15	0.43	1.24	0.35	1.45	1.42	0.84	**0.79**
Este	1.49	4.49	0.59	0.86	0.63	1.65	0.55	0.78	1.68	1.60	3.91	0.76	0.47	2.21	2.67	0.91	1.61	1.98	3.09	**3.22**
Sur y Península de Yucatán	0.68	0.40	0.54	0.42	1.27	0.08	0.50	1.35	0.02	1.13	0.08	0.37	0.49	0.12	0.41	0.17	0.57	0.92	0.38	**0.57**
Urbano total	**1.00**	**1.00**	**1.00**	**1.00**	**1.00**	**1.00**	**1.00**	**1.00**	**1.00**	**1.00**	**1.00**	**1.00**	**1.00**	**1.00**	**1.00**	**1.00**	**1.00**	**1.00**	**1.00**	1.00

Fuente: Censo Industrial 1994

Cuadro A.2.9-b
Activos fijos netos por ocupado, 1998
(valores con relación a la media nacional)

Región	Intensidad tecnológica industrial																			Total manu-facturas
	Baja							Baja-media						Alta-media				Alta		
	1	2	3	4	5	6	7	8	9	10	11	12	13	14	15	16	17	18	19	
Fronterizas	0.75	0.31	0.20	0.20	0.47	0.30	0.26	0.32	0.06	0.76	0.06	0.26	0.34	1.49	0.28	0.07	0.25	0.36	0.98	**0.21**
Noroeste	1.06	0.84	0.55	0.51	1.95	2.33	0.49	0.52	0.06	2.28	0.11	0.90	0.47	0.27	0.57	1.01	0.29	0.45	0.38	**0.86**
Noreste	1.35	1.04	0.80	1.45	1.16	0.96	0.62	1.63	1.09	1.03	0.97	1.57	0.78	1.77	1.78	1.26	5.27	1.32	0.90	**1.56**
Centro-norte	0.75	2.82	0.89	1.19	1.54	1.56	0.39	1.04	2.95	0.36	0.90	0.57	3.68	0.63	1.79	1.68	0.80	2.34	0.27	**1.53**
Centro-oeste	1.18	0.88	0.91	1.03	1.18	0.37	0.49	0.84	0.42	1.37	0.63	0.67	0.47	1.29	0.99	0.28	1.00	3.22	1.32	**0.93**
Centro	1.24	1.00	1.55	1.02	0.56	1.01	0.58	1.08	0.60	0.53	1.57	1.05	1.42	0.54	1.66	1.43	2.83	2.88	1.25	**1.14**
Capital	0.73	1.13	1.27	1.33	0.94	0.84	1.43	1.08	1.74	0.71	0.37	1.01	1.35	0.41	1.37	0.73	2.22	1.14	0.90	**0.91**
Este	1.59	1.50	0.57	0.91	0.40	4.10	0.27	0.70	2.49	1.88	2.64	0.55	0.35	2.27	2.18	0.10	0.36	0.32	5.04	**3.65**
Sur y Península de Yucatán	0.66	0.58	0.53	0.38	0.57	0.07	0.30	1.32	0.01	1.07	0.19	0.26	0.10	0.19	1.07	0.05	1.03	1.10	0.23	**0.52**
Urbano total	**1.64**	**0.28**	**1.00**	**0.69**	**0.76**	**1.47**	**0.45**	**1.15**	**0.04**	**1.07**	**1.34**	**0.76**	**2.39**	**0.79**	**1.03**	**0.64**	**0.34**	**0.10**	**0.45**	0.94

Fuente: Censo Industrial 1999

Cuadro A.2.10-a
Años de escolaridad promedio, 1993
(valores con relación a la media nacional)

Región	Intensidad tecnológica industrial																			Total manu-facturas
	Baja							Baja-media						Alta-media				Alta		
	1	2	3	4	5	6	7	8	9	10	11	12	13	14	15	16	17	18	19	
Fronterizas	0.98	0.89	0.95	1.10	0.95	0.78	1.04	1.00	1.04	0.97	0.79	0.99	0.90	1.04	0.87	0.96	0.93	0.87	1.14	0.98
Noroeste	1.00	1.04	1.04	1.46	0.95	1.07	0.97	1.20	0.83	0.92	0.66	0.98	0.88	0.72	0.97	1.03	0.83	1.09	1.23	1.00
Noreste	1.09	1.15	1.08	1.12	0.97	1.23	1.02	1.09	0.98	1.12	0.95	1.09	1.01	0.95	1.02	1.02	0.98	1.05	0.96	1.06
Centro-norte	0.96	1.05	0.95	0.97	1.02	1.10	1.06	0.92	1.15	0.76	1.02	1.01	1.00	1.31	0.99	1.14	1.14	1.04	1.19	0.99
Centro-oeste	1.02	0.92	1.00	1.04	0.94	0.73	1.00	1.01	0.76	0.83	0.86	1.00	0.93	0.85	0.93	0.91	1.01	1.15	0.98	0.94
Centro	0.94	0.97	0.96	0.96	1.06	0.97	0.94	1.02	0.93	0.91	1.01	1.00	0.95	0.90	1.06	1.08	0.97	1.00	1.04	0.92
Capital	1.01	1.03	1.00	1.04	1.05	0.96	1.00	0.97	1.13	1.17	1.04	0.97	1.04	1.11	1.07	0.96	1.03	1.16	1.00	1.03
Este	0.91	0.92	0.95	1.27	0.92	1.18	0.94	0.94	1.00	1.16	1.14	0.92	0.81	0.98	1.00	1.02	0.79	1.46	0.90	0.93
Sur y Península de Yucatán	0.88	0.82	0.98	1.22	0.95	1.18	0.99	1.18	0.69	0.98	1.11	0.88	0.96	0.83	0.77	0.91	0.95	0.94	0.61	0.89
Urbano total	1.00	1.00	1.00	1.00	1.00	1.00	1.00	1.00	1.00	1.00	1.00	1.00	1.00	1.00	1.00	1.00	1.00	1.00	1.00	1.00

Fuente: ENEU, cuarto trimestre de 1993

Cuadro A.2.10-b
Años de escolaridad promedio, 1998
(valores con relación a la media nacional)

Región	Intensidad tecnológica industrial																			Total manu-facturas
	Baja							Baja-media						Alta-media				Alta		
	1	2	3	4	5	6	7	8	9	10	11	12	13	14	15	16	17	18	19	
Fronterizas	0.86	1.15	0.95	1.00	0.94	0.69	0.96	0.94	0.89	0.87	0.80	0.90	0.95	0.57	0.84	0.86	0.80	0.93	0.83	0.93
Noroeste	1.05	1.03	1.08	1.13	1.03	1.06	1.02	0.91	1.28	0.97	0.77	1.10	1.06	1.49	0.96	0.97	1.03	1.01	1.18	1.03
Noreste	1.10	1.10	1.08	1.23	1.10	1.05	0.98	1.10	1.03	1.12	1.09	1.07	1.19	1.12	1.10	1.05	1.10	1.06	1.02	1.10
Centro-norte	0.97	0.94	0.99	1.03	0.98	1.37	1.07	1.09	1.04	0.85	1.00	0.98	1.13	1.14	1.07	1.15	1.31	1.07	1.19	1.01
Centro-oeste	1.01	0.82	0.87	0.95	1.00	0.81	0.91	0.88	0.77	1.04	0.73	1.04	0.89	0.94	0.99	0.97	1.12	1.06	1.00	0.93
Centro	0.98	1.04	0.95	0.98	0.97	0.96	0.98	0.96	0.99	0.85	1.00	1.02	1.12	0.98	1.09	1.10	0.93	1.03	1.06	0.94
Capital	0.99	1.00	1.02	1.11	1.01	1.06	1.01	1.02	1.12	1.13	0.87	0.97	0.99	0.95	1.05	1.08	1.23	1.19	0.99	1.03
Este	1.00	1.02	1.02	1.27	0.90	0.97	0.93	1.18	1.26	1.03	1.17	1.00	0.45	1.01	1.23	0.90	1.06	0.62	0.98	1.00
Sur y Península de Yucatán	0.91	0.84	0.90	1.06	0.94	0.85	1.02	1.23	0.71	1.03	0.76	0.91	1.11	0.92	1.03	1.02	0.87	1.09	1.06	0.90
Urbano total	1.00	1.00	1.00	1.00	1.00	1.00	1.00	1.00	1.00	1.00	1.00	1.00	1.00	1.00	1.00	1.00	1.00	1.00	1.00	1.00

Fuente: ENEU, cuarto trimestre de 1998

Cuadro A.2.11-a
Años de edad promedio, 1993
(valores con relación a la media nacional)

Región	Intensidad tecnológica industrial																			Total manu-facturas
	Baja							Baja-media						Alta-media				Alta		
	1	2	3	4	5	6	7	8	9	10	11	12	13	14	15	16	17	18	19	
Fronterizas	1.06	0.84	1.09	0.98	1.02	0.92	1.12	0.85	0.96	1.00	0.88	0.86	1.08	0.85	0.88	0.90	0.97	0.96	0.91	0.90
Noroeste	1.02	0.95	1.13	1.22	1.09	0.91	0.99	0.91	1.18	0.95	1.03	1.03	1.13	1.00	0.85	0.94	1.32	0.98	1.06	1.00
Noreste	0.94	0.92	0.94	1.33	1.08	0.97	0.91	0.96	1.01	0.98	1.01	0.95	0.95	0.95	0.99	0.94	1.04	0.87	0.97	0.97
Centro-norte	0.99	0.91	0.97	1.11	1.05	0.92	0.91	0.94	0.88	0.96	0.94	1.01	0.88	0.97	0.94	0.99	1.13	0.93	0.80	0.98
Centro-oeste	0.91	0.88	0.97	0.97	0.95	0.99	0.96	0.88	0.95	0.98	1.16	0.89	0.96	1.07	0.98	0.91	1.06	0.83	0.85	0.93
Centro	1.03	0.99	0.98	0.97	0.99	1.01	0.99	1.01	0.98	1.04	0.93	1.00	1.03	1.06	1.07	1.11	1.15	1.07	0.94	1.00
Capital	1.02	1.08	1.00	1.08	0.94	1.00	1.02	1.07	1.00	1.02	1.00	1.06	0.99	1.04	1.08	1.08	0.94	1.15	1.03	1.04
Este	1.09	1.13	1.12	0.88	1.09	1.17	0.91	1.00	1.07	1.07	0.88	1.07	1.32	0.99	1.25	1.16	1.13	1.17	1.03	1.10
Sur y Península de Yucatán	1.05	1.18	1.09	1.20	1.18	0.94	1.05	0.86	1.17	1.00	0.85	1.00	1.14	1.13	1.11	0.97	0.96	1.05	1.17	1.09
Urbano total	**1.00**	**1.00**	**1.00**	**1.00**	**1.00**	**1.00**	**1.00**	**1.00**	**1.00**	**1.00**	**1.00**	**1.00**	**1.00**	**1.00**	**1.00**	**1.00**	**1.00**	**1.00**	**1.00**	1.00

Fuente: ENEU, cuarto trimestre de 1993

Cuadro A.2.11-b
Años de edad promedio, 1998
(valores con relación a la media nacional)

Región	Intensidad tecnológica industrial																			Total manu-facturas
	Baja							Baja-media						Alta-media				Alta		
	1	2	3	4	5	6	7	8	9	10	11	12	13	14	15	16	17	18	19	
Fronterizas	1.02	0.96	0.99	1.03	0.98	1.03	1.02	0.95	0.96	1.03	0.83	0.91	0.89	1.17	0.94	0.95	0.96	1.01	1.12	0.92
Noroeste	0.98	0.88	1.04	1.14	0.98	1.08	0.89	0.93	0.97	0.98	0.94	0.99	1.05	0.98	0.86	0.92	1.01	1.02	0.83	0.96
Noreste	0.98	0.91	0.92	0.95	1.01	0.95	0.93	0.97	1.03	1.00	1.04	0.92	1.10	0.99	0.97	0.93	0.91	0.95	0.95	0.97
Centro-norte	1.00	0.94	0.97	1.06	0.99	0.90	0.99	0.93	1.06	0.97	0.98	0.95	0.93	1.00	0.90	1.04	1.06	1.00	0.90	0.99
Centro-oeste	0.92	1.14	1.01	0.98	0.90	0.88	0.82	0.96	0.84	0.97	0.81	0.83	0.82	0.99	0.94	1.01	0.84	0.91	0.84	0.92
Centro	0.99	1.00	0.96	0.98	0.93	0.87	0.92	0.94	0.92	1.02	1.06	1.01	1.02	1.03	1.03	1.06	0.94	1.12	1.01	0.99
Capital	1.02	0.99	1.01	1.07	1.05	1.04	1.04	1.06	1.07	0.98	0.95	1.11	1.06	0.90	1.13	1.13	1.14	1.00	1.03	1.06
Este	1.06	1.15	1.28	0.90	1.09	1.35	0.94	0.99	1.17	1.04	1.04	1.02	0.83	1.09	1.17	1.36	1.12	0.92	1.06	1.11
Sur y Península de Yucatán	1.03	1.23	1.17	1.15	1.04	1.06	0.94	1.02	1.29	1.04	0.98	1.00	0.83	0.98	0.97	1.19	0.96	0.82	1.03	1.08
Urbano total	**1.00**	**1.00**	**1.00**	**1.00**	**1.00**	**1.00**	**1.00**	**1.00**	**1.00**	**1.00**	**1.00**	**1.00**	**1.00**	**1.00**	**1.00**	**1.00**	**1.00**	**1.00**	**1.00**	1.00

Fuente: ENEU, cuarto trimestre de 1998

Anexos al capítulo III

Cuadro A.3.1-a

Resumen de resultados al estimar los modelos descritos en el cuadro 3.1 mediante la forma funcional cuadrática de las economías de localización

	INDUSTRIA	LOG(POPi)					(LOG(POPi))^2				
		% CASOS SIGNIF.	MÍN	MEDIA	MAX	D.E.	% CASOS SIGNIF.	MÍN	MEDIA	MAX	D.E.
BAJA	1 ALIMENTOS, BEBIDAS Y TABACO	0%	-0.942	-0.457	-0.072	0.234	0%	0.001	0.020	0.040	0.012
	2 TEXTILES	21%	-0.085	0.139	0.388	0.158	38%	-0.027	-0.012	0.004	0.011
	3 TEJIDOS DE PUNTO Y PRENDAS DE VESTIR	21%	-0.035	0.185	0.466	0.131	58%	-0.034	-0.019	-0.007	0.007
	4 CUERO, PIEL Y CALZADO	46%	-0.384	0.117	0.678	0.380	42%	-0.040	-0.009	0.026	0.024
	5 MADERA Y SUS PRODUCTOS	58%	0.124	0.445	0.678	0.167	54%	-0.042	-0.031	-0.009	0.009
	6 PAPEL Y PRODUCTOS DE PAPEL	17%	-0.053	0.355	1.129	0.336	29%	-0.084	-0.031	0.007	0.021
	7 IMPRENTAS Y EDITORIALES	4%	-0.437	-0.209	-0.115	0.076	0%	0.000	0.008	0.016	0.005
BAJA-MEDIA	8 COQUE, HULE Y PLÁSTICO	38%	-0.047	0.266	0.496	0.156	21%	-0.037	-0.013	0.011	0.013
	9 ALFARERÍA, CERÁMINA Y VIDRIO	21%	-0.397	-0.099	0.182	0.193	50%	-0.051	-0.020	0.012	0.022
	10 MAT. P/CONSTR. Y PROD. A BASE MINER. NO MET.	58%	0.060	0.511	0.855	0.254	83%	-0.072	-0.050	-0.021	0.015
	11 METÁLICA BÁSICA	79%	0.608	1.700	2.835	0.634	75%	-0.175	-0.105	-0.019	0.044
	12 PRODUCTOS METÁLICOS	0%	-0.156	-0.042	0.093	0.067	71%	-0.040	-0.027	-0.001	0.012
	13 OTRAS INDUSTRIAS MANUFACTURERAS	4%	-0.465	0.070	0.579	0.293	13%	-0.056	-0.015	0.023	0.021
ALTA-MEDIA	14 SUST. QUÍM. BÁSICAS Y FIBRAS ARTIF./SINTÉT.	42%	-2.174	-1.008	0.041	0.621	33%	-0.005	0.068	0.161	0.055
	15 MAQUINARIA Y EQUIPO CON O SIN MOTOR ELECTRICO	17%	-0.405	-0.230	-0.036	0.089	0%	-0.003	0.014	0.024	0.006
	16 AUTOMÓVILES Y EQUIPO DE TRANSPORTE	0%	-0.371	-0.213	-0.099	0.083	0%	0.003	0.016	0.027	0.007
	17 INSTRUMENTOS Y EQUIPO DE PRECISIÓN	71%	-0.923	-0.503	-0.009	0.219	4%	-0.008	0.013	0.038	0.014
ALTA	18 MÁQ. DE OFIC., PROC. INFORM, EQ. ELÉCTR.Y AP.DOM.	50%	-0.161	0.352	0.793	0.387	50%	-0.061	-0.027	0.007	0.027
	19 IND. FARMACÉUTICA Y OTROS PROD. QUÍM.	8%	-0.170	0.046	0.335	0.153	0%	-0.011	0.001	0.009	0.006

Fuente: elaboración propia

Cuadro A.3.1-b

Prueba de neutralidad de Hicks para las industrias de manufacturas en las principales áreas metropolitanas de México, 1993[1]

(variable dependiente: activos fijos netos por ocupado)

		INDUSTRIA	COLUMNA 1 ECONOMÍAS DE LOCALIZACIÓN		COLUMNA 2 ECONOMÍAS DE URBANIZACIÓN	
			COEF.	T-EST	COEF.	T-EST
BAJA	1	ALIMENTOS, BEBIDAS Y TABACO	0.443	2.832	-0.364	-2.431
	2	TEXTILES	0.328	2.701	-0.429	-2.383
	3	TEJIDOS DE PUNTO Y PRENDAS DE VESTIR	-0.032	-0.357	0.154	1.281
	4	CUERO, PIEL Y CALZADO	0.103	1.086	-0.170	-0.978
	5	MADERA Y SUS PRODUCTOS	0.104	0.702	-0.289	-2.137
	6	PAPEL Y PRODUCTOS DE PAPEL	0.188	0.819	-0.181	-0.715
	7	IMPRENTAS Y EDITORIALES	0.017	0.143	0.158	1.027
BAJA-	8	COQUE, HULE Y PLÁSTICO	0.013	0.118	0.022	0.129
	9	ALFARERÍA, CERÁMICA Y VIDRIO	0.084	0.668	-0.024	-0.103
	10	MAT. P/CONSTR. Y PROD. A BASE MINER. NO MET.	0.122	1.475	-0.215	-2.007
	11	METÁLICA BÁSICA	1.170	2.461	-1.104	-2.317
	12	PRODUCTOS METÁLICOS	0.073	0.347	-0.165	-0.791
	13	OTRAS INDUSTRIAS MANUFACTURERAS	0.253	1.480	-0.276	-1.236
ALTA-	14	SUST. QUÍM. BÁSICAS Y FIBRAS ARTIF./SINTÉT.	0.786	3.913	-0.787	-3.651
	15	MAQUINARIA Y EQUIPO CON O SIN MOTOR ELECTR.	0.163	1.468	-0.238	-1.559
	16	AUTOMÓVILES Y EQUIPO DE TRANSPORTE	0.180	0.938	-0.237	-0.902
	17	INSTRUMENTOS Y EQUIPO DE PRECISIÓN	-0.155	-0.651	0.309	1.012
ALTA	18	MÁQ. DE OFIC., INFORMÁT., EQ. ELÉCTR.Y AP.DOM.	-0.269	-1.016	0.364	1.216
	19	IND. FARMACÉUTICA Y OTROS PROD. QUÍM.	-0.063	-0.372	-0.164	-0.726

R-cuadrada = 0.755

DW = 2.06

[1] La ecuación estimada es: $\log(APO_i) = a_0 + \log g(S) + \beta_1 \log TE_i + \beta_2 \log RTPR_i + \beta_3 EDP_i + \beta_4 ESC_i + DR$; donde *g(S)* son los efectos de escala; es decir, las economías de localización y de urbanización. Para mayor detalle ver el apartado 3.1 de la presente investigación. La estimación para 1998 (no presentada) arroja las conclusiones similares: el número de industrias con impacto significativo es de seis en el caso de las economías de localización y de cuatro en el caso de las economías de urbanización.

Fuente: elaboración propia

Anexo de texto A.3.1

Definición y conceptos que comprenden las variables del Censo Industrial utilizadas en el análisis del alcance industrial de las economías de aglomeración

La definición de las variables del Censo Industrial utilizadas en la presente investigación, corresponde al establecido en el glosario de términos para dicho censo publicado por el INEGI.

Activos fijos netos

Es el valor, a costo de reposición o precio de mercado, de todos aquellos bienes duraderos que coadyuvan a la realización de la actividad comercial, cuya vida útil es superior a un año y que fueron propiedad de los establecimientos el 31 de diciembre de 1993 (sin importar el año en que fueron adquiridos). Los activos fijos netos de cada establecimiento: INCLUYE el valor de los activos fijos de su propiedad alquilados a terceros; las adiciones, modificaciones y reformas mayores realizadas a los activos fijos y que prolongan su vida útil o aumentan su productividad; los activos fijos pertenecientes a otros establecimientos de la misma empresa que son utilizados normalmente por el establecimiento para su actividad comercial; y los activos fijos producidos por el mismo para uso propio. EXCLUYE, para cada establecimiento, el valor de los activos fijos propiedad de terceros que tenía alquilados, los gastos de reparaciones menores y de mantenimiento corriente efectuados a los activos fijos; y los activos fijos que le pertenecían pero fueron normalmente utilizados para actividades comerciales por otros establecimientos de la misma empresa.

Personal ocupado total

Son todas las personas que se encontraban trabajando en los establecimientos en la(s) fecha(s) señalada(s), cubriendo como mínimo una tercera parte de la jornada laboral de las mismas o 15 horas semanales, ya sea de planta o eventual. Incluye a las personas que dependían directamente de los establecimientos como trabajadores en huelga, personas con licencia por enfermedad, vacaciones o licencia temporal. Excluye a las personas que no dependían directamente de los establecimientos, personas que prestaron sus servicios profesionales exclusivamente a base de honorarios, comisiones, personas con licencia ilimitada y personas jubiladas.

Personal remunerado

Son todas las personas que, cumpliendo con la definición de Personal Ocupado Total, trabajaron en estos establecimientos recibiendo regularmente salario o sueldo determinado.

Remuneraciones totales al personal remunerado

Son todos los pagos en salarios y sueldos realizados por los establecimientos al personal remunerado durante 1993, así como las adiciones a los mismos por concepto de prestaciones sociales y utilidades repartidas.

Valor agregado censal bruto

Resulta de restar al valor de los ingresos derivados de la actividad el valor de los insumos. Se le llama "Bruto" porque este valor agregado no se le ha deducido las asignaciones efectuadas por la depreciación de los activos fijos.

Establecimiento manufacturero

Es la unidad económica que en una sola ubicación física, asentada en un lugar de manera permanente y delimitada por construcciones e instalaciones fijas, combina acciones y recursos bajo el control de una sola entidad propietaria o controladora para realizar principalmente actividades de transformación, elaboración, ensamble, procesamiento o maquila (total o parcial), de uno o varios productos.

Gráfico A.3.1

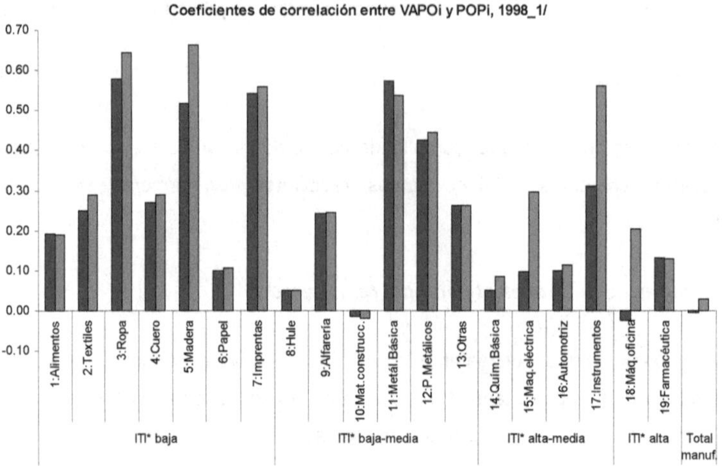

_1/ VAPOi se refiere al valor agregado por ocupado en la industria *i*; POPi, a la población ocupada en la industria *i*
* Se refiere a la intensidad tecnológica industrial
Fuente: elaboración propia con información del Censo Industrial de 1999

Gráfico A.3.2

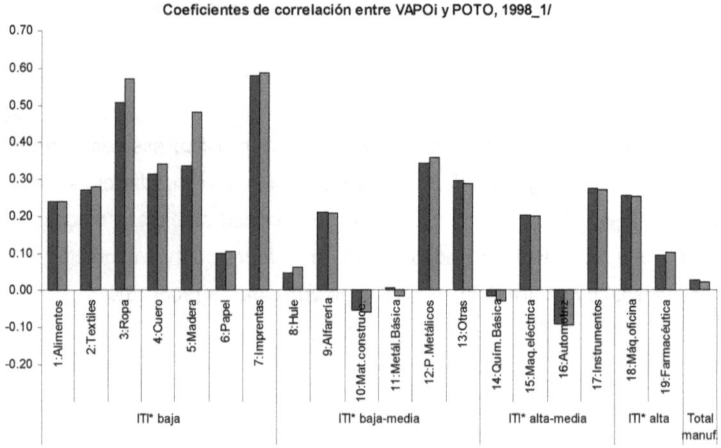

_1/ VAPOi se refiere al valor agregado por ocupado en la industria *i*; POTO, a la población total
* Se refiere a la intensidad tecnológica industrial
Fuente: elaboración propia con información del Censo Industrial de 1999

Gráfico A.3.3

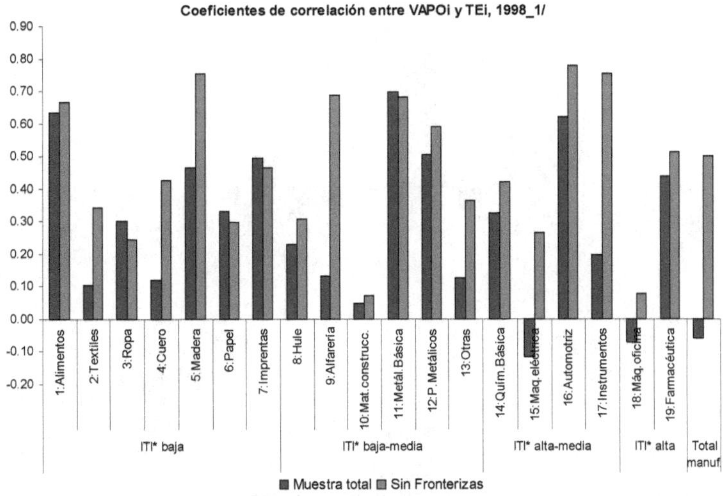

_1/ VAPOi se refiere al valor agregado por ocupado en la industria *i*; TEi, al tamaño promedio de los establecimientos en la industria *i*

* Se refiere a la intensidad tecnológica industrial

Fuente: elaboración propia con información del Censo Industrial de 1999

Gráfico A.3.4

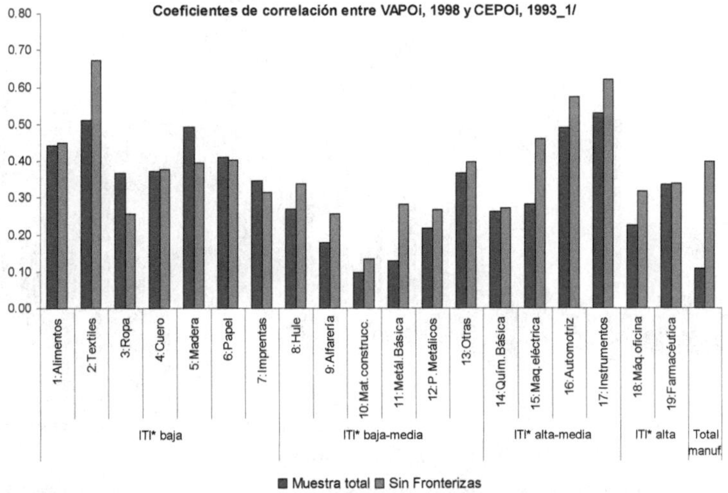

_1/ VAPOi se refiere al valor agregado por ocupado en la industria *i*; CEPOi, a la participación de capital extranjero en la industria *i*, dato que se refiere a 1993

* Se refiere a la intensidad tecnológica industrial

Fuente: elaboración propia con información del Censo Industrial de 1999

Gráfico A.3.5

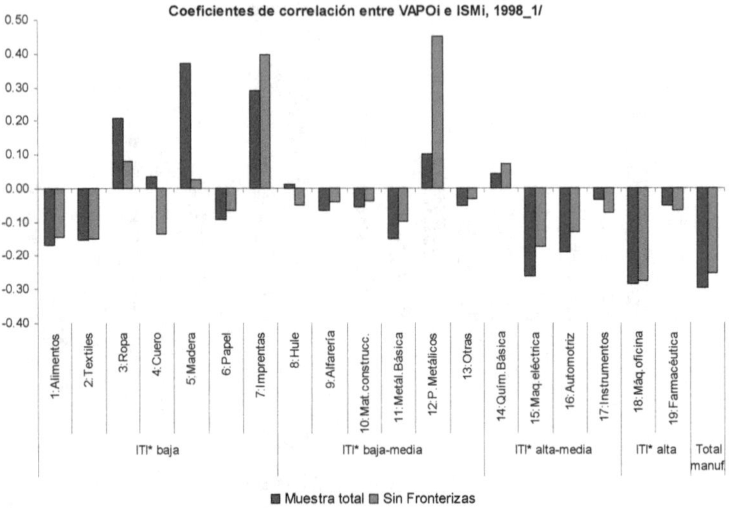

_1/ VAPOi se refiere al valor agregado por ocupado en la industria *i*; ISMi, a la proporción de ingresos por servicios de maquiladora en la industria *i*

* Se refiere a la intensidad tecnológica industrial

Fuente: elaboración propia con información del Censo Industrial de 1999

Gráfico A.3.6

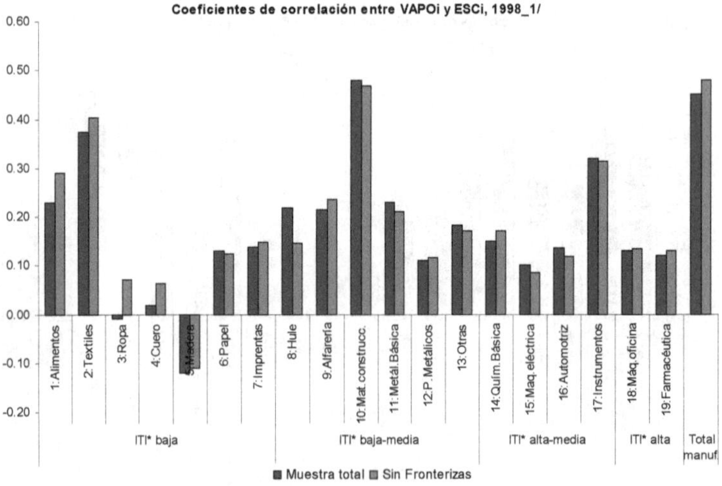

_1/ VAPOi se refiere al valor agregado por ocupado en la industria *i*; ESCi, al nivel educativo promedio de la mano de obra en la industria *i*

* Se refiere a la intensidad tecnológica industrial

Fuente: elaboración propia con información del Censo Industrial de 1999 para el valor agregado por ocupado y de la ENEU (cuarto trimestre de 1998) para la escolaridad promedio

Gráfico A.3.7

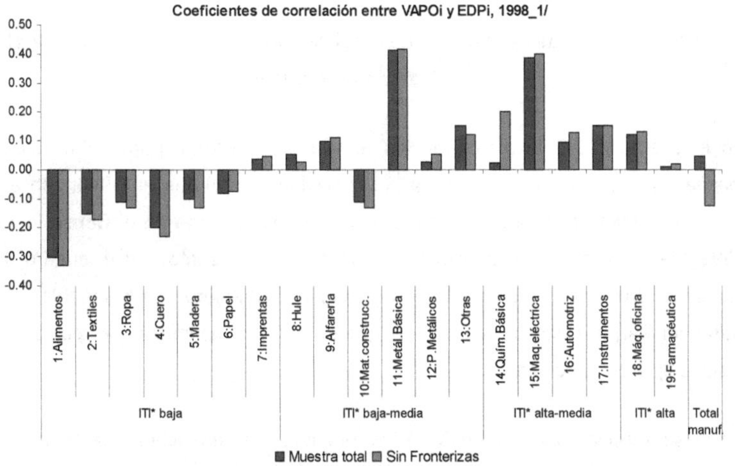

_1/ VAPOi se refiere al valor agregado por ocupado en la industria *i*; EDPi, a la edad promedio de la mano de obra en la industria *i*
* Se refiere a la intensidad tecnológica industrial
Fuente: elaboración propia con información del Censo Industrial de 1994 para el valor agregado por ocupado y de la ENEU (cuarto trimestre de 1998) para la edad promedio

Anexo de texto A.3.2

Estimación de las economías de localización y de urbanización para 1998 y principales cambios respecto a 1993

En el cuadro A.3.2 se presentan los resultados obtenidos para 1998 utilizando las mismas variables explicativas de la productividad laboral que en 1993, con excepción de la proporción de capital extranjero, la cual no se dispone en el Censo Industrial de 1999. De esta forma, se han utilizado los modelos descritos en el cuadro 3.1 de la presente investigación, sin considerar el capital extranjero como variable explicativa. Cabe señalar, por último, que al igual que en 1993, la estimación es por *SURE* y con efectos fijos por industria[212].

Como se aprecia en el cuadro A.3.2, los resultados en esencia no cambian respecto a 1993, aunque hay algunas distinciones puntuales. En particular, la importancia de las economías de urbanización continúa por encima de las de localización, siendo estas últimas si bien significativas en varias industrias, poco relevantes en términos de los efectos o elasticidades al igual que en 1993. Los cambios más importantes en cuanto a las economías de localización son que ahora se incorporan como industrias con efecto positivo y significativo las altamente maquiladoras 15 y 17, aunque con efectos muy bajos en términos de las elasticidades.

Por su parte, los resultados sobre las economías de urbanización señalan que, al igual que en 1993, en general éstas son más importantes en términos de las elasticidades respecto a las de localización. Sin embargo, ahora sólo cuatro industrias presentan efecto positivo y significativo, la mitad respecto cinco años atrás; entre otras, las economías de urbanización pierden significatividad en la industria maquiladora 18. Estos resultados sugieren que a cuatro años de la puesta en marcha del Tratado de Libre Comercio de América del Norte (TLCAN), las economías externas en las manufacturas derivadas del tamaño urbano en México han perdido importancia; asimismo, las economías de localización, si bien aparentemente amplían su ámbito de

---

[212] Al igual que en la estimación para 1993, no se ha considerado relevante presentar los resultados de los efectos fijos por industria, ni de las variables de remuneraciones promedio (parte de la función de costes) y activos fijos netos por ocupado (parte de la función producción).

actuación industrial, continúan siendo muy poco relevantes en términos de la magnitud de los efectos.

Un resultado de suma importancia, y que se mantiene de forma consistente para 1998, es que el tamaño de los establecimientos continúa explicando la parte más relevante de las economías en las manufacturas en el ámbito urbano de México. Esto evidencia que la estrategia competitiva de las plantas de manufacturas instaladas en las ciudades de México al parecer continúa basándose en tamaño de los establecimientos; como ya se explicó, esto puede limitar la capacidad de generar economías de escala externas a las plantas.

Con relación a las variables cualitativas de la mano de obra (edad y escolaridad), destaca que la edad promedio ahora parece ser relevante en las industrias 17: "Instrumentos y equipo de precisión" y 19: "Farmacéutica y otros productos químicos", que no lo era en 1993. Por el contrario, el efecto positivo de la edad de los trabajadores en la industria 18: "Maquinaria de oficina y procesamiento informático, equipo electrónico y aparatos domésticos" desaparece para 1998. En cuanto al efecto de las variables escolaridad promedio y porcentaje de trabajadores con educación profesional media y superior, para 1998 se presentan algunos cambios. Por ejemplo, destaca la desaparición del efecto positivo de la escolaridad promedio en la industria 14: "Sustancias químicas básicas y fibras artificiales y/o sintéticas". En la industria maquiladora 15: "Maquinaria con o sin motor eléctrico, y maquinaria y accesorios eléctricos", son ahora significativos tanto la escolaridad promedio como el porcentaje de trabajadores con educación profesional media y superior (anteriormente sólo lo era la segunda variable); es decir, al parecer el nivel educativo del conjunto de trabajadores ahora aporta a la productividad en dicha industria maquiladora, cuando cinco años atrás lo sólo lo hacían los más educados. Por el contrario, el efecto positivo de la proporción de trabajadores con educación profesional media y superior en la industria maquiladora 17: "Instrumentos y equipo de precisión" reduce su significatividad, pasando de serlo en el 100 por ciento de los modelos al 40 por ciento en 1998. Finalmente, en la industria 19: "Farmacéutica y otros productos químicos" también se reduce la significatividad del efecto positivo del porcentaje de trabajadores con educación profesional media y superior.

En cuanto a los ingresos por servicios de maquila, para 1998 en general se preserva su incidencia negativa, aunque en las industria 15, 16 y 19 se reduce la significatividad del efecto. Como se aprecia, desde el punto de vista de la significatividad estadística, en las industrias altamente maquiladoras 17 y 18 el impacto negativo es contundente (en el 100 por ciento de los modelos).

Por último, en lo que respecta a los efectos fijos regionales, es importante señalar que para la estimación de 1998 se ha contado con un mayor número de observaciones, lo que ha permitido excluir únicamente a las ciudades de la región Sur y Península de Yucatán. Como se aprecia en las columnas 7 a 11 del cuadro A.3.2, aun cuando para la estimación de 1993 se excluyó no sólo a las ciudades de la región Sur y Península de Yucatán, sino también a las del Este, el sentido de los resultados para 1998 en cuanto a los efectos específicos de región no cambian sustancialmente. En particular, si bien si bien la importancia de los efectos fijos regionales en general aumenta en la mayor parte de las agrupaciones regionales de ciudades (como era de esperar al omitir ahora a las ciudades de la región altamente productiva del Este), el sentido de resultados no se modifica en esencia. En particular, los resultados apuntan que la mayor importancia de los efectos fijos locacionales para 1998 se concentra en las ciudades de las regiones centrales y del norte de México. Por el contrario, en las ciudades Fronterizas estos efectos continúan siendo no significativos en la mayoría de las industrias y sólo son positivos y significativos en tres, dos éstas de baja intensidad tecnológica (2: "Textiles" y 5: "Madera y sus productos") y una de baja-media (9: "Alfarería, cerámica y vidrio"). Asimismo, en esas ciudades se presenta un efecto fijo regional negativo en la industria de alta tecnología 18: "Máquinas de oficina y procesamiento informático, equipo electrónico y aparatos domésticos". De esta manera, la evidencia a partir de los Censo Industriales señalan que para 1998 las ciudades Fronterizas en general continúan sin contar con un entorno específico locacional relevante que les haga más productivas, incluso respecto a las ciudades del Sur y Península de Yucatán exclusivamente.

Cuadro A.3.2
Resumen de resultados para 1998 de la estimación de los modelos descritos en el cuadro 3.1

	INDUSTRIA	COLUMNA 1 ECONOMÍAS DE LOCALIZACIÓN % CASOS SIGNIF.	MÍN	MEDIA	MAX	D.E.	COLUMNA 2 ECONOMÍAS DE URBANIZACIÓN % CASOS SIGNIF.	MÍN	MEDIA	MAX	D.E.	COLUMNA 3 TAMAÑO DE LOS ESTABLECIMIENTOS % CASOS SIGNIF.	MÍN	MEDIA	MAX	D.E.
	1 ALIMENTOS, BEBIDAS Y TABACO	0%	-0.020	0.011	0.050	0.018	0%	-0.030	0.062	0.110	0.042	100%	0.661	0.940	1.413	0.193
	2 TEXTILES	46%	-0.001	0.000	0.002	0.001	0%	-0.015	0.043	0.073	0.024	54%	-0.197	-0.064	0.115	0.101
	3 TEJIDOS DE PUNTO Y PRENDAS DE VESTIR	63%	-0.008	-0.004	0.000	0.003	100%	0.089	0.172	0.248	0.045	50%	-0.058	0.105	0.276	0.122
BAJA	4 CUERO, PIEL Y CALZADO	50%	-0.001	0.000	0.001	0.000	21%	0.021	0.103	0.170	0.043	63%	-0.015	0.238	0.531	0.175
	5 MADERA Y SUS PRODUCTOS	67%	-0.021	-0.002	0.017	0.016	100%	0.086	0.104	0.129	0.012	42%	-0.081	0.093	0.327	0.150
	6 PAPEL Y PRODUCTOS DE PAPEL	38%	-0.011	-0.002	0.003	0.004	96%	0.196	0.248	0.285	0.022	71%	0.000	0.242	0.447	0.108
	7 IMPRENTAS Y EDITORIALES	92%	0.006	0.009	0.012	0.002	8%	-0.045	0.042	0.156	0.063	17%	-0.276	0.091	0.502	0.226
	8 COQUE, HULE Y PLÁSTICO	4%	0.001	0.002	0.003	0.001	0%	-0.062	-0.006	0.034	0.025	13%	-0.243	-0.032	0.167	0.115
	9 ALFARERÍA, CERÁMINA Y VIDRIO	0%	-0.002	-0.001	0.000	0.001	0%	-0.034	0.056	0.190	0.070	96%	0.141	0.228	0.309	0.048
BAJA-MEDIA	10 MAT. P/CONSTR. Y PROD. A BASE MINER. NO MET.	50%	0.009	0.038	0.068	0.018	0%	-0.158	-0.028	0.099	0.087	50%	-0.497	-0.139	0.189	0.289
	11 METÁLICA BÁSICA	0%	-0.005	-0.002	-0.001	0.001	4%	-0.023	0.049	0.205	0.062	67%	0.076	0.182	0.275	0.059
	12 PRODUCTOS METÁLICOS	46%	-0.005	0.007	0.019	0.009	8%	0.010	0.074	0.143	0.032	67%	-0.221	0.040	0.353	0.211
	13 OTRAS INDUSTRIAS MANUFACTURERAS	50%	0.000	0.007	0.011	0.004	50%	0.041	0.145	0.218	0.055	4%	-0.012	0.074	0.132	0.041
	14 SUST. QUÍM. BÁSICAS Y FIBRAS ARTIF./SINTÉT.	96%	-0.005	-0.003	-0.002	0.001	0%	-0.048	0.022	0.103	0.047	17%	-0.010	0.141	0.383	0.084
ALTA-MEDIA	15 MAQUINARIA Y EQUIPO CON O SIN MOTOR ELECTR.	75%	0.002	0.003	0.006	0.001	4%	-0.062	0.057	0.229	0.099	79%	0.028	0.260	0.387	0.113
	16 AUTOMÓVILES Y EQUIPO DE TRANSPORTE	0%	-0.002	0.000	0.002	0.001	47%	-0.344	-0.164	-0.138	0.082	58%	-0.331	0.160	0.392	0.204
	17 INSTRUMENTOS Y EQUIPO DE PRECISIÓN	50%	-0.002	0.002	0.006	0.003	4%	0.046	0.106	0.211	0.046	29%	-0.120	0.061	0.287	0.122
ALTA	18 MÁQ. DE OFIC., INFORMÁT., EQ. ELÉCTR.Y AP.DOM.	0%	-0.001	0.000	0.001	0.000	0%	-0.104	0.015	0.110	0.053	42%	-0.201	0.059	0.361	0.144
	19 IND. FARMACÉUTICA Y OTROS PROD. QUÍM.	100%	-0.005	-0.004	-0.003	0.001	33%	-0.260	-0.131	-0.001	0.072	58%	0.032	0.437	0.827	0.255

(continúa en la siguiente página)

Cuadro A.3.2
Resumen de resultados para 1998 de la estimación de los modelos descritos en el cuadro 3.1 *(continuación)*

	INDUSTRIA	COLUMNA 4 EDAD PROMEDIO % CASOS SIGNIF.	MÍN	MEDIA	MAX	D.E.	COLUMNA 5 RENGLONES SUPERIORES: ESCOLARIDAD PROMEDIO; RENGLONES INFERIORES: %OCUP.EDUC.PROF.M.YSUP. % CASOS SIGNIF.	MÍN	MEDIA	MAX	D.E.	COLUMNA 6 INGRESOS SERVICIOS DE MAQUILA % CASOS SIGNIF.	MÍN	MEDIA	MAX	D.E.
BAJA							20%	-0.168	0.122	0.439	0.207					
BAJA	1 ALIMENTOS, BEBIDAS Y TABACO	0%	-0.485	0.022	0.408	0.233	0%	0.039	0.084	0.183	0.047	50%	-0.087	-0.058	-0.026	0.023
BAJA							10%	-0.138	0.028	0.288	0.148					
BAJA	2 TEXTILES	44%	-0.341	-0.214	-0.146	0.049	49%	0.031	0.099	0.146	0.037	50%	-0.226	-0.124	-0.045	0.069
BAJA							35%	0.132	0.176	0.434	0.213					
BAJA	3 TEJIDOS DE PUNTO Y PRENDAS DE VESTIR	81%	0.274	0.532	0.884	0.176	43%	0.008	0.023	0.228	0.062	88%	-0.212	-0.168	-0.086	0.040
BAJA							30%	-0.069	0.259	0.488	0.192					
BAJA	4 CUERO, PIEL Y CALZADO	25%	-0.550	-0.194	0.108	0.222	60%	-0.072	-0.054	-0.032	0.014	63%	-0.193	-0.117	-0.029	0.055
BAJA							40%	-0.121	0.048	0.206	0.105					
BAJA	5 MADERA Y SUS PRODUCTOS	0%	-0.121	0.038	0.164	0.095	20%	-0.071	-0.019	0.036	0.048	50%	-0.006	0.041	0.117	0.047
BAJA							80%	-0.624	-0.458	-0.245	0.113					
BAJA	6 PAPEL Y PRODUCTOS DE PAPEL	0%	-0.263	-0.012	0.192	0.114	50%	0.054	0.113	0.159	0.042	50%	-0.021	0.073	0.176	0.079
BAJA							60%	0.114	0.263	0.407	0.092					
BAJA	7 IMPRENTAS Y EDITORIALES	25%	-0.149	0.231	0.633	0.247	0%	-0.124	-0.033	0.104	0.080	0%	-0.005	0.022	0.040	0.019
BAJA-MEDIA							20%	-0.093	0.232	0.532	0.212					
BAJA-MEDIA	8 COQUE, HULE Y PLÁSTICO	0%	-0.314	0.059	0.402	0.215	0%	-0.032	0.001	0.036	0.022	25%	0.018	0.090	0.162	0.054
BAJA-MEDIA							40%	-0.220	0.319	1.002	0.417					
BAJA-MEDIA	9 ALFARERÍA, CERÁMINA Y VIDRIO	38%	-0.926	-0.306	0.071	0.316	0%	-0.073	-0.020	0.026	0.034	50%	-0.130	-0.047	0.078	0.075
BAJA-MEDIA							50%	0.278	0.662	1.346	0.363					
BAJA-MEDIA	10 MAT. P/CONSTR. Y PROD. A BASE MINER. NO MET.	63%	-2.190	-1.123	-0.303	0.703	0%	-0.055	-0.022	0.007	0.025	25%	0.007	0.029	0.063	0.022
BAJA-MEDIA							40%	-0.056	0.315	0.683	0.275					
BAJA-MEDIA	11 METÁLICA BÁSICA	0%	-0.415	-0.094	0.331	0.267	30%	0.029	0.135	0.202	0.054	0%	-0.030	-0.015	0.021	0.017
BAJA-MEDIA							0%	-0.163	-0.069	0.036	0.077					
BAJA-MEDIA	12 PRODUCTOS METÁLICOS	13%	-0.347	0.278	0.847	0.321	30%	-0.014	0.076	0.213	0.090	63%	-0.149	-0.021	0.122	0.105
BAJA-MEDIA							80%	0.235	0.330	0.417	0.069					
BAJA-MEDIA	13 OTRAS INDUSTRIAS MANUFACTURERAS	13%	-0.297	0.047	0.371	0.216	60%	-0.055	-0.043	-0.024	0.010	13%	-0.093	-0.044	0.003	0.031
ALTA-MEDIA							40%	-0.363	0.238	0.971	0.491					
ALTA-MEDIA	14 SUST. QUÍM. BÁSICAS Y FIBRAS ARTIF./SINTÉT.	44%	-1.050	-0.552	0.159	0.383	50%	-0.026	0.182	0.425	0.165	13%	0.007	0.046	0.084	0.025
ALTA-MEDIA							70%	0.141	0.643	0.890	0.235					
ALTA-MEDIA	15 MAQUINARIA Y EQUIPO CON O SIN MOTOR ELECTR.	31%	-0.892	-0.209	0.699	0.468	60%	-0.003	0.159	0.254	0.070	38%	-0.288	-0.127	0.050	0.118
ALTA-MEDIA							20%	-0.650	-0.413	-0.148	0.162					
ALTA-MEDIA	16 AUTOMÓVILES Y EQUIPO DE TRANSPORTE	48%	0.342	0.750	1.065	0.429	48%	-0.490	-0.250	-0.196	0.097	25%	-0.175	-0.071	-0.015	0.061
ALTA-MEDIA							20%	-0.369	-0.046	0.408	0.253					
ALTA-MEDIA	17 INSTRUMENTOS Y EQUIPO DE PRECISIÓN	75%	0.218	0.494	0.977	0.222	40%	-0.014	0.010	0.044	0.020	100%	-0.241	-0.163	-0.095	0.053
ALTA							10%	-0.328	-0.017	0.397	0.228					
ALTA	18 MÁQ. DE OFIC., INFORMÁT., EQ. ELÉCTR.Y AP.DOM.	13%	-0.226	0.275	0.693	0.261	10%	-0.107	-0.024	0.052	0.040	100%	-0.447	-0.326	-0.232	0.090
ALTA							48%	-0.957	-0.387	0.023	0.293					
ALTA	19 IND. FARMACÉUTICA Y OTROS PROD. QUÍM.	56%	-0.145	0.461	1.027	0.381	36%	-0.218	-0.160	-0.097	0.050	38%	-0.051	-0.019	0.023	0.024

(continúa en la siguiente página)

Cuadro A.3.2

Resumen de resultados para 1998 de la estimación de los modelos descritos en el cuadro 3.1[1] *(final)*

	INDUSTRIA	COLOMNA 7					COLOMNA 8					COLOMNA 9					COLOMNA 10					COLOMNA 11				
		FRONTERA					NORTE					CENTRO NORTE Y CENTRO OESTE					CENTRO Y CAPITAL					ESTE				
		% CASOS SIGNIF.	MÍN	MEDIA	MAX	D.E.	% CASOS SIGNIF.	MÍN	MEDIA	MAX	D.E.	% CASOS SIGNIF.	MÍN	MEDIA	MAX	D.E.	% CASOS SIGNIF.	MÍN	MEDIA	MAX	D.E.	% CASOS SIGNIF.	MÍN	MEDIA	MAX	D.E.
BAJA	1 ALIMENTOS, BEBIDAS Y TABACO	0%	-0.484	-0.346	-0.243	0.071	0%	-0.432	-0.346	-0.286	0.046	0%	-0.089	-0.019	0.101	0.050	0%	-0.222	-0.123	-0.010	0.056	0%	-0.091	0.107	0.335	0.159
	2 TEXTILES	64%	-0.398	0.508	1.350	0.696	50%	-0.096	0.284	0.601	0.255	43%	0.141	0.361	0.619	0.182	50%	-0.182	0.235	0.649	0.342	14%	-0.363	-0.086	0.147	0.188
	3 TEJIDOS DE PUNTO Y PRENDAS DE VESTIR	29%	-0.251	0.064	0.584	0.278	14%	-0.254	-0.077	0.169	0.132	50%	-0.342	-0.140	0.131	0.167	7%	-0.224	-0.019	0.200	0.146	21%	-0.518	-0.107	0.161	0.220
	4 CUERO, PIEL Y CALZADO	0%	-0.232	0.015	0.337	0.201	0%	-0.014	0.123	0.292	0.094	0%	-0.037	0.119	0.241	0.089	0%	-0.264	-0.043	0.230	0.187	7%	-0.631	-0.455	-0.369	0.068
	5 MADERA Y SUS PRODUCTOS	57%	0.144	0.291	0.517	0.150	100%	0.212	0.340	0.503	0.091	79%	0.183	0.273	0.327	0.052	100%	0.245	0.283	0.384	0.037	50%	0.050	0.274	0.481	0.169
	6 PAPEL Y PRODUCTOS DE PAPEL	29%	0.188	0.580	1.076	0.245	93%	0.466	0.893	1.212	0.220	0%	0.017	0.288	0.522	0.161	0%	-0.054	0.252	0.463	0.147	7%	-0.137	0.236	0.778	0.282
	7 IMPRENTAS Y EDITORIALES	21%	-0.454	-0.144	0.080	0.185	50%	-0.377	-0.265	-0.108	0.097	50%	-0.367	-0.253	-0.129	0.093	100%	-0.491	-0.384	-0.290	0.075	50%	-0.556	-0.373	-0.188	0.144
BAJA-MEDIA	8 COQUE, HULE Y PLÁSTICO	36%	-0.399	0.275	0.993	0.561	0%	0.073	0.235	0.379	0.105	50%	0.035	0.524	0.875	0.309	50%	0.037	0.364	0.681	0.273	0%	0.162	0.369	0.561	0.121
	9 ALFARERÍA, CERÁMINA Y VIDRIO	86%	-0.941	0.110	1.184	0.965	36%	-0.269	0.365	1.091	0.567	50%	-0.191	0.349	0.816	0.438	50%	-0.226	0.514	1.209	0.573	57%	0.544	1.192	1.937	0.612
	10 MAT. P/CONSTR. Y PROD. A BASE MINER. NO MET.	21%	-0.351	0.160	0.710	0.339	0%	0.097	0.200	0.369	0.097	0%	-0.291	-0.203	-0.076	0.074	0%	-0.253	-0.164	-0.023	0.081	0%	0.001	0.119	0.307	0.102
	11 METÁLICA BÁSICA	14%	-0.259	0.199	0.842	0.401	29%	-0.069	0.506	1.198	0.432	21%	0.068	0.396	0.861	0.267	29%	0.044	0.462	1.024	0.340	0%	-0.311	0.122	0.472	0.224
	12 PRODUCTOS METÁLICOS	36%	-0.587	-0.052	0.405	0.427	0%	-0.483	-0.091	0.112	0.169	0%	-0.401	-0.180	-0.068	0.111	0%	-0.331	-0.124	0.053	0.097	7%	-0.491	-0.280	-0.133	0.086
	13 OTRAS INDUSTRIAS MANUFACTURERAS	36%	-0.757	-0.513	-0.336	0.137	0%	-0.226	-0.037	0.205	0.143	0%	-0.382	-0.262	-0.084	0.089	0%	-0.248	-0.070	0.162	0.122	0%	-0.118	0.020	0.147	0.081
ALTA-MEDIA	14 SUST. QUÍM. BÁSICAS Y FIBRAS ARTIF./SINTÉT.	0%	-0.288	0.476	1.002	0.403	79%	0.381	1.181	1.667	0.411	71%	0.505	1.003	1.297	0.225	50%	-0.159	0.796	1.432	0.510	14%	-0.342	0.463	1.109	0.466
	15 MAQUINARIA Y EQUIPO CON O SIN MOTOR ELECTR.	21%	-0.902	-0.283	0.456	0.478	21%	-0.461	-0.189	0.193	0.232	0%	-0.085	0.128	0.504	0.182	7%	-0.160	0.245	0.792	0.305	50%	-0.947	-0.502	-0.005	0.311
	16 AUTOMÓVILES Y EQUIPO DE TRANSPORTE	21%	-0.966	-0.295	0.342	0.483	21%	-0.011	0.423	0.818	0.248	21%	-0.323	0.441	1.296	0.500	0%	-0.323	0.007	0.398	0.221	0%	-0.226	0.087	0.352	0.205
	17 INSTRUMENTOS Y EQUIPO DE PRECISIÓN	7%	-0.655	-0.231	0.236	0.271	14%	-0.531	-0.299	0.057	0.183	0%	-0.309	-0.003	0.445	0.242	29%	-0.743	-0.325	0.052	0.259	14%	-0.842	-0.238	0.250	0.374
ALTA	18 MÁQ. DE OFIC., INFORMÁT., EQ. ELÉCTR.Y AP.DOM.	86%	-1.614	-1.248	-0.432	0.364	93%	-1.144	-1.012	-0.608	0.142	100%	-1.334	-1.094	-0.830	0.146	71%	-1.099	-0.882	-0.618	0.132	93%	-1.584	-1.129	-0.847	0.215
	19 IND. FARMACÉUTICA Y OTROS PROD. QUÍM.	29%	-0.003	0.359	0.932	0.336	86%	0.451	0.697	0.945	0.169	100%	0.714	0.961	1.252	0.201	93%	0.435	0.901	1.391	0.368	50%	-0.201	0.638	1.405	0.689

[1] Se omiten los resultados asociados con los activos fijos netos por ocupado (de la función producción) y las remuneraciones promedio (de la función de costes)
Fuente: elaboración propia

Cuadro A.3.3-a

Estimación de los modelos descritos en el cuadro 3.1 para 1993 incluyendo la variable "industrias relacionadas" a un nivel de desagregación industrial de cuatro dígitos[1]

INDUSTRIAS			ECONOMÍAS DE LOCALIZACIÓN					ECONOMÍAS DE URBANIZACIÓN					INDUSTRIAS RELACIONADAS					TAMAÑO DE LOS ESTABLECIMIENTOS					INGRESOS POR SERVICIOS DE MAQUILA				
INTENSIDAD TECNOLÓGICA		RAMA	% CASOS SIGNIF.	MÍN	MEDIA	MAX	D.E.	% CASOS SIGNIF.	MÍN	MEDIA	MAX	D.E.	% CASOS SIGNIF.	MÍN	MEDIA	MAX	D.E.	% CASOS SIGNIF.	MÍN	MEDIA	MAX	D.E.	% CASOS SIGNIF.	MÍN	MEDIA	MAX	D.E.
BAJA	1	3111	25%	0.001	0.018	0.051	0.023	0%	0.067	0.079	0.090	0.010	100%	-0.501	-0.384	-0.314	0.081	0%	0.022	0.065	0.112	0.038	100%	-0.022	-0.009	0.000	0.011
		3112	100%	-0.052	-0.047	-0.040	0.006	100%	0.326	0.344	0.364	0.020	100%	-0.593	-0.486	-0.417	0.085	50%	0.108	0.176	0.242	0.065	100%	-0.050	-0.023	0.000	0.027
		3113	0%	-0.004	-0.001	0.001	0.002	100%	0.211	0.341	0.479	0.138	100%	-0.572	-0.381	-0.218	0.180	100%	-0.421	-0.309	-0.233	0.085	50%	-0.103	-0.044	0.000	0.053
		3114	100%	0.010	0.012	0.014	0.002	0%	0.091	0.092	0.093	0.001	100%	0.183	0.243	0.307	0.057	25%	-0.203	-0.128	-0.065	0.068	0%	-0.027	-0.005	0.006	0.015
		3115	25%	0.006	0.008	0.011	0.002	0%	0.035	0.050	0.064	0.014	0%	-0.073	-0.020	0.042	0.060	100%	0.170	0.318	0.460	0.163	0%	-0.005	-0.002	0.000	0.003
		3116	100%	-0.055	-0.046	-0.037	0.009	100%	0.132	0.155	0.175	0.023	50%	-0.114	-0.082	-0.050	0.034	25%	-0.160	-0.044	0.024	0.084	100%	-0.028	-0.002	0.020	0.020
		3117	100%	0.014	0.017	0.019	0.003	0%	0.147	0.167	0.179	0.014	0%	-0.224	-0.103	0.060	0.139	100%	-0.472	-0.416	-0.349	0.054	0%	0.000	0.017	0.042	0.021
		3119	50%	-0.002	-0.001	-0.001	0.000	50%	0.166	0.191	0.224	0.026	50%	-0.210	-0.120	-0.020	0.091	0%	-0.050	0.003	0.030	0.037	50%	-0.058	-0.015	0.000	0.029
		3121	50%	0.001	0.020	0.036	0.015	25%	0.050	0.150	0.246	0.081	50%	-0.324	-0.253	-0.174	0.081	25%	-0.268	-0.073	0.119	0.165	100%	-0.074	-0.036	0.000	0.041
		3122	75%	0.014	0.015	0.017	0.002	50%	0.144	0.201	0.266	0.060	0%	-0.206	-0.129	-0.066	0.061	100%	-0.619	-0.484	-0.351	0.111	100%	-0.104	-0.045	0.000	0.053
		3130	75%	-0.042	-0.009	0.025	0.038	0%	0.117	0.133	0.142	0.011	50%	-0.426	-0.169	0.098	0.290	50%	-0.150	-0.105	-0.059	0.048	0%	-0.008	0.002	0.016	0.010
	2	3211	100%	-0.060	-0.017	0.026	0.049	0%	-0.264	-0.009	0.283	0.244	50%	-0.114	0.145	0.399	0.283	50%	-0.083	0.209	0.498	0.331	0%	-0.101	-0.013	0.050	0.063
		3212	50%	0.000	0.002	0.004	0.002	50%	0.209	0.231	0.244	0.015	100%	-0.225	-0.180	-0.137	0.043	50%	-0.154	-0.030	0.106	0.140	50%	0.000	0.018	0.056	0.027
		3213	0%	0.000	0.000	0.001	0.000	100%	0.354	0.363	0.390	0.018	100%	-0.107	-0.097	-0.079	0.013	25%	-0.092	-0.029	0.021	0.047	100%	-0.009	-0.004	0.000	0.005
	3	3214	100%	-0.006	0.000	0.005	0.005	75%	0.124	0.213	0.323	0.096	0%	-0.051	-0.029	0.009	0.026	25%	-0.121	0.035	0.258	0.160	50%	-0.011	-0.004	0.000	0.005
		3220	50%	0.003	0.003	0.004	0.001	100%	0.085	0.155	0.228	0.061	50%	-0.005	0.022	0.048	0.027	75%	-0.029	0.084	0.212	0.099	100%	-0.023	-0.010	0.000	0.012
	4	3230	50%	-0.001	0.002	0.005	0.003	100%	0.227	0.273	0.323	0.049	50%	0.048	0.104	0.166	0.059	50%	-0.027	0.146	0.319	0.180	0%	-0.004	-0.002	0.000	0.002
		3240	0%	0.000	0.000	0.000	0.000	100%	0.122	0.200	0.285	0.088	0%	-0.009	-0.003	0.005	0.006	0%	0.002	0.028	0.054	0.024	0%	-0.018	-0.008	0.000	0.009
	5	3311	100%	0.015	0.018	0.022	0.003	0%	0.050	0.055	0.061	0.005	50%	-0.039	0.032	0.096	0.072	100%	0.180	0.190	0.200	0.009	0%	0.000	0.006	0.013	0.007
		3312	100%	0.014	0.014	0.015	0.001	0%	0.055	0.061	0.068	0.006	50%	-0.097	-0.080	-0.066	0.014	50%	0.002	0.061	0.118	0.056	0%	0.000	0.005	0.016	0.008
		3320	25%	0.000	0.004	0.008	0.004	75%	0.061	0.148	0.231	0.076	50%	-0.007	0.022	0.049	0.029	75%	-0.126	0.086	0.261	0.161	100%	-0.056	-0.024	0.000	0.029
	6	3410	100%	0.001	0.005	0.009	0.004	50%	0.034	0.190	0.341	0.173	50%	-0.077	0.137	0.292	0.179	25%	-0.226	-0.099	-0.037	0.089	50%	0.000	0.044	0.178	0.089
	7	3420	0%	-0.002	-0.002	-0.002	0.000	50%	0.032	0.069	0.106	0.040	50%	-0.011	0.017	0.042	0.028	50%	0.112	0.145	0.202	0.041	0%	-0.017	-0.004	0.000	0.009
BAJA-MEDIA	8	3540	100%	-0.104	-0.093	-0.083	0.010	50%	0.277	0.351	0.428	0.081	50%	-0.352	-0.258	-0.181	0.073	0%	-0.001	0.065	0.124	0.052	100%	0.000	0.045	0.097	0.052
		3550	100%	-0.003	-0.003	-0.003	0.000	0%	-0.032	-0.002	0.026	0.024	25%	-0.115	-0.046	-0.004	0.049	75%	0.043	0.122	0.181	0.064	50%	-0.008	-0.003	0.000	0.004
		3560	25%	-0.001	-0.001	0.000	0.001	0%	-0.047	-0.008	0.018	0.031	100%	0.080	0.091	0.108	0.013	25%	-0.060	0.032	0.080	0.064	50%	-0.044	-0.010	0.005	0.023
	9	3611	100%	0.010	0.011	0.013	0.001	0%	-0.096	-0.045	0.028	0.057	100%	0.209	0.231	0.243	0.015	75%	-0.185	-0.032	0.144	0.160	50%	0.000	0.019	0.071	0.035
		3620	25%	-0.001	-0.001	0.000	0.000	0%	0.023	0.071	0.116	0.050	50%	-0.150	-0.087	-0.013	0.068	0%	-0.068	-0.035	-0.002	0.034	0%	-0.027	-0.006	0.003	0.014
	10	3612	100%	0.005	0.005	0.006	0.001	50%	-0.188	-0.034	0.121	0.172	100%	0.131	0.202	0.269	0.076	0%	-0.041	-0.013	0.007	0.020	50%	0.000	0.006	0.023	0.011
		3691	75%	-0.029	-0.008	0.018	0.023	75%	0.094	0.230	0.363	0.146	0%	-0.028	-0.012	0.003	0.014	50%	0.082	0.093	0.101	0.009	50%	-0.028	-0.010	0.000	0.013
	11	3710	100%	-0.084	0.010	0.187	0.122	50%	-0.492	-0.205	-0.028	0.202	25%	-0.071	-0.042	0.008	0.037	25%	-0.040	0.224	0.674	0.312	100%	-0.239	0.143	0.810	0.459
		3720	25%	-0.001	0.056	0.217	0.107	0%	-0.045	0.151	0.357	0.207	75%	-0.317	-0.202	0.082	0.190	50%	-0.572	-0.479	-0.415	0.067	50%	-0.006	0.060	0.248	0.125
	12	3811	0%	0.000	0.001	0.002	0.001	50%	0.064	0.092	0.118	0.028	50%	0.051	0.056	0.063	0.005	50%	0.029	0.167	0.299	0.152	0%	-0.009	0.000	0.009	0.007
		3812	0%	-0.002	0.000	0.002	0.002	100%	0.091	0.095	0.100	0.004	100%	0.062	0.068	0.073	0.005	100%	0.288	0.304	0.316	0.011	50%	-0.026	-0.009	0.000	0.012
		3813	100%	0.005	0.006	0.007	0.001	0%	0.066	0.112	0.162	0.052	25%	0.067	0.091	0.116	0.020	0%	-0.114	-0.079	-0.029	0.038	0%	0.000	0.010	0.026	0.013
		3814	50%	0.000	0.001	0.001	0.001	50%	0.086	0.144	0.185	0.046	25%	-0.150	0.013	0.106	0.114	100%	0.110	0.153	0.241	0.060	50%	-0.011	-0.004	0.000	0.005
ALTA-MEDIA	14	3512	50%	-0.010	-0.005	0.001	0.006	0%	-0.038	-0.011	0.021	0.024	50%	-0.176	-0.121	-0.094	0.039	0%	-0.064	0.050	0.170	0.130	50%	-0.008	0.011	0.051	0.027
	15	3821	50%	-0.006	0.004	0.013	0.010	0%	0.034	0.055	0.083	0.023	0%	-0.036	0.019	0.048	0.038	25%	-0.072	-0.017	0.058	0.055	50%	-0.006	-0.001	0.002	0.004
		3822	0%	0.000	0.001	0.002	0.001	0%	0.016	0.046	0.086	0.032	50%	-0.078	-0.024	0.047	0.057	100%	0.063	0.210	0.374	0.156	50%	-0.010	-0.003	0.000	0.005
		3831	100%	0.000	0.000	0.000	0.000	0%	-0.015	0.050	0.107	0.066	25%	-0.014	0.057	0.137	0.066	75%	-0.075	0.022	0.098	0.087	100%	-0.008	-0.004	0.000	0.005
	16	3841	50%	-0.001	-0.001	0.000	0.000	75%	0.146	0.249	0.352	0.092	75%	-0.344	-0.225	-0.047	0.143	50%	-0.175	0.039	0.280	0.186	100%	-0.018	-0.007	0.000	0.009
		3842	25%	-0.004	0.007	0.016	0.009	0%	0.064	0.088	0.155	0.044	0%	-0.173	-0.109	-0.028	0.060	25%	-0.240	-0.132	0.022	0.123	0%	0.000	0.003	0.010	0.005
	17	3850	0%	-0.002	-0.001	0.000	0.001	0%	0.013	0.065	0.131	0.054	25%	0.020	0.066	0.133	0.048	50%	-0.032	0.064	0.173	0.088	100%	-0.013	-0.006	0.000	0.007
ALTA	18	3823	50%	-0.049	-0.024	0.005	0.029	0%	-0.421	-0.323	-0.238	0.093	0%	-0.203	0.036	0.296	0.264	0%	-0.149	0.055	0.301	0.225	50%	-0.005	0.007	0.032	0.017
		3832	25%	-0.001	0.000	0.000	0.001	25%	0.051	0.121	0.157	0.048	25%	-0.152	-0.048	0.114	0.114	0%	-0.075	0.017	0.087	0.067	100%	-0.031	-0.014	0.000	0.017
		3833	100%	-0.005	0.001	0.007	0.007	0%	0.051	0.085	0.127	0.038	0%	-0.056	0.017	0.085	0.068	25%	-0.094	-0.061	-0.032	0.029	0%	-0.005	-0.002	0.000	0.003
	19	3521	0%	-0.001	-0.001	0.000	0.001	0%	-0.098	-0.001	0.118	0.094	0%	-0.100	-0.072	-0.040	0.025	100%	0.214	0.331	0.432	0.115	50%	-0.071	-0.012	0.025	0.041
		3522	50%	-0.001	0.000	0.000	0.001	0%	-0.047	-0.016	0.028	0.033	100%	-0.281	-0.254	-0.224	0.028	100%	0.264	0.384	0.480	0.102	100%	-0.038	-0.019	0.000	0.022

[1] Los modelos estimados excluyen las variables de edad, escolaridad y capital extranjero, ya que esta información no existe a un nivel de desagregación industrial de 4 dígitos; excluyen, asimismo, las *dummies* regionales

Cuadro A.3.3-b

Estimación de los modelos descritos en el cuadro 3.1 para 1993 incluyendo la variable "industrias relacionadas" a un nivel de desagregación industrial de cuatro dígitos[1]

(muestra que excluye las ciudades Fronterizas)

INDUSTRIAS			ECONOMÍAS DE LOCALIZACIÓN					ECONOMÍAS DE URBANIZACIÓN					INDUSTRIAS RELACIONADAS					TAMAÑO DE LOS ESTABLECIMIENTOS					INGRESOS POR SERVICIOS DE MAQUILA				
INTENSIDAD TECNOLÓGICA		RAMA	% CASOS SIGNIF.	MÍN	MEDIA	MAX	D.E.	% CASOS SIGNIF.	MÍN	MEDIA	MAX	D.E.	% CASOS SIGNIF.	MÍN	MEDIA	MAX	D.E.	% CASOS SIGNIF.	MÍN	MEDIA	MAX	D.E.	% CASOS SIGNIF.	MÍN	MEDIA	MAX	D.E.
BAJA	1	3111	50%	-0.046	-0.006	0.013	0.027	0%	0.073	0.112	0.173	0.045	100%	-0.505	-0.409	-0.273	0.099	75%	0.105	0.198	0.283	0.075	100%	-0.031	-0.015	0.000	0.017
		3112	100%	-0.060	-0.055	-0.051	0.005	100%	0.379	0.399	0.449	0.033	100%	-0.683	-0.583	-0.525	0.075	50%	0.094	0.174	0.269	0.083	100%	-0.052	-0.021	0.000	0.026
		3113	0%	-0.004	-0.001	0.002	0.002	75%	0.179	0.311	0.505	0.146	75%	-0.592	-0.368	-0.166	0.202	75%	-0.488	-0.343	-0.228	0.128	50%	-0.080	-0.023	0.000	0.038
		3114	100%	0.008	0.009	0.009	0.000	100%	0.176	0.204	0.231	0.027	0%	-0.092	-0.021	0.047	0.064	100%	-0.183	-0.171	-0.135	0.024	0%	-0.015	-0.007	0.000	0.008
		3115	0%	0.001	0.004	0.006	0.002	50%	0.039	0.066	0.095	0.029	0%	-0.013	0.013	0.063	0.035	100%	0.270	0.452	0.667	0.210	0%	-0.002	-0.001	0.000	0.001
		3116	100%	-0.062	-0.054	-0.045	0.009	100%	0.134	0.152	0.165	0.013	75%	-0.073	-0.061	-0.038	0.016	75%	-0.266	-0.184	-0.012	0.116	50%	-0.028	-0.005	0.007	0.016
		3117	100%	0.020	0.022	0.025	0.003	0%	0.148	0.165	0.192	0.019	25%	-0.228	0.011	0.395	0.289	100%	-0.513	-0.445	-0.350	0.070	0%	0.000	0.066	0.137	0.076
		3119	50%	-0.002	-0.002	-0.001	0.000	75%	0.167	0.203	0.251	0.036	50%	-0.126	-0.077	0.000	0.059	25%	0.034	0.097	0.148	0.050	50%	-0.054	-0.005	0.035	0.037
		3121	25%	-0.002	0.018	0.044	0.020	25%	0.076	0.154	0.280	0.095	50%	-0.298	-0.197	-0.073	0.101	0%	-0.138	-0.008	0.090	0.098	100%	-0.090	-0.040	0.000	0.046
		3122	50%	0.000	0.009	0.015	0.007	100%	0.213	0.242	0.287	0.033	100%	-0.331	-0.255	-0.207	0.057	100%	-0.745	-0.678	-0.618	0.069	100%	-0.068	-0.029	0.000	0.034
		3130	100%	-0.063	-0.018	0.025	0.049	25%	0.120	0.137	0.148	0.012	50%	-0.613	-0.268	0.070	0.368	50%	-0.175	-0.122	-0.069	0.061	50%	0.000	0.017	0.047	0.022
	2	3211	100%	-0.064	-0.019	0.022	0.047	25%	-0.354	-0.049	0.128	0.228	50%	-0.036	0.185	0.399	0.233	50%	0.080	0.323	0.565	0.272	50%	-0.023	0.033	0.155	0.082
		3212	50%	0.000	0.001	0.002	0.001	0%	0.051	0.083	0.111	0.031	0%	-0.061	-0.031	-0.007	0.023	50%	-0.002	0.120	0.265	0.137	0%	0.000	0.025	0.094	0.046
		3213	0%	-0.002	-0.001	-0.001	0.000	100%	0.287	0.315	0.337	0.025	100%	-0.100	-0.094	-0.089	0.005	50%	0.029	0.072	0.111	0.035	50%	-0.010	-0.005	0.000	0.005
	3	3214	50%	-0.001	0.002	0.005	0.003	0%	0.035	0.112	0.195	0.085	100%	-0.190	-0.170	-0.142	0.024	0%	-0.118	-0.026	0.131	0.114	50%	-0.011	-0.003	0.000	0.006
		3220	75%	0.004	0.004	0.004	0.000	100%	0.096	0.144	0.210	0.049	50%	-0.006	0.022	0.054	0.031	75%	-0.022	0.088	0.211	0.096	100%	-0.021	-0.008	0.000	0.010
	4	3230	50%	-0.002	0.000	0.001	0.001	100%	0.177	0.201	0.221	0.019	50%	0.049	0.109	0.161	0.059	50%	0.146	0.292	0.444	0.162	0%	-0.008	-0.001	0.003	0.005
		3240	50%	-0.001	0.000	0.000	0.001	25%	0.069	0.132	0.212	0.072	0%	-0.033	-0.024	-0.015	0.009	100%	0.133	0.145	0.157	0.012	0%	-0.021	-0.002	0.015	0.015
	5	3311	50%	0.004	0.008	0.012	0.004	0%	0.042	0.050	0.055	0.006	50%	0.055	0.078	0.109	0.026	100%	0.231	0.255	0.279	0.027	0%	0.000	0.010	0.024	0.012
		3312	100%	0.012	0.015	0.018	0.003	0%	0.068	0.075	0.084	0.007	50%	-0.158	-0.099	-0.048	0.052	0%	-0.065	-0.041	-0.026	0.018	0%	-0.011	-0.005	0.000	0.006
		3320	50%	-0.001	0.005	0.012	0.008	50%	0.078	0.134	0.203	0.062	50%	0.015	0.031	0.049	0.015	50%	0.045	0.204	0.364	0.184	50%	-0.096	-0.031	0.000	0.045
	6	3410	75%	0.001	0.005	0.010	0.005	50%	0.112	0.278	0.444	0.169	50%	0.044	0.150	0.253	0.112	75%	-0.249	-0.175	-0.076	0.080	50%	0.000	0.041	0.121	0.057
	7	3420	100%	-0.003	-0.003	-0.003	0.000	100%	0.085	0.122	0.165	0.042	25%	-0.004	0.014	0.033	0.018	75%	0.126	0.139	0.160	0.014	0%	-0.006	0.002	0.015	0.009
BAJA-MEDIA	8	3540	100%	-0.117	-0.098	-0.085	0.016	100%	0.474	0.545	0.644	0.075	100%	-0.543	-0.447	-0.379	0.070	0%	-0.289	-0.159	0.005	0.131	100%	0.000	0.038	0.089	0.045
		3550	75%	-0.004	-0.003	-0.002	0.001	0%	-0.011	0.012	0.038	0.021	50%	-0.159	-0.089	-0.014	0.063	0%	0.050	0.081	0.100	0.023	100%	0.000	0.014	0.029	0.016
		3560	50%	-0.002	-0.002	-0.001	0.000	0%	-0.050	-0.027	0.013	0.028	100%	0.073	0.094	0.115	0.021	50%	0.070	0.119	0.156	0.038	0%	-0.181	-0.064	0.000	0.086
	9	3611	50%	0.001	0.008	0.015	0.007	25%	-0.137	-0.097	-0.018	0.055	100%	0.219	0.237	0.264	0.022	25%	-0.101	-0.008	0.111	0.098	50%	-0.003	0.028	0.116	0.059
		3620	0%	-0.001	-0.001	0.000	0.000	0%	0.034	0.075	0.120	0.037	25%	-0.106	-0.077	-0.051	0.025	0%	-0.077	-0.061	-0.051	0.013	0%	-0.005	0.001	0.007	0.005
	10	3612	100%	0.005	0.006	0.006	0.001	50%	-0.193	-0.076	0.065	0.135	100%	0.165	0.224	0.282	0.064	0%	-0.042	-0.019	0.025	0.030	0%	-0.227	-0.069	0.000	0.108
		3691	50%	-0.036	-0.025	-0.017	0.009	75%	0.116	0.248	0.381	0.149	0%	-0.033	-0.007	0.019	0.026	25%	0.029	0.081	0.121	0.041	50%	-0.122	-0.039	0.000	0.058
	11	3710	75%	-0.438	0.159	0.745	0.491	100%	-1.243	-0.374	0.557	0.745	100%	-0.278	-0.083	0.221	0.214	75%	-1.258	-0.197	0.973	0.916	100%	-2.492	-0.072	2.203	1.919
		3720	100%	-0.404	-0.186	0.030	0.244	100%	-0.501	-0.110	0.145	0.303	100%	-0.775	-0.578	-0.409	0.154	100%	-3.329	-1.598	-0.407	1.409	100%	-0.037	0.023	0.131	0.074
	12	3811	0%	0.001	0.001	0.002	0.001	0%	0.079	0.097	0.108	0.012	100%	0.218	0.264	0.300	0.041	100%	0.169	0.314	0.451	0.130	100%	0.000	0.018	0.038	0.021
		3812	0%	-0.004	-0.002	0.000	0.002	100%	0.098	0.101	0.105	0.003	100%	0.057	0.063	0.069	0.005	100%	0.263	0.273	0.279	0.007	0%	0.000	0.006	0.014	0.007
		3813	100%	0.004	0.005	0.005	0.000	75%	0.139	0.179	0.208	0.029	50%	0.084	0.145	0.190	0.049	0%	-0.150	-0.060	0.016	0.072	100%	0.000	0.116	0.233	0.134
		3814	25%	0.000	0.000	0.001	0.001	50%	0.109	0.145	0.194	0.043	0%	-0.058	0.015	0.109	0.084	100%	0.179	0.255	0.339	0.069	50%	0.000	0.005	0.013	0.006
ALTA-MEDIA	14	3512	0%	-0.003	-0.002	0.000	0.001	0%	-0.041	-0.029	-0.021	0.009	0%	-0.009	0.017	0.047	0.025	100%	0.205	0.291	0.365	0.084	0%	0.000	0.019	0.047	0.023
	15	3821	50%	-0.005	0.005	0.014	0.010	0%	0.053	0.068	0.087	0.014	50%	0.032	0.099	0.169	0.067	0%	-0.057	-0.005	0.037	0.039	50%	-0.012	-0.001	0.006	0.008
		3822	0%	-0.002	0.000	0.002	0.002	25%	0.023	0.074	0.138	0.055	50%	-0.105	-0.081	-0.057	0.021	100%	0.122	0.248	0.373	0.136	100%	-0.022	-0.007	0.000	0.010
		3831	75%	0.000	0.000	0.000	0.000	0%	-0.041	0.036	0.111	0.068	25%	-0.029	0.039	0.109	0.068	50%	-0.089	-0.008	0.092	0.091	100%	-0.010	-0.005	0.000	0.006
	16	3841	100%	-0.001	-0.001	-0.001	0.000	100%	0.187	0.213	0.254	0.029	50%	-0.045	0.075	0.188	0.117	100%	0.205	0.377	0.542	0.173	100%	-0.017	-0.008	0.000	0.009
		3842	25%	-0.007	0.007	0.020	0.011	25%	0.001	0.181	0.298	0.138	50%	-0.569	-0.310	-0.110	0.199	75%	-0.685	-0.392	-0.272	0.196	100%	-0.173	-0.064	0.000	0.083
	17	3850	100%	-0.005	-0.003	-0.001	0.002	0%	-0.027	-0.005	0.023	0.021	100%	0.092	0.127	0.175	0.034	100%	0.203	0.277	0.364	0.081	100%	-0.011	-0.005	0.000	0.005
ALTA	18	3823	25%	-0.038	-0.020	0.011	0.022	100%	-1.331	-1.019	-0.863	0.214	50%	0.228	0.306	0.439	0.092	100%	0.416	0.666	1.094	0.297	0%	-0.041	-0.014	0.000	0.019
		3832	25%	-0.002	0.000	0.000	0.001	0%	0.062	0.158	0.227	0.073	25%	-0.251	-0.123	0.087	0.147	0%	-0.047	-0.019	0.005	0.025	50%	-0.041	-0.015	0.000	0.019
		3833	100%	-0.006	0.000	0.006	0.007	50%	0.117	0.148	0.181	0.032	0%	-0.077	-0.039	-0.001	0.034	0%	-0.145	-0.066	0.028	0.079	0%	-0.125	0.023	0.219	0.143
	19	3521	25%	-0.002	-0.001	0.000	0.001	25%	-0.221	0.123	0.636	0.365	75%	-0.384	-0.259	-0.180	0.088	0%	0.062	0.202	0.292	0.107	100%	-0.176	-0.015	0.116	0.120
		3522	100%	-0.002	-0.001	-0.001	0.001	0%	-0.003	0.001	0.004	0.003	100%	-0.203	-0.159	-0.113	0.041	100%	0.344	0.395	0.449	0.058	100%	-0.382	-0.179	0.000	0.207

[1] Los modelos estimados excluyen las variables de edad, escolaridad y capital extranjero, ya que esta información no existe a un nivel de desagregación industrial de 4 dígitos; excluyen, asimismo, las *dummies* regionales

Anexo de texto A.3.3

Diferencias entre el valor agregado por ocupado del Censo Industrial y los salarios promedio de la ENEU en las áreas metropolitanas de la región fronteriza

Un aspecto a tener presente acerca de la información publicada en el Censo Industrial (CI), es el que se refiere la forma en que se capta el valor agregado de las actividades de manufacturas, especialmente de la industria maquiladora de exportación. El INEGI define el valor agregado censal bruto como "el resultado de restar al valor de los ingresos derivados de la actividad el valor de los insumos. Se le llama 'Bruto' porque este valor agregado no se le han deducido las asignaciones efectuadas por la depreciación de los activos fijos"[213]. En la medida en que en México las utilidades y la mayor parte de los componentes e insumos utilizados en el proceso productivo dentro de la industria maquiladora de exportación se contabilizan fuera de las fronteras nacionales, especialmente en Estados Unidos, la variable captada por el INEGI representa una parte muy reducida de la producción global en México, correspondiendo en su mayoría a los salarios asociados a esas actividades de ensamblaje[214].

De esta forma, en la presente investigación se ha comprobado que el valor agregado por ocupado en el total de las manufacturas que proviene del CI en las áreas metropolitanas de la región fronteriza se ubica por debajo de la media nacional (ver la sección 2.2.1 del capítulo II), aspecto que contrasta con lo observado al tomar los salarios promedio por hora en ese mismo sector y ciudades proveniente de la ENEU. Como se aprecia en el siguiente gráfico A.3.3.1, mientras el valor agregado por trabajador en las manufacturas del CI en 1993 se ubica muy por debajo de la media nacional, el nivel de ingreso por hora promedio que se deriva de la expansión de los datos microeconómicos de la ENEU (hombres y mujeres asalariados en las manufacturas) en el tercer trimestre de ese mismo año, se encuentra por arriba de dicha cota, aunque sólo ligeramente (1,01). Bajo este escenario, si la mayor parte del valor agregado proveniente del CI en las áreas metropolitanas fronterizas corresponde

[213] Glosario de términos sobre la Industria Maquiladora de Exportación, INEGI.
[214] Las estadísticas económicas del INEGI sobre la industria maquiladora de exportación ponen en evidencia que en 1993 sólo 1,7 por ciento de las materias primas, envases y empaques consumidos por las plantas maquiladoras en México eran de procedencia nacional en el ámbito de la totalidad de entidades federativas. Dicho porcentaje fue de 1,1 en el ámbito de las entidades federativas de la frontera norte del país. Aun cuando para 2000 estos porcentajes aumentaron ligeramente, aun son sumamente bajos: 3,1 y 1,5, respectivamente.

únicamente a los salarios (dada la elevada representatividad que la industria maquiladora de exportación tiene en tales ciudades), se esperaría que al tomar las remuneraciones promedio por trabajador del mismo CI (los cuales serían estrictamente comparables en todo el territorio) dicha variable estuviese por arriba del promedio nacional en tales ciudades, tal y como sucede al tomar los salarios provenientes de la ENEU. Sin embargo, como se observa en el gráfico A.3.3.2, las remuneraciones totales por persona remunerada del CI en las ciudades fronterizas continúan ubicándose por debajo del promedio nacional, aunque ahora el nivel no es tan bajo (representa casi 80 por ciento del promedio nacional) como el valor agregado por ocupado[215].

Gráfico A.3.3.1

Ingreso promedio (ENEU) y valor agregado por ocupado (CI) en las manufacturas por agrupaciones regionales de ciudades en 1993*
(valores respecto a la media nacional)

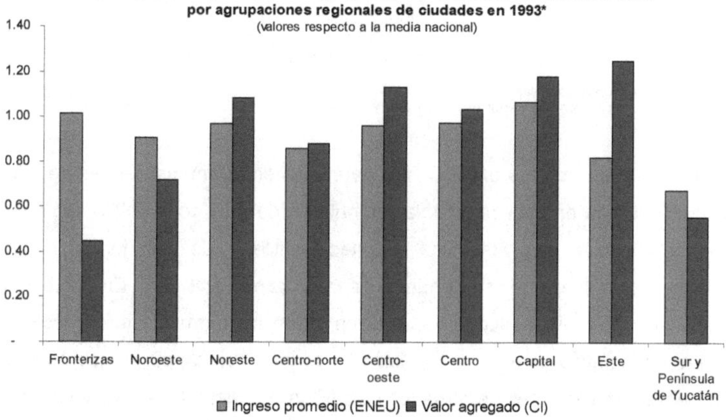

* Considera hombres y mujeres en las manufacturas
Fuente: elaboración propia con información de la Encuesta Nacional de Empleo Urbano (ENEU) y del Censo Industrial (CI), INEGI

215 Otro aspecto que destaca en los gráficos A.3.3.1 y A.3.3.2, es el elevado valor agregado por ocupado y de salarios proveniente del CI respecto a la ENEU en las ciudades del Este. Se debe tomar en cuenta que las industrias 3530: "Refinación de petróleo" y 3511: "Petroquímica básica", muy representadas en las ciudades de la región Este y que dan lugar a unos muy elevados niveles de producción por ocupado dada su elevada intensidad de capital, están excluidas en ambos casos. Aun excluyendo estas industrias, los datos del CI dan lugar a esta muy alta productividad de la mano de obra en el Este, seguramente como resultado de efectos de derrame de esas actividades hacia otras pero que, por algún motivo, al parecer no están capturadas por la ENEU.

Gráfico A.3.3.2

Ingreso promedio (ENEU y CI) por agrupaciones regionales de ciudades en 1993 *

(valores respecto a la media nacional)

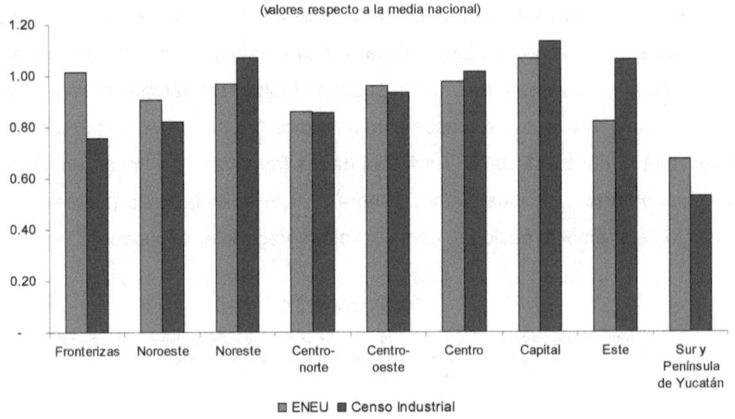

* Considera hombres y mujeres en las manufacturas

Fuente: elaboración propia con información de la Encuesta Nacional de Empleo Urbano (ENEU) y del Censo Industrial (CI), INEGI

Un argumento que podría explicar las diferencias entre ambas fuentes de información es que el objetivo, naturaleza y población objetivo del CI y de la ENEU son distintos. Es decir, los CI están dirigidos a los establecimientos y, de esta forma, capturan con precisión territorial el lugar en donde se lleva a cabo la actividad. En cambio, la ENEU va dirigida a hogares y recoge información sobre los ingresos de los individuos que laboraron la semana anterior a la aplicación de la encuesta, por lo que es posible que trabajadores provenientes de otros lugares (EUA por ejemplo) estén sesgando el nivel de ingresos a la alza. Sin embargo, para comprobar esto último se efectuó un ejercicio eliminando a los migrantes de la muestra[216]; aun aplicando dichos filtros, se continúan observando niveles elevados de ingreso en las áreas metropolitanas de la región fronteriza.

[216] La ENEU define a los "migrantes" como aquellas personas que:

1. tienen viviendo en el área metropolitana (proviniendo de otra) por un periodo menor a tres meses, a quienes denomina "residente nuevo inmigrante"; después de esos tres meses los cataloga como "residente habitual";
2. salen fuera de su área metropolitana de residencia, por un tiempo menor a tres meses o, bien, cuando no tienen un lugar de residencia fijo particular (por ejemplo, vive en el lugar de trabajo, campamento, hotel, etcétera), aún cuando el lapso sea mayor a tres meses: "ausentes temporales emigrantes";
3. salen a otra área metropolitana por más de tres meses o en un periodo menor pero con residencia fija en dicha ciudad: "ausentes definitivos emigrantes".

Al excluir este tipo de individuos, los resultados acerca de un mayor nivel de ingreso promedio en el total de las manufacturas proveniente de la ENEU persistía.

En el gráfico A.3.3.3 se presenta de forma desagregada la información por industrias. Se observa que a pesar de las diferencias en el total de las manufacturas entre el valor agregado del CI y el nivel de ingresos de la ENEU en las ciudades Fronterizas, existe coincidencia acerca de que en las industrias de elevada sofisticación tecnológica (alta-media y alta), con excepción de la industria química básica (industria 14), la productividad de la mano de obra proveniente de ambas fuentes de información se ubica, en tales áreas metropolitanas, por debajo del promedio nacional; esto mismo acontece también en el caso de las remuneraciones promedio proveniente del CI (ver gráfico A.3.3.4). Esta evidencia corrobora, de alguna forma, las conclusiones obtenidas en la primera parte de la presente investigación acerca de los bajos encadenamientos productivos locales intra e inter-industriales, y que en buena medida se han traducido en bajos niveles de valor añadido por ocupado; como se aprecia, en las industrias altamente maquiladoras (15, 17 y 18) existe de forma clara esta coincidencia. Las mayores diferencias entre el valor agregado por persona ocupada del CI y el nivel de ingreso promedio de la ENEU en las ciudades Fronterizas en general se presenta en las industrias de menor intensidad tecnológica, tales como 1, 3, 5, 7, 8 y 13. De éstas, sólo la 3: "Tejidos de punta y prendas de vestir" y 13: "Otras manufacturas" se asocian a elevadas proporciones de ingresos por servicio de maquiladora.

De esta forma, el resultado derivado de las estimaciones de las economías de aglomeración obtenidas en la presenta investigación parece confirmarse con esta evidencia. La principal conclusión es que, en general, las economías de urbanización son más importantes que las de localización, lo que puede ser una explicación de la baja productividad de la mano de obra en las industrias relacionadas con la maquila, fuertemente concentradas y localizadas en las ciudades de la frontera norte de México; en particular, la evidencia sugiere que estas elevadas concentraciones de empleo y actividad industrial no se han traducido en ganancias en productividad, tal y como lo predice la teoría marshalliana.

Gráfico A.3.3.3

Ingreso promedio (ENEU) y valor agregado por ocupado (CI) en las áreas metropolitanas fronterizas por industria en 1993 *

(valores respecto a la media nacional)

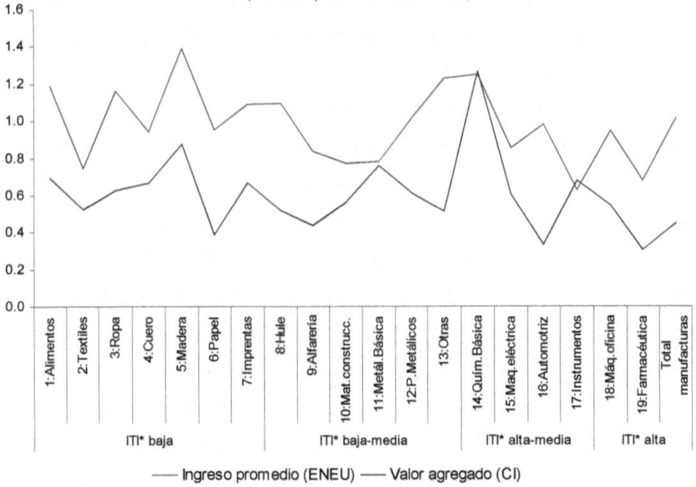

* Considera hombres y mujeres en las manufacturas
Fuente: elaboración propia con información de la Encuesta Nacional de Empleo Urbano (ENEU) y del Censo Industrial (CI), INEGI

Gráfico A.3.3.4

Ingreso promedio (ENEU y CI) en las áreas metropolitanas fronterizas por industria en 1993 *

(valores respecto a la media nacional)

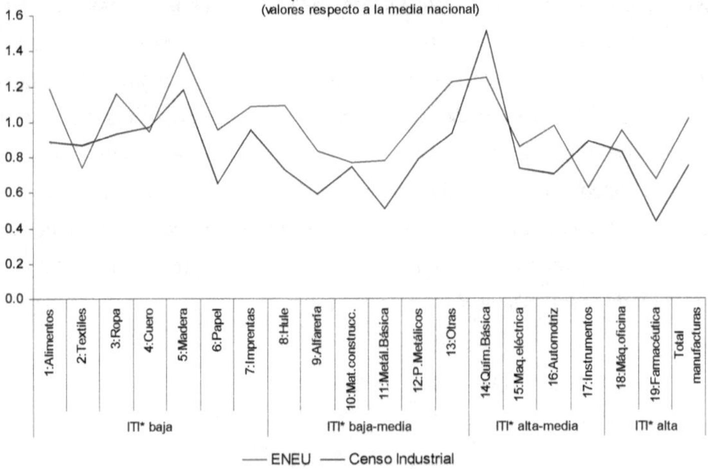

* Considera hombres y mujeres en las manufacturas
Fuente: elaboración propia con información de la Encuesta Nacional de Empleo Urbano (ENEU) y del Censo Industrial (CI), INEGI

El cuadro A.3.3.1 ofrece una perspectiva sectorial más amplia sobre el nivel de ingresos promedio en las ciudades de la frontera norte de México según la ENEU. Como se aprecia, en el tercer trimestre de 1998 el conjunto de esas áreas metropolitanas muestra un nivel de ingresos promedio por hora (derivado de la expansión de los datos micro de la ENEU) en la totalidad de las actividades productivas 17 por ciento superior a la media nacional. Si bien en todas las industrias presenta coeficientes iguales o superiores a uno, los mayores niveles no se observan precisamente en las manufacturas, siendo "Minería y extracción de petróleo" (97 por ciento por arriba de la media nacional); "Servicios de reparación y esparcimiento, y alquiler de inmuebles" (44 por ciento); "Construcción" (42 por ciento); "Agropecuario, silvicultura y pesca" (32 por ciento); y "Electricidad, gas y agua potable" (22 por ciento) las actividades que explican la mayor parte del elevado nivel de ingresos promedio de esas ciudades.

Es decir, al parecer el mayor nivel de ingresos de las ciudades de la frontera norte de México se ha dado más bien por un aumento de la demanda de servicios asociados al crecimiento poblacional (elevando el coste de vida), al constituirse en importantes centros de inmigración del resto de la República Mexicana, y no necesariamente por una mayor productividad en las manufacturas. Es importante señalar, sin embargo, que en el tercer trimestre de 1998 la productividad de la mano de obra en las manufacturas en esas ciudades fronterizas es 12 por ciento superior al promedio nacional, incrementándose 11 puntos respecto al mismo trimestre de 1993 (ver cuadro A.3.3.1).

Al desagregar las manufacturas en las industrias según su intensidad tecnológica, en el gráfico A.3.3.5 se observa que el incremento de estos 11 puntos porcentuales en el salario promedio en el total de las manufacturas en las ciudades fronterizas, se explica principalmente por un aumento en las industrias 2, 3, 4 y 5 de baja intensidad tecnológica; 9 y 12 de baja-media; y 17 de alta. Es decir, de las industrias fuertemente asociadas a las actividades maquiladoras, de 1993 a 1998 únicamente en la 17 (instrumentos y equipo de precisión) el salario promedio por trabajador según la ENEU aumentó de forma relevante; en la industria 18, de hecho, la productividad cayó ligeramente respecto a la media nacional. La situación para 1998 revela que, con excepción de la industria 17, los niveles de ingreso promedio de la ENEU en las industrias de intensidad tecnológica alta y alta-media en las ciudades Fronterizas continúan ubicándose por debajo de la media nacional. Dicho en otras palabras, a decir de la propia información obtenida de la ENEU, las mayores productividades en las manufacturas en las ciudades de la frontera norte no se atribuyen necesariamente a las industrias altamente maquiladoras, las cuales al parecer se continúan asociando a un bajo contenido nacional y valor añadido.

Cuadro A.3.3.1
Ingreso por hora promedio por actividad económica por agrupaciones regionales de áreas metropolitanas ENEU tercer trimestre de 1998
(valores con relación al promedio urbano total)

	1. Agropecuario, silvicultura y pesca	2. Minería y extracción de petróleo	3. Manufacturas	4. Construcción	5. Electricidad, gas y agua potable	6. Comercio, restaurantes y hoteles	7. Servicios financieros y alquiler de inmuebles	8. Servicios de educación, médicos y profesionales	9. Servicios de reparación y esparcimiento, y alquiler de bienes muebles	TOTAL
FRONTERIZAS	1.32	1.97	1.12	1.42	1.22	1.08	1.08	1.00	1.44	1.17
NOROESTE	1.66	1.01	0.91	1.05	1.01	0.97	0.98	0.89	1.02	0.95
NORESTE	1.26	1.21	1.09	0.99	1.16	0.96	1.27	1.01	1.12	1.09
CENTRO-NORTE	0.79	0.84	0.95	0.80	0.86	0.62	0.72	0.71	0.87	0.84
CENTRO-OESTE	0.85	0.91	0.89	0.97	0.87	0.94	0.85	0.90	0.98	0.90
CENTRO	0.65	0.79	0.86	0.74	0.82	0.76	0.84	0.88	0.90	0.84
CAPITAL	0.73	1.26	1.03	1.15	1.06	1.22	1.03	1.14	1.03	1.09
ESTE	0.94	0.99	0.95	0.81	0.76	0.69	0.80	0.63	0.67	0.73
SUR Y PENÍNSULA	1.05	0.60	0.68	0.83	0.85	0.78	0.84	0.68	0.77	0.75
TOTAL URBANO	**1.00**	**1.00**	**1.00**	**1.00**	**1.00**	**1.00**	**1.00**	**1.00**	**1.00**	**1.00**
Fronterizas/Sur y península	1.26	3.26	1.65	1.71	1.43	1.39	1.29	1.47	1.86	1.55

Fuente: elaboración propia con datos de la ENEU, tercer trimestre de 1998

Gráfico A.3.3.5

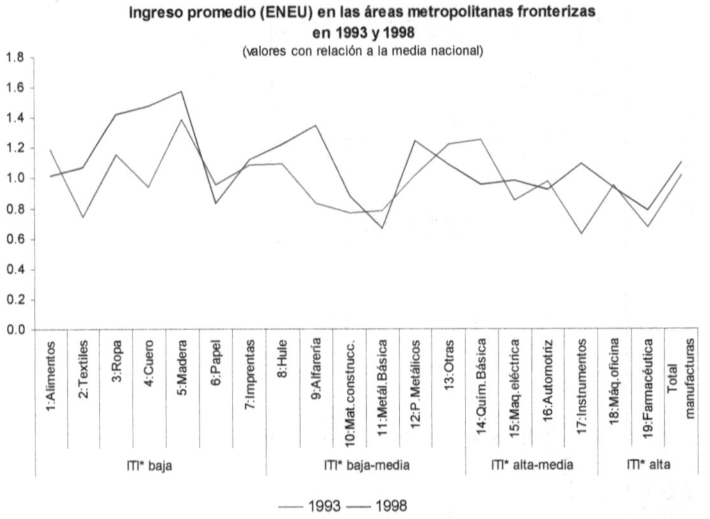

* Considera hombres y mujeres en las manufacturas
Fuente: elaboración propia con información de la Encuesta Nacional de Empleo Urbano (ENEU), INEGI

En su trabajo, Hanson (1997) analiza los niveles de salario y productividad a escala geográfica en México utilizando la información de los censos industriales de 1960 a 1988. Verifica que los salarios promedio son mayores en la frontera norte y en la capital respecto al resto del país. El autor asimismo comprueba que la fuerza del mercado estadounidense a partir de mediados de los años ochenta, cuando la economía mexicana se abre comercialmente, se ha traducido en un incremento de los salarios de las entidades de la frontera norte del país. Concluye que estos resultados son consistentes con las nuevas teorías basadas en rendimientos crecientes, las cuales prevén que los salarios nominales en el plano regional tienden a ser decrecientes a los costes de transporte respecto a los principales centros industriales.

En la parte descriptiva de su trabajo, Hanson (1997) agrupa a las entidades federativas de la frontera norte (de noroeste a noreste) en una sola región (*border region*), tal y como se presenta en el siguiente mapa A.3.3.1. De esta forma, se "oculta" en cierta manera la baja productividad de las regiones noroeste y norte-central (sobre todo noroeste) proveniente de los CI. Como se ha apuntado en el apartado descriptivo de la primera parte de la presente investigación (sección 2.2.1), las ciudades fronterizas del noroeste y norte central presentan productividades más reducidas respecto a las del noreste, incluso en las mismas industrias maquiladoras.

Tomando el CI de 1994 (con datos de 1993) y al utilizar la regionalización de las entidades federativas de México empleada por Hanson (1997), se obtiene una estructura regional de las remuneraciones promedio en las manufacturas como la que se presenta en el gráfico A.3.3.5; esto va en concordancia con la evidencia mostrada por dicho autor en la figura 3 de su estudio, es decir, un mayor nivel de salarios en la Ciudad de México y la Frontera, aunque en esta última el nivel se ubica por debajo de la media nacional. Esto último se debe a que para 1993 las remuneraciones por persona remunerada en la región Centro ya rebasa el nivel de la Frontera, lo que no se aprecia en la figura 3 de su estudio.

Cabe señalar, sin embargo, que al utilizar la misma regionalización de Hanson (1997), pero con el valor agregado por ocupado, se observa que los estados de la Frontera tienen prácticamente el mismo nivel que los de la región Sur (ver gráfico A.3.3.6).

Mapa A.3.3.1
Regionalización de las entidades federativas utilizada por Hanson (1997)

Fuente: Hanson (1997)

Gráfico A.3.3.5

Remuneraciones totales por persona remunerada en las entidades federativas en 1993*

(valores con relación a la media nacional)

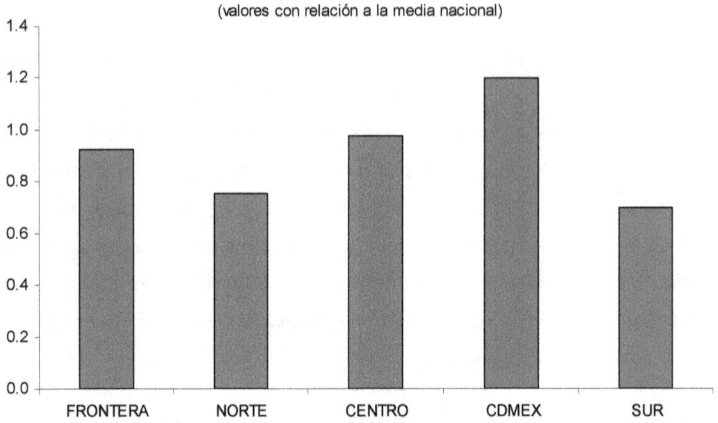

* Se refiere a la regionalización de las 32 entidades federativas utilizadas en Hanson (1997); ver el mapa A.3.3.1 del presente anexo

Fuente: elaboración propia con datos del Censo Industrial de 1994, INEGI

Gráfico A.3.3.6

Valor agregado por ocupado en las entidades federativas en 1993*

(valores con relación a la media nacional)

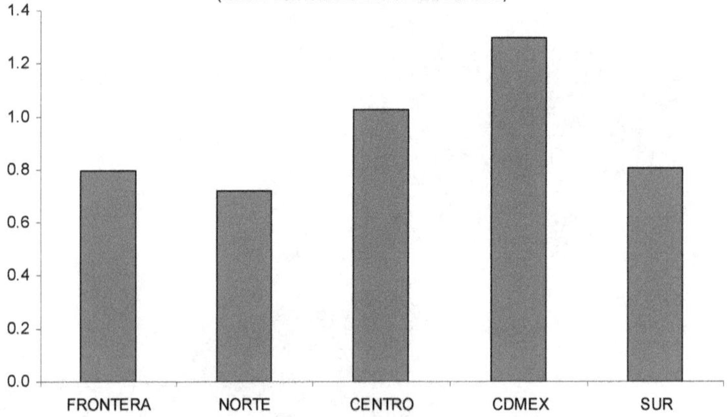

* Se refiere a la regionalización de las 32 entidades federativas utilizadas en Hanson (1997); ver el mapa A.3.3.1 del presente anexo

Fuente: elaboración propia con datos del Censo Industrial de 1994, INEGI

Considerando una regionalización más amplia (ver mapa A.3.3.2) con una distinción entre las entidades federativas del noroeste, norte-central y noreste, en vez de una agregación "burda" en "norte" y "frontera" del tipo Hanson (1997), se evidencia lo observado en el gráfico A.3.3.7. Las remuneraciones por persona remunerada en las entidades federativas de las regiones Noroeste y Norte-central representan alrededor 80 por ciento del promedio nacional, en contraste con lo que sucede en la región Noreste, en las que son casi 10 superiores que el promedio nacional.

En el gráfico A.3.3.8 se presenta el valor agregado por ocupado considerando esta misma desagregación regional. En las entidades de las regiones Noroeste y Norte-central apenas supera 60 por ciento de la media nacional, siendo incluso inferior que el nivel observado en las entidades del Sur y Península de Yucatán. De esta forma, al parecer las elevadas productividades de la mano de obra que se observan en la (burda) región "frontera norte" de México se atribuye a los resultados en la zona noreste, donde la industria de manufacturas tiene menor presencia y, cuando la hay, éstas es de mucho más contenido local respecto al norte-central y, particularmente noroeste del país. En estas últimas regiones la evidencia parece ser especialmente clara acerca de la falta de encadenamientos y eslabonamientos productivos en la industria maquiladora de exportación.

Mapa A.3.3.2
Regionalización "desagregada" de las entidades federativas

Fuente: elaboración propia

Gráfico A.3.3.7

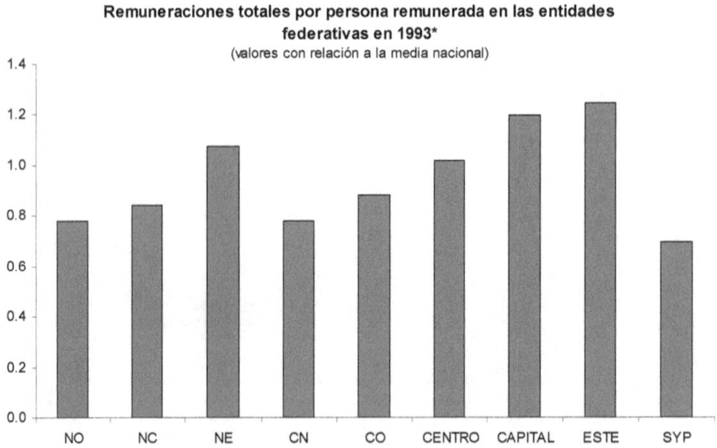

* Se refiere a la regionalización de las 32 entidades federativas que se presenta en el mapa A.3.3.2 del presente anexo
Fuente: elaboración propia con datos del Censo Industrial de 1994, INEGI

Gráfico A.3.3.8

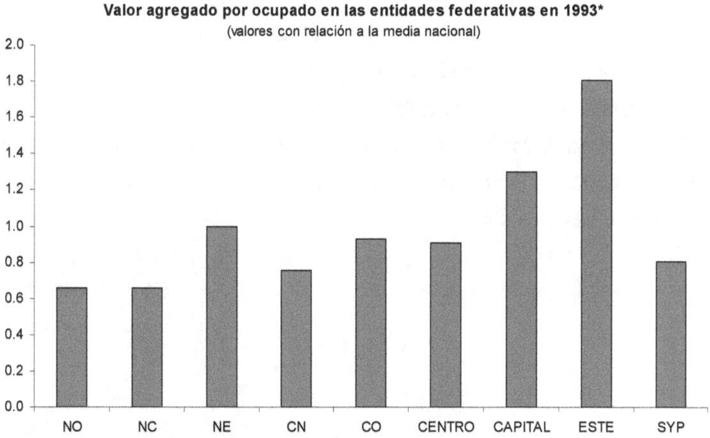

* Se refiere a la regionalización de las 32 entidades federativas que se presenta en el mapa A.3.3.2 del presente anexo
Fuente: elaboración propia con datos del Censo Industrial de 1994, INEGI

A partir de lo puesto en evidencia empíricamente en la presente investigación y en toda una serie de trabajos en México al respecto, no extraña el hecho de que el valor agregado por ocupado y las remuneraciones totales por persona remunerada de las manufacturas en las ciudades y estados fronterizos (especialmente del noroeste) sean bajos, dados los reducidos encadenamientos productivos de la industria maquiladora ahí localizada. Esto es aun más evidente por la forma como el INEGI capta o registra el valor agregado en las industrias maquiladoras; es decir, únicamente el valor añadido de la parte de ensamblaje del proceso productivo que se realiza dentro de las fronteras de México, con una muy baja productividad de la mano de obra. Por razones obvias, esto repercute de forma directa en la productividad de las ciudades en donde la maquila se localiza. Lo que no resulta del todo claro comprender y explicar, es la diferencia entre esta variable y los datos de ingresos en esas zonas provenientes de otras encuestas como la ENEU.

Sin embargo, lo que sí es claro y contundente es que tanto el valor agregado por ocupado y las remuneraciones totales por persona remunerada del CI, como los ingresos promedio de la ENEU en las industrias de tecnología alta y alta-media, básicamente en las industrias maquiladoras, se ubican, independientemente de la fuente de información, por debajo del promedio nacional en las ciudades de la frontera norte de México. Como ya se comentó, esta evidencia parece coincidir con lo encontrado en las estimaciones del capítulo III de la presente investigación, particularmente en lo que respecta a la reducida importancia de las *economías de localización*; al parecer, la elevada concentración y localización de empleo en las industrias asociadas con la maquila en las ciudades de la frontera norte no se ha traducido en notables ganancias en productividad, tal y como predice la teoría marshalliana en este sentido.

Anexos al capítulo IV

I. *Test* de Bound para las estimaciones de *cross-section* a escala de las áreas metropolitanas

II. *Test* de Bound para las estimaciones de *cross-section* a escala de los estados

III. *Test* de Bound para las estimaciones de *panel de datos* a escala de las áreas metropolitanas

I. *Test* de Bound para las estimaciones de *cross-section* a escala de las áreas metropolitanas

1) Estructura de edades de la población económicamente activa **en las áreas metropolitanas** en 1980; datos censales

Cuadro A.4.1

Validez del instrumento: **estructura de edades de la PEA en las áreas metropolitanas en 1980**

Variable dependiente: **años de escolaridad promedio en las áreas metropolitanas**

Variable	Modelos			
	1		2	
	Coeficiente	t-est	Coeficiente	t-est
C	5.110	93.975	6.658	104.293
Educación	0.011	16.982	0.006	11.012
Experiencia	0.002	3.196	0.002	3.218
Experiencia al cuadrado	0.000	-0.516	0.000	-1.742
Semicualificado	0.017	3.487	0.023	5.562
Cualificado	-0.005	-0.943	0.023	4.629
Casado/Unión libre	0.010	1.449	-0.003	-0.443
Divorciado/Separado	-0.007	-0.447	0.007	0.554
Viudo	0.020	0.679	0.029	1.151
Hijo	0.014	1.896	-0.004	-0.619
Pariente	0.001	0.065	0.010	1.403
No parientes/Sirvientes	-0.011	-0.556	0.028	1.731
Minería y extracción de petróleo	0.005	0.166	-0.079	-2.832
Manufacturas	-0.032	-2.116	-0.007	-0.585
Construcción, gas y agua potable	-0.054	-3.503	-0.030	-2.305
Comercio, restaurantes y hoteles	-0.041	-2.715	-0.020	-1.558
Transportes y comunicaciones	-0.048	-2.882	-0.037	-2.626
Servicios técnicos y profesionales	-0.057	-3.427	-0.035	-2.502
Servicios financieros	-0.036	-1.762	-0.011	-0.621
Servicios de reparación	-0.014	-0.897	0.000	-0.005
EDAD1HAC80	0.111	75.6	0.121	85.148
EDAD2HAC80	0.299	80.348	0.187	55.863
EDAD3HAC80	0.045	13.694	0.113	36.371
Experiencia promedio	-0.32	-107.67	-0.328	-112.885
Log(empleototal)	-0.006	-3.259	-0.061	-28.039
Fronterizas			-0.087	-10.103
Noroeste			0.521	65.233
Noreste			0.541	76.511
Centro norte y centro oeste			0.141	19.057
Centro			0.052	7.622
Capital			0.545	45.39
Este			0.264	32.67
R-cuadrada	0.461		0.613	
F-est	1495.93		2140.99	

Nota. Cohortes para la estrcutura de edades de la PEA en 1980:

MEN25AC80	Activos menores a 25 años
EDAD1HAC80	Activos entre 25 y 34 años
EDAD2HAC80	Activos entre 35 y 44 años
EDAD3HAC80	Activos entre 45 y 54 años
MAY54HAC80	Activos mayores a 54 años

II. *Test* de Bound para las estimaciones de *cross-section* a escala de los estados

1. Estructura de edades de los asalariados en los estados en 1984; datos de la ENIGH, INEGI

2. Producto interior bruto per cápita estatal en 1980; datos del INEGI

3. Número de maestros por cada mil alumnos en el ciclo escolar 1986-1987 en los estados; datos de la SEP

Cuadro A.4.2

Validez del instrumento: **estructura de edades de los asalariados en los estados en 1984**

Variable dependiente: **años de escolaridad promedio en los estados**

Variable	Modelos							
	1		2		3		4	
	Coeficiente	t-est	Coeficiente	t-est	Coeficiente	t-est	Coeficiente	t-est
C	12.126	47.571	16.473	79.837	14.439	74.153	16.614	106.449
Educación	0.029	10.807	0.008	4.536	0.029	10.721	0.009	5.402
Experiencia	0.009	4.778	0.004	3.118	0.009	4.750	0.003	2.753
Experiencia al cuadrado	0.000	-2.543	0.000	-2.369	0.000	-2.564	0.000	-1.751
Semicualificado	0.078	3.015	0.037	2.200	0.077	2.894	0.048	2.796
Cualificado	0.076	2.631	0.059	3.229	0.070	2.372	0.054	2.859
Casado/Unión libre	-0.041	-1.475	-0.033	-1.902	-0.039	-1.374	-0.034	-1.896
Divorciado/Separado	-0.018	-0.448	-0.008	-0.294	-0.015	-0.362	0.007	0.261
Viudo	-0.064	-1.207	-0.053	-1.555	-0.067	-1.224	-0.055	-1.585
Hijo	0.055	1.889	-0.003	-0.167	0.050	1.688	-0.008	-0.402
Pariente	0.007	0.316	-0.002	-0.125	0.007	0.333	0.007	0.476
No parientes/Sirvientes	-0.169	-1.248	0.050	0.576	-0.171	-1.238	0.024	0.270
Minería, electricidad, agua y gas	-0.017	-0.234	0.031	0.679	0.014	0.199	-0.034	-0.741
Manufacturas	0.213	7.405	0.091	4.919	0.192	6.534	0.082	4.325
Construcción	0.132	4.106	0.033	1.617	0.120	3.635	0.014	0.661
Comercio	0.078	2.282	0.040	1.815	0.092	2.645	0.025	1.113
Transportes y comunicaciones	0.078	1.642	0.062	2.040	0.060	1.234	0.044	1.408
Servicios técnicos y profesionales	0.126	3.111	0.023	0.881	0.129	3.112	0.009	0.340
Servicios de apoyo a los negocios	0.262	3.466	0.159	3.291	0.280	3.630	0.137	2.761
Otros servicios	0.207	7.788	0.095	5.605	0.211	7.782	0.092	5.288
MEN26HA84	0.021	10.401	0.004	2.752				
EDAD1HA84	0.076	39.527	0.025	15.998				
EDAD2HA84	0.036	18.250	0.054	38.732				
EDAD3HA84					-0.073	-23.669	-0.054	-24.423
MAY55HA84					-0.041	-22.322	-0.024	-18.741
Experiencia promedio	-0.362	-74.526	-0.224	-63.908	-0.339	-74.406	-0.159	-48.123
Log(empleototal)	0.015	1.428	-0.497	-50.295	0.157	13.207	-0.401	-36.301
Noroeste			1.854	82.350			1.622	74.881
Norte central			1.037	40.144			0.977	36.958
Noreste			2.219	82.561			1.983	75.415
Centro norte y centro oeste			1.008	55.993			0.973	52.546
Centro			1.252	54.086			0.984	48.354
Capital			3.753	130.415			3.692	128.486
Este			0.924	43.233			0.776	38.578
R-cuadrada	0.434		0.769		0.408		0.756	
F-est	480.01		1612.48		449.69		1551.67	

Fuente: elaboración propia

Cuadro A.4.3

Validez del instrumento: **producto interior bruto per cápita estatal en 1980**
Variable dependiente: **años de escolaridad promedio en los estados**

Variable	Modelos			
	1		2	
	Coeficiente	t-est	Coeficiente	t-est
C	5.094	26.936	9.818	52.587
Educación	0.021	9.161	0.009	5.358
Experiencia	0.008	5.069	0.004	3.417
Experiencia al cuadrado	0.000	-2.794	0.000	-2.245
Semicualificado	0.058	2.547	0.040	2.568
Cualificado	0.025	0.992	0.034	1.962
Casado/Unión libre	-0.029	-1.206	-0.031	-1.878
Divorciado/Separado	-0.055	-1.550	-0.008	-0.322
Viudo	-0.043	-0.934	-0.054	-1.676
Hijo	0.068	2.699	0.003	0.143
Pariente	0.007	0.382	0.005	0.413
No parientes/Sirvientes	-0.135	-1.146	0.018	0.216
Minería, electricidad, agua y gas	-0.092	-1.501	-0.050	-1.183
Manufacturas	0.187	7.489	0.104	5.956
Construcción	0.083	2.976	0.023	1.170
Comercio	0.078	2.643	0.034	1.656
Transportes y comunicaciones	0.051	1.228	0.049	1.722
Servicios técnicos y profesionales	0.141	3.992	0.028	1.153
Servicios de apoyo a los negocios	0.177	2.693	0.130	2.855
Otros servicios	0.143	6.190	0.077	4.777
LOG(PIBEPC80)	1.846	84.590	1.194	61.201
Experiencia promedio	-0.184	-43.341	-0.107	-34.341
Log(empleototal)	-0.076	-8.780	-0.404	-45.810
Noroeste			1.224	58.843
Norte central			0.603	24.173
Noreste			1.281	48.737
Centro norte y centro oeste			0.790	50.505
Centro			0.945	51.559
Capital			2.934	98.275
Este			0.376	19.273
R-cuadrada	0.571		0.794	
F-est	909.84		1996.71	

Fuente: elaboración propia

Cuadro A.4.4

Validez del instrumento: **número estatal de maestros por cada mil alumnos en el ciclo escolar 1986-1987**

Variable dependiente: **años de escolaridad promedio en los estados**

Variable	Modelos			
	1		2	
	Coeficiente	t-est	Coeficiente	t-est
C	6.508	35.305	12.366	66.223
Educación	0.022	9.373	0.007	4.427
Experiencia	0.005	2.818	0.002	1.467
Experiencia al cuadrado	0.000	-0.934	0.000	-0.624
Semicualificado	0.032	1.411	0.035	2.136
Cualificado	0.032	1.240	0.050	2.744
Casado/Unión libre	0.001	0.053	-0.016	-0.937
Divorciado/Separado	-0.041	-1.135	-0.015	-0.581
Viudo	-0.023	-0.485	-0.045	-1.343
Hijo	0.058	2.237	0.001	0.059
Pariente	0.011	0.579	0.005	0.343
No parientes/Sirvientes	-0.076	-0.634	0.030	0.352
Minería, electricidad, agua y gas	-0.007	-0.115	-0.012	-0.272
Manufacturas	0.129	5.053	0.071	3.866
Construcción	0.025	0.867	-0.019	-0.917
Comercio	0.012	0.401	-0.004	-0.203
Transportes y comunicaciones	-0.024	-0.570	-0.004	-0.121
Servicios técnicos y profesionales	0.080	2.239	-0.005	-0.189
Servicios de apoyo a los negocios	0.126	1.891	0.098	2.049
Otros servicios	0.116	4.922	0.059	3.504
MAESALUM86	0.136	79.990	0.072	44.830
Experiencia promedio	-0.318	-86.080	-0.194	-64.113
Log(empleototal)	0.179	20.159	-0.312	-29.740
Noroeste			1.400	65.663
Norte central			0.588	21.909
Noreste			1.470	53.938
Centro norte y centro oeste			0.675	40.799
Centro			1.025	52.512
Capital			3.058	94.437
Este			0.576	29.113
R-cuadrada	0.556		0.773	
F-est	855.47		1763.96	

Fuente: elaboración propia

III. Test de Bound para las estimaciones de *panel de datos* a escala de las áreas metropolitanas

1. Estructura de edades de la población ocupada **en las áreas metropolitanas** 1990; datos censales (INEGI)

2. Estructura de edades de los asalariados **en las áreas metropolitanas** en 1992; datos de la ENEU (INEGI)

3. Estructura de edades de los asalariados **en los estados** en 1992; datos de la ENIGH (INEGI)

4. Producto interior bruto per cápita **en los estados** en 1980 y en 1993; datos del INEGI

5. Tasa de matriculación en el sistema educativo **de los estados** en el ciclo escolar 1990-1991; datos de la SEP

6. Número **estatal** de escuelas por cada mil alumnos en el ciclo escolar 1986-1987; número **estatal** de maestros por cada mil alumnos en el ciclo escolar 1986-1987; y gasto federal en educación por alumno ejercido **en los estados** en 1990; datos de la SEP

Cuadro A.4.5

Validez del instrumento: **estructura de edades de la población ocupada en las áreas metropolitanas en 1990**

Variable dependiente: **cambio en los años de escolaridad promedio en las áreas metropolitanas 1992.3–2001.3**

Variables explicativas	Modelos							
	1		2		3		4	
	Coeficiente	t-est	Coeficiente	t-est	Coeficiente	t-est	Coeficiente	t-est
C	-0.308	-0.115	-0.759	-0.254	2.277	1.355	3.724	1.579
DIFLOGEMPLEO	-0.131	-0.911	-0.206	-0.994	-0.162	-0.947	-0.241	-0.947
DIFEXPEPROM	-0.135	-1.771	-0.149	-1.737	-0.149	-1.843	-0.178	-1.839
MEN25HPO90	0.012	0.370	0.067	1.408				
EDAD1HPO90	0.041	0.622	0.029	0.399				
EDAD2HPO90								
EDAD3HPO90					-0.012	-0.096	-0.063	-0.382
MAY54HPO90					-0.071	-0.565	-0.097	-0.674
FRONT			-0.490	-1.167			-0.183	-0.495
NO			-0.565	-1.684			-0.388	-1.270
NE			-0.058	-0.161			0.088	0.246
CNO			-0.223	-0.700			-0.063	-0.220
CENTRO			-0.447	-1.401			-0.304	-0.951
CAPITAL			0.474	0.724			0.483	0.712
ESTE			0.139	0.457			0.159	0.516
R-cuadrada	0.149		0.362		0.157		0.346	
F-est	1.272		1.134		1.349		1.060	

Fuente: elaboración propia

Cuadro A.4.6

Validez del instrumento: **estructura de edades de los asalariados en las áreas metropolitanas en 1992**
Variable dependiente: **cambio en los años de escolaridad promedio en las áreas metropolitanas 1992.3–2001.3**

Variables explicativas	Modelos							
	1		2		3		4	
	Coeficiente	t-est	Coeficiente	t-est	Coeficiente	t-est	Coeficiente	t-est
C	1.128	0.924	1.402	0.907	0.851	0.753	1.380	0.794
DIFLOGEMPLEO	-0.088	-0.615	-0.131	-0.658	-0.052	-0.342	-0.103	-0.457
DIFEXPEPROM	-0.101	-1.452	-0.109	-1.358	-0.159	-2.036	-0.163	-1.727
MEN26HAM92	0.016	1.212	0.020	1.394				
EDAD1HAM92	-0.016	-0.872	-0.016	-0.850				
EDAD2HAM92								
EDAD3HAM92					0.010	0.326	0.001	0.030
MAY55HAM92					-0.035	-1.013	-0.036	-0.825
FRONT			-0.130	-0.402			-0.157	-0.446
NO			-0.301	-1.013			-0.319	-1.011
NE			0.065	0.189			0.014	0.036
CNO			-0.076	-0.278			-0.032	-0.111
CENTRO			-0.313	-1.060			-0.267	-0.822
CAPITAL			0.444	0.696			0.419	0.555
ESTE			0.203	0.668			0.163	0.517
R-cuadrada	0.206		0.381		0.173		0.322	
F-est	1.876		1.229		1.522		0.951	

Fuente: elaboración propia

Cuadro A.4.7

Validez del instrumento: **estructura de edades de los asalariados en los estados en 1992**

Variable dependiente: **cambio en los años de escolaridad promedio en las áreas metropolitanas 1992.3–2001.3**

Variables explicativas	Modelos							
	1		2		3		4	
	Coeficiente	t-est	Coeficiente	t-est	Coeficiente	t-est	Coeficiente	t-est
C	1.434	1.142	1.555	1.012	0.833	0.712	1.066	0.622
DIFLOGEMPLEO	-0.138	-0.981	-0.226	-1.094	-0.103	-0.705	-0.130	-0.563
DIFEXPEPROM	-0.098	-1.383	-0.101	-1.258	-0.119	-1.669	-0.122	-1.481
MEN26HA92	0.012	0.586	0.032	1.273				
EDAD1HA92	-0.016	-0.874	-0.015	-0.755				
EDAD2HA92								
EDAD3HA92					0.014	0.447	0.004	0.112
MAY55HA92					0.005	0.249	0.014	0.590
FRONT			-0.223	-0.661			-0.086	-0.238
NO			-0.427	-1.397			-0.351	-1.121
NE			0.110	0.311			0.031	0.076
CNO			-0.070	-0.255			0.014	0.047
CENTRO			-0.358	-1.199			-0.299	-0.927
CAPITAL			0.460	0.712			0.309	0.420
ESTE			0.070	0.229			0.200	0.600
R-cuadrada	0.175		0.372		0.146		0.312	
F-est	1.539		1.185		1.240		0.908	

Fuente: elaboración propia

Cuadro A.4.8

Validez del instrumento: **producto interior bruto per cápita estatal en 1980 y en 1993**

Variable dependiente: **cambio en los años de escolaridad promedio en las áreas metropolitanas 1992.3–2001.3**

Variables explicativas	Modelos							
	1		2		3		4	
	Coeficiente	t-est	Coeficiente	t-est	Coeficiente	t-est	Coeficiente	t-est
C	0.548	0.442	0.891	0.538	3.463	1.607	4.219	1.469
DIFLOGEMPLEO	-0.141	-0.987	-0.133	-0.654	-0.072	-0.502	-0.096	-0.483
DIFEXPEPROM	-0.146	-1.897	-0.139	-1.599	-0.083	-1.139	-0.093	-1.115
Log(PIBEPC80)	0.196	0.779	0.121	0.409				
Log(PINEPC93)					-0.276	-1.178	-0.336	-1.145
FRONT			-0.146	-0.420			-0.004	-0.013
NO			-0.388	-1.245			-0.263	-0.850
NE			-0.026	-0.070			0.092	0.258
CNO			0.003	0.010			0.039	0.145
CENTRO			-0.316	-1.032			-0.366	-1.218
CAPITAL			0.213	0.324			0.374	0.581
ESTE			0.102	0.315			0.073	0.235
R-cuadrada	0.155		0.305		0.176		0.338	
F-est	1.834		1.010		2.136		1.174	

Fuente: elaboración propia

Cuadro A.4.9

Validez del instrumento: **tasa de matriculación en el sistema educativo de los estados en el ciclo escolar 1990-1991**
Variable dependiente: **cambio en los años de escolaridad promedio en las áreas metropolitanas 1992.3–2001.3**

Variables explicativas	Modelos							
	1		2		3		4	
	Coeficiente	t-est	Coeficiente	t-est	Coeficiente	t-est	Coeficiente	t-est
C	1.617	0.973	2.816	1.358	1.506	1.574	1.725	1.319
DIFLOGEMPLEO	-0.110	-0.775	-0.077	-0.375	-0.090	-0.622	-0.088	-0.443
DIFEXPEPROM	-0.114	-1.643	-0.114	-1.412	-0.098	-1.387	-0.096	-1.207
TMTOT90	-0.009	-0.325	-0.033	-0.952				
TMMS90					-0.020	-1.676	-0.027	-1.825
TMSUP90					0.016	0.669	0.020	0.686
FRONT			-0.168	-0.500			-0.137	-0.397
NO			-0.277	-0.885			-0.127	-0.394
NE			0.048	0.137			0.003	0.009
CNO			0.056	0.201			0.010	0.035
CENTRO			-0.420	-1.323			-0.406	-1.377
CAPITAL			0.280	0.437			0.449	0.710
ESTE			0.158	0.517			0.185	0.625
R-cuadrada	0.141		0.327		0.217		0.396	
F-est	1.640		1.116		2.008		1.311	

Fuente: elaboración propia

Cuadro A.4.10

Validez de los instrumentos: **escuelas por alumno en el ciclo escolar 1986-1987; maestros por alumno en el ciclo escolar 1986-1987; y gasto federal en educación ejercido en cada entidad federativa por alumno en 1990**

Variable dependiente: **cambio en los años de escolaridad promedio en las áreas metropolitanas 1992.3–2001.3**

Variables explicativas	Modelos							
	1		2		3		4	
	Coeficiente	t-est	Coeficiente	t-est	Coeficiente	t-est	Coeficiente	t-est
C	0.198	0.147	0.966	0.596	1.013	0.728	0.889	0.873
DIFLOGEMPLEO	-0.029	-0.181	-0.099	-0.464	-0.113	-0.792	-0.106	-0.761
DIFEXPEPROM	-0.089	-1.211	-0.115	-1.325	-0.121	-1.689	-0.119	-1.745
ESCALUM86	0.063	1.015	0.025	0.353				
MAESALUM86					0.003	0.160		
GTOALUM90							0.000	0.757
FRONT			-0.087	-0.256				
NO			-0.351	-1.145				
NE			0.010	0.028				
CNO			0.004	0.015				
CENTRO			-0.293	-0.922				
CAPITAL			0.284	0.433				
ESTE			0.139	0.448				
R-cuadrada	0.167		0.304		0.139		0.154	
F-est	1.998		1.004		1.609		1.821	

Fuente: elaboración propia

FSC
www.fsc.org
MIX
Papier | Fördert gute Waldnutzung
FSC® C083411

Kolibri 360 GmbH
Ferdinand-Jühlke-Straße 7
99095 Erfurt, Deutschland
produktsicherheit@kolibri360.de

Druck:
CPI Druckdienstleistungen GmbH
im Auftrag der
Kolibri 360 GmbH
Ferdinand-Jühlke-Str. 7
99095 Erfurt